RECHERCHES

SUR

L'HISTOIRE POLITIQUE

DU

ROYAUME ASTURIEN

(718 - 910)

Thèse pour le doctorat ès lettres
présentée à la Faculté des Lettres de l'Université de Paris

PAR

L. BARRAU-DIHIGO

❖

TOURS

IMPRIMERIE E. ARRAULT ET Cⁱᵉ

1921

LE
ROYAUME ASTURIEN

(718 - 910)

RECHERCHES

SUR

L'HISTOIRE POLITIQUE

DU

ROYAUME ASTURIEN

(718 - 910)

Thèse pour le doctorat ès lettres
présentée à la Faculté des Lettres de l'Université de Paris

PAR

L. BARRAU-DIHIGO

TOURS

IMPRIMERIE E. ARRAULT ET Cie

1921

RECHERCHES
SUR L'HISTOIRE POLITIQUE
DU ROYAUME ASTURIEN

(718-910)

AVANT-PROPOS

L'histoire du royaume asturien est strictement nationale et n'intéresse que la Péninsule ; elle est, d'autre part, fort obscure, et le sera toujours, faute de documents ; elle est enfin, dans son indigence, d'une extrême monotonie, et ne comporte guère que des récits de batailles ou de révoltes. Si l'on songe qu'elle embrasse une période de deux siècles, et qu'elle a été fréquemment traitée, on se demandera sans doute : pourquoi de nouvelles *Recherches* sur une matière aussi rebattue, aussi vaste et aussi pauvre ?

Dégrossie par les grands érudits des XVIe, XVIIe et XVIIIe siècles, trop délaissée au XIXe, l'histoire du haut moyen âge asturo-léonais (718-1037) est presque entièrement à refaire, malgré les travaux auxquels elle a donné lieu[1]. Bon nombre de questions ont été négligées, ou effleurées à peine ; d'autres n'ont plus été abordées depuis Florez ou Risco ; trop souvent

---

1. On trouvera la liste de ces travaux (arrêtée à la fin de 1917) dans l'excellent répertoire de B. Sánchez Alonso, *Fuentes de la historia española*, I (Madrid, 1919, in-8º), pp. 39-41 (cf. pp. 36-39).

aussi, naguère comme jadis, on s'est hâté de construire avant d'avoir soumis les matériaux à de sévérés épreuves de résistance. L'édifice devant être rebâti, il nous a paru logique de le reprendre à la base : l'histoire du royaume asturien marque en effet le point de départ d'une évolution plusieurs fois séculaire, et commande une phase essentielle du développement politique de l'Espagne.

A cette raison d'ordre spéculatif s'en ajoute une autre, d'ordre pratique, mais décisive. S'il est vrai que l'Espagne médiévale soit très imparfaitement connue, il faut bien convenir que toute tentative d'investigation méthodique se heurte à des difficultés presque insurmontables. Enfouis dans des collections particulières du Maghreb, de l'Égypte ou de l'Orient, des ouvrages arabes qui, selon les experts, auraient une importance considérable, demeurent inaccessibles ; gardés dans des dépôts privés dont la porte reste obstinément close ou ne s'entr'ouvre qu'à regret, une foule de documents latins fort précieux échappe au commun des chercheurs. Ceux-ci doivent, en règle générale, se borner aux ressources que leur offrent soit les recueils imprimés, soit les dépôts publics : autant avouer que plus d'un sujet est, en quelque sorte, frappé d'interdit. Par exception, on pouvait réunir presque toutes les pièces concernant l'histoire du royaume asturien ; et tel est le second motif pour lequel nous avons étudié cette histoire, si ingrate qu'elle fût.

Les présentes *Recherches* se divisent en deux parties : l'une, consacrée à l'examen des sources ; l'autre, à l'exposé des faits, quelques discussions et notes complémentaires étant rejetées en appendice. La place accordée à la première partie semblera peut-être excessive ; elle le serait, si la valeur de tous les textes, tant latins qu'arabes, avait été déterminée avec précision [1]. Mais, en l'état actuel, s'abstenir de critiquer

---

1. Pour les sources narratives, nous rappellerons ici, une fois pour

les sources, — au moins, les plus importantes d'entre elles [1], — c'eût été risquer d'utiliser, à côté de témoignages essentiels, des témoignages médiocres ou franchement mauvais ; c'eût été encombrer, une fois de plus, l'histoire asturienne de faits controuvés ou par trop douteux ; c'eût été, enfin, méconnaître l'unique moyen de renouveler, dans la mesure du possible, une matière sur laquelle on ne saurait guère apporter d'inédit.

Quant à l'exposé des faits, il ne nous appartient pas d'en noter les caractéristiques [2]. Tout au plus nous sera-t-il permis d'en marquer l'orientation et les tendances, en reproduisant ces quelques paroles de Fustel de Coulanges [3] : « Il y a « deux sortes d'esprits : ceux qui sont enclins à croire et « ceux qui penchent toujours vers le doute. Il y a aussi deux « écoles d'érudits : ceux qui pensent que tout a été dit et qu'à « moins de trouver des documents nouveaux, il n'y a plus « qu'à se tenir aux derniers travaux des modernes ; et il y a

---

toutes, les guides généraux de R. Ballester y Castell, *Las fuentes narrativas de la historia de España durante la edad media.* Palma de Mallorca, 1908, in-8º ; F. Pons Boigues, *Ensayo bio-bibliográfico sobre los historiadores y geógrafos arábigo-españoles.* Madrid, 1898, in-4º, et C. Brockelmann, *Geschichte der arabischen Litteratur.* Weimar, *puis* Berlin, 1898-1902, 2 vol. in-8º.

1. Il va sans dire que nous laissons de côté les fausses chroniques, notamment les élucubrations de Faustino de Borbon (*Cartas para ilustrar la historia de la España árabe.* Madrid, 1796, in-4º) ; la Chronique d'Alphonse, abbé de Sahagun (mentionnée par Pellicer, Berganza, Escalona, etc.) ; le *Chronicon Ovetense* (texte dans Ferreras, *Historia de España*, XVI, 1727, app., pp. 59-66), qu'a vainement tenté de réhabiliter Juan Menéndez Pidal, dans *Revista de Archivos*, X (1904), p. 285 ; la Chronique de Diego Martin Idiaquez (texte et critique dans M. C. Vigil, *Colección histórico-diplomática del Ayuntamiento de Oviedo.* Oviedo, 1889, gr. in-4º, pp. 289-291), etc.

2. Une simple remarque : si ce travail avait paru à sa date, soit vers 1911 (cf. *Revue Hispanique*, XXIII, 1910, p. 238, n. 7), peut-être aurait-il semblé, sur certains points, plus original.

3. Fustel de Coulanges, *Questions historiques* (Paris, 1893, in-8º), p. 403.

« ceux que les plus beaux travaux de l'érudition moderne
« ne satisfont pas pleinement, qui doutent de la parole du
« maître, chez qui la conviction n'entre pas aisément et qui
« d'instinct croient qu'il y a toujours à chercher. »

PREMIÈRE PARTIE

LES SOURCES

______

CHAPITRE PREMIER

LES SOURCES NARRATIVES LATINES DES IXᵉ-XIᵉ SIÈCLES

Aussi rares que brefs, les plus anciens textes narratifs
que l'on possède sont : 1º la Chronique dite d'Alphonse III
ou de Sébastien de Salamanque ; 2º la Chronique dite d'Albelda ou de San Millan ; 3º la Chronique attribuée à Sampiro ;
4º quelques annales ; 5º une vie de saint. — Sauf erreur, il
faut renoncer à effectuer, dans ce domaine, de fructueuses
découvertes, certaines chroniques paraissant à tout jamais
perdues [1], et d'autres n'ayant existé que par hypothèse [2].

I. — La Chronique dite d'Alphonse III.

Englobant l'histoire des derniers rois wisigoths, de Wamba
à Rodrigue (672-711), et celle des rois asturiens, de Pélage

______

[1]. Par exemple, l'*Epitome temporum* qu'avait écrit l'auteur de la
Continuatio hispana a. 754.

[2]. Par exemple, la source d'où dériveraient partiellement la Chronique dite d'Alphonse III et le *Chronicon Albeldense ;* par exemple
aussi, les sources écrites que Sampiro aurait peut-être utilisées, d'après
Amador de los Ríos, *Historia crítica de la literatura española,* II
(Madrid, 1862, in-8), p. 150, texte et note 2.

à Ordoño Ier (718-866), la Chronique dite d'Alphonse III s'est conservée sous quatre formes différentes [1] : 1º la rédaction primitive (*A*), composée dans les Asturies, et probablement à Oviedo même, aux environs de l'année 877, par un auteur qu'on ne saurait identifier avec certitude ; 2º une refonte (*B*), antérieure au XIe siècle, et que caractérisent, outre diverses interpolations, de très nombreuses variantes de forme ; 3º une version de *A*, interpolée au XIIe siècle (*C*) par Pélage, évêque d'Oviedo, et insérée par lui dans son *Liber Chronicorum* ; 4º une version de *B*, interpolée au XIIe siècle également (*D*) par le compilateur anonyme de la Chronique léonaise. De ces quatre textes, il n'en est qu'un — le premier — qui puisse nous intéresser ici [2].

Rédigée à l'imitation de l'*Historia Gothorum* d'Isidore de Séville [3], c'est-à-dire divisée par règnes et présentant une suite de biographies royales, l'œuvre du Pseudo-Alphonse est,

---

1. Voir *Crónica de Alfonso III*. Edición preparada por Z. García Villada. Madrid, 1918, in-8. Cf. M. Gómez-Moreno, dans *Bol. de la R. Acad. de la Hist.*, LXXIII (1918), pp. 54-58 ; G. Cirot, dans *Bulletin Hispanique*, XXI (1919), pp. 1-8 ; voir aussi *Revue des Bibliothèques*, XXIX (1919), pp. 129-136 et nos *Remarques sur la Chronique dite d'Alphonse III*, dans *Revue Hispanique*, XLVI (1919), pp. 323-381. — L'édition du P. García Villada et les articles cités annulent les travaux antérieurs.

2. Sauf avis contraire, nos citations se réfèrent toutes au texte *A*, et à l'édition García Villada.

3. Cf. Tailhan, *Bibliothèques espagnoles du haut moyen âge*, dans Ch. Cahier, *Nouveaux mélanges d'archéologie*, IV (Paris, 1877, gr. in-4º), p. 336 : « Il est... de toute évidence qu'Alphonse III a composé l'histoire des rois ses prédécesseurs, à l'imitation de la chronique des « Wisigoths que nous a laissée saint Isidore de Séville. » L'imitation est flagrante et se manifeste même dans le détail du style. Exemples. Isidore (éd. Mommsen, *Chronica minora*, II, p. 267 et suiv.), ch. 15 : « Alaricus... *nomine quidem* Christianus, *sed* professione haereticus » ; Pseudo-Alphonse, ch. 25 : « Muza *quidam nomine*, natione Gothus, « *sed* ritu Mamentiano. » — Isidore, ch. 58 : « Wittericus *regnum, quod* « vivente illo *invaserat, vindicat* annis VII » ; Pseudo-Alphonse, ch. 19 : « Maurecatus autem *regnum quod* callide *invasit*, per sex annos *vin-*

ainsi que son modèle, d'une lamentable pauvreté. Qu'il s'agisse des derniers rois wisigoths ou de rois asturiens de second plan ; qu'il s'agisse même des rois asturiens les plus célèbres, ou les plus rapprochés de lui, le chroniqueur ne consigne jamais qu'un tout petit nombre de faits. Pélage a fondé la monarchie asturienne et régné pendant dix-neuf ans : un seul événement est rapporté, soit la bataille de Covadonga et la défaite consécutive de Munuza (ch. 8-11). — Alphonse Ier a reculé de façon inespérée les frontières du nouveau royaume et consolidé son existence : pêle-mêle et comme à la hâte sont énumérés, d'une part, les villes ou bourgades reconquises (ch. 13), d'autre part, les territoires repeuplés (ch. 14) ; mais, en dehors de ces mentions sommaires, il n'y a rien, hormis une relation de miracle (ch. 15). — Alphonse II a gardé le pouvoir pendant cinquante-deux ans et, durant ce demi-siècle, l'état asturien a traversé une crise très grave : d'après la Chronique (ch. 21-22), Alphonse II aurait simplement repoussé une invasion arabe en 794, bâti des églises et des palais, battu deux autres armées musulmanes et maté le rebelle Mahmoûd de Mérida. — Le Pseudo-Alphonse est, sans nul doute, contemporain d'Ordoño Ier : le repeuplement de quelques villes, une révolte des Vascons, la défaite de Moûsa, la prise de Coria et Talamanca, l'incursion normande de 859-860, voilà, à quelques allusions près, les seuls renseignements qui nous soient transmis (ch. 25-26).

De même qu'Isidore de Séville, le Pseudo-Alphonse, non content de relater très peu de faits, ne consacre d'habitude à chacun d'eux que quelques mots. Des récits tant soit peu circonstanciés (pénitence forcée du roi Wamba, soulèvement

---

« dicavit. » — Isidore, ch. 62 : « Suinthila *gratia divina regni suscepit* « *sceptra* » ; Pseudo-Alphonse, ch. 13 : « Qui [Adefonsus I] cum *gratia* « *divina regni suscepit sceptra.* » Il ne faut donc pas dire avec le P. García Villada, *op. cit.*, p. 39, que le Pseudo-Alphonse avait de l'*Historia Gothorum* un « conocimiento... muy superficial ».

de Mahmoûd, révolte de Nepociano), ne se rencontrent qu'à de rares intervalles (ch. 3, 22 et 23) ; des récits vraiment détaillés (bataille de Covadonga, exploits de Moûsa), font exception et presque tache (ch. 9-10 et 25-26). En revanche, il arrive souvent que l'exposé soit si concis qu'il en devienne obscur : pourquoi les Galiciens s'insurgèrent-ils contre Fruela, puis contre Silo (ch. 16 et 18), et où se trouvait, lors de la première révolte, le centre du mouvement ? Pourquoi les Vascons tentèrent-ils de secouer le joug sous Fruela et Ordoño Ier (ch. 16 et 25), et qu'étaient au juste ces Vascons ? Pourquoi Aurelio et Silo ont-ils vécu en paix avec les Arabes (ch. 17 et 18), alors que leurs prédécesseurs et successeurs ont bataillé contre les Infidèles ? Pourquoi, sous le règne d'Aurelio (ch. 17), les esclaves ont-ils pris les armes contre leurs maîtres, et quels étaient ces esclaves ? Autant de questions que le narrateur laisse sans réponse. Ajoutez à cela que, par ailleurs, le Pseudo-Alphonse tait de propos délibéré tels détails qui nous seraient utiles : il écrit que Ramire Ier réprima de fréquentes rébellions [1], mais il en mentionne deux seulement ; que Lope ben Moûsa combattit les Arabes aux côtés d'Ordoño Ier, mais il ne dit pas en quelles circonstances [2]; qu'Ordoño Ier lutta à maintes reprises contre les Musulmans et s'empara de maintes villes [3], mais il ne note qu'une rencontre avec les Arabes et se borne à nommer deux des places reconquises.

Autre défaut, non moins grave. Comme Isidore de Séville, le Pseudo-Alphonse n'a cure de fixer dans le temps les

---

1. Pseudo-Alphonse, ch. 24 : « Interim Ranimirus princeps bellis « civilibus saepe impulsus est. »

2. *Idem*, ch. 26 : «... postea vero cum eo [Ordonio] adversus Caldeos « praelia multa gessit. »

3. *Idem*, ch. 25 : « Adversus Caldeos saepissime praeliatus est, et « triumphavit in primordio regni sui » ; ch. 26 : « Multas et alias civi- « tates iam saepe dictus Ordonius rex praeliando cepit. »

événements qu'il rapporte. Sauf exception, il marque la date finale de chaque règne [1], — encore ne précise-t-il ni le mois, ni le jour ; mais, à part ces dates finales, il n'en indique que deux autres, implicitement du reste et non sans faire erreur pour l'une d'elles (invasion de 794, et invasion de 816, placée ici en 821) [2]. Est-on sûr, du moins, que l'ordre adopté dans le récit corresponde à la succession réelle des faits ? Occasionnellement cet ordre sera reconnu exact : ainsi, il n'est pas douteux que la campagne de 816 soit antérieure au soulèvement de Mahmoûd [3]. Mais, en maints endroits, l'incertitude ne peut être levée, et l'on ne sait, par exemple, si la rébellion d'Aldroito et de Piniolo suivit le débarquement des Normands à Gijon en 844, ou si la prise de Coria et Talamanca fut effectuée avant l'attaque de la Galice, en 859-860, par les bandes normandes.

Pauvre de faits, dépourvu de dates, ou peu s'en faut, l'ouvrage est-il cependant digne de foi ? L'auteur a certainement utilisé quelques sources écrites [4] : il cite lui-même Julien de Tolède, auquel il renvoie (ch. 2) [5] ; il a probablement connu la *Continuatio hispana a. 754* [6] ; d'autre part, il avait sous les yeux des listes des rois wisigoths et asturiens, analogues à celles que nous rencontrons dans divers documents [7] ; peut-

---

1. La date finale n'est pas donnée pour Wamba (ch. 3), Rodrigue (ch. 7), Fruela (ch. 16), Ordoño (ch. 26).

2. Pseudo-Alphonse, ch. 21 : « Huius regni anno tertio Arabum « exercitus », etc. (c'est l'expédition de 794) ; ch. 22 : « Huius regni anno « XXX geminus Caldeorum exercitus», etc. (c'est l'expédition de 816).

3. La défaite et la mort de Mahmoûd se placent, d'après les sources arabes, en 840.

4. Il n'y a pas à tenir compte des indications contraires contenues dans la lettre-préface d'Alphonse III à Sébastien, cette lettre étant fort suspecte. Cf. *Revue Hispanique*, XLVI (1919), pp. 324-328.

5. Cf. García Villada, *op. cit.*, p. 40.

6. García Villada, *op. cit.*, pp. 41-43.

7. Sans le secours de ces mementos, jamais l'auteur n'aurait pu préciser la durée de chaque règne.

être même s'est-il servi d'autres textes, aujourd'hui perdus [1]. Mais il a surtout utilisé des sources orales. C'est sur des traditions orales que sont fondés, du moins en grande partie, les chapitres relatifs à Wamba et aux successeurs de ce dernier, jusqu'à Rodrigue inclus (ch. 2-7) ; et telles de ces traditions étaient même corrompues et déformées, puisque le Witiza de l'histoire, prince clément et pieux, se transforme ici en un tyran débauché et cruel [2]. Pareillement, ce sont des traditions orales qui constituent la trame des chapitres relatifs à Pélage et à la bataille de Covadonga, ainsi qu'aux successeurs de Pélage, jusqu'à Bermude Ier (ch. 8-20) ; et ce sont, principalement pour Pélage et Alphonse Ier, des traditions impures ou délibérément altérées, puisque deux faits, l'un essentiel, l'autre secondaire, soit la bataille de Covadonga et la mort d'Alphonse Ier, sont racontés l'un et l'autre avec un goût très prononcé pour le merveilleux et sans aucun souci de la vraisemblance [3].

A partir du règne d'Alphonse II (ch. 21), la qualité de l'information s'améliore. L'auteur a dû recueillir le témoignage de contemporains d'Alphonse II ; lui-même avait peut-être

---

1. Le P. García Villada, *op. cit.*, pp. 43-44, suppose qu'il s'est servi d'une source à laquelle aurait également puisé le rédacteur du *Chronicon Albeldense*. Sur ce point, qui nous paraît douteux, voir *Revue Hispanique*, XLVI (1919), pp. 342 et suiv.

2. Sur la façon dont s'est formée la légende de Witiza, consulter Dozy, *Recherches*, 3e éd. (Leyde, 1881, 2 vol. in-8º), I, pp. 15-19 ; sur la légende proprement dite, voir Tailhan, *Anonyme de Cordoue* (Paris, 1885, in-fol.), pp. 159-166.

3. Cf. García Villada, *op. cit.*, pp. 45-46. — Dans les chapitres auxquels nous faisons allusion, le Pseudo-Alphonse accumule les citations de l'Écriture (ch. 9, 11 et 15), les souvenirs bibliques (ch. 10, *in fine*), et les protestations de bonne foi (ch. 10 et 15). Ces dernières sont même de nature à faire douter de la crédulité de l'auteur. Cf. au ch. 10, les mots : « Non istud miraculum inane aut fabulosum putetis », et, au ch. 15, la phrase : « Hoc verum esse prorsus cognoscite, nec fabu- « losum dictum putetis, alioquin tacere magis eligerem, quam falsa « promere maluissem. »

atteint l'âge d'homme à l'époque de Ramire, et il l'avait sûrement atteint au temps d'Ordoño Ier. Aussi, en cette portion de la chronique, mérite-t-il plus de confiance [1]. Entendons-nous : quand d'autres textes permettent de le contrôler, nous ne le trouvons pas en défaut ; nous constatons, au contraire, en dépit de quelques divergences, qu'il respecte la vérité [2] ; et nous regrettons uniquement qu'il donne une importance excessive à de simples épisodes, tels que la rébellion de Mahmoûd, ou la défaite de Moûsa.

Mais cela étant noté, on reconnaîtra que, même en ces chapitres où le détail paraît exact, l'ensemble est nettement tendancieux. A s'en tenir aux seules assertions du Pseudo-Alphonse, on se représenterait fort imparfaitement ce qu'a été l'Espagne wisigothique, de 672 à 711 ; or, si l'on ne disposait pas d'autres sources, une bonne partie de l'histoire du royaume asturien serait presque totalement ignorée. Il est en effet une catégorie d'événements que le chroniqueur passe sous silence, ou note à peine ; savoir les rapports entre émirs de Cordoue et rois d'Oviedo. Il semblerait, à lire notre texte, que ces rapports eussent été assez rares ; que les rencontres entre Chrétiens et Infidèles se fussent toujours terminées à l'avantage des premiers ; que les pertes subies par les Musulmans eussent toujours été considérables [3]. Mais,

---

1. García Villada, *op. cit.*, p. 46.

2. Ainsi, il est certain qu'Alphonse II vainquit les Arabes dans les Asturies, à *Lutos*, et plus tard en Galice ; que le rebelle Mahmoûd de Mérida fut par lui mis à la raison ; que Ramire eut à deux reprises l'occasion de lutter contre les Infidèles, sinon de les battre ; qu'en 844, les Normands, après avoir ravagé les côtes de la Galice, allèrent piller Séville, et qu'en 859-860, ils firent voile vers Nekour, en Mauritanie, etc.

3. L'auteur mentionne même les défaites de l'ennemi avec une joie mal contenue ; cf. Herculano, *Historia de Portugal*, III (5e éd. Lisboa, 1891, in-8º), p. 167, qui remarque « um certo enthusiasmo feroz », et M. Gómez-Moreno, *loc. cit.*, p. 55, qui note des traces de « jactancias de barbarie guerrera ».

ainsi présentée, l'histoire est fausse : l'époque d'Alphonse II, de Ramire et d'Ordoño est précisément celle où les émirs de Cordoue ont le plus guerroyé contre le royaume des Asturies et se sont le plus acharnés à le combattre, multipliant les expéditions et les entreprises ; c'est également celle où, malgré quelques succès, les Asturiens ont essuyé les défaites les plus répétées et couru les plus graves périls. De ces défaites, de ces périls, de cette existence souvent troublée et parfois incertaine, le Pseudo-Alphonse ne souffle pas mot. Il omet tous ces événements, nous montre la royauté constamment victorieuse, et ne nous laisse même pas soupçonner les revers éprouvés par elle [1] ; bref, il fait œuvre de chroniqueur officieux, sinon officiel. Ainsi procéderont du reste ses continuateurs, Sampiro et Pélage, lesquels se modèleront sur lui à cet égard et à d'autres encore [2].

---

1. Telle n'était pas l'opinion de Tailhan, *Bibliothèques*, pp. 339-341, qui écrivait notamment, pp. 340-341 : « Tous ces chroniqueurs... « aiment la vérité... ils la disent telle qu'ils la connaissent, sans réti- « cence, sans dissimulation, sans mensonge, qu'elle soit ou non favo- « rable à la cause... [des chrétiens]. Si les chrétiens sont battus, ils « l'avouent franchement... Jamais aussi on ne les surprend... étran- « glant entre deux lignes le narré d'une époque néfaste. » Cf. aussi p. 341, n. 4 : « A leurs yeux, les razzias ou même les ceiphas annuelles « et bisannuelles, sur lesquelles l'habitude les avait blasés, tombent « au rang de ces faits secondaires dont ils ne parlent que par exception.»

2. De même que la chronique du Pseudo-Alphonse, celles de Sampiro et de Pélage ont pour caractéristiques, outre leur brièveté : 1º d'être très postérieures à la plupart des faits relatés (Sampiro, qui écrivait au plus tôt à la fin du xᵉ siècle, commence en 866 ; Pélage, qui travaillait après 1109, remonte jusqu'en 982) ; 2º de reposer, en majeure partie, non sur des documents écrits, mais sur la tradition orale (ce qui explique à la fois l'indigence de l'information et l'absence presque complète de dates) ; 3º de cacher, autant que possible, les défaites et les humiliations infligées au souverain par les ennemis du dehors, et même du dedans. — Noter aussi que l'ensemble de ces trois chroniques constitue une sorte de chronique « royale », de récit officieux, écrit sous l'inspiration directe du pouvoir central.

II. — LA CHRONIQUE D'ALBELDA.

La Chronique dite d'Albelda ou de San Millan (Mommsen l'appelait, non sans raison, *Epitome Ovetensis a. DCCCLXXXIII*) est un abrégé d'histoire universelle dont il existe trois rédactions principales : celles du *Tumbo negro de Santiago*, de San Millan et du *Codex Vigilanus*, respectivement représentées par les éditions : 1º de Pellicer (1663) ; 2º de Berganza (1721) et Juan del Saz (1724) ; 3º de Ferreras (1727) et Florez (1756)[1]. En tant qu'abrégé d'histoire universelle, cette chronique mériterait une étude spéciale, mais ce n'est pas le lieu de l'entreprendre : il suffira de rappeler qu'elle a été compilée dans les Asturies, et probablement à Oviedo ; qu'elle fut écrite en 881, mais reprise ensuite et achevée en 883 ; qu'elle est anonyme et paraît devoir le rester[2] ; qu'abstraction faite de préliminaires disparates, elle se décompose en quatre grands chapitres, dont un, intitulé *Ordo Gothorum Ovetensium Regum* commence à Pélage et s'arrête à la dix-huitième année du règne d'Alphonse III. Ce chapitre seul sera examiné ici[3].

1. En attendant l'édition que prépare M. Gómez-Moreno, consulter principalement Mommsen, *Chronica minora*, II (1894), pp. 370-375. Voir aussi Florez, *Esp. Sagr.*, XIII, pp. 417-432 ; Tailhan, *Bibliothèques*, pp. 336-337 ; F. Fita, *Sebastián, obispo de Arcávica y de Orense. Su crónica y la del rey Alfonso III*, dans *Bol. de la R. Acad. de la Hist.*, XLI (1902), pp. 324-344. — Nous suivrons l'édition de Florez, *op. cit.*, pp. 433-464 (2e éd., 1782, pp. 433-466), bien qu'elle ne remplace pas absolument les précédentes, notamment celle de Juan del Saz.

2. L'attribution au prêtre Dulcidio, proposée par Pellicer, et l'attribution à Roman, abbé de San Millan, proposée par Juan del Saz, ne résistent pas à la critique ; cf. Florez, *op. cit.*, pp. 419-422. Reprenant une hypothèse émise par Gams, *Kirchengeschichte von Spanien*, II, 2 (Regensburg, 1874, in-8º), p. 345, n. 2, le P. Fita, aux pp. 336 et suiv. de l'article précité, a voulu démontrer que l'auteur est Sebastian, évêque d'Orense ; mais nul semblant de preuve n'est produit à l'appui de cette opinion.

3. Nous éliminons la liste des rois asturo-léonais, de Pélage à Ra-

A) De l'avènement de Pélage à la mort d'Ordoño Ier (éd. Florez, ch. 50-60), l'auteur résume, sauf erreur d'optique, le Pseudo-Alphonse, en adopte habituellement l'ordre et la chronologie, en extrait même à plusieurs reprises des expressions et tournures typiques[1]. Quoique décharné, surtout au début, ce résumé n'en est pas moins intéressant : car, si dépendant qu'il soit de son modèle, il n'en est pas un raccourci servile. A l'occasion, il s'en sépare, par exemple en ce qui concerne la durée des règnes d'Aurelio, Silo, Mauregato et Alphonse II[2] ; en maints endroits, il le complète, soit qu'il

---

mire III (éd. Florez, ch. 47-48), que contiennent deux recensions, celle de San Millan et celle du *Vigilanus*. Ramire III étant monté sur le trône en 967, il est clair que cette liste a été ajoutée, du moins en partie (cf. Taillan, *Bibliothèques*, p. 337, n. 3). Opérant une coupure, déjà pratiquée par Ferreras, Florez, *op. cit.*, p. 422 et p. 449, n. 5, considérait les mentions antérieures à Garcia Ier (910-914) comme appartenant à l'œuvre parachevée en 883, ce en quoi il se trompait. *a*) D'après le Catalogue, Pélage serait fils d'un certain Bermude et *nepos* du roi Rodrigue : l'*Ordo* ignore cette généalogie ; *b*) d'après le Catalogue, Alphonse Ier aurait eu pour successeur son frère Fruela : l'*Ordo* indique que Fruela, successeur d'Alphonse Ier, était fils, et non frère de celui-ci ; *c*) le Catalogue omet les rois Silo, Mauregato et Bermude, que l'*Ordo* mentionne ; *d*) le Catalogue qualifie l'usurpateur Nepociano de *cognatus regis Adefonsi* et le range parmi les rois asturiens : rien de tel dans l'*Ordo* ; *e*) d'après le Catalogue, Alphonse III se serait emparé d'*Ebrellos* et ce serait même son principal titre de gloire : « Adefonsus, qui allisit Ebrellos » ; l'*Ordo* ignore cet événement. — Pareilles discordances sont édifiantes. Au surplus, si l'on avait pris garde à une note de Juan del Saz, *Chronica de España Emilianense* (Madrid, 1724, in-16), p. 70, « ad N. 110 », on aurait vu que la liste en question était une addition, transcrite en marge d'un des manuscrits de San Millan (d'où elle a passé dans le *Vigilanus*). — A remarquer que le Codex de Meyá, fol. 189 v, contenait une liste des rois asturo-léonais très voisine de celle qui nous occupe ; voir les transcriptions de Palomares (Madrid, Bibliothèque de l'Académie de l'Histoire, Est. 26, gr. 1ª, D. nº 9, fol. 37 v-38 r) et de Llobet y Mas (*ibid.*, Est. 21, gr. 3ª, nº 28, fol. 200 v).

1. Cf. *Revue Hispanique*, XLVI (1919), pp. 342-351.

2. D'après le Pseudo-Alphonse, Aurelio régna six ans et mourut dans la septième année du règne (ch. 17) ; Silo, neuf ans, « et decimo

mentionne des événements inconnus du Pseudo-Alphonse, soit qu'il précise certains détails, cite tels noms de personne ou de lieu, et consigne telles dates nouvelles. Il nous apprend ainsi que Witiza avait chassé Pélage de Tolède ; que Silo fit de Pravia sa capitale ; que, sous Bermude, un combat fut livré, en Bureba, aux Musulmans ; qu'Alphonse II se vit déposer dans la onzième année du règne ; que, sous Ordoño, les Arabes attaquèrent par mer la Galice. De même, sans cet abrégé sommaire, mais cependant précieux, on ignorerait que Fruela tua son frère Vimarano *ob invidiam regni* ; que Silo vécut en paix avec les Arabes *ob causam matris* ; que le défenseur de la Galice contre les Normands, en 859-860, s'appelait le comte Pedro ; que Fruela finit ses jours à Cangas et Ramire à Liño ; que Ramire mourut le 1ᵉʳ février 850 et Ordoño le 26 mai 866, etc.

B) A partir de l'avènement d'Alphonse III (ch. 61), l'auteur n'opère plus, semble-t-il, que sur des souvenirs personnels. Tout d'abord, il énumère un assez grand nombre de faits : usurpation du comte Fruela, révolte des Vascons, attaque de Leon par El-Mondhir, défaite des Arabes dans le Bierzo, prise de Deza, Atienza et Coïmbre, repeuplement de la Galice et du Nord du Portugal, incursion des Chrétiens jusqu'aux environs de Mérida. Mais si l'information est plus abondante, l'allure du récit reste la même ; les faits continuent d'être rapportés, pour la plupart, en termes très brefs, comme s'ils remontaient à une époque déjà lointaine et, sauf la tentative du comte Fruela, survenue, nous dit-on, *in primo... regni anno*, aucun de ces faits n'est daté, même par approximation, leur enchaînement étant marqué par des

---

« vitam finivit » (ch. 18) ; Mauregato, six ans (ch. 19), et Alphonse II, cinquante-deux ans (ch. 22). Les chiffres donnés par le *Chron. Albeldense* sont : pour Aurelio, sept ans (ch. 54) ; pour Silo, neuf (ch. 55) ; pour Mauregato, cinq (ch. 56) ; pour Alphonse II, cinquante et un (ch. 58).

formules vagues, telles que *illius tempore praeterito jamque multo, ipsisque diebus*, ou *ejus tempore*. Il en résulte que, après comme avant 866, nous avons devant nous une sorte d'aide-mémoire, où s'accumulent des notes rapides, heurtées, sans lien entre elles, et qui se succèdent dans un ordre dont la raison nous échappe.

C) Avec l'année 877 (ch. 62, *in fine*), une transformation complète se produit. L'auteur cesse d'écrire une chronique à la fois hâtive et touffue : adoptant l'ordre chronologique, il se met à composer des annales, et à raconter posément, à la manière d'un témoin bien renseigné et soucieux d'exactitude, un petit nombre de faits[1]. Il se bornera donc à mentionner, sous l'année 877, la capture du général Hichâm ben Abd el-Azîz et le rachat ultérieur de ce prisonnier de marque ; sous l'année 878 (ch. 63), l'expédition d'El-Mondhir contre Astorga et Leon ; sous l'année 881 (ch. 64), une chevauchée d'Alphonse III en Lusitanie. Mais il se garde d'oublier les

---

1. Ces annales sont annoncées par les mots : « Parvoque *proce-* « *dente* tempore, era DCCCCXV » ; d'où il résulterait que tous les faits mentionnés auparavant sont antérieurs à l'année 877. Cependant, une difficulté se présente. D'abord, l'édition de Juan del Saz, ch. 122, p. 44, porte, au lieu de *procedente*, la variante *precedenti ;* ensuite, tandis que le *Chron. Albeldense* cite au ch. 61 la conquête et le repeuplement de Coïmbre : « Conibriam, ab inimicis possessam, eremavit, « et Gallaecis postea populavit », nous lisons, à l'année 878, dans la courte annale portugaise appelée *Chronicon Laurbanense :* « Era « DCCCCXVI. prendita est Conimbria ad Ermegildo comite » (*Port. Mon. Hist. Script.*, I, p. 20). Donc, la portion du *Chron. Albeldense* rédigée sous forme de chronique se poursuivrait, semble-t-il, au moins jusqu'en 878, la partie rédigée sous forme d'annales commençant en 877. Pour expliquer ce chevauchement, s'il existe, admettra-t-on que l'auteur — nous ne pensons pas qu'il faille dire le continuateur — a fait un brusque retour en arrière et repris le récit un peu avant la date extrême à laquelle il l'avait mené ? Cela est possible, mais n'est pas rigoureusement sûr : d'une part la variante *precedenti* n'est pas nécessairement la bonne ; d'autre part, la date que donne le *Chron. Laurbanense* a pu être mal transcrite.

détails caractéristiques, il donne des précisions comme il n'en avait jusqu'alors jamais donné [1]. La sécheresse à laquelle il nous avait habitués a disparu ; elle a même si bien disparu que le récit de ces trois années 877, 878 et 881 tient à lui seul plus de place que celui de toutes les révoltes, invasions musulmanes ou conquêtes chrétiennes des années 866-876.

Il semble que le rédacteur ait posé la plume en 881 [2]. A cet endroit la tradition manuscrite s'accorde en effet à insérer une formule de conclusion (ch. 65) [3], laquelle, dans une famille de manuscrits, est elle-même suivie d'une liste en vers des évêques de l'époque, et d'un éloge, également versifié, du prince régnant [4].

---

1. Ainsi, il indique les conditions auxquelles Hichâm parvint à se libérer ; la composition de l'une des armées qui, en 878, attaquèrent les Chrétiens ; l'itinéraire que le roi suivit en 881 pour atteindre la Sierra Morena.

2. Cf. Florez, *op. cit.*, pp. 423 et 429-431.

3. « Ab hoc principe omnia templa Domini restaurantur, et civi- « tas in Oveto cum regiis aulis aedificatur ; statque scientia clarus, « vultu et habitu staturaque placidus. Inflectatque Dominus ejus « semper animum, ut pie regat populum, ut post longum principatus « imperium de regno terrae ad regnum transeat caeli. » Comparer les formules de conclusion, d'ailleurs beaucoup plus brèves, qui marquent le terme de l'*Ordo Gentis Gothorum* (ch. 46), des paragraphes consacrés aux Arabes (ch. 83) et de l'*Explanatio Gentis Gothorum* (ch. 86).

4. *Chron. Albeldense*, éd. Florez, ch. xi. — Ces deux morceaux — liste des évêques et éloge d'Alphonse III — étaient rejetés dans les pièces liminaires par les manuscrits de San Millan ; cf. éd. Berganza, *Antigüedades de España* (Madrid, 1719-21, 2 vol. in-fol.), II, ch. 118, p. 550, et Juan del Saz, *op. cit.*, ch. 10, p. 14. En revanche, les manuscrits du recueil inexactement dénommé *Tumbo negro de Santiago* les insèrent à la place ci-dessus indiquée, et qui est, sans nul doute, leur vraie place ; cf. Florez, *op. cit.*, p. 429 et Tailhan, *Bibliothèques*, p. 337, n. 3. — Le P. Fita, *loc. cit.*, p. 341, n'accepte à cet égard, ni les indications que donnaient les manuscrits de San Millan, ni celles que donnent les divers exemplaires du *Tumbo negro*. Pour lui, la formule *Ab hoc principe*, la liste des évêques et l'éloge du roi doivent être franchement déplacés et reportés tout à la fin de l'*Ordo Gothorum Ovetensium Regum*. Cette opinion repose sur une hypothèse qu'infir-

D) Mais l'œuvre ne s'arrête pas là ; achevée en 881, elle a été continuée deux ans après, et, dans cette continuation, l'exposé acquiert une ampleur inattendue, tandis que le cadre s'élargit. L'auteur raconte tout au long les deux campagnes d'El-Mondhir en 882 et 883 (ch. 66-76) ; il note avec soin les étapes successives des envahisseurs, les échecs répétés de ces derniers, les négociations entamées par eux en vue de signer la paix avec Alphonse. De plus, au lieu de ne considérer que l'histoire propre du royaume asturien, il jette au loin ses regards, et nous révèle l'action du roi hors des frontières du royaume : il nous montre Alphonse en relations d'amitié ou d'alliance avec une famille d'ambitieux roitelets installés en Aragon et en Navarre, les Benoû Moûsa ; il s'attarde même à nous entretenir des querelles intestines de ces remuants personnages, et nous donne ainsi, à l'année 882 (ch. 71-73), un très curieux aperçu d'histoire musulmane. C'est donc d'après des impressions toutes fraîches qu'a été écrite, dans les premiers jours de novembre 883, la relation de ces deux dernières années [1], — relation strictement contemporaine, délibérément étendue, et à ces deux égards unique dans toute l'historiographie latine du haut moyen âge espagnol [2].

---

ment et la tradition manuscrite et l'examen du contexte, à savoir que l'œuvre tout entière aurait été rédigée d'un seul jet, en 883 (cf. *loc. cit.*, pp. 337-339).

1. La date terminale est donnée, non dans l'*Ordo Gothorum Ovetensium Regum* dont le dernier paragraphe (ch. 76) est ainsi libellé : « Supradictus quoque Ababdella legatos pro pace et gratia regis « nostri saepius dirigere non desinit ; sed adhuc perfectum erit, quod « Domino placuerit », mais au ch. 80, où on lit : « Sub uno omnes « anni Arabum in Spaniam CLXVIIII et die III idus Novembris inci- « piunt centesimum septuagesimum ; et de praedicatione iniquissimi « Mahomat in Africa sunt CCLXX, in era quae nunc discurrit « DCCCCXXI. »

2. L'auteur du *Chron. Albeldense*, qui a résumé aux ch. 2-12 et 14-38 de son œuvre la *Chronique* et l'*Historia Gothorum* d'Isidore de Séville (cf. Mommsen, *op. cit.*, p. 373), a nécessairement retenu quelques expressions de son modèle. Exemples . Isidore, *Hist. Goth.*, ch. 29 :

III. — La Chronique dite de Sampiro.

Faisant suite à l'œuvre du Pseudo-Alphonse, et communément attribuée à Sampiro, évêque d'Astorga, la Chronique qui s'étend de 866 (avènement d'Alphonse III) à 982 (mort de Ramire III), nous est parvenue comme suit [1] : le Moine de Silos l'a incorporée à sa propre chronique [2] ; Pélage d'Oviedo l'a insérée dans son *Liber Chronicorum* (d'où elle a passé dans le *Tumbo negro de Santiago*) [3] ; enfin, le compilateur de la Chronique léonaise l'a également transcrite [4]. — Comparée à la rédaction du Moine de Silos, celle de Pélage apparaît comme notoirement interpolée : soupçonnées déjà par Contador de Argote, les interventions malencontreuses de l'évêque d'Oviedo ont été mises en lumière par Florez et Risco [5]. Quant

---

« *Virga* enim furoris dei sunt » ; *Chron. Albeld.*, ch. 59 : « *Virga* « justitiae fuit. » Isidore, ch. 57 : « quem *in primo flore adulescentiae* » ; *Chron. Albeld.*, ch. 61 : « Istum *in primo flore adulescentiae* ». Isidore, ch. 55 : « *tantam in animo benignitatem* gessit » et ch. 64 : « ita *ut... pater* paupcrum *vocari sit dignus* » ; *Chron. Albeld.*, ch. 60 : « Cui principi « *tanta* fuit *animi benignitas... ut Pater* gentium *vocari sit dignus*. »

1. Sur cette chronique, voir principalement Florez, *Esp. Sagr.*, XIV, pp. 419-430.

2. Moine de Silos, éd. Florez, ch. 48-67 (*Esp. Sagr.* XVII, pp. 297-308) ; éd. Santos Coco (Madrid, 1919, in-8°), pp. 41-57. Se rattache à cette rédaction la copie partielle qui se trouve dans le ms. n° 9880 (ancien Ee 92, XVIIᵉ siècle), de la Bibliothèque Nationale de Madrid.

3. Cette rédaction est représentée par l'édition de Florez, *Esp. Sagr.*, XIV (1758), pp. 438-457 (2ᵉ éd., 1786, pp. 452-472), le texte donné par Florez annulant ceux de Sandoval (1615), Ferreras (1727) et Berganza (1729).

4. Chronique léonaise, éd. G. Cirot, liv. II, ch. 39-46, 59-64, 66-73 et 75 (*Bulletin Hispanique*, XIII, 1911, pp. 403-407 et pp. 410-420).

5. Contador de Argote, *Memorias para a historia ecclesiastica de Braga*, III (Lisboa, 1744, in-4°), pp. 93 et suiv. ; Florez, *Esp. Sagr.*, XIV, pp. 428-430 ; Risco, *Esp. Sagr.*, XXXVIII, p. 126. Cf. Tailhan, *Bibliothèques*, p. 311.

à la recension de la Chronique léonaise, c'est une sorte de compromis entre les deux rédactions précédentes [1].

Toutes réserves étant faites sur la personnalité de l'auteur [2], — laquelle du reste importe assez peu, — il n'est pas niable que notre chronique ait été écrite à la fin du xe ou au début du xie siècle. Que vaut ce témoignage, pour le moins tardif, en ce qui touche le règne du dernier roi asturien ?

A) Déduction faite des interpolations reconnues [3], une

1. Selon M. G. Cirot, dans *Bulletin Hispanique*, XVIII (1916), p. 142, la rédaction de la Chronique léonaise (*B*) serait intermédiaire entre celle du Moine de Silos (*A*) et celle de Sampiro (*C*). Mais le compilateur de la Chronique léonaise n'avait-il pas tout simplement devant lui un exemplaire du *Liber Chronicorum* auquel il aurait fait quelques emprunts ?

2. C'est uniquement d'après le témoignage de Pélage d'Oviedo, dans la préface de son *Liber Chronicorum* que l'on attribue à Sampiro, évêque d'Astorga, la chronique qui va de 866 à 982 (cf. Gómez-Moreno, dans *Bol. de la R. Acad. de la Hist.*, LXXIII, 1918, p. 57). Or, Pélage a tenté de tromper ses lecteurs sur l'étendue réelle de la Chronique, puisqu'il en fixe le début au règne d'Alphonse II (voir le texte de ladite préface dans Mommsen, *Chronica minora*, II, pp. 262-263). N'aurait-il pas, en outre, confondu deux personnages distincts savoir : 1º un Sampiro, qui fut notaire sous Bermude II (982-999) et Alphonse V (999-1027), comme le montrent de nombreux documents ; 2º un Sampiro, qui fut évêque d'Astorga de 1035 à 1041 ? Florez, *Esp. Sagr.*, XIV, pp. 421-423 et XVI, pp. 168-172, a confondu lui aussi les deux personnages, car il a été influencé par la souscription suivante qu'on trouve dans un diplôme de Bermude II du 26 novembre 990 (Yepes, *Coronica general de la orden de San Benito*, V, escr. XXIX, fol. 448 r-449 r) : « Sanct Pirus qui dictavit (post Astoriccensis sedis episcopus) confir. » Or, il est bien évident que les mots placés entre parenthèses constituent une interpolation ; et bien évident aussi qu'un temps très long s'est écoulé entre 990 et 1035, en sorte que Sampiro serait très tardivement parvenu à l'épiscopat (cf. sur ce point les doutes de Florez, *Esp. Sagr.*, XVI, p. 172). Sans poursuivre la discussion, on observera que, d'après Florez, *Esp. Sagr.*, XIV, p. 423, Sampiro aurait écrit sa chronique alors qu'il était encore notaire : d'où le *terminus ad quem* adopté par l'auteur (avènement de Bermude II, son maître).

3. Florez a soit imprimé en italique, soit placé entre crochets carrés les passages interpolés. Ce sont, pour le règne d'Alphonse III : 1º l'énu-

bonne partie des renseignements fournis dérive en droite ligne du *Chronicon Albeldense ;* telles sont les mentions concernant la tentative de l'usurpateur Fruela, l'expédition d'El-Mondhir contre Leon, la conquête de Deza, Atienza et Coimbre, le repeuplement de Braga, Porto, Orense et Vizeu, la capture de Hichâm ben Abd el-Azîz et la deuxième campagne d'El-Mondhir en 878. Certes, Sampiro corrige son modèle, change certains vocables, abrège ou allonge certaines phrases ; mais, en dépit de ces retouches, la provenance n'est pas douteuse : de part et d'autre, le fond est identique, et les mêmes mots sont souvent employés [1]. Exemples :

Chron. Albeld., ch. 61.	Sampiro, ch. 1.
Illius tempore praeterito jamque multo, *Ismahelitica hostis* ad Legionem venit, duce Abulmundar... Sed dum venit, sibi impediit ; nam *ibi multis* millibus *amissis* ceterus *exercitus fugiens evasit.*	Interea ipsis diebus *Ismaelitica hostis* urbem Legionensem attentavit cum duobus ducibus Immundar et Alcanatel, *ibique multis* militibus *amissis*, alius *exercitus fugiens evasit.*

Chron. Albeld., ch. 61.	Sampiro, ch. 2.
Multosque inimicorum terminos est sortitus. Dezam castrum iste *accepit. Antezam pace adquisivit.*	*Multos inimicorum terminos sortitus est. Dezam* urbem iste *cepit... Atenzam pace acquisivit.*

mération des enfants du roi (ch. 1 ; cf. Chronique léonaise, liv. II, ch. 40) ; 2° une note relative à l'édification de l'église de Compostelle et à la construction d'églises, de châteaux et de palais dans le Leon et les Asturies (ch. 2 ; cf. Chronique léonaise, liv. II, ch. 41) ; 3° les actes du concile d'Oviedo (ch. 6-13) ; 4° la double indication concernant la sépulture du roi et de la reine à Astorga et le transfert de leurs restes à Oviedo (ch. 15 ; cf., à quelques variantes près, Chronique léonaise, liv. II, ch. 59).

1. Cela n'a pas empêché Amador de los Ríos, *Hist. critica de la literatura española*, II, p. 151, de déclarer que Sampiro ignorait le *Chron. Albeldense* : « Al paso que indicaba desconocer la *Chronica Albeldense,* con la qual no guarda entera concordancia. »

Chron. Albeld., ch. 61-62.

Conibriam, ab inimicis possessam, eremavit, et Gallaecis postea populavit ; multaque alia castra sibi subjecit.

Ejus tempore Ecclesia crescit, et regnum *ampliatur. Urbes* quoque *Bracharensis, Portucalensis, Aucensis* [*lire* Auriensis], Eminensis, *Vesensis* atque Lamecensis *a Christianis populantur...*

Parvoque procedente tempore, era DCCCCXV, *consule Spaniae* et Mahomat regis consiliarius *Abuhalit bello* in fines Gallaeciae capitur, regique nostro in Oveto perducitur. Qui dum se postea *redemit,* duos fratres suos, filium atque subrinum obsides dedit, quousque *centum millia* auri *solidos* regi persolvit.

Sampiro, ch. 3-4.

Conimbriam quoque *ab inimicis* obsessam defendit, suoque imperio subjugavit. Cesserunt etiam armis illius plurimae Hispaniae urbes.

Ejus quoque *tempore Ecclesia ampliata* est ; *urbes* namque *Portugalensis, Bracharensis. Vesensis,* Flaviensis, *Aucensis a Christianis populantur.*

Sub cujus imperio dux quidam *Hispaniae* et *proconsul* nomine *Abohalit, bello* comprehensus, regis obtutibus est praesentatus, qui se *redimens* pretio, *centum millia solidorum* in redemptionem suam dedit,

Chron. Albeld., ch. 63.

Deinde, imperante Abuhalit, *pro tribus annis pax* in utrosque reges fuit.

Sampiro, ch. 6.

Post haec Agareni ad regem Adefonsum legatos pro pace miserunt ; sed rex *per triennium* illis *pacem* accomodans...

B) De l'avènement à la mort d'Alphonse III, le récit de Sampiro semble marcher d'une allure régulière, sans interruption ni à-coup. Or, il présente en réalité une lacune habilement dissimulée. Nous savons par la Chronique d'Albelda, ch. 63-64, que la deuxième campagne d'El-Mondhir (celle que termina la déroute de *Polvoraria*) eut lieu en 878 et fut suivie d'une trêve de trois ans, au terme de laquelle Alphonse III envahit, en 881, la Lusitanie. Sans les dater, Sampiro, ch. 5-6, signale et ladite expédition d'El-Mondhir, et ladite trêve ; mais aussitôt après, passant sous silence la campagne de 881, il note le repeuplement de Zamora et d'autres villes ou territoires, opérations qu'il annonce ainsi : « ac triennio peracto, « sub era DCCCCXXXVII [1]. » Notre auteur laisse donc subsister un vide entre les années 878 et 899 ; il ignore, ou feint d'ignorer tous les événements survenus dans cette période de vingt et un ans ; ignorance d'autant plus surprenante que, jusqu'en 883, il pouvait continuer à piller le *Chronicon Albeldense*.

C) Aux passages qu'il tire du *Chronicon Albeldense*, Sampiro joint quelques détails nouveaux, relatifs notamment au comte des Alavais Eylo et à la bataille de *Valdemora*, laquelle aurait suivi celle de *Polvoraria*. De plus, entre les passages qu'il extrait de ladite chronique, il glisse des mentions nouvelles, lesquelles concernent le repeuplement de *Sublantium* et de Cea, le mariage d'Alphonse III et la révolte des frères du roi. Où Sampiro a-t-il puisé ces renseignements additionnels ? On l'ignore. Ces renseignements méritent-ils qu'on en tienne compte ? Ceux que nous pouvons contrôler semblent plus ou moins suspects. S'il est avéré qu'Alphonse III

---

1. Telle est la date que donne la rédaction du Moine de Silos, ch. 51 (éd. Santos Coco, p. 44), tandis que celle de Pélage, ch. 14, porte : « Era DCCCCXLVIII » (a. 910), et celle de la Chronique léonaise, liv. II, ch. 45 : « Era DCCCCXIX » (a. 881). Ces deux dernières dates sont à rejeter. Dans la rédaction pélagienne, après la phrase : « sed « rex per triennium illis pacem accomodans », etc. (ch. 6), sont intercalés les actes du concile d'Oviedo, lesquels finissent, au ch. 13, par ces mots : « Actum concilium XVIII. kalendas julii era DCCCCXLV » (a. 907) ; lorsque la narration reprend, au ch. 14, nous lisons : « Con-« gregato magno exercitu, ac triennio peracto sub era DCCCCXLVIII » (a. 910). Il y a là une retouche manifeste, et sur laquelle il est inutile d'insister. — Quant à la rédaction léonaise, elle combine aux ch. 43-45 la chronologie du *Chron. Albeldense* (ch. 62-64) avec le récit de Sampiro ; mais si les dates de 877 et 878 conviennent bien, l'une à la capture d'Ibn Abd el-Azîz, l'autre à l'expédition d'El-Mondhir, c'est par inadvertance ou excès de logique que le compilateur, influencé par le *ac triennio peracto*, transpose ou calcule lui-même la date de 881, et l'applique au repeuplement de Zamora et autres lieux.

épousa une princesse navarraise, appelée Chimène, il est excessif de prétendre que cette princesse était apparentée à la « Gaule » tout entière [1]. D'autre part, en admettant que Bermude ait effectivement pris les armes contre Alphonse [2], il est tout à fait invraisemblable que la rébellion de Bermude ait pu durer sept ans ; il est enfin très improbable que l'annaliste contemporain auquel nous devons, dans le *Chronicon Albeldense*, le récit des années 878-881, ait oublié de signaler la bataille de *Valdemora*, ou mieux qu'il ait transformé en retraite volontaire ce qui aurait été réellement un désastre [3].

Sampiro est-il mieux informé sur la fin du règne ? A partir de 899, il relate : 1° le repeuplement de Zamora, Simancas, Dueñas, de la Tierra de Campos et de Toro (899) ; 2° la bataille de Zamora (901) ; 3° la marche d'Alphonse sur Tolède et la prise de *Quintialubel ;* 4° le soulèvement d'Adaminino ; 5° la révolte de l'infant Garcia ; 6° la déposition d'Alphonse, son pèlerinage à Compostelle, sa dernière campagne contre les Arabes et sa mort à Zamora. — Ici encore, on ne sait quels documents Sampiro utilise. Son témoignage est corroboré, sur un point, par d'autres sources : les textes arabes nous apprennent en effet qu'Alphonse combattit, en 901,

---

1. Sampiro, éd. Florez, ch. 1 : « Non multo post universam Galliam « simul cum Pampilona causa cognationis secum associat, uxorem « ex illorum prosapia generis accipiens, nomine Xemena » (« Xime-« nam, *consubrinam Caroli regis* », dit le texte silésien, ch. 49). Si l'on accepte, à défaut de la glose *consubrinam Caroli regis*, la locution *universam Galliam*, il faudrait en limiter le sens, et dire avec M. J. de Jaurgain, *La Vasconie* (Pau, 1898-1902, 2 vol. in-8°), 1, p. 277 : «...Sampiro a évidemment voulu parler de la Vasconie cispyrénéenne, « dont les princes — le duc de Gascogne, les comtes de Comminges « et de Bigorre, le vicomte de Béarn — étaient... les proches parents « de la femme d'Alphonse III et de la même race qu'elle. »

2. Tailhan, *Bibliothèques*, p. 311, n. 5, considère cette révolte comme légendaire ; cf. ci-dessous, 2ᵉ Partie, ch. IV.

3. Comparer *Chron. Albeldense*, ch. 63 et Sampiro, éd. Florez, ch. 5.

sous les murs de Zamora [1]. Mais, partout ailleurs, il nous faut ou croire Sampiro sur parole, ou révoquer en doute sa parole. Or, tout le dernier paragraphe, depuis : « Et veniens « Zemoram filium suum Garseanum comprehendit » a des allures de légende.

Une dernière remarque. Sampiro a-t-il composé lui-même le récit qui vient d'être analysé, ou l'a-t-il copié dans une chronique aujourd'hui perdue ? On sait que l'œuvre du Pseudo-Alphonse avait été poursuivie jusqu'à l'époque de Garcia Ier [2] : est-ce cette continuation perdue qu'aurait employée Sampiro ? Il nous paraît impossible de résoudre le problème ainsi posé, d'autant que le Moine de Silos nous a conservé une suite au Pseudo-Alphonse.

IV. — LES DOCUMENTS ANNALISTIQUES.

A notre point de vue spécial, ces documents se répartissent en deux classes : les uns renferment des mentions précises et datées, relatives à tels faits de l'histoire asturienne ; les autres n'offrent, pour l'époque qui nous occupe, que de simples listes de rois, ou des résumés très succincts.

A) Un coup d'œil jeté sur les sources du premier groupe permet d'en opérer le classement d'une façon sommaire, mais suffisante. Les trois plus anciennes annales sont : 1º les annales portugaises dites *Chronicon Laurbanense* (866-1110) [3] ; 2º les annales castillanes dites *Chronicon S. Isidori Legionensis*, ou *Anales Castellanos I* (618-939) [4] ; 3º les annales

---

1. Voir ci-dessous, 2e Partie, ch. III.

2. Cf. le titre qui accompagnait la Chronique d'Alphonse III dans le *Soriensis*. Sur ce titre, voir *Revue Hispanique*, XLVI (1919), pp. 333-334.

3. *Portugaliae Monumenta Historica. Script.*, I, 1 (1856), p. 20. — Ces annales sont du IXe siècle ; les deux dernières mentions, relatives aux années 1064 et 1110, résultent d'additions.

4. Publiées, sous le titre de *Chronicon S. Isidori Legionensis*, par

navarraises que le Codex de Meyá nous a transmises (882-fin du xe siècle) [1]. Ces trois annales constituent trois documents indépendants. Il n'en est pas ainsi pour les autres œuvres, d'époque plus ou moins basse, qui appartiennent au même groupe : *Annales Complutenses* (1-1126), *Annales Compostellani* (1-1249), *Chronicon Burgense* (1-1212), *Anales Toledanos I* (1-1219) et *Cronicon I de Cardeña* (1-1327) [2] : tous ces textes, castillans d'origine [3], sont unis par des liens de mutuelle dépendance [4]. Or, à l'exception de deux passages des *Annales Compostellani* et d'un passage extrêmement suspect du *Cronicon I de Cardeña* [5], il n'est pas une note incluse

---

Tailhan, *Anonyme de Cordoue*, pp. 196-197 (cf. pl. xix) ; texte plus correct dans Manuel Gómez-Moreno Martínez, [*Anales Castellanos*] *Discursos leídos ante la Real Academia de la Historia* (Madrid, 1917, in-8°, 45 pp.), pp. 23-24, sous le titre : *Anales Castellanos primeros*. — A remarquer que ni le P. Tailhan, ni M. Gómez-Moreno ne semblent avoir connu une édition partielle due au P. P[ablo] R[odriguez], *Diploma de Ramiro I* (Madrid, 1804, pet. in-4°), pp. 348-349.

1. Successivement imprimées par Traggia (1805), M. Oliver y Hurtado (1866), Sanpere y Miquel (1904), la dernière édition étant celle de M. Serrano y Sanz, *Noticias y documentos históricos del condado de Ribagorça* (Madrid, 1912, in-8°), pp. 173-174.

2. Voir le texte de ces documents, non dans Berganza (1721) ou Ferreras (1727), mais dans Florez, *Esp. Sagr.*, XXIII (1767), pp. 307 et suiv. (2e éd., 1799, pp. 308 et suiv.). Pour les *Annales Complutenses*, consulter l'édition, tout à fait nouvelle, qu'a donnée M. Gómez-Moreno, *op. cit.*, pp. 25-28, sous le titre : *Anales Castellanos segundos*.

3. Les Annales, dit même M. Gómez-Moreno, p. 6, « son especialidad de Castilla ».

4. Cf. Gómez-Moreno, p. 9 : le *Chronicon Burgense* n'est, en grande partie, qu'un abrégé des *Annales Compostellani* ; le *Cronicon I de Cardeña* dépend lui aussi des *Annales Compostellani* dont il est une traduction partielle ; les *Anales Toledanos I* dépendent à leur tour des *Annales Complutenses*, qu'elles traduisent presque en entier. Noter, en passant, que les *Annales Complutenses* sont particulièrement importantes pour les xe et xie siècles, et les *Annales Compostellani* pour les xie, xiie et xiiie.

5. Notice de la destruction de Cardeña par les Arabes en 834. Voir ci-dessous, 2e Partie, ch. IV.

dans les annales précitées que l'on ne rencontre déjà, sous une forme plus correcte ou plus explicite, dans le *Chronicon S. Isidori Legionensis* ou *Anales Castellanos I*. Ces dernières annales, celles de Lorvão et de Meyá, subsidiairement celles de Compostelle, tels sont, à l'exclusion de tout autre, les documents de cette nature que nous ayons à employer.

Mais les documents ainsi sélectionnés ne nous seront pas d'un grand secours. Le nombre des événements qu'ils relatent est si restreint — une quinzaine environ [1] — qu'il paraîtrait presque négligeable, s'il ne s'agissait pas de l'Espagne du haut moyen âge. Encore faut-il observer que ces quelques renseignements ne sont pas tous pleinement intelligibles. Ici, un accident de transcription a mutilé le texte primitif, comme il arrive pour l'unique mention que contiennent les Annales de Meyá [2]. Là, le contexte est si bref, qu'il en devient presque énigmatique. A quoi répond, par exemple, cette phrase des *Anales Castellanos I* : « In era DCCCLII. « exierunt foras montani de Malacoria et venerunt ad Cas- « tella » ? A quoi se rapporte cette proposition, puisée à la même source : « In era DCCCCIIII. fregit Rudericus commes « Asturias » ? Pour tirer parti de notes de ce genre, il a fallu beaucoup d'ingéniosité ; mais les explications proposées — que nous admettrons, faute de mieux, — n'ont que la valeur d'heureuses conjectures [3].

B) Des listes ou catalogues de rois asturiens (et léonais)

---

1. Les *Anales Castellanos primeros* fournissent à peine neuf mentions; le *Chronicon Laurbanense* en donne quatre, les Annales de Meyá une seule. Joindre à cette maigre récolte les deux passages, déjà signalés, des *Annales Compostellani*.

2. « Era DCCCCXXXVIII fuit coniunctio duorum regum, id est « Adefonsus Astu... » (Serrano y Sanz, *op. cit.*, p. 173, porte, par erreur : Era DCCCCXXVIII »). — De même, *Anales Castellanos I*, à l'année 856 : « In era DCCCLXᵛIIII populavit domnus Ordonius Le- « gione et in tertio anno sic fregit... » (Gómez-Moreno, *op. cit.*, p. 23).

3. Voir ci-dessous, 2ᵉ Partie, ch. IV.

se trouvent en tête de trois annales : *Chronicon Complutense* (281-1111) [1], *Chronicon Conimbricense* (1-1326) [2] et *Chronicon Lusitanum* (311-1184)[3]. Il convient d'en dire ici un mot, et de les rapprocher d'autres listes similaires.

Autant qu'on en peut juger, une première liste, commençant avec Pélage, sinon avec l'émigration des Goths, avait été dressée selon toute vraisemblance dans les Asturies, peu après l'avènement d'Alphonse II, époque à laquelle elle s'arrête : c'est cette liste que nous ont conservée le *Chronicon Complutense* et le *Chronicon Conimbricense IV* (ou *II*) [4]. Plus tard,

---

1. Texte dans Florez, *Esp. Sagr.*, XXIII, pp. 315-317 (2ᵉ éd., pp. 316-318), ou dans les *Port. Mon. Hist. Script.*, I, pp. 17-19. — Le *Chronicon Complutense* est essentiellement une courte annale de la fin du xiᵉ siècle.

2. Voir les éditions de Florez, *Esp. Sagr.*, XXIII, pp. 329-342 (2ᵉ éd., pp. 330-343) et des *Port. Mon. Hist. Script.*, I, pp. 1-5. Nous ne tiendrons compte que de la partie latine de ce document, laquelle se compose avant tout de fragments d'annales du xiiᵉ siècle, ces fragments n'étant pas numérotés de la même façon par Florez et les éditeurs des *Port. Mon. Hist.*

3. Voir les éditions de Florez, *Esp. Sagr.*, XIV, pp. 402-419 (2ᵉ éd., 1786) et des *Port. Mon. Hist. Script.*, I, pp. 5-17, où lesdites annales portent le titre de *Chronica Gothorum* (l'abrégé sans valeur intitulé *Brevis Historia Gothorum* étant imprimé en regard du texte complet). Le *Chronicon Lusitanum* intéresse à peu près exclusivement les xiᵉ et xiiᵉ siècles.

4. Textes dans Florez, *Esp. Sagr.*, XXIII, pp. 315 (2ᵉ éd., p. 316) et 336 (2ᵉ éd., p. 337), la liste du *Chron. Complutense* étant également publiée par Mommsen, *Chronica minora*, II, p. 168. — Entre ces deux documents, une seule variante intéressante : d'après le *Chron. Complutense*, Alphonse Iᵉʳ régna dix-neuf ans ; d'après le *Chron. Conimbricense*, dix-huit (cf. Pseudo-Alphonse, ch. 14 et *Chron. Albeldense*, ch. 52, qui donnent eux aussi le chiffre XVIII). — Le *Chron. Complutense* porte : « Pelagius regnavit annis XVIIII. Fafila annis II. « mensibus VI. Adefonsus regnavit XIX. (*lire* XVIII) annis. mense I. « die I. Froila reg. an. XI. mensibus V. diebus XX. Aurelius ann. VI. « mensibus VI. Silo reg. ann. IX. mense I. die I. Mauregatus reg. « ann. V. mensibus VI. Sub uno fiunt anni LXXXI. Tunc positus « est in regno Dñus Adefonsus XVIII. Kal. Octobris sub Era « DCCCXXVIII. »

la même liste, à la fois allégée et complétée [1], fut continuée
d'abord jusqu'à l'avènement d'Alphonse III, puis jusqu'à
Ordoño III et terminée la quatrième année du règne dudit
Ordoño, soit en 954 ; sous cette forme, elle nous a été transmise par un manuscrit du *Fuero Juzgo*, achevé en 1057 et
provenant de San Isidro de Leon *(Laterculus Legionensis)* [2].
Pareillement, la même liste primitive — de Pélage à Alphonse II
-- a passé dans le catalogue joint, dans certains manuscrits,
à l'*Historia Compostellana*, et elle a été poursuivie ensuite
jusqu'à Ferdinand Ier [3]. Ces trois listes sont d'ailleurs à peu
près les seules à retenir : celle du *Chronicon Lusitanum* n'est
en effet qu'une compilation négligeable [4], et quant au catalogue du Codex de Meyá, il présente, par rapport aux textes
précités. trop de nouveautés équivoques [5].

1. Dans les documents cités ci-dessous, on n'a pas reproduit les
mots : « Sub uno fiunt anni LXXXI » placés dans le *Chron. Complutense*
(et le *Chron. Conimbricense*) après la mention du règne de Mauregato.
Par contre, on n'y a pas omis le règne de Bermude, lequel n'est pas
mentionné dans le *Chron. Complutense* et le *Chron. Conimbricense*.

2. Tailhan, *Anonyme de Cordoue*, pp. 197-198 (cf. pl. xx) ; Mommsen, *Chronica minora*, III (1898), p. 469 (texte moins correct que
celui de Tailhan).

3. Florez, *Esp. Sagr.*, XX, pp. 608-609 ; réimprimé *ibid.*, XXIII,
pp. 325-326 (2e éd., pp. 326-327). On observera : 1º qu'on a supprimé
sur cette liste et le *Sub uno fiunt anni LXXXI* et le passage concernant
l'avènement d'Alphonse II, lequel avait été transcrit dans le *Laterculus Legionensis*, le règne de Bermude étant d'ailleurs mentionné
ici, tout comme dans ledit *Laterculus ;* 2º que les deux textes du Catalogue, successivement imprimés par Florez, ne concordent pas entièrement : celui du t. XXIII assigne au règne de Pélage une durée de
cinq ans, au lieu de dix-neuf, ce qui est un simple lapsus ; de plus, le
catalogue du t. XXIII omet Bermude Ier, Ordoño Ier et Alphonse III :
serait-ce une erreur d'impression ?

4. *Esp. Sagr.*, XIV, pp. 402-403 ; *Port. Mon. Hist. Script.*, I, pp. 8-9.
Outre les textes signalés plus haut, l'auteur a fait des emprunts tant
au Pseudo-Alphonse (voir notamment pour Bermude) qu'à la Chronique d'Albelda (voir pour Alphonse III).

5. Sur cette liste, cf. ci-dessus, p. 14, note. — On y lit, notamment,
que Pélage régna 18 ans, *9 mois* et *19 jours* ; Fafila, 2 ans, 7 mois

Ces remarques étant faites, le problème qui se pose peut
être formulé ainsi. Les catalogues les moins suspects indiquent
avec précision la durée totale de chaque règne (années, mois
et jours à l'occasion) ; de plus, ils donnent presque aussi
complètement que possible — seule la férie manque — les dates
d'avènement d'Alphonse II et Alphonse III. Ne serait-il donc
pas possible de fixer à coup sûr, grâce aux documents en question, les dates extrêmes de tous les rois asturiens, Pélage
compris [1] ? Pour notre part, nous ne le pensons pas. D'abord,
les listes examinées renferment, à côté d'erreurs manifestes
et faciles à corriger [2], des variantes de rédaction entre lesquelles on ne saurait choisir, sinon de façon arbitraire [3]. Ensuite, ces listes ne sont d'aucune utilité pour la chronologie
de Ramire Ier, Ordoño Ier et Alphonse III, laquelle nous est
connue par des documents autrement meilleurs. Enfin, les

---

et *10 jours* ; Alphonse Ier, 19 ans, 1 mois et 2 jours; Fruela, *12* ans,
6 mois et 20 jours. Or, les précédents catalogues portent : pour Pélage,
18 ou 19 ans, sans plus; pour Fafila, 2 ans et 6 mois; pour Alphonse Ier,
18 ou 19 ans, 1 mois et 1 jour ; pour Fruela, 11 ans, 5 mois et 20 jours
(le *Laterculus Legionensis* disant lui aussi *12* ans).

1. Masdeu, *Hist. crítica de España*, XV (1795), pp. 78-88 (cf. pp. 271-
272), s'est livré à des supputations de ce genre. M. Carl Zeumer a
également utilisé des textes analogues à ceux que nous critiquons,
pour préciser la chronologie des rois wisigoths; voir son article *Die
Chronologie der Westgothenkönige des Reiches von Toledo*, dans *Neues
Archiv*, XXVII (1902), pp. 409-444.

2. Exemples, *Laterculus Legionensis* : « Pelagius regnavit annos
« XVIII (*lire* XVIIII)... Adefonsus regnavit annos XVIIII (*lire*
« XVIII...) Froyla regnavit annos XII (*lire* XI). Veremudos regn.
« ann. VI (*lire* III)... Ordoinus regnavit annos XV (*lire* XVI). » —
Liste de l'*Historia Compostellana* : « Ranemirus annos quinque (*lire*
« septem)... regnavit. »

3. Ainsi, Aurelio régna-t-il 6 ans et 6 mois, comme le disent les
Catalogues autres que le *Laterculus Legionensis*, ou 6 ans et 7 mois,
comme l'indique cette liste ? De même, Mauregato régna-t-il 5 ans et
6 mois ou 5 ans et *8* mois (*Laterculus Legionensis*) ? Pour la chronologie
si controversée du règne d'Alphonse II (voir ci-dessous, Appendice I),
les divergences ne seraient pas moindres.

catalogues les plus anciens ne permettent même pas d'établir
sur des bases solides la chronologie des rois antérieurs à Alphonse II : tout calcul aurait nécessairement pour point de
départ la date d'avènement d'Alphonse, — 14 septembre 790,
disent les Catalogues contenus dans le *Chronicon Complutense*, le *Chronicon Conimbricense* et le *Laterculus Legionensis*. Mais nous aurons l'occasion de voir que cette date
de 790 n'est pas absolument certaine [1] ; de plus, l'omission
du règne de Bermude Ier, dans le *Chronicon Complutense* et
le *Chronicon Conimbricense*, achève de rendre vain, du moins
à notre avis, tout essai de calcul [2].

C) Les résumés d'histoire qu'offrent certains textes annalistiques, — soit le *Chronicon Conimbricense* et le *Chronicon
Lusitanum* — peuvent être très rapidement éliminés : concernant tous deux le règne d'Alphonse III, mais d'étendue
très inégale, — l'un tient en trois lignes, l'autre est sensiblement plus développé — l'un et l'autre dérivent de la Chronique d'Albelda, dont ils sont de simples extraits [3].

---

1. Voir ci-dessous, Appendice I.

2. En additionnant, après rectification des erreurs manifestes, les
chiffres du *Laterculus Legionensis*, on arrive, pour tous les prédécesseurs d'Alphonse II depuis Pélage, à un total de 75 ans, 9 mois et
21 jours ; étant donné ce total et la date du 14 septembre 790, Pélage
serait monté sur le trône à l'extrême fin de 714, ce qui est en contradiction avec les données fournies par le Pseudo-Alphonse, ch. 11 et
le *Chron. Albeldense*, ch. 50. D'un autre côté, en additionnant les
chiffres du *Chron. Conimbricense*, — ce sont les plus voisins de ceux
que portent les chroniques susdites, — on arriverait à un total de 72 ans
1 mois et 22 jours, ce qui placerait bien, comme le veulent les chroniques, l'avènement de Pélage en 718 ; mais, répétons-le, le règne de
Bermude n'est pas compris dans ce calcul, puisque le *Chron. Conimbricense* le passe sous silence ; donc, le calcul est entaché d'erreur.

3. *Chron. Conimbricense II* (*Esp. Sagr.*, XXIII, p. 331 ; 2e éd.,
p. 332) : « In Era [D]CCCCIIII. Ildefonsus Ordonii filius cepit
« Colimbriam, Bracaram et Portugalem, Viseum, Lamecum, Egi-
« tancam, et regnavit annis XVIII. » Comparer *Chron. Albeldense*,
ch. 61 : « Adefonsus filius ejus XVIII. regni deducit annum » (et non

V. — La *Vita S. Froylani*.

Les documents hagiographiques sont plus rares encore que les chroniques et annales. Il nous faut exclure : 1º la Vie de Beatus de Liébana, qui a été forgée par le trop célèbre Tamayo de Salazar [1] ; 2º la courte *Laudatio S. Vintilani*, qui paraît moderne et ne mérite pas qu'on s'y arrête [2] ; 3º les documents relatifs à Victor de Cerezo, lesquels concernent, semble-t-il, non un martyr de Castille, mais saint Victor de Césarée [3] ; 4º la *Vita S. Attilani*, qui s'applique bien à un

---

pas *regn. ann. XVIII*) et ch. 61-62 pour les noms des villes conquises. — *Chron. Lusitanum* (*Esp. Sagr.*, XIV, p. 403) : « Acra 904. Adefonsus « Ordonii filius regnavit annis 18 [*sic*]. Iste primo regni sui anno... « et maris littora eremitavit, atque destruxit. » Comparer *Chron. Albeldense*, ch. 61-62 et remarquer que Florez, *op. cit.*, p. 403, n. 2, avait, d'un mot, signalé les rapports existant entre les deux textes ; cf. G. Cirot, dans *Bulletin Hispanique*, XIII (1911), p. 404, n. 39.2 et 40.1 ; p. 405, n. 40.3 et 43.1. — Ces résumés étant éliminés, à plus forte raison convient-il d'écarter l'abrégé que l'on rencontre dans le *Cron. II de Cardeña* (*Esp. Sagr.*, XXIII, p. 376 ; 2e éd., p. 377) ; cet abrégé renferme, en peu de mots, beaucoup de légendes ou d'erreurs : bataille de Clavijo et vœux de saint Jacques; conquête de la Gascogne sous le règne d'Ordoño 1er ; défaite des Francs à Roncevaux sous le règne d'Alphonse III.

1. Publiée pour la première fois par Tamayo de Salazar, *Anamnesis, sive commemoratio omnium sanctorum hispanorum*, I, 2 (Lugduni, 1651, in-fol.), pp. 184-186. (Pour les autres éditions, voir *Bibliotheca hagiographica latina*, edid. Socii Bollandiani, I, Bruxellis, 1898-99, nº 1063, p. 159). Tamayo de Salazar dit qu'il a extrait ce document « ex ms. legendario Asturicensi ». Or, ce manuscrit n'a jamais existé ; cf. Risco, *Esp. Sagr.*, XXXIV, p. 380.

2. Publiée pour la première fois par Gonon, *Vitae et sententiae Patrum Occidentis* (Lugduni, 1625, in-fol.), pp. 270-271 (cf. *Bibl. hag. lat.*, II, Bruxellis, 1900-1901, nº 8678, p. 1253). - - Sur l'épitaphe de ce saint, mort le 23 décembre 890 (Hübner, *Inscriptiones Hispaniae Christianae*, p. 77, nº 236), voir F. Fita, *El epitafio de san Vinitla (siglo IX)*, dans *Bol. de la R. Acad. de la Hist.*, XL (1902), pp. 459-460.

3. Sur ces documents, se reporter à *Bibl. hag. lat.*, II, nᵒˢ 8565-8567, pp. 1238-1239, et à l'article de Joseph de Guibert, *Saint Victor de Césarée*, dans *Analecta Bollandiana*, XXIV (1905), pp. 257-264.

évêque de la fin du ixe et du début du xe siècle, mais qui est, à tout prendre, un banal spécimen de ces passe-partout hagiographiques, susceptibles de convenir, sauf modifications de détail, à une foule de pieux personnages [1]. Bref, l'unique texte à retenir est la *Vita S. Froylani* [2].

a) Il existe, aux archives de la Cathédrale de Leon, un volume en parchemin presque entièrement rempli par divers livres de la Bible, et dû à l'habileté d'un diacre nommé Juan, lequel terminait son travail en 920 [3]. Sur un espace laissé tout d'abord en blanc (fol. 101 r et v) a été transcrite la vie qui nous occupe : l'écriture est wisigothique, comme d'ailleurs celle du manuscrit tout entier ; de plus, la souscription *Ioannes diaconus scripsit* se retrouve ici comme en d'autres endroits du même volume. Toutefois, il est probable qu'un changement de main s'est produit et qu'on a cherché à imiter l'écriture du premier scribe [4]. On ne saurait donc affirmer, comme on l'a fait, que notre texte a été composé par le diacre Juan,

---

1. Texte dans Florez, *Esp. Sagr.*, XIV, pp. 395-397 (2e éd., 1786, pp. 408-410). Ce texte, emprunté à un lectionnaire cistercien, vraisemblablement d'assez basse époque, est le seul à consulter ; celui qu'on trouve dans les *AA. SS. Boll.*, Oct., III, pp. 242-244, est à rejeter, car il provient de l'*Anamnesis* de Tamayo de Salazar. — Remarquer que les Néo-Bollandistes, *Bibl. hag. lat.*, I, n° 745, p. 120, continuent, par erreur, à placer la mort de saint Atilano le 3 octobre 1009.

2. Texte dans Risco, *Esp. Sagr.*, XXXIV, pp. 422-425, d'après les mss. mentionnés ci-dessous, et dans A. López Peláez, *San Froilán de Lugo* (Madrid, 1910, pet. in-8°), pp. 219-224, d'après Risco. — Ici encore, rejeter le document inséré dans les *AA. SS. Boll.*, Oct., III, pp. 232-233, car lui aussi provient de l'*Anamnesis* de Salazar.

3. Ce manuscrit a été décrit par R. Beer et J. E. Díaz Jiménez, *Noticias bibliográficas y catálogo de los códices de la Santa Iglesia Catedral de León* (León, 1888, in-8°), n° 6, pp. 5-8 ; autre description dans Z. García Villada, *Catálogo de los códices y documentos de la Catedral de León* (Madrid, 1919, in-8°), n° 6, pp. 35-37.

4. Cf. Beer et Díaz Jiménez, *op. cit.*, p. 7. Le P. García Villada, *op. cit.*, p. 36, note simplement que l'écriture est « un poco « mayor ».

en 920, soit « quinze ans seulement après la mort du saint [1] ».

b) Le texte contenu dans la Bible de Leon est incomplet ; le dernier quart, environ, manque [2] ; or, c'est à l'extrême fin que se rencontrent les indications chronologiques permettant de fixer la date de la naissance du saint, celle de son élévation à l'épiscopat et celle de sa mort : « Vixit annos « septuaginta tribus, quinque ex eis episcopale gessit officium. « Obiit era DCCCCX'III. » Ces indications ne se trouvent que dans un Bréviaire léonais, lequel, sauf erreur d'identification, est du XVe siècle [3]. Cependant, malgré leur provenance, elles ne sont nullement suspectes : saint Froilan a été le compagnon de saint Atilano ; or, ce dernier, élevé à l'épiscopat en même temps que son ami [4], a bien occupé le siège de Zamora au début du Xe siècle [5]. Quoique, pour Froilan, nous ne possédions qu'une souscription au bas d'un diplôme

---

1. Tailhan, *Bibliothèques*, p. 273, n. 3. Cf. *Bibl. hag. lat.*, I, n° 3180, p. 476 : « Vita auct. Iohanne diac. ».

2. Le texte s'arrête aux mots : « Hic vir Dei plenus spiritu sancto ». Cf. García Villada, *op. cit.*, p. 36.

3. Risco, *Esp. Sagr.*, XXXIV, p. 166. Ce Bréviaire léonais ne serait-il pas celui qu'ont décrit sous le n° 36, d'un côté, Beer et Díaz Jiménez, *op. cit.*, pp. 37-39, de l'autre, García Villada, *op. cit.*, p. 65 ?

4. Cf. la *Vita, loc. cit.*, p. 424 : « Tandem invitus ordinatus est « [Frojanus] in Legione sede et collegam suum Atilanem in Zamo- « rensem cathedram; diem sanctum Pentecostem pariter ambo con- « secrati sunt, honorem suscipientes sacerdotalem. »

5. Un évêque de ce nom souscrit, — toutefois sans indication de siège, — les diplômes d'Alphonse III du 22 septembre 907 (*Revue Hispanique*, XLVI, 1919, pp. 177-178) et du 28 avril 909 (Escalona, *Historia del monasterio de Sahagun*. Madrid, 1782, in-fol., p. 379). — Rappelons que Florez, *Esp. Sagr.*, XIV, pp. 337-343, croyant sur la foi de Lobera que saint Froilan avait été évêque de Leon de 990 à 1006, s'était trouvé amené à imaginer un saint Atilano évêque de Zamora à partir de 990 également. L'erreur a été dissipée par Risco, *Esp. Sagr.*, XXXIV, pp. 161 et suiv., mais, comme nous l'avons vu, elle a persisté dans la *Bibl. hag. lat.*

refait [1], les dates fournies par le Bréviaire peuvent donc être admises [2].

c) La *Vita S. Froylani* est intéressante à deux points de vue : d'abord, elle nous montre l'intervention du roi dans le choix des évêques, comme nous aurons l'occasion de le noter plus bas ; ensuite, elle nous apporte quelques renseignements sur l'œuvre de restauration religieuse accomplie par Froilan en terre léonaise, œuvre parallèle à celle que saint Genadio accomplissait, vers la même époque, dans le Bierzo.

---

1. Diplôme d'Alphonse III du 20 janvier 905, pour l'église d'Oviedo, dans Risco, *Esp. Sagr.*, XXXVII, pp. 329-337. Voir pp. 336-337.

2. Noter cependant que Risco, *Esp. Sagr.*, XXXIV, pp. 154 et 167, signale, en 904, d'après une charte privée, un évêque de Leon nommé Mauro. Risco admet, *op. cit.*, pp. 154-155 et 172-173, qu'à cette date de 904, ledit Mauro avait renoncé à son siège. Peut-être n'est-il pas nécessaire d'avoir recours à cette hypothèse. La charte alléguée, p. 154, est en effet datée de façon très insolite : « Factus testamentus « sub die quod fuit II id. majas, era 942. Anno gloriae regni nostri « 38. In Dei nomine commorantes in civitate Legione. Ego Theudericus « in hoc testamento quod fieri volui manu propria. » Il est à peine besoin d'observer que la formule ne saurait convenir qu'à un diplôme royal : on peut donc supposer, pour le moins, que la date avait été mal transcrite.

CHAPITRE II

LES COMPILATIONS LATINES DES XIIe ET XIIIe SIÈCLES

Sommairement esquissée dans les plus anciennes chroniques, l'histoire du royaume asturien a été plus longuement exposée dans les compilations des XIIe et XIIIe siècles. Les compilateurs se sont-ils bornés à transcrire ou paraphraser les documents que nous possédons encore ? Ont-ils au contraire utilisé, du moins par places, d'autres textes qui ne seraient point parvenus jusqu'à nous ? Tant que la rédaction *B* du Pseudo-Alphonse est demeurée inédite [1], le doute était permis sur certains points ; il ne l'est plus aujourd'hui.

I. — LE MOINE DE SILOS.

On sait que l'auteur ainsi désigné se proposait de raconter la vie d'Alphonse VI (1065-1109), mais qu'au lieu d'aborder directement son sujet, il a composé une longue introduction qui nous est seule parvenue [2]. Cette introduction, qui remonte

---

1. Nous l'avons publiée pour la première fois, dans la *Revue Hispanique*, XXIII (1910), pp. 240-264 (publiée à nouveau par Z. García Villada, *Crónica de Alfonso III*, pp. 99-131). — Sur les particularités de cette rédaction *B*, voir *Revue Hispanique*, XLVI (1919), pp. 351-357.

2. Voir *Crónica Silense*. Edición preparada por F. Santos Coco. Madrid, 1919, in-8° (les paragraphes de cette édition n'étant pas numérotés, on conservera ici, pour la commodité des références, la

jusqu'à l'époque wisigothique, nous a transmis, entre autres choses, le texte le plus pur de Sampiro, quelques notices sur les derniers rois léonais et des renseignements uniques sur le règne de Ferdinand Ier ; mais, pour l'histoire lointaine des rois asturiens, que nous offre cet ouvrage rédigé au début du XIIe siècle ?

A) De l'avènement de Pélage à la mort d'Ordoño Ier (ch. 20-38), le Moine de Silos suit pas à pas le Pseudo-Alphonse ; il en tire les éléments de son propre récit, il en adopte l'ordre, il calque ses développements sur ceux de son guide, il lui emprunte même certaines évaluations numériques qui trahissent leur origine [1]. D'ailleurs, il est aisé de voir que le Moine de Silos avait sous les yeux les deux rédactions *A* et *B* [2], et que, s'inspirant parfois de la première [3], il emploie de préférence la seconde, c'est-à-dire la pille et la démarque habituellement [4]. Ainsi s'explique, outre la présence de détails

---

numérotation de l'édition Florez, *Esp. Sagr.*, XVII, 1763, pp. 270-330). — Sur l'auteur et son ouvrage, voir principalement la préface de Florez, *loc. cit.*, pp. 264-269, et, malgré ses imperfections, l'article de M. A. Blázquez, *Pelayo de Oviedo y el Silense. Observaciones acerca del Cronicón del monje Silense*, dans *Revista de Archivos*, 3ª época, XVIII (1908), pp. 187-203 ; voir aussi Santos Coco, *op. cit.*, pp. VII-X (l'auteur) et XXXI-XXXVII (valeur historique de la chronique).

1. Les deux textes font périr 124.000 Musulmans à Covadonga et 63.000 en Liébana (Silos, ch. 24 ; Pseudo-Alphonse, réd. *A*, ch. 10). De même 54.000 Infidèles auraient été massacrés par les armées de Fruela (Silos, ch. 27 et Pseudo-Alphonse, réd. *A*, ch. 16).

2. Le P. Tailhan, *Bibliothèques*, p. 311, s'était bien rendu compte que le Moine de Silos avait connu d'autres documents que le texte traditionnel du Pseudo-Alphonse.

3. Comme *A*, par exemple, et à l'inverse de *B*, le Moine de Silos tait les aventures de la sœur de Pélage, et met en scène Munuza après, et non avant la bataille de Covadonga (comparer, d'une part, Silos, ch. 20 et 25 et *A*, ch. 8 et 11 ; d'autre part, *B*, ch. 8).

4. Voir les rapprochements qu'a institués M. G. Cirot, dans *Bulletin Hispanique*, XIII (1911), pp. 388 et suiv. (ch. 4 et suiv.), entre le texte du Moine de Silos et la partie de la Chronique léonaise qui reproduit, en réalité, le texte *B* du Pseudo-Alphonse.

typiques de *B*, l'omission de telles particularités de *A* [1]. Ainsi s'explique également l'usage simultané de locutions et de tournures qui proviennent les unes de *A*, les autres de *B*, cette dernière rédaction ayant été, même au point de vue des formules, la plus fréquemment mise à profit.

Remarquons, d'autre part, que le Moine de Silos prend quelques libertés avec le modèle qu'il transpose. Pratiquant des coupures, il supprime les rois Fafila, Aurelio, Silo et Mauregato [2], biffe toutes les dates terminales, sauf celle de la mort d'Alphonse II [3], condense ou même rejette certains développements : par exemple, il substitue une phrase banale à la longue liste des villes reconquises par Alphonse Ier [4] et il omet la campagne de 816, de même que tous les événements

---

1. Comme *B*, le Moine de Silos déclarera que Pélage avait été spataire de Rodrigue ; qu'Oppas était archevêque de Tolède (et non de Séville) ; qu'Alkama avait reçu l'ordre de s'emparer de Pélage, le cas échéant ; que le père d'Alphonse Ier était duc des Cantabres, et que ledit Alphonse épousa la fille de Pélage ; que Fruela Ier rétablit le célibat ecclésiastique (comparer Silos, ch. 20, 21, 26, 27 et *B*, ch. 8, 11 et 16 ; cf. pour deux des passages allégués, Cirot, *loc. cit.*, p. 390, ch. 7 et p. 391, ch. 11). — De même, en conformité avec *B*, mais par opposition avec *A*, le Moine de Silos négligera de dire que le général Omar, tué par les troupes de Fruela, était fils de l'émir régnant ; que la reine Nuña fut esclave avant de devenir reine ; que le château où se réfugia Mahmoûd avait nom Santa Cristina ; qu'Aldroito et Piniolo furent successivement comtes du palais, etc., etc. (comparer Silos, ch. 27, 30, 34 ; *B* et *A*, ch. 16, 22, 24).

2. Cf. Blázquez, *loc. cit.*, p. 191 et 196, lequel donne d'autres exemples de suppressions analogues.

3. Le Moine de Silos, ch. 30 (éd. Santos Coco, p. 27), place la mort de ce roi : « era DCCCLXXXI » (a.843), au lieu de : « era DCCCLXXX » (a.842).

4. Moine de Silos, ch. 26 (éd. Santos Coco, p. 22) : « Quamplurimas « a barbaris oppressas civitates bellando cepit ; ecclesias nefando « Mahometis nomine remoto, in nomine Christi consecrari fecit ; « episcopos unicuique preponere ; atque eas auro, argento lapidibusque « pretiosis ac sacre legis libris ornare devote studuit. » Cf. Blázquez, *loc. cit.*, p. 195.

de la fin du règne d'Ordoño [1]. Non content d'opérer des compressions, il se livre aussi à des corrections partielles, transforme en un roi le prince Fruela, frère d'Alphonse Ier [2], place hardiment, pour des raisons logiques, la règne de Bermude Ier après celui d'Alphonse II [3], change des noms propres [4], use d'épithètes jusqu'alors inemployées [5], précise telles données chronologiques [6]. Enfin, il ajoute au fond commun des rédac-

---

1. Prise de Coria et de Talamanca, invasion normande de 859-860.

2. Moine de Silos, ch. 32 (éd. Santos Coco, p. 27) : « Qui duodecimo « regni sui anno, mensibus sex, diebus viginti peractis, debitum carnis « exsolvens... » Comparer le Catalogue du Codex de Meyá (ci-dessus, p. 14, note) : « Froila [frater eius [Adefonsi I] regnavit an. XII, « mens. VI, dies XX. » Une contamination s'est-elle produite ? C'est presque évident. En tout cas, il ne faut pas dire, comme M. A. Blázquez, *loc. cit.*, p. 196, que notre auteur a « répété » aux ch. 27 et 32 le règne de Fruela : au ch. 27, il est question de Fruela Ier, fils d'Alphonse Ier ; au ch. 32, il est question du prince Fruela, frère dudit Alphonse.

3. Le Moine de Silos épuise d'abord la descendance de Pélage et d'Alphonse Ier, laquelle finit avec Alphonse II ; après quoi, il passe à la descendance de Fruela, frère d'Alphonse Ier, laquelle commence pour lui avec Bermude, le règne d'Aurelio ayant été supprimé. D'où la transposition indiquée, et qui est bien volontaire; cf. ch. 31 (éd. Santos Coco, p. 27) : « Post cuius [Adefonsi II] felicem decessum, « Ranimirus Veremudi principis filius gubernandi regni sceptra suscepit. « Sed quoniam Adefonsi Yspaniarum orthodoxi imperatoris genealo- « giam seriatim texere statui, eo unde originem duxit, stilum verto. »

4. Les Vascons, cités par le Pseudo-Alphonse au ch. 16, sont transformés ici, ch. 27, en Navarrais ; l'église Santa Maria de Naranco (Pseudo-Alphonse, ch. 24) devient ici, ch. 34, San Miguel de Naranco.

5. Alphonse Ier est qualifié de *catholicus* (ch. 26 et 32) et Alphonse II de *castus* (ch. 28 et 32). Noter que, dans la préface de son *Liber Chronicorum* (Mommsen, *Chronica minora*, II, pp. 262-263), Pélage d'Oviedo, contemporain du Moine de Silos, applique l'épithète de *catholicus* aux rois Wamba, Pélage et Alphonse II ; celle de *castus* à Alphonse II.

6. D'après le Moine de Silos, ch. 34 et 38, Ramire Ier régna pendant sept ans, huit mois et dix-huit jours ; Ordoño Ier, pendant seize ans, trois mois et un jour. Les indications de mois et de jours manquent chez le Pseudo-Alphonse, ch. 24 et 26 ; par contre, on les retrouve, à quelques variantes près, dans le catalogue du Codex de Meyá (*loc. cit.*) : « Post Ranimirus regnavit an. VI, mens. VIIII, dies XVIIII. « Ordonius filius eius regnavit an. XVI, mens. III, diem I. »

tions *A* et *B* : 1⁰ la mention du châtiment infligé au comte Julien et aux fils de Witiza, en représailles de la défaite de Covadonga (ch. 25) ; 2⁰ le récit d'une translation de reliques, apportées de Tolède dans les Asturies (ch. 28) [1] ; 3⁰ la légende pieuse des anges orfèvres (ch. 29), lesquels auraient fabriqué une croix d'or demeurée célèbre. Bref, suivant les cas, il abrège, modifie ou complète à sa convenance l'œuvre de son devancier [2].

B) Après avoir largement utilisé le Pseudo-Alphonse et avant de transcrire littéralement la chronique de Sampiro, le Moine de Silos traite des rois Alphonse III (866-910), Garcia Ier (910-914) et Ordoño II (914-924) [3]. Ces pages

---

1. Il s'agit du reliquaire d'Oviedo, dont l'évêque Pélage a, de son côté, fait l'historique (*Esp. Sagr.*, XXXVII, pp. 352-358). — Cette addition, relative aux reliques d'Oviedo, en a entraîné une autre. On trouve en effet, au même ch. 28 (éd. Santos Coco, p. 24), la phrase suivante, qui n'a pas son équivalent chez le Pseudo-Alphonse : « Fecit « quoque sancte Leocadie basilicam forniceo opere cumulatam, super « quam fieret domus ubi celsiori loco archa sancta a fidelibus ado- « raretur. »

2. A remarquer, en passant, une des préoccupations de l'auteur. Vivant à une époque où l'influence française était très grande en Espagne, le Moine de Silos, tout comme Pélage d'Oviedo, a voulu montrer qu'il possédait quelques notions d'histoire de France ; d'où aux ch. 18-19 (éd. Santos Coco, pp. 16-17), un récit de l'expédition de Charlemagne en Espagne ; d'où également, au ch. 36 (éd. Santos Coco, p. 30), une allusion aux annales franques : « Verum qui quorundam « Francorum regum mansiones describere pergunt, animadvertant quia « pro nataliciis et paschalibus cibis, quos per diversa loca eos consum- « psisse asserunt » ; d'où encore, au ch. 37 (éd. Santos Coco, p. 31), l'énumération de trois rois francs : « ...nisi Carolus qui iam senio « conficiebatur et postea Ludovicus eius filius necnon et Lutarius « eius nepos », le Moine de Silos ayant d'ailleurs confondu Louis IV d'Outremer, père de Lothaire, avec Louis II le Bègue, fils de Charles le Chauve.

3. Moine de Silos, ch. 39-47 (*Esp. Sagr.*, XVII, pp. 292-297 ; éd. Santos Coco, pp. 33-41), le même texte se retrouvant dans la Chronique léonaise, liv. II, ch. 30-38 (*Bulletin Hispanique*, XIII, pp. 400-403).

représentent, à coup sûr, de façon plus ou moins fidèle, une chronique perdue, dont il est impossible de déterminer la provenance [1], mais dont on peut fixer assez exactement la valeur.

Le chapitre qui concerne Alphonse III est d'une grande brièveté [2] : l'avènement, l'éducation, le mariage et la mort du prince, une double victoire sur les Arabes, la construction de quelques édifices religieux ou civils, le don d'une croix à l'église cathédrale d'Oviedo, le transfert des restes du souverain, d'Astorga à Oviedo, voilà ce que l'auteur a noté [3]. Malgré sa sécheresse, le chapitre en question a cependant un réel intérêt : si on le compare aux relations correspondantes de la Chronique d'Albelda ou de Sampiro, on constate qu'il ne dérive pas d'elles, au moins directement [4], et fournit à certains égards des indications qui contredisent les autres témoignages [5] ; il nous révèle donc une tradition indépen-

---

1. Pour M. A. Blázquez, *loc. cit.*, pp. 192-193, ce fragment ne serait autre que la fin de la Chronique dite d'Alphonse III, laquelle se serait étendue jusqu'en 924, tandis que la Chronique de Sampiro, loin de s'arrêter en 982, se serait poursuivie jusqu'en 1020. Jusqu'à preuve du contraire, on s'en tiendra aux divisions adoptées par l'usage et la tradition manuscrite.

2. Moine de Silos, ch. 39-41 (éd. Santos Coco, pp. 33-36) ; Chronique léonaise, liv. II, ch. 30-32.

3. L'auteur a-t-il connu d'autres faits qu'il aurait volontairement omis, à l'exemple du Pseudo-Alphonse ? Nous lisons, au ch. 40 (éd. Santos Coco, p. 34) : « Sed inter regni negotia, que ab eo legitime « gesta permaxima sunt, et inter frequentia bella, que a primo tiro- « cinii sui anno strenue exercuit... »

4. Toutefois, sur un point, la succession des faits est présentée dans le même ordre que chez Sampiro. L'Anonyme de 924 — nous le nommerons ainsi, faute d'une appellation plus satisfaisante — place, au ch. 40, le mariage d'Alphonse III après une victoire remportée sur les Arabes ; comparer Sampiro, éd. Florez, ch. 1.

5. Le Moine de Silos, par exemple, dit au ch. 39 (éd. Santos Coco, p. 33), qu'Alphonse III était l'unique fils du roi Ordoño : « Erat enim « Adefonsus unicus domni Ordonii regis filius. » Or, dans la recension que nous a conservée le Moine de Silos (ch. 49 ; éd. Santos Coco, p. 42),

dante de celles que nous connaissions déjà, ce qui, du reste, ne prouve pas qu'il soit très sûr [1].

Que dès l'enfance Alphonse III ait été instruit de ses devoirs de roi et se soit montré pieux et charitable [2] ; qu'il ait bâti,

---

Sampiro cite au moins un frère d'Alphonse, soit Fruela ; et, dans la recension pélagienne (éd. Florez, ch. 3), nous voyons apparaître, outre Fruela, Nuño, Bermude et Odoario. Nous donnerons plus loin d'autres exemples de divergences.

1. Pélage d'Oviedo a peut-être connu cette tradition ; quoi qu'il en soit, nous observons, entre les écrits de Pélage et le texte étudié ici, quelques coïncidences. Au ch. 41 du Moine de Silos (éd. Santos Coco, p. 35), on lit : « Fecit namque *super corpus beati Iacobi* Com-« postelle *ecclesiam* » ; les mêmes termes se retrouvent au ch. 2 de la recension pélagienne de Sampiro : « Tunc in Gallaecia Compostellae « *super corpus beati Jacobi* Apostoli *ecclesiam...* » — Les deux documents (ch. 41 et ch. 2) mentionnent la construction du château fort de Gozon. — L'Anonyme de 924 indique à quelles fins ledit château de Gozon avait été bâti : « ...ad defensionem ecclesie sancti Salvatoris « Ovetensis oppidum Gauzon miro et forti opere in maritimis partibus « Asturie fabricavit : timebat enim quod navigio locum sanctum « hostes attingerent » (éd. Santos Coco, p. 35). Or, dans un diplôme du 20 janvier 905, qu'a interpolé ou refait Pélage d'Oviedo (cf. *Revue Hispanique*, XLVI, 1919, p. 53), Alphonse III concéderait à l'église d'Oviedo le château fort, édifié par lui à Oviedo même « ad tuitionem « munitionis thesauri aulae hujus sanctae ecclesiae... caventes, quod « absit, dum navalis gentilitas piratico solent exercitu properare, « ne videatur aliquid deperire » (*Esp. Sagr.*, XXXVII, pp. 329-330). — Enfin, Pélage d'Oviedo, *apud* Sampiro, ch. 15, et l'Anonyme de 924, ch. 41, s'accordent à noter le transfert des restes d'Alphonse III, d'Astorga à Oviedo.

2. Les chroniqueurs ne nous renseignent pas d'habitude sur l'éducation des princes (remarquer toutefois le passage du *Chron. Albeldense*, ch. 67, qui montre Alphonse III confiant « ad creandum » son fils Ordoño à un roitelet musulman). Les mêmes chroniqueurs ne s'attardent guère davantage à nous faire connaître les qualités morales des souverains. Ici, par exception, nous apprenons, ch. 39 (éd. Santos Coco, pp. 33-34), qu'Ordoño Ier avait préparé son fils au gouvernement du royaume : « Quem patricius pater ad omnem regendi regni utili-« tatem studiose educaverat », et nous voyons même, un peu plus loin, comment le jeune prince s'appliquait à soulager les infortunes : « Ceterum ab infantia sua magnus puer Adefonsus timere Deum et « amare didicerat ; et quidquid in domo patris super se habebat,

ou rebâti, l'église de Compostelle et le monastère de Sahagun, édifié la forteresse de Gozon et offert au Saint-Sauveur d'Oviedo une croix magnifiquement ouvragée, nous n'y contredirons pas ; qu'il ait rendu l'âme après une semaine de maladie, le 20 décembre 910, à minuit, cela est fort possible ; que ses restes, d'abord inhumés à Astorga, aient ensuite été transférés à Oviedo, concédons-le encore. Mais n'allons pas au delà.

L'Anonyme de 924 (ch. 39) semble croire qu'Alphonse III succéda à son père Ordoño sans éprouver la moindre opposition : rien n'est moins vrai, et le *Chronicon Albeldense* (ch. 61) nous montre au contraire le jeune prince fuyant en Castille devant l'usurpateur Fruela. — D'après notre texte (ch. 40), Alphonse III extermina sur les bords du Duero une armée venue de Tolède, retourna à Leon, puis, la même année, se porta au devant d'une autre armée qui était entrée en Castille, et mit en déroute cette nouvelle bande d'envahisseurs : ainsi se trouve défigurée, au point d'être presque méconnaissable, soit la première campagne d'El-Mondhir, soit l'expédition de 878 [1]. — L'Anonyme déclare (ch. 40) que la reine Chi-

---

« propter nomen Domini, tutoribus qui pueritiam eiusdem usque
« ad prefinitum tempus a patre observabant ignorantibus, paupe-
« ribus devote erogare consueverat. »

1. Il est difficile de se prononcer de façon certaine. *A*) Pour Sampiro, ch. 1, le mariage du roi aurait suivi sa victoire sur El-Mondhir ; l'Anonyme de 924 ne nomme pas El-Mondhir, mais lui aussi rapporte, immédiatement après une défaite musulmane, le mariage du prince : il pourrait donc faire allusion à l'expédition susdite. *B*) D'après le *Chron. Albeldense*, ch. 63, l'armée d'invasion, en 878, comprenait des troupes tolédanes ; d'après l'Anonyme de 924, c'est de Tolède que venait l'armée mise en déroute sur le Duero ; dès lors, n'a-t-il pas voulu raconter l'expédition de 878 ? Un détail, à l'appui de cette dernière hypothèse : le *Chron. Albeldense* date la deuxième expédition d'El-Mondhir de l'ère *DCCCCXVI* ; or l'Anonyme veut qu'Alphonse III ait, dans une première rencontre, massacré *CCCCXVI* Musulmans.

mène descendait des rois wisigoths, et il s'exprime de telle
sorte qu'on pourrait la croire originaire de la Tierra de Campos [1] : mais Chimène était navarraise, ce qui exclut toute
possibilité d'ascendance wisigothique. — Notre auteur assure
(ch. 40) que le roi se maria à l'âge de 21 ans et qu'il eut six fils
et trois filles : de ces deux renseignements, le second semble
douteux [2], et le premier est faux, si les faits de guerre ci-dessus mentionnés se rapportent à l'année 878 [3].

Les inexactitudes que nous avons relevées sont-elles imputables au Moine de Silos ou à son modèle ? D'ordinaire le
Moine de Silos n'altère pas gravement les textes dont il fait
usage : ou il les copie sans y rien changer, ou il se contente
d'en remanier la forme [4]. Est-ce donc que la chronique utilisée ici était de basse époque et partant de médiocre aloi ?
On lit, au ch. 41 : « Fecit [rex] namque super corpus beati
« Iacobi Compostelle ecclesiam... *que postea a barbaris des-*
« *tructa est* », et tout de suite après « : Nichilominus super
« athletas Christi Facundum scilicet et Primitivum basilicam...
« construxit : hanc etiam *Mauri eo tempore quo Iacobensem,*
« *hostiliter invaserunt et destruxerunt* [5]. » C'est vers 988 que
les Musulmans ravagèrent le monastère de Sahagun [6], et

---

1. Moine de Silos, ch. 40 (éd. Santos Coco, p. 35) : « Inde victor
« in Campos Gotorum reversus, duxit uxorem ex regali Gotice gentis
« natione nomine Xemenam. »

2. Nous ne connaissons pas les filles d'Alphonse III, et nous ne lui
connaissons avec certitude que cinq fils. Voir ci-dessous, Appendice II.

3. Étant mort en 910, « quinquagenarius additis octo » (Moine
de Silos, ch. 41 ; éd. Santos Coco, p. 36), Alphonse III était donc né
en 852 et avait par conséquent vingt-six ans en 878.

4. Cf. Dozy, *Recherches*, 3e éd., I, p. 84 ; Tailhan, *Bibliothèques*,
p. 338. Pour mémoire, signalons que M. A. Blázquez, *loc. cit.*, p. 196,
est d'un avis diamétralement opposé.

5. Éd. Santos Coco, p. 35.

6. Cf. la charte d'Ordoño, abbé d'Eslonza, en date du 25 novembre
988, publiée par le P. Fita, dans *Bol. de la R. Acad. de la Hist.*, XXXI
(1897), pp. 473-475. — Selon Escalona, *Historia del real monasterio*

c'est à l'été de 997 que les troupes d'El-Mançoûr saccagèrent
la ville de Compostelle, au cours d'une expédition célèbre [1].
En conséquence, si les deux passages transcrits ne sont pas
interpolés, — et rien ne prouve qu'ils le soient, — la chronique perdue datait, au plus tôt, de l'extrême fin du xe siècle.
Peut-être même avait-elle été rédigée plus tard encore, à un
moment où le souvenir des incursions de 988 et 997 s'était
déjà fortement atténué, puisque ces deux campagnes, que
sépare un intervalle de plus de dix ans, sont ici confondues.

II. — La Chronique léonaise.

Le texte que M. G. Cirot a dénommé ainsi et publié, commence avec la Chronique d'Isidore de Séville et finit à la
mort d'Alphonse VI (1109) [2]. Dans la portion qui nous intéresse [3], l'auteur ne s'est mis en frais ni d'imagination, ni de
style ; il a simplement rassemblé les textes narratifs antérieurs,

---

de Sahagun, pp. 49-51, les termes employés dans cette charte (soit :
« et dum Sarrazeni pergunt ad Domnos Sanctos ut destruerent eum,
« sicut et destruxerunt ») seraient fortement exagérés. Escalona admet
cependant que les troupes d'El-Mançoûr purent, en cette année 988,
causer « algun daño » au monastère de Sahagun.

1. Dozy, *Histoire des Musulmans d'Espagne* (Leyde, 1861, 4 vol.
in-8º), III, pp. 228-235. D'après Dozy, c'est même « la plus célèbre »
de toutes les campagnes d'El-Mançoûr.

2. G. Cirot, *Une chronique léonaise inédite*, dans *Bulletin Hispanique*, XI (1909), pp. 259-282 et *La Chronique léonaise (mss. A
189 et G 1 de la R. Academia de la Historia)*, ibid., XIII (1911),
pp. 133-156 et 381-439. Cf., du même auteur, *La Chronique léonaise
et la chronique dite de Silos*, ibid., XVI (1914), pp. 15-34 ; *La Chronique léonaise et les chroniques de Sébastien et de Silos*, ibid., XVIII
(1916), pp. 1-25 ; *La Chronique léonaise et les chroniques de Pélage
et de Silos*, ibid., XVIII (1916), pp. 141-154 ; *La Chronique léonaise
et les petites Annales de Castille*, ibid., XXI (1919), pp. 93-102. Consulter aussi García Villada, *Crónica de Alfonso III*, pp. 139-149.

3. Elle correspond au liv. II, ch. 2-32 et 39-59 (*Bulletin Hispanique*,
XIII, pp. 387-401 et 403-410).

puis les a découpés en fragments d'inégale étendue ; ces fragments, il les a ensuite accolés, sans les modifier sensiblement d'habitude, en tout cas, sans s'inquiéter ni des redites, ni des inconséquences qui devaient fatalement résulter de tels procédés d'assemblage. Il a donc composé un centon, riche de variantes de pure forme, presque entièrement dépourvu de renseignements nouveaux, mais instructif quand même, car il nous montre : 1º quelles étaient les sources dont pouvait disposer un érudit du XIIᵉ siècle ; 2º que ces sources n'étaient autres, à très peu de chose près, que celles dont on dispose actuellement.

A) De l'avènement de Pélage à la mort de Ramire Iᵉʳ (liv. II, ch. 2-23), c'est la rédaction *B* du Pseudo-Alphonse qui sert de base à l'exposé de la Chronique léonaise [1]. Cette rédaction *B* a été transcrite d'après un manuscrit très voisin de ceux qui nous sont parvenus ; toutefois, quelques mots ont été supprimés [2], quelques passages ont apparemment subi des retouches [3], certaines leçons enfin rappellent davan-

---

1. García Villada, *op. cit.*, pp. 140-141. — M. G. Cirot avait connu trop tard notre édition pour pouvoir en faire état (cf. *loc. cit.*, p. 439) ; d'où il résulte : 1º qu'une bonne partie de ce qu'il considère comme original aurait dû être imprimé en italique, d'après le système adopté par l'éditeur ; 2º que certaines mentions, considérées comme provenant soit du *Chron. Albeldense* (Chronique léonaise, liv. II, ch. 10 et 11), soit du Moine de Silos (*ibid.*, ch. 4, 5, 6, 7, 9, 11, 19, 20, 22 et 23), proviennent en réalité de la rédaction *B* du Pseudo-Alphonse.

2. Comparer, par exemple, *B*, ch. 12 et 15 et Chronique léonaise, liv. II, ch. 8 et 10.

3. Voir Chronique léonaise, liv. II, ch. 9, au début : « Aldefonsus, « Petri Cantabriensis ducis filius, supradicti Pelagii gener, ab universo « populo electus. » Ce passage n'est pas original, comme le pense le P. García Villada, d'après M. G. Cirot ; c'est un mélange du Pseudo-Alphonse, réd. *B*, ch. 11 (ou du Moine de Silos, ch. 26) et ch. 13. Voir aussi le passage concernant la ville de *Clunia*, citée sans commentaire par *B*, ch. 13, et dont la Chronique léonaise, liv. II, ch. 9, dit : « Cluniam, de qua Orosius ad Augustinum scribit in Cronica. » Comparer également le début du ch. 18 de *B* et du ch. 14 de la Chronique léonaise, le texte de cette dernière donnant d'ailleurs un sens meilleur, etc.

tage celles de la rédaction *A* [1]. — Comme sources accessoires,
le compilateur emploie le *Chronicon Albeldense* (voir liv. II,
ch. 11 et 17), le Moine de Silos (voir liv. II, ch. 6 et 13), peut-
être même Pélage d'Oviedo [2].

B) Le récit du règne d'Ordoño Ier (liv. II, ch. 24-29),
coïncide à peu près intégralement avec celui que donne le
Moine de Silos [3] ; toutefois le texte de ce dernier est, en maints
endroits, haché de phrases prises ailleurs. Ce mélange d'éléments divers est surtout sensible au début (ch. 24) : là voi-
sinent, accouplés tant bien que mal, des phrases ou des
lambeaux de phrases qui viennent en droite ligne du Pseudo-
Alphonse, du Moine de Silos et des *Annales Compostellani* [4].
On remarquera d'autre part, que si les ch. 26 et 27 présentent
une réelle cohérence, en dépit de leur constitution intime [5], il
n'en va pas de même du ch. 29 : bien que la mort d'Ordoño ait

1. Cf. notamment, au ch. 18, les mots : « quia audacter ingressi
« sunt, audatius et deleta sunt ; uno namque tempore, » qui se retrouvent chez le Pseudo-Alphonse, réd. *A*, ch. 22, et non pas dans la rédaction *B*.

2. Contrairement à l'opinion de M. G. Cirot (*Bulletin Hispanique*,
XVIII, p. 21) et du P. García Villada (*op. cit.*, p. 141), nous serions
assez porté à supposer que le compilateur a connu la rédaction du
Pseudo-Alphonse interpolée par Pélage (réd. *C*). De toutes manières,
il appelle, lui aussi, Bertinalda, la femme supposée d'Alphonse II
(Chronique léonaise, II, ch. 20), et donne, toujours comme la rédaction *C*, le nom de la femme d'Ordoño Ier, ainsi que le nom des enfants
de ce dernier roi (*ibid.*, ch. 24).

3. Voir García Villada, *op. cit.*, pp. 145-149.

4. La mention : « Populavit Rudericus comes Amayam mandato
« Ordonii regis » n'est nullement du crû du compilateur, comme le
pense le P. García Villada, *op. cit.*, p. 145. Mais, d'autre part, il n'est
guère vraisemblable que ce soient les *Annales Compostellani* qui aient
emprunté cette mention (et deux autres encore) à la Chronique léonaise, ainsi que le suppose M. G. Cirot, *Bulletin Hispanique*, XXI,
p. 94 et p. 95.

5. Les ch. 25 et 28 sont entièrement copiés dans le Moine de Silos,
ch. 35 et 38 ; les ch. 26 et 27 renferment quelques brefs extraits du
Pseudo-Alphonse et du *Chron. Albeldense*.

été mentionnée au chapitre précédent, elle est ici mentionnée une seconde fois ; de plus, tant après la première mention qu'après la seconde, des faits, comme oubliés, ont pris place [1] ; évidemment, le compilateur n'a pas eu le temps ou le goût de parachever le travail de marqueterie auquel il s'est livré [2].

C) Le règne d'Alphonse III est raconté à deux reprises, comme chez le Moine de Silos. Le premier récit occupe les ch. 30-32 et dérive, — abstraction faite de la proposition initiale [3], — des ch. 39-41 du chroniqueur précité. Depuis l'avènement d'Alphonse jusqu'à son ultime pèlerinage à Compostelle (ch. 39-46), le second récit reproduit celui de Sampiro, mais contient quelques-unes des interpolations de Pélage [4] ; ensuite, et au mépris de la chronologie la plus élémentaire, ce second récit se continue (ch. 47) par la reproduction d'une note tirée des *Annales Compostellani* et relative à l'année 874 (*lire* 882) ; puis (ch. 48-58), par la transcription, plus ou moins littérale, des ch. 64-75 de la Chronique d'Albelda, concernant les événements de 881-883 [5]. Un dernier emprunt (ch. 59) au Moine de Silos et au texte interpolé de Sampiro, et le règne d'Alphonse III s'achève.

Au demeurant, que nous apporte la Chronique léonaise en fait d'informations dont la provenance nous échappe ? Très peu de chose à coup sûr [6] : elle signale l'interrègne qui

---

1. Après la première mention de la mort d'Ordoño est notée, d'après le Pseudo-Alphonse, ch. 26, la prise de Coria et de Talamanca ; après la seconde mention, sont citées, d'après le *Chron. Albeldense*, ch. 60, l'expédition des Normands de 859-860, et la tentative faite par les Arabes pour attaquer par mer le royaume des Asturies.

2. Cf. G. Cirot, dans *Bulletin Hispanique*, XIII, p. 407, n. 47.2.

3. Cette proposition est tirée de Sampiro, ch. 1.

4. Cf. G. Cirot, dans *Bulletin Hispanique*, XIII, p. 403, n. 39.1.

5. Noter qu'en plus de variantes de détail, la dernière phrase est modifiée. Cf. G. Cirot, *loc. cit.*, p. 410, n. 58.1.

6. Nous ne tenons compte ni de certaines dates fautives (liv. II, ch. 9, 20), ni d'une mention relative à Charlemagne (liv. II, ch. 13), ni d'autres détails sans importance.

suivit la mort de Rodrigue [1] ; elle donne le nom des enfants d'Alphonse Ier et attribue faussement à ce prince la paternité d'Aurelio, lequel serait un bâtard [2] ; elle indique le nombre des années écoulées depuis l'entrée des Wisigoths en Espagne jusqu'à la mort dudit Alphonse [3] ; elle fixe la date de mort du comte Rodrigue [4], retarde d'un mois la fin d'Ordoño Ier [5], dit quand mourut le comte Diego et furent repeuplés le monastère de Cardeña et le château de *Graños* [6].

III. — Lucas de Tuy et Rodrigue de Tolède.

Vers 1236, Lucas de Tuy terminait son *Chronicon mundi* [7] ; le 31 mars 1243, Rodrigue de Tolède achevait son *De rebus*

1. Chronique léonaise, liv. II, ch. 2 : « ...et sibi Pelagium principem « elegerunt era DCCLVI. Vacaverat (*ms.* voccaverat) enim per IIII. « annos regnum Gotorum ab era scilicet DCCLII. » Cf. ch. 1 : « Mortuo « vero Roderico rege Gotorum vacavit terra regni Gotorum IIII. « annis. »

2. Chronique léonaise, liv. II, ch. 7 : « ex qua [Ermesinda] genuit « Froilanum, Wimeranem et Adosindam, et ex concubina Aurelium, « et Maurecatum ex serva. » Aurelio, d'après le Pseudo-Alphonse, ch. 17, était le neveu d'Alphonse Ier, étant fils de Fruela, frère de ce prince ; voir le double tableau généalogique dressé par M. G. Cirot, dans *Bulletin Hispanique*, XIII, p. 394, note.

3. Chronique léonaise, liv. II, ch. 7 : « ex quo regnare ceperunt in Ys- « pania Goti sunt anni CCCLII, menses III, dies V, reges XXXVI. »

4. Chronique léonaise, liv. II, ch. 24 : « et obiit era DCCCXI (*sic*) « III° nonas octobris. » Sur cette mention, et celle qui est citée plus bas à la note 6, — elles procèdent évidemment d'un texte annalistique, — voir M. G. Cirot, dans *Bulletin Hispanique*, XXI, p. 101.

5. La Chronique léonaise, liv. II, ch. 28, dit : « sub die VI kalendas « *iulii* » ; il faut lire : « *iunii* ». Cf. *Chron. Albeldense*, ch. 60.

6. Chronique léonaise, liv. II, ch. 47 : « et interfectus est in Cor- « nuta, era DCCCCXIII (*sic*), II kalendas februarii. In eodem anno « et in eadem era monasterium Caradigne et castellum de Grannos « populantur. » Au sujet du vocable *Cornuta*, M. G. Cirot, dans *Bulletin Hispanique*, XXI, p. 94, n. 1, écrit : « Je pense qu'il faut lire « *Corunia* et qu'il s'agit de *Coruña del Conde*. »

7. Texte dans Schott, *Hispaniae illustratae*, IV (Francofurti,

Hispaniae [1]. — Il serait fastidieux de disséquer ces deux compilations, d'en isoler, chapitre par chapitre et phrase par phrase, les éléments constitutifs. C'est là d'ailleurs une tâche qui incombe aux éditeurs futurs. Toutefois, certaines observations générales doivent être présentées [2].

Lucas de Tuy travaille, dans une certaine mesure, comme l'auteur anonyme de la Chronique léonaise ; ainsi que celui-ci, il fait des extraits, et ces extraits, ordinairement très fidèles, il les juxtapose, en évitant cependant gaucheries et maladresses. C'est au Moine de Silos qu'il a le plus souvent recours, et il en transcrit de nombreux passages, avec ou sans modifications suivant les cas [3]. Mais, soucieux d'être aussi complet que possible, il cherche à combler les lacunes de son guide, et, dans ce but, il copie des morceaux plus ou moins longs qui proviennent soit de la rédaction *B* du Pseudo-Alphonse [4],

---

1608, in-fol.), pp. 1-116. La partie relative aux rois asturiens occupe le début du livre IV, pp. 71-80.

1. Nous citerons d'après l'édition de Schott, *op. cit.*, II (1603), pp. 25-148. Pour les rois asturiens, voir pp. 69-80.

2. Ces deux chroniques n'ont été jusqu'à présent l'objet d'aucune étude satisfaisante. Pour mémoire, nous mentionnerons le bref opuscule de V. de la Fuente, *Elogio del Arzobispo D. Rodrigo Jimenez de Rada y juicio crítico de sus escritos históricos*. Discurso. Madrid, 1862, in-8º, 103 pp., et les travaux préparatoires de M. Julio Puyol y Alonso, *Antecedentes para una nueva edición de la Crónica de Don Lucas de Tuy*, dans *Bol. de la R. Acad. de la Hist.*, LXIX (1916), pp. 21-32 ; cf. *ibid.*, LXXI (1917), pp. 438-444.

3. Lucas de Tuy, p. 71, l. 21-24, 42-51, 54-57, 58-60 ; p. 72, l.1-10, 18-33, 35-46 ; p. 72, l. 52-p. 73, l. 4 ; p. 73, l. 6-8, 15-19, 30-33, 44-54 ; p. 74, l. 29-30, 36-38, 44-47 ; p. 74, l. 54-p. 75, l. 9 ; p. 75, l. 11-14 ; p. 75, l. 53-p. 76, l. 10 ; p. 76, l. 15-16, 18-27 ; p. 77, l. 21-25, 25-34, 52-53, 56-59 ; p. 78, l. 4, 6-7, 10-19, 36-40 ; p. 78, l. 52-p. 79, l. 1 ; p. 79, l. 7, 15-16, 20-22 ; p. 80, l. 5-17.

4. L'utilisation de la rédaction *B* commence p. 55, au règne de Wamba. Dans la portion du *Chronicon mundi* qui nous intéresse, voir par exemple, p. 71, l. 26-42, 52-53 ; p. 73, l. 8-9, 14-15, etc. La question se poserait de savoir si Lucas de Tuy a utilisé la rédaction *B* directement, ou à travers la transcription de la Chronique léonaise.

soit de la rédaction pélagienne [1], soit du texte traditionnel [2], soit du *Chronicon Albeldense* [3]. Arrivé au règne d'Alphonse III, c'est naturellement Sampiro qui lui procure l'appoint nécessaire et lui permet de grossir la courte relation de l'Anonyme de 924, contenue dans l'œuvre du Moine de Silos [4].

Tandis que Lucas de Tuy exploite principalement ce dernier auteur, Rodrigue, de Pélage à Ordoño Ier, utilise surtout l'œuvre du Pseudo-Alphonse ; il s'attache à elle, en respecte l'ordonnance, et la paraphrase juste assez pour que la copie ne soit pas littérale, — ce en quoi ses procédés diffèrent de ceux de Lucas de Tuy et se rapprochent de ceux du Moine de Silos. Au reste, très éclectique, il ne suit pas exclusivement telle version du Pseudo-Alphonse ; sans doute, il accorde à *B* ses préférences [5], mais il se sert également de la rédaction *A* [6],

---

Nous laissons à M. G. Cirot le soin de résoudre ce problème, ainsi que d'établir, d'une façon plus générale, si Lucas de Tuy et Rodrigue de Tolède ont vraiment connu et employé ladite Chronique.

1. Cf. les mentions de sépulture d'Alphonse Ier, Fruela, Silo et Mauregato ; cf. aussi, p. 73, l. 42-43, la mention du transfert à Oviedo de l'évêché de Lugo des Asturies ; p. 74, l. 27-28, l'indication des fils de Bermude Ier ; p. 74, l. 38-44, les détails concernant le reliquaire d'Oviedo ; p. 77, l. 39-40, l'énumération des enfants nés du mariage d'Ordoño Ier avec la reine Nuña.

2. Cf. par exemple, p. 72, l. 14-16, la comparaison de l'Église avec la lune qui décroît et croît de nouveau (voir G. Cirot, dans *Bulletin Hispanique*, XIII, p. 388, n. 4.2) ; p. 74, l. 24, l'emploi des mots : « reminiscens ordinem diaconi supra se olim impositum. »

3. Comparer surtout, p. 74, l. 31-36 et *Chron. Albeldense*, ch. 58 ; p. 77, l. 20-21 et *Chron. Albeldense*, ch. 59.

4. Selon M. G. Cirot, *loc. cit.*, p. 400, n. 30.3, Lucas de Tuy, aux pp. 78-79 (règne d'Alphonse III), « fond et résume tant bien que mal « le contenu des paragraphes 30-32, 39-40, 42-46 et 59 » de la Chronique léonaise.

5. Il suffit de rapprocher les deux textes pour constater cette préférence donnée par Rodrigue de Tolède à la rédaction *B*.

6. Voici quelques exemples d'emprunts. Rodrigue de Tolède, IV, 5 : « Iste [Fafila] *dignum* memoria *nil egit* »; Pseudo-Alphonse, éd. *A*, ch. 12 : « *nihil* historiae *dignum egit.* » — Rodrigue, IV, 5 :

de la rédaction interpolée par Pélage [1], voire du Moine de Silos [2], ou du *Chronicon Albeldense* [3]. A compter de l'avènement d'Alphonse III, c'est sur Sampiro, revu par Pélage, qu'il fonde son exposé [4], le texte retouché de Sampiro étant d'ailleurs partiellement bouleversé, abrégé par endroits et surtout accru d'emprunts caractéristiques faits à l'Anonyme de 924 transcrit par le Moine de Silos [5].

« qui [Adefonsus I] ...plurima bella *gessit*, et *civitates* multas occu-« patas *ab eis* christianae potentiae redonavit » ; *A*, ch. 13 : « praelia « *gessit*, atque plurimas *civitates ab eis* olim oppressas cepit. » — Rodrigue, IV, 12 : « Caste, sobrie, immaculate ac pie regni gubernacula « dirigendo, amabilis Deo et hominibus [Adefonsus II] » ; A ch. 22 : « Caste, sobrie, immaculate, pie ac gloriose regni gubernacula gerens, « amabilis Deo et hominibus. » Remarquer, d'autre part, que, avec A, ch. 8, Rodrigue, IV, 1, fait d'Oppas un archevêque de Séville, et non de Tolède.

1. Voir, notamment IV, 3 : *De translatione arcae et reliquiarum et sacrorum librorum in Asturias*. Voir aussi les autres passages signalés à propos de Lucas de Tuy.

2. Confronter par exemple Rodrigue de Tolède, IV, 4 et Moine de Silos, ch. 25 (exécution du comte Julien et des fils de Witiza; cf. sur ce point Chronique léonaise, II, ch. 6) ; Rodrigue, IV, 5 et Silos, ch. 26 (restauration des sièges épiscopaux à l'époque d'Alphonse Ier) ; Rodrigue, IV, 6 et Silos, ch. 27 (prohibition du mariage des prêtres prononcée par Fruela) : des expressions fort voisines se retrouvent des deux côtés. Voir également, pour la légende des anges orfèvres, Rodrigue, IV, 9 et Silos, ch. 29.

3. Exemples. Rodrigue de Tolède, IV, 1 : « Hic Pelagius (ut est « dictum) fugiens a facie Vitizae qui eum voluerat excaecare » ; *Chron. Albeldense*, ch. 50 : « Iste [Pelagius] a Vitizane rege de Toleto expul-« sus. » — Rodrigue, IV, 7 : « et in Pravia ad regni solium [Silo] « sublevatur » ; *Chron. Albeld.*, ch. 55 : « Iste dum regnum accepit « in Pravia solium firmavit. » Comparer aussi Rodrigue, IV, 8 et *Chron. Albeld.*, ch. 58 (déposition d'Alphonse II ; cf. sur ce point Chronique léonaise, II, ch. 17).

4. Voir notamment aux ch. 17-18 les deux lettres du pape Jean et l'abrégé des actes du concile d'Oviedo.

5. Comme le Moine de Silos, ch. 40-41, Rodrigue de Tolède, IV, 15, mentionne la victoire remportée par Alphonse III sur les bords du Duero, et IV, 16, la construction de l'église de Compostelle, du monastère de Sahagun et du château de Gozon.

Abstraction faite des changements de style, qu'ajoutent nos deux historiens aux documents des IXe, X[e]-XIe et XIIe siècles ? Des précisions, qui ont juste la valeur de pures conjectures [1] ; quelques noms propres, inconnus et suspects [2] ; des données chronologiques en discordance avec celles que fournissent les plus anciennes chroniques [3] ; des indications généalogiques, qui paraissent être autant d'erreurs [4] ; enfin tout un stock de légendes : les unes, très brèves, relatives à la conquête de Leon par Pélage [5], au tribut des cent vierges subi par Mauregato [6], au rôle de la reine Chimène dans la conspiration de l'infant Garcia [7] ; d'autres, très complaisamment rapportées, concernant l'histoire de Bernardo del Carpio [8], les rapports fabuleux d'Alphonse II avec Charlemagne [9], ou

---

1. Exemples. Lucas de Tuy, p. 73, l. 43-44 : « Perquisivit [Froila] « etiam diligenter sacros ecclesiae Christi canones » ; p. 74, l. 18 : « Et quia Mauregatus erat affabilis et benignus », etc.

2. Lucas de Tuy, p. 74, l. 27, appelle *Nunilo* et Rodrigue de Tolède, IV, 7, *Imilo* la femme de Bermude ; tous deux parlent d'une sœur d'Alphonse II, Chimène, mariée au comte Sanche, et mère de Bernardo del Carpio ; Lucas, p. 79, l. 21 et Rodrigue, IV, 15, disent que la femme d'Alphonse III se nommait *Amulina* ou *Amelina* et changea son nom en celui de Chimène, etc.

3. Voir le tableau comparatif dressé par M. G. Cirot, *Mariana historien* (Bordeaux-Paris, 1904, in-8º), p. 310, note. Corriger deux légers lapsus : Ordoño Ier monta sur le trône, d'après Lucas de Tuy, p. 77, en 848 (non pas en 850) et d'après Rodrigue, IV, 14, en 828 (non pas en 826).

4. Ainsi, le roi Bermude devient dans Lucas de Tuy, p. 73, l. 34 et 55-56 (cf. p. 74, l. 22), le fils de Wimara, le fils adoptif de Frucla et le petit-fils d'Alphonse Ier. Comparer Rodrigue de Tolède, IV, 6 et 7. Cf. G. Cirot, dans *Bulletin Hispanique* XIII, p. 390, n. 7.2 et p. 393, n. 16.2.

5. Rodrigue de Tolède, IV, 4.

6. Lucas de Tuy, p. 74, l. 19-20 ; Rodrigue de Tolède, IV, 7.

7. Lucas de Tuy, p. 80, l. 20-28 ; Rodrigue de Tolède, IV, 19.

8. Lucas de Tuy, pp. 75-80, *passim;* Rodrigue de Tolède, IV, 9.

9. Lucas de Tuy, *loc. cit.;* Rodrigue de Tolède, IV, 10-11 (avec réplique au Pseudo-Turpin).

la bataille de Clavijo [1]. Il va sans dire que, pour des raisons de méthode, ou de bon sens, rien de tout cela ne saurait être pris en considération par la critique.

1. Lucas de Tuy, p. 76, l. 27-p. 77, l. 19 ; Rodrigue de Tolède, IV, 13.

CHAPITRE III

Les sources arabes

Les sources arabes sont de deux sortes : 1° des chroniques, reposant sur la tradition orale et retraçant à grands traits l'histoire de longues périodes ; 2° des compilations, de nature complexe, où l'on trouve à la fois les traditions que rapportent les chroniques et de très importants vestiges de documents écrits. Parmi les textes de la première catégorie, le principal est l'*Akhbâr madjmoûa* ; parmi ceux de la seconde, le *Bayân* d'Ibn Adhari et le *Kâmil* d'Ibn el-Athîr l'emportent en intérêt sur tous les autres [1].

I. — Les Chroniques.

La chronique que l'on appelle l'*Akhbâr madjmoûa* [2] se com-

---

1. Au seuil de ce chapitre, nous devons prévenir le lecteur : 1° que, sauf avis contraire, les ouvrages arabes qui ont été traduits (notamment avec correspondance de la traduction au texte), seront cités d'après les traductions existantes ; 2° que l'orthographe des noms propres est celle que M. Fagnan a adoptée dans ses traductions d'Ibn el-Athîr et d'Ibn Adhari, moins les esprits doux et les esprits rudes ; 3° que malgré le secours de la belle *Introduction* que Dozy a placée en tête du *Bayân* d'Ibn Adhari, on ne pouvait qu'effleurer à cette place un sujet dont la moindre parcelle exigerait une monographie.

2. *Ajbar Machmuâ (Colección de tradiciones).* Crónica anónima del siglo XI, dada á luz por primera vez, traducida y anotada por

pose de morceaux de dates diverses, tel d'entre eux remontant au VIIIe siècle, tel autre au Xe, l'ensemble ayant été recueilli par un auteur anonyme du XIe. En fait, ces différents morceaux se groupent de façon à former deux parties : l'une, qui va jusqu'à l'avènement d'Hichâm Ier, constitue, malgré des lacunes et des erreurs, un document de premier ordre et renferme une série de narrations assez développées, dont les plus importantes concernent l'invasion de l'Espagne, l'arrivée de Baldj dans la Péninsule, les guerres civiles qui suivirent, la venue de l'Omeyyade Abd er-Rahmân Ier, le gouvernement de Yoûsof et le règne dudit Abd er-Rahmân. L'autre partie, qui s'étend d'Hichâm Ier à Abd er-Rahmân III inclus (961), n'est qu'un banal recueil d'anecdotes et de pièces de vers.

En cet ouvrage disparate, une certaine place a été réservée à l'histoire des rapports entre « Galiciens » et Infidèles. Sans doute, l'*Akhbâr madjmoûa* ignore comment fut conquise la « Galice » (soit tout le Nord-Ouest de la Péninsule), et cette ignorance surprend d'autant plus que, relativement à la conquête, il nous a transmis le récit le plus digne de foi [1] ; mais il sait en revanche qu'à l'approche des envahisseurs il y eut des Wisigoths qui allèrent « en Galice » chercher un refuge et un asile [2]. — Il mentionne, d'autre part, l'insurrection de Pélage [3] ; à vrai dire, il la ramène à des proportions minimes, puisque, selon lui, Pélage n'aurait commandé qu'à un groupe de trois cents hommes, et que ce groupe, déjà fort restreint,

---

Emilio Lafuente y Alcántara. Madrid, 1867, gr. in-8°. *(Colección de obras arábigas... que publica la R. Academia de la Historia, I).* Pour la partie relative à la conquête de l'Espagne, consulter également la traduction de Dozy, *Recherches*, 3e éd., I, pp. 40-57. — Sur cet ouvrage, voir Dozy, *Introduction au Bayân*, pp. 10-12 et la préface de Lafuente y Alcántara, pp. VI-VIII.

1. Dozy, *Recherches*, 3e éd., I, p. 39.
2. *Ajbar Machmuâ*, trad. Lafuente, pp. 27 et 30.
3. *Ibid.*, pp. 38-39.

aurait été bientôt décimé, au sens littéral du terme. — Enfin, en signalant d'abord la révolte des Berbères installés « en Galice », lesquels massacrèrent les Arabes de la région [1], puis la famine qui, ravageant la Péninsule, obligea les Berbères à fuir les territoires où ils cantonnaient [2], il complète les chroniques latines, et il. aide à comprendre l'expansion soudaine du royaume des Asturies à l'époque d'Alphonse Ier. L'*Akhbâr madjmoûa* projette donc quelque lumière sur l'époque si obscure des origines, mais il s'en tient là ; et, dans la deuxième partie, c'est à peine s'il déclare qu'El-Hakam combattit les Infidèles [3], et relate une anecdote suspecte, montrant ce prince se portant au secours de Musulmans de la frontière [4].

Les indications que fournit l'*Akhbâr madjmoûa* sont, à notre gré, trop rapides et trop fragmentaires. Peut-être, si toutes les œuvres composées en Espagne ou sur l'Espagne aux IXe et Xe siècles nous étaient parvenues, serions-nous mieux informés, et devrions-nous préférer d'autres témoignages. Mais présentement tel n'est pas le cas, et pour les temps antérieurs à la fondation de l'émirat de Cordoue (756), en vain chercherait-on, soit dans les premiers monuments de l'historiographie hispano-arabe, soit dans les écrits des XIe et XIIe siècles, des traditions plus pures ou plus instructives.

La plus ancienne chronique qui traite de l'établissement des Arabes dans la Péninsule, — celle d'Ibn Habîb (mort en 853) — contient une telle part de légendes qu'il n'y a pas lieu de s'y arrêter [5]. La chronique de l'Egyptien Ibn Abd el-

1. *Ajbar Machmuâ*, pp. 48-49.
2. *Ibid.*, pp. 66-67.
3. *Ibid.*, pp. 112-113 : « El emir Al-Háquem ben Hixem... humilló « á los infieles por doquiera. »
4. *Ibid.*, p. 116. — La même anecdote est répétée, avec quelques variantes, par Ibn Adhari, trad. Fagnan, II, pp. 117-118 ; Ibn el-Athîr, *Annales*, trad. Fagnan, pp. 174-175, etc.
5. L'ouvrage d'Ibn Habîb, ou du moins attribué à ce dernier, est sommairement décrit par A. Nicoll, *Bibliothecae Bodleianae codi-*

Hakam (mort en 871), lequel a raconté la conquête de l'Afrique, puis celle de l'Espagne, n'est pas moins imprégnée de merveilleux [1]. La relation d'Ibn Abd Rabbihi (mort en 940) est sans valeur pour nous [2], et quant à celle d'Ibn el-Koûtiyya (mort en 977), elle contient maints renseignements curieux sur l'histoire intérieure de l'émirat [3], mais elle ne fait que d'insignifiantes allusions soit à l'occupation de la « Galice [4] »,

cum manuscriptorum orientalium Catalogi partis II volumen I (Oxonii, 1821, in-fol.), n° CXXVII, pp. 118-121. — Sur cet ouvrage, où le récit concernant l'Espagne ne s'arrête qu'en 889, voir Dozy, *Introduction au Bayân*, pp. 12-13 et *Recherches*, 3e éd., 1, pp. 28-36.

1. Ibn Abd el-Hakam, *Le Livre de la conquête de l'Egypte, du Magreb et de l'Espagne*, édité par H. Massé. Le Caire, 1914 et suiv., in-4° *(Publications de l'Institut français d'archéologie orientale)*. La partie relative à l'Espagne n'ayant pas encore paru, consulter : 1° Ibn Abd el-Hakem's *History of the conquest of Spain.* Now edited for the first time, transl. from the Arabic, with notes and introd. by J. H. Jones. Göttingen, 1858, in-8°, VI-81-28 pp. ; 2° Lafuente y Alcántara, *Ajbar Machmuâ*, app. n° 6, pp. 208-219, où se trouve une traduction du récit concernant la conquête de l'Espagne et l'histoire des gouverneurs jusqu'en 742. — Sur l'œuvre d'Ibn Abd el-Hakam, voir Dozy, *Recherches*, 3e éd., I, pp. 36-38.

2. Ibn Abd Rabbihi, *El-Ikd el-ferid.* Boulaq, 1293 [1873], 3 vol. pet. in-fol. Les chapitres traitant des Omeyyades d'Espagne, depuis Abd er-Rahmân Ier jusqu'à Abd er-Rahmân III inclus, figurent au tome II, pp. 357 et suiv. — Sur cet ouvrage, « la plus ancienne « chronique de cour qui nous ait été conservée », voir Dozy, *Introduction au Bayân*, pp. 27-28.

3. Texte au tome II des *Crónicas arábigas* déjà citées, pp. 1-117. Consulter, à défaut de cette édition, les traductions partielles : 1° de A. Cherbonneau, dans *Journal Asiatique*, 1853, 1er sem., pp. 458-474 (règne d'El-Hakam) et 1856, 2e sem., pp. 428-482 (histoire de la conquête, etc., jusqu'au règne d'Hichâm inclus) : 2° de O. Houdas, dans *Recueil de textes et de traductions* publié par les Professeurs de l'École des Langues Orientales Vivantes à l'occasion du VIIIe Congrès international des Orientalistes, I (Paris, 1889, gr. in-8°), pp. 219-280 (fragment déjà traduit par Cherbonneau en 1856). — Sur la chronique d'Ibn el-Koûtiyya, voir Dozy, *Introduction au Bâyan*, pp. 28-30 ; cf. *Recherches*, 3e éd., I, p. 39.

4. Voir ci-dessous, Appendice III.

soit aux guerres du IXe siècle [1]. — Si nous passions maintenant aux ouvrages qui sont ou contemporains de l'*Akhbâr
madjmoûa*, ou peu postérieurs à lui, nous constaterions très
vite : 1º qu'ils reproduisent d'ordinaire les mêmes données
que notre texte ; 2º que, si d'aventure ils s'en séparent, ce
n'est que pour consigner des légendes très douteuses ou amal-
gamer les traditions déjà contenues ailleurs. Donc, n'allons
chercher un supplément d'information ni dans la *Crónica del
Moro Rasis*, traduction médiocre d'un compendium rédigé
au XIe siècle [2] ; ni dans le *Fatho-l-Andaluçi* [3], manuel informe
rédigé en Afrique au XIIe siècle ; ni dans la chronique faussement attribuée à Ibn Koteyba [4], ni même chez Ibn Adhari
ou Ibn el-Athîr. Nous n'y trouverions rien que l'*Akhbâr
madjmoûa* ne nous ait précédemment appris, qu'il s'agisse de
l'émigration wisigothique lors de la conquête, ou qu'il s'agisse
de la révolte de Pélage et des événements qui facilitèrent les

---

1. « Elhakam… fit à plusieurs reprises la guerre aux infidèles » ;
« Elhakam entreprit contre la Galice des expéditions qui le couvrirent
« de gloire (203 et 204 de l'hégire = 818-820). » *Journal Asiatique*,
1853, 1er sem., p. 460 et p. 469.

2. P. de Gayangos, *Memoria sobre la autenticidad de la Crónica
denominada del Moro Rasis*. Madrid, 1850, in-4º, 100 pp. (*Memorias
de la R. Academia de la Historia*, VIII). Voir aux pp. 67-100 le texte
de la partie historique, laquelle va de la conquête jusqu'à la mort
d'El-Hakam II. — Sur le caractère de cette histoire, consulter Dozy,
Introduction au Bayân, p. 25 (qui combat Gayangos, *op. cit.*, pp. 24-
30), et Juan Menéndez Pidal, dans *Revista de Archivos*, 3ª época,
V (1901), p. 867.

3. *Fatho-l-Andaluçi. Historia de la conquista de España*. Códice
arábigo del siglo XII dado á luz por primera vez, traducido y ano-
tado por Joaquín de González. Argel, 1889, in-8º. Cette chronique,
très brève, se poursuit, avec d'énormes lacunes, de la conquête jusqu'à
l'époque des Almoravides.

4. Texte au tome II des *Crónicas arábigas*, pp. 119-188. Des extraits
ont été traduits par P. de Gayangos, *Mohammedan dynasties*, I, app.
E, pp. L-XC et II, app. A, pp. III-VIII. — Sur cet ouvrage, voir Dozy,
Recherches, 3e éd., I, pp. 21-28.

entreprises d'Alphonse Ier [1]. Tout au plus découvririons-nous,
à côté de redites, un ou deux récits, — très incertains du reste,
— relatifs au fait essentiel que tait le *Madjmoûa*, soit la campagne de Moûsa en « Galice » [2].

II. — LES COMPILATIONS

Les chroniques dont il vient d'être parlé passent sous silence les expéditions que les émirs de Cordoue dirigèrent
contre le royaume des Asturies après l'avènement d'Abd er-
Rahmân Ier (756). Pour combler cette grave lacune, il faut
recourir à diverses compilations, dont les principales sont les
suivantes :

1° le tome III du *Moctabis* d'Ibn Hayyân (mort en 1075) [3] ;

---

1. Si l'on étudiait en eux-mêmes les divers ouvrages mentionnés
ci-dessus, il conviendrait d'en préciser les rapports mutuels. La
Crónica del Moro Rasis est en relation avec l'*Akhbâr madjmoûa*,
comme l'a montré Gayangos dans les notes de son édition (il serait
du reste facile de multiplier les rapprochements) ; le *Fatho-l-Andaluçi* offre des analogies certaines avec l'*Akhbâr madjmoûa*. Notons,
d'autre part, que ce dernier texte semble avoir été utilisé, directement
ou non, par certains compilateurs, tels qu'Ibn Adhari et surtout
Ibn el-Athîr ; comparer, par exemple, *Madjmoûa*, texte, p. 5,
l. 1-p. 7, l. 3 et Ibn el-Athîr, éd. Tornberg, IV, p. 443, l. 5 d'en
bas-p. 444, dernière ligne ; *Madjmoûa*, texte, p. 9, l. 8-p. 10, l. 8
et Ibn el-Athîr, IV, p. 445, l. 2 d'en bas-p. 446, l. 10 ; *Madjmoûa*,
texte, p. 15, l. 6-p. 19, l. 6 et Ibn el-Athîr, IV, p. 447, l. 1-p. 448,
l. 6 ; *Madjmoûa*, texte, p. 50, l. 14-p. 54, l. 5 et Ibn el-Athîr, V, p. 376,
dernière ligne, p. 377, l. 18, etc.

2. Voir ci-dessous, Appendice III.

3. Conservé à la Bodléienne et décrit par Nicoll, *op. cit.*, n° CXXXVII,
p. 128 ; la Bibliothèque Nationale de Madrid possède, sous le n° 5085,
une copie moderne du ms. d'Oxford. Une analyse de ce dernier a été
donnée par Gayangos, *Mohammedan dynasties*, II, pp. 438-459. —
Sur l'œuvre considérable, mais presque entièrement perdue, d'Ibn
Hayyân, voir Dozy, *Introduction au Bayân*, pp. 72-75 ; à compléter
avec Pons Boigues, *Ensayo*, n° 114, pp. 152-154.

2º le *Bayano'l-Mogrib* d'Ibn Adhari (XIIIe siècle)[1] ;

3º le *Kâmil* d'Ibn el-Athîr (mort en 1234)[2] ;

4º le *Moghrib* d'Ibn Saîd (mort en 1274 ou 1286)[3] ;

5º l'Encyclopédie de Noweyri (mort en 1332)[4] ;

6º l'*Ilâm* d'Ibn el-Khatîb (mort en 1374)[5] ;

7º le *Kitâb el-ibar* d'Ibn Khaldoun (mort en 1406)[6] ;

8º les *Analectes* de Makkari (mort en 1632)[7].

---

1. Ibn Adhárí (de Maroc), *Histoire de l'Afrique et de l'Espagne, intitulée Al-Bayáno'l-Mogrib, et fragments de la chronique d'Aríb (de Cordoue)*, le tout publié par R. Dozy. Leyde, 1848-51, 2 vol. in-8º ; *Historias de Al-Andalus, por Aben-Adharí de Marruecos*, traducidas por F. Fernández González, I (unique). Granada, 1860, in-8º ; *Histoire de l'Afrique et de l'Espagne intitulée Al-Bayano'l-Mogrib*, traduite et annotée par E. Fagnan. Alger, 1901-1904, 2 vol. in-8º.

2. Ibn el-Athîr, *Chronicon quod perfectissimum inscribitur*, edid. C. J. Tornberg. Lugduni Batavorum, 1851-76, 14 vol. in-8º ; Ibn el-Athîr, *Annales du Maghreb et de l'Espagne*, traduites et annotées par E. Fagnan. Alger, 1901, in-8º (Extrait de la *Revue Africaine*).

3. Madrid, Bibliothèque de l'Académie de l'Histoire, ms. arabe nº 80. Ce ms., copie toute moderne d'un exemplaire conservé à la Bibliothèque Khédiviale du Caire, renferme, aux fol. 265 v-285 v, une histoire des émirs hispano-omeyyades à partir d'El-Hakam Ier. — Sur ce ms., voir F. Codera, *Copia de un tomo de Aben Çaid regalada á la Academia*, dans *Bol. de la R. Acad. de la Hist.*, XXVII (1895), pp. 148-160 ; cf. XXVI (1895), p. 415.

4. En-Nuguairí, *Historia de los Musulmanes. España y Africa*. Texto árabe y traducción española por M. Gaspar Remiro. Granada, 1917-19, 2 vol. in-8º.

5. Alger, Bibliothèque Nationale, nº 1617 ; cf. E. Fagnan, *Une chronique inconnue d'Ibn el-Khatîb*, dans *Revue Africaine*, XXXIV (1890), pp. 259-262, et, du même auteur, [Catalogue général des manuscrits des Bibliothèques publiques de France. Départements, XVIII. Alger (Paris, 1893, in-8º), p. 449. Autre exemplaire : Madrid, Bibliothèque de l'Académie de l'Histoire, ms. arabe nº 37 ; cf. F. Codera, dans *Bol. de la R. Acad. de la Hist.*, XVI (1890), pp. 393-394. — La deuxième partie de cette chronique renferme une histoire de l'Espagne musulmane, depuis la conquête jusqu'au XIVe siècle.

6. Ibn-Khaldoun, *Kitâb el-ibar*. Boulaq, 1284 [1867-68], 7 vol. gr. in-8º et un vol. de supplément. Voir au tome IV, pp. 117 et suiv., l'histoire des Omeyyades d'Espagne.

7. Al-Makkarî, *Analectes sur l'histoire et la littérature des Arabes*

D'Ibn Hayyân à Makkari, tous les historiens précités ont été de laborieux érudits qui ont lu, la plume à la main, les œuvres de leurs prédécesseurs et en ont fait de larges extraits. Il est même arrivé que, dans la partie de leurs ouvrages qui nous intéresse, plusieurs d'entre ces historiens se soient mutuellement copiés [1]. Noweyri, par exemple, a principalement pillé la source dont Ibn el-Athîr a fait usage, s'il n'a pas pillé Ibn el-Athîr lui-même [2] ; de son côté, Ibn Khaldoun présente très souvent de troublantes coïncidences avec Ibn el-Athîr, coïncidences qui ne s'expliquent que par une dérivation directe ou l'emploi d'un même original [3] ; Makkari enfin, obéissant à la loi du moindre effort, s'est presque toujours contenté de transcrire Ibn Khaldoun [4]. Noweyri, Ibn Khaldoun, Makkari peuvent, en conséquence, être éliminés dès l'abord.

Étant donné la nature des renseignements que nous recherchons, d'autres auteurs encore peuvent être écartés, quelle que soit, à certains égards, l'importance intrinsèque de leurs

---

d'Espagne, publiés par R. Dozy, G. Dugat, L. Krehl et W. Wright. Leyde, 1855-61, 2 vol. in-4° ; traduction abrégée de P. de Gayangos. *The history of the Mohammedan dynasties in Spain, extracted... from Al-Makkari*. London, 1840-43, 2 vol. in-4°.

1. Cette méthode de travail est, d'ordinaire, très sévèrement jugée (voir I. Guidi, *L'historiographie chez les Sémites*, dans *Revue biblique internationale*, nouv. sér., III, 1906, pp. 509-519). Mais ne devrait-on pas au contraire louer les historiens arabes d'avoir été d'infatigables copistes, et de nous avoir ainsi conservé, sans y rien changer, maints documents anciens ?

2. Cf. Gaspar Remiro, *En-Nuguairí*, p. XI.

3. Cf. de Slane, *Lettre à M. Hase*, dans *Journal Asiatique*, 1844, 2e sem., p. 346 : « Les renseignements que cet ouvrage [celui d'Ibn « el-Athîr] fournit sur l'histoire de l'Afrique septentrionale et de l'Es- « pagne ont été copiés par En-Noweiri et Ibn-Khaldoun. » Il y aurait d'ailleurs lieu de confronter les deux textes ligne par ligne, pour déterminer avec plus de précision les emprunts d'Ibn Khaldoun.

4. La copie est le plus souvent littérale. Comparer, par exemple, Makkari, I, pp. 211, 214, 218-220, 222-223, 225-226 et Ibn Khaldoun, IV, pp. 120, 122, 124-127, 127-130, 130-133.

compositions. Tel est le cas d'Ibn Hayyân, qui, en raison même du cadre chronologique dans lequel se meut son récit, n'a conté que quelques épisodes, d'ailleurs avec son abondance coutumière [1]. Tel est également le cas d'Ibn Saîd et d'Ibn el-Khatîb qui, sauf erreur de notre part, ne semblent guère prodigues de notices concernant les Chrétiens [2]. Sans nous attarder davantage à ces considérations préliminaires, passons aux deux ouvrages susceptibles de nous servir de guides.

*
* *

Dû à un compilateur dont on ignore tout, sauf qu'il se nommait Ibn Adhari, était originaire de Maroc et vivait au XIIIᵉ siècle, le *Bayân* se partage en deux livres, consacrés l'un à l'Afrique, l'autre à l'Espagne [3]. Débutant par une brève préface, où la légende domine, se poursuivant par un récit critique de la conquête et quelques pages relatives aux gouverneurs (714-756), le volume consacré à l'Espagne est avant tout une histoire des Omeyyades de Cordoue, « la plus détaillée... qui nous reste [4] ». Cette histoire, inachevée d'ailleurs

---

1. Le tome III du *Moctabis* est uniquement consacré au règne d'Abd Allâh (888-912), lequel correspond en partie à celui d'Alphonse III (866-910) ; or, les historiens arabes, comme nous le verrons, ont été très sobres de renseignements sur cette époque, assez malheureuse pour les armes musulmanes.

2. Nous avons principalement utilisé, pour l'étude de ces deux auteurs, l'incomparable collection de fiches qu'avait formée feu M. Francisco Codera, et qu'il avait libéralement mise à notre disposition à l'été de 1904.

3. Sur Ibn Adhari et son œuvre, voir Dozy, *Introduction au Bayân*, pp. 77-107, mais remarquer que Dozy n'a pas cru devoir entrer « dans « un examen détaillé de la chronique d'Ibn Adhari » (cf. p. 106), et ne dit rien ni de sa composition, ni de ses sources, en dehors de la chronique d'Arîb.

4. Cette appréciation est de Dozy, *loc. cit.*, p. 6.

(elle s'arrête en 997) [1], se divise en dix grands chapitres, correspondant aux dix émirs qui se succédèrent d'Abd er-Rahmân Ier à Hichâm II, chaque chapitre, rédigé sur un plan uniforme, comportant à son tour : 1° des renseignements biographiques ; 2° les annales du règne ; 3° des anecdotes.

En lisant la partie annalistique du *Bayân*, laquelle se déroule régulièrement, avec un minimum de lacunes, de l'année 139 à l'année 387 de l'hégire [2], on constate qu'Ibn Adhari avait sous les yeux, outre quelques textes de moindre importance, les œuvres d'Ar-Râzi (mort en 937) [3], celles d'Ibn Hayyân [4] et deux ouvrages de plus basse époque, soit les *Dorer el-kalâid* d'Aboû Amir Sâlimi (mort en 1163) [5] et le *Behdjat en-nefs* d'Aboû Mohammed Hichâm ben Abd Allâh Kortobi, lequel écrivait en 1184-1185 [6]. On sait, d'autre part, que pour

---

1. On sait que l'Anonyme de Copenhague (a. 1170-1263) n'est pas, comme Dozy, *loc. cit.*, pp. 103-106, l'avait d'abord cru, la suite du *Bayân*. Cf. R. Besthorn, *El Anónimo de Copenhague y de Madrid*, dans *Miscelánea de estudios y textos árabes* (Madrid, 1915, in-8°), pp. 3-9.

2. Les lacunes portent sur les années de l'hégire 143-145, 148, 151, 158, 162, 166, 171 (règne d'Abd er-Rahmân Ier) ; 185, 188, 191, 192, 195, 197, 198, 203-205 (règne d'El-Hakam Ier) ; 215 et 233 (règne d'Abd er-Rahmân II) ; 289 et 290 (règne d'Abd Allâh) ; 326 et 328 (règne d'Abd er-Rahmân III) ; 358 et 359 (règne d'El-Hakam II). A partir de l'avènement d'Hichâm II, les lacunes deviennent proportionnellement plus nombreuses (a. 369, 373, 374, 376-378, 380, 382-385) ; c'est qu'en réalité il se produit un changement d'allure dans le récit : celui-ci présente alors, moins les annales du règne du khalife, que l'histoire de son tout-puissant vizir, El-Mançoûr.

3. Cité par Ibn Adhari, *Bayân*, trad. Fagnan, II, pp. 91, 101, 159, 171, 172, 189 (sur Ahmed ar-Râzi et son fils Isa ar-Râzi, voir Dozy, *Introduction au Bayân*, pp. 22-26). — Nous faisons abstraction, tant pour Râzi que pour les autres historiens énumérés, des citations qui se rencontrent en dehors de la partie proprement annalistique.

4. Ibn Adhari, trad. Fagnan, II, pp. 173, 391, 465.

5. *Ibid.*, pp. 82, 142.

6. Ibn Adhari, trad. Fagnan, II, pp. 80, 82, 90, 142, 203. — Sur le *Behdjat en-nefs* et son auteur, voir E. Fagnan, *Manuscritos árabes-españoles*, dans *Revista crítica de historia y literatura*, I (1896), pp. 336-

les années 291-320, Ibn Adhari a très largement utilisé, ou mieux plagié la chronique d'Arîb ben Sad (mort en 980), lequel avait écrit, en manière de supplément aux *Annales* de Tabari, une histoire de l'Espagne, de l'Afrique et des Abbasides [1]. Or, tous les auteurs consultés étaient, semble-t-il, comme Ibn Adhari lui-même, de diligents compilateurs qui, au lieu de choisir quelques événements principaux et de les mettre en pleine lumière, s'étaient efforcés de recueillir le plus grand nombre de faits possible, de leur assigner une date précise, et de les ranger à leur place chronologique ; bref, c'étaient des compilateurs qui concevaient l'histoire sous la forme fastidieuse d'annales [2]. Mais étaient-ils en mesure de remplir leur tâche ? Ou ils n'ont disposé que de chroniques basées sur la tradition orale : dans ce cas, le travail qu'ils nous ont livré n'a qu'une décevante apparence de rigueur et d'exactitude ; ou bien les plus anciens d'entre eux ont disposé de documents datés, de notes prises, sinon au jour le jour, du moins à peu de distance des événements, et en ce cas leurs ouvrages, malgré les inévitables déformations engendrées

337. La découverte de ce texte, considéré comme perdu, est due à M. Fagnan ; l'ouvrage comprenait un volume consacré à l'Espagne, lequel n'a pas été retrouvé.

1. Les parties relatives à l'Afrique et à l'Espagne ont été publiées par Dozy, dans son édition d'Ibn Adhari, les passages propres à Arîb étant placés entre crochets carrés ; cf. *Bayân*, texte, I, p. 128, note *b*. Pour la partie concernant les Abbasides, voir : Arîb, *Tabarî continuatus*, quem edidit M. J. de Goeje. Lugduni Batavorum, 1897, in-8°. — Sur Arîb et son ouvrage, qu'Ibn Adhari ne cite d'ailleurs que deux fois (trad. Fagnan, II, pp. 7 et 290), voir Dozy, *Introduction au Bayân*, pp. 31-63 et 107, et de Goeje, *op. cit.*, pp. VII-VIII.

2. Le fait est certain pour Arîb, pour Râzi (dont plusieurs compilateurs ont conservé des fragments) et pour Ibn Hayyân ; il est probable pour Aboû Amir Sâlimi, d'après les extraits que donne Ibn Adhari ; il est à peu près sûr pour l'auteur du *Behdjat en-nefs*, si l'on tient compte, non seulement des morceaux reproduits par Ibn Adhari, mais encore de la manière dont est composé le volume qui traite de l'Afrique.

par les transcriptions successives, méritaient la confiance qu'Ibn Adhari leur accordait.

Pour résoudre le problème ainsi posé, il convient de parcourir les fragments de la chronique d'Arîb. Ce dernier auteur raconte à la manière d'un contemporain. Dans le cercle étroit d'une année, il accumule d'habitude une foule de renseignements divers, sans lien entre eux et n'ayant de commun que leur simultanéité [1]. Il multiplie à l'infini les dates précises de jour et de mois, qu'il mentionne le siège d'une forteresse, la soumission d'un rebelle, le départ des troupes musulmanes, leur rentrée victorieuse à Cordoue [2], etc. Fréquemment il connaît à merveille l'itinéraire des armées de l'émir, et fixe leurs étapes successives avec une grande sûreté d'information [3]; mais, quand il y a lieu, il signale aussi l'absence de campagne [4] ou des préparatifs non suivis d'effet [5]. D'autre part, il prend bien soin de noter des phénomènes qui, lors de leur apparition, avaient certainement frappé les esprits : inondations, éclipses, disettes, famines, prières dites pour implorer, au moment des famines, la clémence du ciel [6]. Presque sous chaque année, il dresse la liste des morts les plus notoires, princes ou prin-

---

1. Se reporter à l'une quelconque des années dont Arîb relate les événements. On y trouve de tout, même la mention d'un fait-divers, soit le supplice d'un archer célèbre (*Bayân*, trad. Fagnan, II, a.313, p. 315).

2. Exemples : *Bayân*, trad. Fagnan, II, pp. 231, 233, 235, 236, 237, 238, 239, 240, 241, etc., etc.

3. Exemples : *ibid.*, a.300, pp. 266-271 ; a. 301, pp. 273-275 ; a. 306, pp. 287-289 ; a. 308, pp. 291-298 ; a. 311, pp. 304-305 ; a. 312, pp. 307-313 ; a. 315, pp. 319-321, etc.

4. *Ibid.*, p. 279 : « Les circonstances furent cette année-là [303] « trop difficiles, pour qu'on entreprît aucune incursion ou qu'on mît « des troupes en campagne. »

5. *Ibid.*, a. 319, p. 338.

6. *Ibid.*, a. 297, p. 241 (inondation à la Mekke) ; a. 299, p. 247 (éclipse) ; a. 302, pp. 276-277, a. 303, pp. 278-279, a. 314, pp. 316 et 317-318, a. 317, p. 330 (disettes, famines et prières).

cesses, juristes, savants, fonctionnaires [1], etc. Enfin, très attentif aux événements de cour — il était secrétaire d'El-
Hakam II — il enregistre tant les naissances de princes [2]
que les changements de toute sorte — nominations, disgrâces,
transferts — survenus dans le personnel qui gravitait autour
du souverain [3].

Est-ce d'après ses propres souvenirs qu'Arîb a composé
son récit ? Le temps s'y oppose : par rapport à l'auteur, qui
écrivait entre 973 et 976 [4], les faits relatés sont éloignés déjà
de quarante à soixante-dix ans environ. Est-ce d'après la
tradition orale ? Si prodigieuse qu'ait pu être la mémoire
des Arabes, cela paraît inadmissible : la narration est trop
hachée et trop nette ; les faits, les dates, les noms de lieu et
de personne se pressent en trop grande abondance ; les détails
dépourvus d'intérêt durable sont trop nombreux [5]. En bonne

1. Ces listes ne manquent que pour les années 294, 297, 312 et 317.
A signaler, comme particulièrement abondantes ou précises, celles
des années 298, p. 246 ; 302, p. 278 ; 303, pp. 279-280 ; 304, p. 282 ;
319, pp. 340-342 et 320, pp. 345-346.

2. *Ibid.*, a. 302, p. 276 ; a. 304, p. 282; a. 306, p. 287. Les dates
exactes sont toujours données pour les naissances ; il n'en va pas de
même pour les dates de mort.

3. Ces mentions, non moins caractéristiques que les précédentes,
sont fort nombreuses ; voir *ibid.*, a. 300, pp. 263-264, 265, 266 ; a. 301,
pp. 272-273 et 275 ; a. 302, pp. 277 et 278 ; a. 303, p. 279 ; a. 304,
p. 281; a. 305, p. 284, etc., etc.

4. Dozy, *Introduction au Bayân*, pp. 33-34 et p. 43.

5. Comparer Dozy, *loc. cit.*, pp. 8-9 : « ...l'histoire ne fut écrite que
« rarement pendant les deux premiers siècles de la domination arabe
« en Espagne... Les Arabes se fiaient à leur mémoire, prodigieuse
« à la vérité, car aucun autre peuple n'a réussi à retenir un aussi
« grand nombre de faits, de dates, de noms propres et de longues
« généalogies. Les traditions de famille, de tribu, se transmettaient
« de père en fils ; elles subirent sans doute quelques altérations, mais
« celles-ci furent en général plus légères que l'on ne s'y attendrait.
« Le besoin de posséder une histoire écrite ne se faisait donc presque
« pas sentir ; l'histoire était dans toutes les bouches ; on était accou-
« tumé à l'entendre raconter dans les châteaux, aux bivouacs, sur

logique, il faut donc supposer qu'Aîrb a utilisé des sources écrites, non seulement des pièces d'archives, comme on l'a dit [1], mais encore des documents narratifs, rédigés au lendemain des événements par d'obscurs historiographes vivant dans l'entourage des émirs [2].

Les remarques que nous suggère l'examen de la chronique d'Arîb — abrégée par Ibn Adhari aux années 291-320 — s'appliqueraient également à la portion du *Bayân* qui va de 321 (933) à 366 (976) [3] ; mais elles s'appliquent aussi bien au groupe qui embrasse les années 139 (756)-290 (902), et où se rencontrent à peu près tous les passages que nous aurons

---

« les places des villes », etc. Il y aurait lieu de reprendre toutes les théories sur l'historiographie hispano-arabe que Dozy a brillamment exposées dans cette *Introduction*, où abondent les vues lumineuses, mais aussi les erreurs de doctrine.

1. Dozy, *loc. cit.*, p. 63.

2. Il se peut que des notes annalistiques aient été prises antérieurement à l'avènement des Omeyyades (voir par exemple celles qu'on trouve dans l'*Akhbâr madjmoûa*, trad., p. 66 ; cf. Ibn Adhari, trad. Fagnan, II, p. 56). Ce qui n'est pas contestable, c'est que, à la cour, au xe siècle, on n'hésitait pas à consigner par écrit, sous des formes diverses, certains faits tout récents ; cf. J. Ribera, dans son édition d'Aljoxaní, *Historia de los jueces de Córdoba* (Madrid, 1914, in-8º), p. VIII, n. I ; cf. aussi le long poème où Ibn Abd Rabbihi raconte année par année, de 300 à 322, les campagnes de son contemporain Abd er-Rahmân III (*Ihd*, II, pp. 364-378) ; cf. également les passages suivants d'Ibn Adhari : « On trouva une liste dressée de sa main « [d'Abd er-Rahmân III] et où il disait, par ordre chronologique : « Les jours de ma vie où j'ai joui d'une joie pure et sans trouble sont « tel jour de tel mois de telle année » (trad. Fagnan, II, pp. 383-384) ; « On a trouvé écrit de la main du khalife El-Mostançir [El-Hakam II] : « L'édification de la grande mosquée commencée le dimanche 4 djo- « mâda II 351 (19 juill. 962), a été terminée en 355 (28 déc. 965) ; « il y a été dépensé 261.537 dinars et 1 1 /2 dirhem » (*ibid.*, pp. 397- « 398) ; « On a trouvé écrite de la main de ce prince [El-Hakam II] « l'année de la mort de celui qui fut son kâdi et le kâdi de son père... » (*ibid.*, p. 414).

3. Nous disons 366 (976), et non pas 387 (997), puisque, comme nous l'avons déjà noté, le récit prend un autre caractère à partir de l'avènement d'Hichâm II (1er octobre 976).

à employer. Sans doute, entre cette portion du *Bayân* et la
chronique d'Arîb il y a des différences de degré : le récit est
en général beaucoup plus bref, beaucoup moins chargé de
faits et de dates ; mais il n'y a pas de différence de nature,
et, malgré des coupures probables [1] et des remaniements certains [2], le caractère contemporain et officieux de la documentation se manifeste, ici encore, par divers indices très
significatifs. De même que chez Arîb, nul souci de la composition, ni de la forme : les faits se succèdent sans ordre ni
gradation [3] ; comme chez Arîb, quoique avec moins de fréquence, sont données soit des dates exactes de jours ou de
mois [4], soit des détails touchant les phases de certaines expéditions [5] ; comme chez Arîb, tantôt il est indiqué qu'en telle
année le souverain n'entreprit aucune campagne [6], tantôt

1. En comparant l'ouvrage d'Ibn Adhari et celui d'Ibn el-Athîr,
on croit s'apercevoir, ainsi que nous l'indiquerons plus bas, que tous
deux ont abrégé un même document.

2. Dans son récit annalistique, Ibn Adhari devance parfois les événements ; exemples : trad. Fagnan, II, a. 153, p. 87 ; a. 178, p. 102 ;
a. 190, p. 116 ; a. 209, p. 134 ; a. 246, p. 159. D'autre part, il insère
très souvent des morceaux en prose rimée ; exemples : a. 146, p. 81 ;
a. 149, pp. 84-85 ; a. 153, p. 87 ; a. 165, p. 90 ; a. 240, p. 155 ; a. 244,
p. 157. Il insère également des vers ; exemples : a. 189, p. 115 ; a. 225,
pp. 139-140 ; a. 239, p. 154 ; a. 273, pp. 190-191 ; a. 274, p. 196 ;
a. 286, p. 230.

3. Exemples : *ibid.*, a. 210, pp. 134-135 ; a. 218, pp. 136-137 ;
a. 241, pp. 155-156 ; a. 250, p. 160 ; a. 264, p. 169 ; a. 267, pp. 170-
172 ; a. 273, pp. 189-191 ; a. 274, pp. 192-196 ; a. 276, pp. 200-201 ;
a. 277, pp. 201-202 ; a. 280, pp. 203-204 ; a. 282, pp. 204-205 ; a. 285,
p. 229 ; a. 287, p. 230 ; a. 288, p. 231.

4. *Ibid.*, pp. 75, 91, 113, 125, 141, 143-144, 154, 162, 165, 195,
202, 231, etc.

5. *Ibid.*, a. 179, pp. 102-104 ; a. 251, pp. 160-163 ; a. 262, pp. 167-
169 ; a. 274, pp. 191-192 ; a. 283, pp. 227-228.

6. *Ibid.*, p. 75 : « En 140 (25 mai 757), Abd er-Rahmân se tint
« tranquille à Cordoue et ne fit aucune expédition » ; p. 87 : « En
« 154 (24 décembre 770), Abd er-Rahmân se tint tranquille à Cordoue
« et n'entreprit aucune expédition » ; p. 122 : « En 201 (30 juillet
« 816), il n'y eut aucune expédition ni mouvement d'importance » ;

sont notés des disettes [1], des inondations [2], des phénomènes
météorologiques ou sismiques [3], des constructions ou répara-
tions d'édifices [4] ; tantôt encore sont mentionnées soit la
naissance ou la mort de personnages célèbres ou simplement
connus [5], soit la nomination de tel personnage à tel emploi [6].
Ajoutons que, comme chez Arîb, Cordoue est le centre géographique et politique de tout l'exposé ; c'est de Cordoue
que part le souverain pour combattre ses adversaires ; c'est
à Cordoue qu'il revient une fois ses ennemis vaincus ; c'est
à Cordoue qu'ont été observés telles inondations, tel tremblement de terre ; c'est à Cordoue qu'ont été effectuées la plupart
des constructions relatées. Ajoutons enfin que, ici comme
chez Arîb, ce sont les faits et gestes des Omeyyades qui constituent seuls la trame du récit, tous événements défavorables
à la cause de la maison régnante étant délibérément passés
sous silence, ou habilement voilés [7].

*
* *

Composée à l'imitation du grand ouvrage de Tabari, dont
elle est à la fois un abrégé, un complément et une suite ;

p. 160 : « Cette année-là [250, 13 février 864] il ne fut pas entrepris
« de campagne ; on se contenta des résultats de l'année précédente
« et on laissa les troupes se reposer. »
   1. *Ibid.*, a. 199, p. 119 ; a. 207, p. 133 ; a. 232, p. 144 ; a. 253,
p. 163 ; a. 260, p. 167 ; a. 274, pp. 195-196 ; a. 285, p. 229.
   2. *Ibid.*, a. 161, p. 88 ; a. 182, p. 112 ; a. 235, pp. 145-146 ; a. 288,
p. 231.
   3. *Ibid.*, a. 218, pp. 136-137 (éclipse) ; a. 224, p. 139 (étoiles filantes) ;
a. 267, pp. 171-172 (tremblement de terre raconté d'après Râzi).
   4. *Ibid.*, a. 170, p. 92 ; a. 210, p. 134 ; a. 218, p. 137 ; a. 241, p. 156 ;
a. 250, p. 160 ; a. 280, p. 204 (comparer Arîb, *ibid.*, a. 306, p. 289).
   5. *Ibid.*, a. 139, p. 75 ; a. 196, p. 119 ; a. 234, p. 145 ; a. 277, p. 201.
   6. *Ibid.*, a. 218, p. 137.
   7. Peut-être Ibn Adhari a-t-il utilisé Arîb pour les années 139-
290, comme il l'a utilisé pour les années 291-320 ; mais ce n'est là

formée de pièces et de morceaux patiemment glanés, bien choisis, mais ne portant en général aucune indication de provenance ; rédigée sous forme d'annales, mais avec le souci de concilier parfois l'ordre chronologique et l'ordre logique, la Chronique universelle d'Ibn el-Athîr ne renferme pas une histoire complète de l'Espagne arabe [1]. D'une part, elle se contente de tracer un tableau rapide de la conquête et de l'époque des gouverneurs; d'autre part, dès la fin du IXe siècle, et jusqu'en 1197, elle ne fournit plus que des mentions éparses et relativement rares ; en revanche, elle donne des renseignements nombreux et continus sur la période comprise entre l'avènement d'Abd er-Rahmân Ier (756) et la mort de Mohammed (886) ; on peut même dire que là son exposé marche de pair avec celui du *Bayân*, qu'il rappelle quant à l'allure, et même quant au fond [2].

Aux années 756-886, les récits du *Kâmil* sont loin d'être entièrement nouveaux. En réalité, plus de la moitié des événements que consigne Ibn el-Athîr se retrouvent chez Ibn Adhari, et non seulement les mêmes faits sont ordinairement rapportés de part et d'autre, mais encore des similitudes de détail, dont quelques-unes frappantes, apparaissent des deux côtés à la fois : certains récits sont identiques [3] ; certaines

qu'une hypothèse, et cette hypothèse échappe, croyons-nous, à tout contrôle, en l'état présent de la documentation.

1. Sur les sources d'Ibn el-Athîr, voir la dissertation inaugurale de C. Brockelmann, *Das Verhältnis von Ibn-el-Atîrs Kâmil fit-ta'rih zu Tabaris Ahbâr errusul wal mulûk* (Strasbourg, 1890, in-8°, 58 pp.), notamment pp. 55-56, où l'auteur s'occupe des mentions relatives à l'Espagne (comparer Ibn el-Athîr, trad. Fagnan, *Annales*, pp. 5-6).

2. Ici, comme dans le *Bayân*, il serait facile de signaler, à côté de remaniements, des traces d'anciens documents annalistiques : mentions multiples sous une même année, dates précises, famines, inondations, phénomènes physiques, constructions, morts de personnages notoires, etc.

3. Comparer Ibn el-Athîr, trad. Fagnan, *Annales*, a. 181, p. 160 et Ibn Adhari, *Bayân*, trad. Fagnan, II, p. 111 ; *Annales*, a. 182,

circonstances que note le *Bayân* sont également notées par le *Kâmil* [1] ; certaines évaluations numériques sont communes aux deux textes [2] ; certaines mentions, que leur imprécision même caractérise, figurent tant chez Ibn el-Athîr que chez Ibn Adhari [3]; certaines retouches, apportées aux témoignages utilisés, s'observent dans l'une et l'autre compilation [4] ; certaines lacunes de la série annalistique sont exactement pareilles [5]. Aussi, en confrontant ces ouvrages, éprouvons-nous l'impression que, par des voies différentes, mais parallèles, tous deux procèdent d'un même original, qu'auraient condensé deux abréviateurs distincts.

Toutefois, quoique les ressemblances soient fréquentes, il

---

p. 162 et *Bayân*, II, p. 112 ; *Annales*, a. 219, p. 208 et *Bayân*, II, p. 137.

1. Comparer, par exemple, Ibn el-Athîr, trad. Fagnan, *Annales*, a. 140, pp. 102-103 et Ibn Adhari, *Bayân*, trad. Fagnan, II, a. 141, p. 76 ; *Annales*, a. 147, p. 107 et *Bayân*, II, a. 147, p. 84 ; *Annales*, a. 151, p. 118 et *Bayân*, II, a. 152, p. 86 ; *Annales*, a. 161, p. 125 et *Bayân*, II, a. 161, p. 88 ; *Annales*, a. 175, pp. 142-143 et *Bayân*, II, a. 175, p. 100, etc., etc.

2. D'après le *Kâmil* et le *Bayân*, Yoûsof, quand il se révolta en 140 ou 141 contre Abd er-Rahmân Ier, réunit une armée de 20.000 hommes; Tolède fut assiégée en 173 pendant « deux mois et quelques jours » ; Soleymân, lors de son exil, reçut de son frère Hichâm, une somme de 60.000 dinars ; 700 nobles de Tolède furent tués lors de la révolte de 181, etc., etc.

3. Comparer Ibn el-Athîr, trad. Fagnan, *Annales*, a. 180, pp. 154-155 et Ibn Adhari, *Bayân*, trad. Fagnan, II, a. 180, pp. 110-111 ; *Annales*, a. 194, pp. 174-175 et *Bayân*, II, a. 194, pp. 117-118.

4. Comme Ibn Adhari, Ibn el-Athîr déclare, à l'année 178, que Ronda et ses environs « restèrent sept ans sans habitants » à la suite des troubles qui se produisirent en cette année (Ibn el-Athîr, trad. Fagnan, *Annales*, p. 151; Ibn Adhari, *Bayân*, trad. Fagnan, II, p. 102). Voir aussi ce que disent les deux auteurs au sujet des guerres survenues entre Yéménites et Modarites (*Annales*, a. 210, p. 201 ; *Bayân*, II, a. 209, p. 134), ou au sujet de l'âge auquel mourut le roi de Navarre Fortun-Garcia (*Annales*, a. 246, p. 236 ; *Bayân*, II, a. 246, p. 159).

5. Ni le *Kâmil* ni le *Bayân* ne consignent d'événements aux années 145, 192, 195, 204, 205, 215, 233.

existe aussi des divergences qui attestent l'originalité partielle du *Kâmil.*

1º Lors même que les deux textes s'accordent sur le fond, il est rare qu'ils donnent une version de tous points semblable ; par contre, il est de règle, ou peu s'en faut, qu'ils se contredisent incidemment ou se complètent. Tantôt ils assignent à un même événement des dates différentes, et ce désaccord chronologique persiste jusque vers l'année 200 [1] ; tantôt ils attribuent à des chefs distincts le commandement d'une même armée [2] ; presque toujours, à propos d'une même expédition ou d'une même révolte, soit le *Kâmil,* soit le *Bayân* consignent des noms de lieu, des noms de personne, des détails ou des dates qui manquent dans l'autre récit [3].

2º Quoique le *Kâmil* relate d'habitude les mêmes faits que le *Bayân,* le *Kâmil* mentionne, en plus, bon nombre d'événements dont le *Bayân* ne porte pas trace : c'est ainsi, par exemple, qu'il signale des expéditions chrétiennes en terre musulmane, que le *Bayân* ignore, volontairement ou non [4] ;

---

1. L'écart est d'ordinaire d'une année ou deux (avance ou retard). En raison de ces discordances, certaines lacunes de la série annalistique du *Bayân* sont comblées par le *Kâmil* avec des mentions que le *Bayân* renferme sous une autre date : telles les années 151, 158, 162, 166, 185, 191, 197, 198, qu'Ibn Adhari a laissées en blanc et auxquelles Ibn el-Athîr rapporte des faits qu'Ibn Adhari date de 152, 159, 163, 167-168, 184, 190, 199 et 202.

2. D'après Ibn el-Athîr, trad. Fagnan, *Annales,* p. 211, 236 et 242, les expéditions des années 224 (23 novembre 838), 246 (28 mars 860) et 251 (2 février 865) furent respectivement commandées par Obeyd Allâh, dit Ibn el-Balensi, l'émir Mohammed et El-Mondhir, fils de l'émir Mohammed ; or, d'après Ibn Adhari, trad. Fagnan, II, pp. 139, 158 et 160, elles le furent par El-Hakam, fils d'Abd er-Rahmân II, un général non dénommé, et Abd er-Rahmân, fils de l'émir Mohammed et frère d'El-Mondhir. Cf. les notes de M. Fagnan aux pages citées.

3. Les faits de ce genre sont si fréquents qu'il n'y a pas lieu d'en fournir des exemples.

4. Ibn el-Athîr, trad. Fagnan, *Annales,* a. 157, pp. 123-124 (expé-

qu'il signale, d'autre part, des expéditions musulmanes en terre chrétienne, que le *Bayân* ne paraît pas connaître [1] ; qu'il note, à leur place respective, la mort ou l'avènement de tous les rois asturiens, depuis Alphonse Ier jusqu'à Alphonse III inclus [2]. Disons encore que s'il accorde une place plus grande à l'histoire chrétienne, il raconte aussi quelques révoltes qu'omet Ibn Adhari [3], insiste sur telles autres qu'Ibn Adhari expose plus brièvement, etc. [4].

3° Enfin, il est des cas, trop rares à notre gré, où le *Kâmil* et le *Bayân* accusent eux-mêmes, plus nettement encore, leurs différences partielles de provenance, et vont jusqu'à énoncer des faits ou des jugements contradictoires [5]. Ibn el-Athîr

---

dition de Charlemagne en Espagne) ; a. 185, p. 154 et p. 163 (conquête de Barcelone par les Francs); a. 187, pp. 164-165 (prise de Tudèle par les Francs) ; a. 224, p. 211 (prise de Medinaceli).

1. *Ibid.*, a. 168, p. 133 ; a. 176, pp. 143-144 ; a. 178, p. 150 ; a. 210, pp. 200-201 ; a. 224, p. 211 ; a. 235, pp. 224-225 ; a. 236, p. 225 ; a. 237, p. 230 ; a. 245, p. 235 ; a. 247, p. 240 ; a. 248, p. 241 ; a. 270, p. 260.

2. *Ibid.*, a. 140, p. 104 (mort d'Alphonse Ier et avènement de Fruela); a. 158, p. 124 (mort d'Aurelio et avènement de Silo) ; a. 168, p. 133 (mort de Silo et avènement de Mauregato) ; a. 173, pp. 141-142 (mort de Mauregato, et avènement de Bermude, puis d'Alphonse II) ; a. 227, p. 215 (mort d'Alphonse II) ; a. 235, p. 225 (mort de Ramire Ier); a. 254, p. 243 (mort d'Ordoño Ier). — Ces données chronologiques sont manifestement empruntées à une source latine, très voisine du Pseudo-Alphonse.

3. *Ibid.*, a. 143, p. 104 ; a. 144, p. 105 ; a. 148, p. 111 ; a. 150, pp. 111-112 ; a. 162, pp. 126-127 ; a. 164, p. 130 ; a. 165, p. 130 ; a. 175, p. 143 ; a. 184, p. 162, etc., etc.

4. Notamment sur la révolte de Châkya, a. 154 et suiv.

5. Sans aller jusqu'à la contradiction, il arrive parfois qu'Ibn Adhari et Ibn el-Athîr avouent eux-mêmes, implicitement, qu'ils ont consulté des versions divergentes. Ainsi, datant de 163 (17 septembre 779) la victoire de Bedr sur le rebelle Ibn Chedjera, Ibn Adhari, trad. Fagnan, II, p. 89 ajoute : « D'autres placent cette victoire en 162. » Or, c'est en 162 (28 septembre 778) que la met Ibn el-Athîr, trad. Fagnan, *Annales*, p. 126. — De même, Ibn el-Athîr, trad. Fagnan, *Annales*, p. 164, après avoir raconté à l'année 186 (10 janvier 802),

rapporte en 140 la révolte de Yoûsof et dit qu'en 154 le rebelle Châkya « ne tint pas tête à l'armée que conduisit contre lui « Abd er-Rahmân en personne[1] ». Or, d'après Ibn Adhari, Abd er-Rahmân n'aurait entrepris aucune expédition ni en 140, ni en 154[2]. — Au témoignage d'Ibn el-Athîr, c'est l'inconduite d'El-Hakam, prince débauché et frivole, occupé « à jouer, à chasser, à boire et à d'autres plaisirs de ce genre », qui aurait provoqué à deux reprises le soulèvement du peuple de Cordoue, « cité studieuse, et où se trouvaient des savants « remarquables et des gens pieux ». Or, si Ibn el-Athîr manifeste de la sorte, à l'égard de l'Omeyyade El-Hakam, une hostilité non déguisée, Ibn Adhari affiche en revanche des sentiments de pur loyalisme, et s'applique à rejeter la faute sur les habitants de Cordoue, en leur prêtant « un esprit de « discorde et un oubli des règles, tels que nous prions Dieu « de nous en préserver[3] ».

Les ouvrages d'Ibn Adhari et d'Ibn el-Athîr permettent de reconstituer, en son ensemble, l'histoire des guerres qui,

---

la réconciliation de l'émir El-Hakam avec son oncle Abd Allâh, termine par ces mots : « On dit aussi que les négociations eurent lieu « en cette année [186] et que la paix ne fut définitivement arrêtée « qu'en 187. » Or, Ibn Adhari, trad. Fagnan, II, pp. 113-114, date les négociations de 186 et la conclusion de la paix de 187. — De même encore, rapportant à l'année 198 (1er septembre 813) l'affaire dite du faubourg de Cordoue, Ibn el-Athîr, trad. Fagnan, *Annales*, p. 179, avertit que : « Il y en a qui mettent cette affaire du faubourg en l'an- « née 202. » C'est précisément ce que fait Ibn Adhari, trad. Fagnan, II, p. 122, etc.

1. Ibn el-Athîr, trad. Fagnan, *Annales*, pp. 102 et 119.

2. Ibn Adhari, trad. Fagnan, II, pp. 75 et 87.

3. Ibn el-Athîr, trad. Fagnan, *Annales*, pp. 177 et 165 ; Ibn Adhari, trad. Fagnan, II, pp. 122 et 123. Les deux récits seraient à confronter de près, la thèse d'Ibn el-Athîr étant nettement combattue par Ibn Adhari.

de la fin du VIIIe au début du Xe siècle, mirent aux prises Chrétiens et Infidèles. Néanmoins, ces deux compilations présentent des défauts qu'il serait puéril de vouloir cacher.

a) Les années de l'hégire chevauchant d'ordinaire sur deux années chrétiennes, il est impossible de dater certains faits avec une entière certitude ; le doute est parfois d'autant plus grand que les Arabes opérèrent contre les Chrétiens non seulement au printemps ou en été, mais même à l'entrée de l'hiver[1].

b) Soit que les sources originales aient été infidèlement transcrites, soit que les compilateurs successifs aient pratiqué des coupures malheureuses, Ibn Adhari et Ibn el-Athîr nous ont transmis quelques mentions pratiquement inutilisables ; dépouillées de toute indication de lieu, elles ne peuvent être localisées et s'appliqueraient à la marche d'Espagne, ou à la Navarre, aussi bien qu'au royaume des Asturies. Ces mentions vagues sont d'ailleurs peu nombreuses[2].

c) Pour désigner les territoires soumis aux rois asturiens, les Arabes n'ont guère employé que des termes très généraux ; ils se servent soit de la double expression « Alava et Castille », soit du terme « Galice », suivant qu'ils ont en vue la partie orientale ou la partie occidentale de ces territoires. Mais il est rare qu'ils indiquent plus exactement le théâtre des opérations et nomment les endroits où se produisirent les rencontres[3].

---

1. Ibn el-Athîr, trad. Fagnan, *Annales*, a. 208, p. 198, où il est question des mois d'octobre-novembre, et a. 210, pp. 200-201, où il est question de fin décembre.

2. Ibn Adhari, trad. Fagnan, II, a. 180, pp. 110-111 ; a. 194, pp. 117-118 ; a. 196, pp. 118-119 ; a. 224, p. 139 ; a. 247, p. 159. Ibn el-Athîr, trad. Fagnan, *Annales*, a. 180, pp. 154-155 ; a. 194, pp. 174-175 (d'après cet auteur, les expéditions de 224 et 247 auraient été dirigées, l'une contre l' « Alava », l'autre contre Barcelone).

3. Voir cependant des précisions chez Ibn Adhari, trad. Fagnan, II, a. 179, pp. 102-104 ; a. 200, pp. 121-122 ; a. 208, p. 133 ; a. 210, p. 135 ; a. 231, p. 144 ; a. 251, pp. 160-163 ; a. 253, p. 163 ; a. 264, p. 169 ; a. 268, p. 172. Comparer Ibn el-Athîr, trad. Fagnan, *Annales*, a. 178, p. 150 ; a. 179, p. 151 ; a. 210, p. 200 ; a. 224, p. 211 ; a. 231,

Autant dire que, très souvent, nous ne savons pas sur quels points se porta l'effort ennemi. D'ailleurs, quand les textes arabes citent des noms de villes ou de villages, ils les déforment de telle sorte que toute identification devient précaire [1]. — Notons encore que si les historiens arabes s'inquiètent peu de la topographie des régions dévastées, ils n'ont pas davantage coutume de décrire les opérations [2] : communément, ils se bornent à signaler, en quelques phrases monotones, des razzias, pillages, incendies ou massacres, sans apporter la moindre précision.

d) Enfin, quelle que soit la valeur du *Bayân* et du *Kâmil*, il n'en est pas moins vrai que les témoignages anciens sur lesquels reposent ces ouvrages, étaient à leur manière tout aussi incomplets et tout aussi partiaux que les témoignages mis en œuvre par les chroniqueurs chrétiens. Comment, du reste, en serait-il autrement puisque, à Cordoue comme à Oviedo, l'histoire était écrite sous les yeux du monarque ? Désireux de ne pas déplaire à leurs maîtres, les historiens arabes ont donc omis, par principe, certaines catégories de faits, et non les moins intéressants. Évitant, par exemple, de trop parler des rebelles qui, soit en Aragon, soit en Portugal, parvinrent à constituer de petits états autonomes, ils laissent dans l'ombre les relations que les rois asturiens entretinrent avec ces adversaires des Omeyyades [3]. D'autre part, lorsqu'ils retracent les luttes des émirs contre les rois des Asturies, ils ont soin de ne pas dire toute la vérité [4]. Ainsi, le *Bayân* et le *Kâmil*

---

p. 222 ; a. 237, p. 230 ; a. 248, p. 241 ; a. 251, p. 242 ; a. 252, pp. 242-243 ; a. 253, p. 243 ; a. 268, pp. 258-259.

1. Tel est le cas pour les noms de lieu mentionnés par Ibn Adhari à l'année 251.

2. Quelques indications de ce genre chez Ibn Adhari, aux années 179, 180, 200, 231, 249, 251 ; cf. Ibn el-Athîr, mêmes années, sauf 249.

3. Voir ci-dessous, 2e Partie, ch. III.

4. Voir ci-dessous, 2e Partie, ch. II et III. Remarquer toutefois

racontent longuement les campagnes d'Hichâm Ier et d'El-Hakam contre Alphonse II, parce que ce dernier prince eut à subir de très rudes assauts ; mais, en revanche, lorsque les Asturiens, prenant l'offensive, inaugurèrent le temps des conquêtes, soudain les textes arabes gardent un silence impressionnant : nul écho des campagnes d'Alphonse III en Portugal, de la prise de Porto et de Coïmbre, de l'établissement d'une marche en ces régions ; nul écho de la campagne de 881, qui mena Alphonse III jusqu'aux portes de Mérida ; nulle trace non plus des expéditions de 878 ou de 883, au cours desquelles les Musulmans éprouvèrent tant d'insuccès [1]. Bref, si nous n'avions que les sources arabes, nous ne pourrions même pas nous douter que le dernier roi des Asturies résista victorieusement aux attaques, étendit au loin ses possessions, et consolida à tout jamais la situation des Chrétiens [2].

---

qu'Ibn el-Athîr a plus tendance qu'Ibn Adhari à accuser les pertes des Musulmans ; cf., trad. Fagnan, *Annales*, a. 178, 240, 264.

1. Comparer aussi le récit de la campagne de 882 que donnent, d'une part, le *Chron. Albeldense*, ch. 66-70, d'autre part, Ibn Adhari, trad. Fagnan, II, p. 172 et Ibn el-Athîr, trad. Fagnan, *Annales*, pp. 258-259. Les trois récits se complètent ; mais les historiens arabes tournent court, au moment où ils auraient dû enregistrer les victoires chrétiennes.

2. Outre les chroniques et compilations citées dans ce chapitre, il resterait encore à signaler, sinon à étudier, les histoires des rois chrétiens d'Espagne que nous ont laissées : 1° Ibn Khaldoun, IV, pp. 179-185 (cf. Dozy, *Recherches*, 3e éd., I, app. III, pp. X-XXIV, texte, et pp. 89-116, commentaire et traduction) ; 2° Ibn el-Khatîb, *Ilam*, ms. d'Alger, fol. 185 r. et suiv. ; ms. de Madrid, fol. 283 v-291 v. Nous croyons inutile d'examiner ces textes, curieux en tant que manifestations érudites, mais dépourvus d'autorité. — Quant à l'*Historia Arabum* de Rodrigue de Tolède (Schott, *Hispaniae illustratae*, II, pp. 162-186), il suffira de noter que, pour la période envisagée ici, elle repose sur une tradition très voisine de celle qu'a utilisée Ibn el-Athîr.

CHAPITRE IV

LES DOCUMENTS DIPLOMATIQUES ET CONCILIAIRES

En dehors des sources narratives, les documents dont on dispose sont : 1° des pièces d'archives, — diplômes royaux, chartes privées, lettre d'Alphonse III à Saint-Martin de Tours; 2° des actes de conciles. Mentionnons aussi, pour mémoire, quelques inscriptions [1].

I. — LES DOCUMENTS D'ARCHIVES.

1° Les diplômes royaux.

Nous ne reviendrons pas longuement sur les diplômes royaux, auxquels nous avons consacré un travail spécial [2]. Toutefois, certains points seront rappelés ici.

A) Des soixante-huit documents dont on a soit le texte,

---

1. Voir Aem. Hübner, *Inscriptiones Hispaniae Christianae.* Berolini, 1871, in-4° ; *Supplementum,* 1900, in-4°.

2. Voir notre *Étude sur les actes des rois asturiens (718-910),* dans *Revue Hispanique,* XLVI (1919), pp. 1-192. — L'abréviation *Cat.,* que nous emploierons ci-dessous, renvoie au Catalogue d'actes qui occupe les pp. 109-168 de cette *Étude.*

soit des analyses suffisamment explicites, dix-neuf au plus sont authentiques [1]. Or, à l'exception d'un jugement [2], tous ces actes sont des actes gracieux, et généralement des donations pieuses, donc des textes empreints d'une grande banalité. D'autre part, hormis deux diplômes émanés l'un de Silo (23 août 775), l'autre d'Ordoño Ier (28 juin 860) [3], tous ces diplômes ont été octroyés par le dernier roi des Asturies, et sont circonscrits entre les dates extrêmes de 867 et 909 [4]. Ajoutons que la majorité de ces actes ne concerne, directement ou non, que quatre établissements, soit l'église d'Iria-Compostelle, celle de Leon, celle d'Astorga et le monastère de Sahagun [5].

B) Abstraction faite de documents interpolés, dont les plus notoires intéressent l'église d'Orense et le monastère de Santo Adriano de Tuñon [6] ; de documents suspects, parmi lesquels on rangera notamment tous ceux qui proviennent

---

1. *Étude*, p. 4. — Sept d'entre eux nous sont parvenus sous forme d'originaux : nous en avions signalé cinq (*ibid.*, p. 5) ; le P. García Villada, *Catálogo de los códices y documentos de León*, p. 73, nᵒ 2 et p. 119, nᵒ 807, a retrouvé ceux des diplômes des 10 juillet 875 et 3 avril 905.

2. *Cat.*, nᵒ 37 (6 juin 878).

3. *Cat.*, nᵒˢ 5 et 26.

4. *Étude*, p. 4.

5. Pour Iria-Compostelle, voir *Cat.*, nᵒˢ 30 (20 janvier 867), 31 (15 avril 869), 32 (14 février 874), 44 (885), 45 (24 juin 886), 48 (25 juillet 893), 52 (25 novembre 895) et 58 (30 décembre 899) ; pour Léon, nᵒˢ 5 (23 août 775), 26 (28 juin 860) et 34 (10 juillet 875) ; pour Astorga, nᵒˢ 37 (6 juin 878) et 50 (29 janvier ou 2 février 895) ; pour Sahagun, nᵒˢ 60 (22 octobre 904), 61 (30 novembre 904), 64 (30 novembre 905) et 68 (28 avril 909). — A part ces quatre séries, on ne trouve qu'un diplôme pour le monastère de San Cosme y San Damian, près Leon (nᵒ 63 ; 3 avril 905), et un autre diplôme que nous a transmis le *Tumbo* de Celanova (nᵒ 66 ; 22 septembre ? 907).

6. *Cat.*, nᵒˢ 46 (28 août 886) et 47 (24 janvier 891) ; voir aussi nᵒ 40 (9 août 883).

du monastère de Samos[1], et de documents de teneur douteuse[2], il existe une masse imposante de textes nettement apocryphes. Attribués à Pélage, Alphonse Ier, Alphonse II et Ramire Ier; relatifs aux monastères de Santillana, Santa Maria de Covadonga, San Pedro de Villanueva, San Cipriano de Calogo et Lorvão[3], certains de ces faux constituent de grossières supercheries et n'ont trompé que des érudits crédules. D'autres, au contraire, forgés ou récrits au XIe et au XIIe siècle, ont égaré la plupart des savants; à cette catégorie appartiennent l'unique diplôme d'Alphonse II pour Valpuesta[4]; tous les diplômes d'Alphonse II, Ordoño Ier et Alphonse III pour Oviedo[5]; plusieurs actes des mêmes princes (et de Ramire Ier), pour Iria-Compostelle[6]; tous les diplômes d'Alphonse II et d'Alphonse III pour Lugo ou pour Braga[7]; tous les diplômes d'Alphonse III pour Mondoñedo[8]. Quelle que soit leur ancienneté relative, les actes qui viennent d'être énu-

---

1. *Cat.*, n°s 9 (11 juin 811), 20 (17 avril 852), 21 (13 juillet 853) et 23 (20 mai 856). — Voir aussi divers actes provenant d'Iria-Compostelle : n°s 39 (880-910), 41 (17 août 883), 42 (25 septembre 883), 43 (25 septembre 883).

2. Voir *Cat.*, n°s 33 (1er mars 875), 49 (25 janvier 894), 51 (11 juillet 895), 59 (1er janvier 902) et 67 (10 août 908).

3. *Cat.*, n°s 1 (26 ou 27 février 718-737), 2 (31 octobre 740), 3 (11 novembre 741), 4 (21 février 746), 6 (791-842) et 19 (mars 848).

4. *Cat.*, n° 8 (21 décembre 804).

5. *Cat.*, n°s 7 (791-842), 10 (16 ou 25 novembre 812), 11 (16 novembre 812), 24 (20 avril 857), 25 (mai 857), 53 (5 septembre 896), 62 (20 janvier 905) et 65 (11 avril 906).

6. *Cat.*, n°s 12 (4 septembre 829), 22 (854), 27 (862), 28 (18 juin 866), 38 (30 juin 880), 55 (6 mai 899), 56 (6 mai 899). — Le fameux *Privilegio de los Votos* (*Cat.*, n° 18 ; 25 mai 844), doit être annexé à cette série ; car il a été forgé d'assez bonne heure, puisqu'il en existe une copie du XIIe siècle. Inutile de répéter que c'est du reste un faux grossier.

7. *Cat.*, n°s 13 (831-871), 14 (27 mars 832), 15 (27 avril 832), 16 (28 janvier 835), 17 (1er janvier 841), 54 (30 juin 897), 57 (6 juillet 899).

8. *Cat.*, n°s 29 (28 août 866 ou 867), 35 (10 février 877), 36 (27 février ou 29 avril 877).

6

mérés en dernier lieu, ne sauraient être employés, même partiellement [1].

2° Les chartes privées.

Les chartes privées sont trop rares pour permettre l'étude de la condition des biens et des personnes [2] ; elles n'apportent que par hasard des données chronologiques vraiment utiles [3] ; en fait, ces chartes qui sont, en très grande majorité, des donations ou des contrats de vente [4], ne nous serviront guère qu'à marquer, dans la mesure du possible, les progrès de la colonisation et le développement des établissements religieux, des monastères en particulier. D'ailleurs, même à ce point de vue restreint, elles ne fournissent pas toujours les informations précises que l'on serait tenté de leur demander.

Beaucoup de dates ont été mal transcrites par les compilateurs de cartulaires, ou mal interprétées par les éditeurs modernes [5] ; or, si maintes corrections semblent légitimes, il

---

1. Les faussaires ont eu parfois à leur disposition des actes authentiques. Mais jusqu'à quel point ont-ils respecté les originaux qu'ils avaient sous les yeux ? Il est impossible de le dire, tout criterium faisant défaut ; et l'on n'est même pas sûr qu'ils aient reproduit avec exactitude les souscriptions que portaient les modèles employés.

2. En chiffres ronds, on n'a guère qu'une centaine de chartes privées, dont une dizaine remonterait, du moins en apparence, au VIII⁰ siècle, et vingt environ à la première moitié du IX⁰.

3. Ces chartes ne portent **pas** toutes mention du prince régnant ; de plus, le hasard veut qu'il n'y en ait pour ainsi dire pas dont les dates coïncident avec les changements de règne.

4. Remarquer toutefois que ces chartes offrent infiniment plus de variété que les diplômes royaux. Citons, à titre d'exemples, l'acte du 13 décembre 863 (Bol. de la R. Acad. de la Hist., LXXIII, 1918, pp. 421-422), qui mentionne une sentence rendue par le tribunal du comte, et un véritable mandement (Esp. Sagr., XXXIV, p. 432), adressé, vers 878, par l'évêque de Leon Mauro à un certain Betoti.

5. Dans certains cartulaires, comme celui de Santo Toribio de Liébana, les erreurs de date sont, en quelque sorte, de règle. Pour certains

est des cas — heureusement assez rares, — devant lesquels la critique hésite et le doute subsiste [1]. — En outre, ces chartes, dont les dates sont parfois incertaines, se répartissent géographiquement de façon très inégale. Le tiers environ de celles que nous connaissons, intéresse la Galice et le Portugal [2] ; un groupe assez compact provient de la Vieille-Castille [3] ; un autre groupe, déjà moins important, concerne des possessions de l'église de Leon [4]. En revanche, pour les Asturies proprement dites, soit pour la région qui fut le centre même du royaume, on possède à peine six documents [5], tandis que

groupes de documents, par exemple, pour ceux qui proviennent de San Millan de la Cogolla, les erreurs d'interprétation ont été fréquentes (voir Appendice VII). Même dans les recueils publiés de nos jours, telles erreurs de transcription ont été méconnues ; comparer, notamment, *Portugaliae Monumenta Historica. Dipl. et chartae*, n° v, pp. 3-4 et Tailhan, *Bibliothèques*, p. 317, n. 3.

1. Ainsi, les actes du 24 avril 785 (*Esp. Sagr.*, XL., pp. 367-368), du 29 avril 787 (Huerta, *Anales de Galicia*, II, pp. 294-295), du 28 décembre 787 (*ibid.*, escr. xv, pp. 401-402), n'auraient-ils pas été vieillis d'un siècle ? — Nous verrons ailleurs que l'acte du 25 janvier 842 (*Esp. Sagr.*, XL, *app.* XVIII, pp. 381-383), soulève des difficultés : la date est certainement fautive, mais il est impossible de proposer une correction paléographiquement satisfaisante.

2. Presque tous ces actes, — environ vingt-cinq pour la Galice et treize pour le Portugal, y compris les documents mal datés ou faux, — ont été publiés par Huerta, *Anales de Galicia*, II (Santiago, [1736], in-fol.), Risco, *Esp. Sagr.*, XL (1796), López Ferreiro, *Historia de la iglesia de Santiago*, II (Santiago, 1899, in-8), et au fasc. 1 (1868) des *Port. Mon. Hist. Dipl. et chartae*.

3. Environ vingt-six, dont on trouvera le texte dans Berganza, *Antigüedades de España*, II (1721) ; Llorente, *Noticias históricas de las tres provincias vascongadas*, III (Madrid, 1807, pet. in-4°); *Revue Hispanique*, VII (1900), pp. 273 et suiv. ; L. Serrano, *Becerro gótico de Cardeña*. Silos-Madrid, 1910, in-8°. Voir aussi Sota, *Chronica de los principes de Asturias y Cantabria* (Madrid, 1681, in-fol.), pp. 434, 450 et 450-451.

4. Voir Risco, *Esp. Sagr.*, XXXIV (1784), pp. 154, 427, 429 et 432, et surtout García Villada, *Catálogo de los códices y documentos de León*, p. 77, n°s 50-60 et p. 161, n°s 1326, 1327 et 1329.

5. Quatre de ces documents nous sont intégralement parvenus :

l'on n'en compte pas moins de quinze pour le seul district de Liébana [1], dont le rôle politique fut nul et dont l'étendue était minime. — Enfin, quoique les chartes privées soient en majeure partie authentiques, il ne faudrait cependant pas croire qu'il n'existe parmi elles ni documents apocryphes, ni documents suspects [2] ; bien au contraire les plus intéressantes de ces chartes seraient presque toutes à rejeter. Tel est le cas, par exemple, de quatre chartes de Lugo (1er février 745, 15 mai 747, 28 février 757 et vers 760, 5 juin), pleines de détails curieux qu'ont utilisés trop d'historiens de l'histoire politique, et surtout trop d'historiens du droit [3]. Tel est également le cas de l'unique charte relative au monastère de San Vicente d'Oviedo (25 novembre 781), laquelle renferme un double récit de la fondation même de la ville d'Oviedo [4]. Tel est encore le cas de la charte presque célèbre

voir Risco, *Esp. Sagr.*, XXXVII (1789), p. 309 et 319 ; Vigil, *Asturias monumental, epigráfica y diplomática* (Oviedo, 1887, 2 vol. in-4º), Texte, p. 357, et P [ablo] R [odriguez], *Diploma de Ramiro I*, p. 314. Deux autres de ces documents ne sont connus que par des analyses : Yepes, *Coronica general de la orden de San Benito*, IV, fol. 158 r, et Vigil, *op. cit.*, p. 551. — Joindre à ces six documents deux chartes concernant les Asturies de Santillana ; cf. M. Serrano y Sanz, *Cartulario de la iglesia de Santa María del Puerto (Santoña)*, dans *Bol. de la R. Acad. de la Hist.*, LXXIII (1918) et suiv. (voir au tome cité, p. 421), et Ed. Jusué, *Libro de regla o cartulario de la antigua abadía de Santillana del Mar* (Madrid, 1912, gr. in-8º), p. 3.

1. Voir les articles de M. Ed. Jusué, dans *Bol. de la R. Acad. de la Hist.*, XLV (1904), pp. 409-421 ; XLVI (1905), pp. 69-76 et XLVIII (1906), pp. 131-139, et V. Vignau, *Indice de los documentos de Sahagun* (Madrid, 1874, in-8º), nᵒˢ 436-440, pp. 107-108.

2. Il existe même des faux ridicules, tels que l'acte d'Alboacem, gouverneur de Coïmbre (Huerta, *op. cit.*, II, *escr.* VI, pp. 389-390), celui du comte Theodus, gouverneur de Coïmbre également (*ibid.*, *escr.* XI, pp. 397-398), la charte de Juan de Montemayor du 27 décembre 850 (cf. R. Menéndez Pidal, *La leyenda del Abad Don Juan de Montemayor*. Dresden, 1903, in-8º, p. LIX).

3. Sur ces quatre chartes et d'autres actes qui leur sont apparentés, voir ci-dessous, Appendice V.

4. Texte dans Risco, *Esp. Sagr.*, XXXVII, app. VI, pp. 309-311.

de Quiza Gonteriquiz (26 février 788), qui, croyait-on naguère, nous révélait l'existence d'une dynastie de rois galiciens, mais dont on n'oserait sans doute plus invoquer le témoignage [1] ; — du *fuero* de Brañosera, octroyé par le comte Nuño Nuñez le 13 octobre 824, acte qui serait le plus ancien spécimen de *carta-puebla*, si la date d'une part, et, d'autre part, l'emploi de certaines expressions ne nous mettaient en défiance [2] ; — du « privilège de Monforte » (IXe siècle), qui est un faux manifeste, en liaison étroite avec l'histoire de l'église d'Oviedo [3], etc., etc.

Cet acte, que Pélage n'a pas transcrit dans son *Libro gótico*, mais dont il y a une copie du début du XIIe siècle (cf. Vigil, *op. cit.*, p. 120, B 1^a), est très maladroitement rédigé. Au début, le prêtre Montano, s'adressant au prêtre Máximo et à l'abbé Fromestano, rappelle que ceux-ci ont défriché l'emplacement d'Oviedo et bâti le monastère de San Vicente. Un peu plus loin, Fromestano certifie à son tour que, vingt ans auparavant, de concert avec son neveu Máximo, il a en effet opéré et ce défrichement et cette fondation. Pareil acte n'a que la valeur, fort minime, d'une tradition de basse époque.

1. Sur cet acte, étudié par M. V. H. Friedel, *La plus ancienne charte de la Bibliothèque de l'Université Compostellane*, dans *Revista de Archivos*, 3ª época, III (1899), pp. 585-600, et plusieurs fois utilisé par les historiens de la Galice, voir les remarques décisives de M. A. Martínez Salazar , *¿Los documentos más antiguos de España?* dans *Galicia histórica* (Santiago, 1901-03, in-8°, pp. 788-799).

2. Voir le texte donné par Llorente, *Noticias*, III, n° 6, pp. 29-30. L'acte aurait été octroyé sous Alphonse II par un certain « Monnio « Nunnez ». Or, un comte de Castille, nommé Nuño Nuñez, contemporain d'Alphonse III, apparaît dans les dernières années du IXe siècle (cf. ci-dessous, Appendice VII) ; le *fuero* de Brañosera n'aurait-il donc pas été pour le moins antidaté ? Remarquer, d'autre part, l'*incipit* du dispositif, où on lit des propositions telles que : « *inter* « *ossibus et venationes* facimus populacionem », « et adducimus ad « populando Valero et Felix… atque universa sua *genealogia*. » Remarquer aussi la formule *comes qui fuerit in regno*, qui est employée à deux reprises, l'expression *habeant foro* et les mentions de diverses redevances : *montaticum, annubda, vigiliae, infurcion.* Comparer les observations de M. F. Macho y Ortega, *La Iglesia de Valpuesta en los siglos IX y X*, dans *Revista de Archivos*, 3^a época, XXXVI (1917), p. 384.

3. Texte dans Yepes, *Coronica*, IV, *escr.*, XXIX, fol. 448 v-449 r. —

3º *La lettre d'Alphonse III à Saint-Martin de Tours.*

On sait qu'Alphonse II entretint des relations suivies avec Charlémagne [1] ; mais que firent ses successeurs ? Les documents francs, aussi bien que les documents espagnols sont muets à cet égard, et il faut descendre jusqu'en 906, date de la lettre d'Alphonse III, pour découvrir de nouvelles traces de rapports entre le royaume des Asturies et la France carolingienne. — Publiée dès 1663 par Monsnyer, cette lettre, qui se trouvait aux folios 100-101 du cartulaire dit la *Pancarte noire* [2], a été généralement considérée comme authentique [3], mais parfois aussi qualifiée d'apocryphe [4].

Nous jugeons inutile de parler de ce document, dont la fausseté est évidente. Ajoutons que nous aurons l'occasion de signaler, particulièrement à l'Appendice V, d'autres documents apocryphes ou fort suspects.

1. Cf. 2e Partie, ch. II.

2. Voir E. Mabille, *La Pancarte noire de Saint-Martin de Tours brûlée en 1793 et restituée d'après les textes imprimés et manuscrits,* dans *Mémoires de la Société archéologique de Touraine,* XVII (1865), pp. 319-542 ; se reporter au nº XC, pp. 430-431, où l'on trouvera, outre une analyse de la lettre, l'indication des textes manuscrits et imprimés. — Cette lettre a été publiée de nouveau par López Ferreiro, *Hist. de la iglesia de Santiago,* II, app. nº XXVII, pp. 57-60, d'après Florez, *Esp. Sagr.,* XIX, pp. 346-349. Soit dit en passant, M. López Ferreiro, *op. cit.,* p. 207, n. 2, cite une édition de Baluze, au tome VII des *Miscellanea* (Lutetiae Parisiorum, 1715, in-8º), qui n'existe point, et une édition de Cuypers au tome VI de juillet des *Acta Sanctorum* (p. 18), laquelle ne comporte que des extraits.

3. Cf. entre autres, Mabille, *loc. cit.* et *Bibliothèque de l'École des Chartes,* 30e année (1869), p. 190 ; López Ferreiro, *op. cit.,* II, pp. 204 et suiv. ; F. Fita, dans *Bol. de la R. Acad. de la Hist.,* XLI (1902), p. 344 ; F. Lot, *Études sur le règne de Hugues Capet* (Paris, 1903, in-8º), p. 378 et *Annales du Midi,* XVI (1904), p. 517 ; E.-R. Vaucelle, *La collégiale de Saint-Martin de Tours* (Paris, 1908, in-8º), pp. 8, 83-84, 109 et 222.

4. Cf. entre autres Masdeu, *Hist. crítica de España,* XII (1793), pp. 183-184 ; Cuypers, dans *AA. SS.,* t. VI de juillet, p. 18 ; L. Duchesne, dans *Annales du Midi,* XII (1900), p. 178, n. 1.

En faveur de l'authenticité, certaines remarques viennent naturellement à l'esprit. Le roi, au début de la lettre, rappelle les épreuves que les chanoines de Saint-Martin avaient récemment éprouvées, c'est-à-dire l'incendie allumé par les Normands. Or, d'irrécusables témoignages nous apprennent que le 30 juin 903, les Normands brûlèrent en effet Saint-Martin de Tours [1]. — D'un autre côté, le roi mentionne incidemment un duc ou comte de Bordeaux, qu'il dénomme *Amalvinus*, Amaugain, et appelle son ami : ce personnage, dont le nom n'a rien d'hispanique, n'est nullement fictif, à ce qu'il semble [2]. — Enfin, l'objet propre de la lettre n'offre en soi qu'un intérêt médiocre : par l'intermédiaire de l'évêque Sisnando, les chanoines de Saint-Martin avaient proposé au roi des Asturies l'acquisition d'une couronne impériale enrichie d'or et de pierreries ; agréant en principe cette offre, le roi annonce que sa flotte doit se rendre à Bordeaux en mai 906 [3] et précise les conditions dans lesquelles la couronne pourra lui parvenir. Il n'y avait point là, selon toute apparence, un thème susceptible d'exciter la verve d'un imposteur.

Contre l'authenticité, deux arguments s'imposent d'eux-mêmes. D'abord, l'acte renferme des formules insolites dans

---

1. E. Mabille, *Les invasions normandes dans la Loire et les pérégrinations du corps de saint Martin*, dans *Bibliothèque de l'École des Chartes*, 30ᵉ année (1869), pp. 148-194 ; voir p. 190. Cf. Vaucelle, *op. cit.*, pp. 95-96 et W. Vogel, *Die Normannen und das fränkische Reich* (Heidelberg, 1906, in-8º), pp. 389-391.

2. Cf. F. Lot, *Amauguin, comte de Bordeaux*, dans *Annales du Midi*, XVI (1904), pp. 517-518. Un document limousin, daté de 887, est souscrit par un *Amalvinus*, lequel pourrait bien se confondre avec le comte de Bordeaux cité dans la lettre d'Alphonse III. Observons en outre que le mariage d'Alphonse III avec une princesse navarraise expliquerait, dans une certaine mesure, ces relations avec la France méridionale.

3. Dès le vıᵉ siècle, des relations maritimes existaient entre la Gaule et la Galice ; cf. Grégoire de Tours, *Historia Francorum*, VIII, ch. 35 (éd. Arndt et Krusch, *Mon. Germ. Script. rer. merov.*, I, 1885, p. 351).

un document de l'époque asturienne : Alphonse s'intitule *Hispaniae rex*, comme le feront les souverains castillans du XIe et du XIIe siècle[1] ; l'évêque de Compostelle, Sisnando, est qualifié d'archevêque[2], alors que le premier archevêque de Compostelle fut Diego Gelmirez (à partir du 25 juillet 1120[3]); de plus, contrairement à l'usage, la date est exprimée, non d'après l'ère espagnole, mais d'après l'année de l'Incarnation, l'indiction étant par surcroît mentionnée[4]. — En second lieu, tout à la fin du document, et en réponse à une double demande des chanoines de Saint-Martin, le roi identifie l'Apôtre dont le culte était célébré en Galice — soit saint Jacques Zébédée, — et il détermine la position occupée par le tombeau du saint. Or, toute cette fin de lettre est apparentée de façon étroite non seulement avec la première rédaction de la lettre apocryphe, relative à saint Jacques et attribuée au pape saint Léon, mais encore avec la deuxième rédaction de ce dernier document[5]. Comme l'auteur de la première rédaction, Alphonse III se sert des mots *manu Domini gubernante*[6]

---

1. Est-il besoin de redire ce que nul n'ignore, à savoir qu'au temps d'Alphonse III, le terme *Spania* ou *Hispania* désigne l'Espagne musulmane ?

2. Noter que le terme d'*archevêque* se trouve une autre fois dans la lettre du roi Alphonse : « et veridicae nostrorum *archiepiscoporum* « epistolae » (López Ferreiro, *op. cit.*, II, app., p. 59).

3. Cf. Florez, *Esp. Sagr.*, XIX, p. 267 ; López Ferreiro, *Hist. de la iglesia de Santiago*, III (1900), p. 528.

4. « In hoc anno qui est incarnatione Domini DCCCCVI, indictione VIIII. » Ces deux éléments chronologiques concordent d'ailleurs : l'indiction 9 correspond bien à l'année 906.

5. Sur les trois rédactions de la lettre du Pseudo-Léon, cf. L. Duchesne, *Saint Jacques en Galice*, dans *Annales du Midi*, XII (1900), pp. 167-172 ; voir aux pp. 168-169 le texte des deux premières rédactions disposé sur deux colonnes, les particularités de chaque rédaction étant imprimées en italiques.

6. Mgr Duchesne, *loc. cit.*, p. 171, n. 1, a remarqué, à propos d'un autre document, que les termes : « navigio *manu Domini gubernante* » sont caractéristiques de la première rédaction.

et *in locum qui dicitur Bioria ;* comme l'auteur de la deuxième, il dit *Jacobus Zebedei*, et non pas *Jacobus* tout court ; il note que saint Jacques fut décapité sur l'ordre d'Hérode [1] et cite nommément les deux rivières galiciennes appelées l'Ulla et le Sar [2].

De ces deux séries d'arguments, laquelle l'emportera ?

Dans l'hypothèse de l'authenticité absolue, les formules insolites que nous avons relevées ne s'expliquent pas [3], et les rapports avec la lettre du Pseudo-Léon ne s'expliquent pas davantage [4]. Dans l'hypothèse de la falsification totale, un point reste obscur. La *Pancarte noire* avait été compilée entre 1132 et 1137 [5] ; le titre d'archevêque de Compostelle n'apparaît — nous l'avons vu — qu'en 1120 : peut-on légitimement admettre qu'au début du XIIe siècle, on se souvenait

---

1. L'expression *ab Herode decollatus est* est répétée deux fois, à quelques lignes d'intervalle. Or, dit Mgr Duchesne, *loc. cit.*, p. 171, n. 1, « le terme *decollatus* est propre à la deuxième rédaction ».

2. La deuxième rédaction de la lettre attribuée à saint Léon porte : « inter illa rathe et Sare », tandis que la lettre d'Alphonse porte : « Voliam et Sarem ». Mais il y a, de toute évidence, une erreur de graphie dans le premier de ces deux documents ; cf. F. Fita et A. Fernández-Guerra, *Recuerdos de un viage á Santiago de Galicia* (Madrid, 1880, in-4°), p. 120, note *b*.

3. Cuypers, *loc. cit.*, p. 18, supposait que le mot *archevêque* et la date avaient été interpolés ; en ce cas, la formule *Hispaniae rex* serait, elle aussi, une interpolation, et il y aurait donc eu, à Saint-Martin, un scribe assez au courant des choses d'Espagne pour substituer tardivement aux leçons de l'original les leçons *Hispaniae rex* et *archiepiscopus*, mais assez maladroit pour changer la date. — M. López Ferreiro, *op. cit.*, p. 205, n. 2, rejetant l'opinion de Cuypers, pense que la chancellerie asturienne, par une sorte de politesse diplomatique, aurait employé, au Xe siècle, des formules alors en usage dans le pays des destinataires. Cela n'est pas défendable.

4. Le P. Fita et Fernández-Guerra, *op. cit.*, p. 121, ont bien vu que la lettre d'Alphonse renferme deux passages qui sont en corrélation étroite avec la lettre du Pseudo-Léon (dont ils ne connaissaient que les deuxième et troisième rédactions) ; mais ils n'ont tiré aucun parti de cette remarque.

5. Cf. Mabille, *La Pancarte noire, loc. cit.*, p. 334 (voir aussi p. 330).

encore en Espagne et de l'incendie de Saint-Martin en 903, et de la vente de la couronne impériale, et du comte de Bordeaux Amauguin ? Peut-on prétendre, d'autre part, que les chanoines de Saint-Martin auraient eu, au XIIe siècle, un intérêt quelconque à fabriquer pareil document, lequel ne comporte, semble-t-il, aucune allusion à un événement contemporain ?

Il paraît difficile de sortir de cet imbroglio. Un fait est hors de doute : c'est que la lettre d'Alphonse III a été écrite postérieurement à la deuxième rédaction de la lettre attribuée à saint Léon, et n'a aucun point de contact avec la troisième [1]. Un autre fait est probable : c'est que, sous sa forme actuelle, la lettre d'Alphonse est postérieure à 1120. Mais pour trancher définitivement la question, trois éléments de critique nous manquent. D'abord, nous n'avons pas l' « original » utilisé par le compilateur de la *Pancarte noire*, et nous n'avons même aucun renseignement à son sujet [2]. Ensuite, nous ne pouvons, présentement, dater avec certitude la deuxième rédaction de la lettre du Pseudo-Léon [3]. Enfin, nous connaissons très mal les relations de Saint-Martin avec Compostelle [4], et, par

---

1. Voir dans Florez, *Esp. Sagr.*, III, pp. 407-408, le texte de cette troisième rédaction, laquelle « n'a vraiment de commun avec les pré- « cédentes que l'intention, le plan général et le nom de l'auteur sup- « posé » (Duchesne, *loc. cit.*, p. 170).

2. Baluze ne l'avait pas vu, comme le croyait Cuypers, *loc. cit.*, p. 18 ; il n'avait examiné que la copie de la *Pancarte noire ;* cf. ses *Miscellanea*, VII, p. 61 : « Ego verò eas [litteras] vidi in chartulario « Ecclesiae sancti Martini Turonensis. »

3. La première rédaction est de la fin du IXe siècle (Duchesne, *loc. cit.*, p. 178) ; la troisième se place peut-être à la fin du XIe (vers 1077) ; de toutes manières, elle est antérieure à 1139 (*ibid.*, pp. 171-172).

4. L'abbé Vaucelle, *op. cit.*, ne nous apprend presque rien à ce sujet ; il dit simplement, pp. 220-221, que Saint-Martin était, au début du XIIIe siècle, en union de prières avec Saint-Jacques, et p. 222, que la fraternité de ces deux établissements « existait dès le Xe siècle ». Cette dernière assertion, qui n'est pas accompagnée de référence, repose évidemment sur la lettre d'Alphonse III. — Quant aux rela-

suite, il nous faut renoncer à déterminer les mobiles auxquels aurait obéi un faussaire. — Une conjecture cependant. Peut-être s'était-il produit, entre Tours et Compostelle, des échanges et communications réciproques de documents [1]. La collégiale de Saint-Martin fut ravagée en 1096 par un incendie [2]. Ne serait-ce pas d'après des pièces conservées en Galice, que la lettre d'Alphonse III aurait été reconstituée, aux alentours de l'année 1120 ?

II. — LES CONCILES D'OVIEDO [3].

On possède les actes de deux conciles qui se seraient tenus à Oviedo : l'un sous le règne d'Alphonse II, en 821 ; l'autre

---

tions de Saint-Martin de Tours avec d'autres villes de Galice, Orense, par exemple, nous n'avons pas à nous en préoccuper ici, puisque la lettre d'Alphonse III n'intéresse pas d'autre église galicienne que Saint-Jacques. Remarquer, à ce propos, un lapsus de M. Murguía, *Galicia* (Barcelona, 1888, in-8º), p. 906, n. 3 : cet auteur déclare que la lettre d'Alphonse mentionnerait la fraternité de Tours et d'Orense, et, de plus, affirmerait l'existence, à Orense, de reliques de saint Martin ; malgré la citation produite, le document allégué ne contient rien de tel.

1. La lettre d'Alphonse III fait allusion à des échanges possibles ; le roi demande des textes sur saint Martin et offre en retour d'autres documents, dont les *Vitae Patrum Emeritensium*, « quae *ut rememor* « in archivis vestris non habentur » (López Ferreiro, *op. cit.*, II, app., p. 59). La locution *ut rememor* est pour le moins singulière.

2. Voir les Annales de Vendôme, a. 1096, dans L. Halphen, *Recueil d'annales angevines et vendômoises* (Paris, 1903, in-8º), p. 67 ; cf. les autres textes cités *ibid.*, n. 4.

3. Sur cette question si controversée, — et que nous examinerons aussi brièvement que possible, — voir notamment : Noguera, *Ensayo cronológico*, dans Mariana, *Hist. de España*, éd. de Valence, III (1787), pp. 449-459 ; Risco, *Esp. Sagr.*, XXXVII (1789), pp. 166-193 et 227-254, qui se prononce contre Noguera et en faveur de l'authenticité ; V. de la Fuente, *Historia eclesiástica de España*, 2ᵉ éd., III (1873), pp. 122-127 et 136-139, et Gams, *Die Kirchengeschichte von Spanien*, II, 2 (1874), pp. 347-349 et 397-399, qui se prononcent contre Risco et

sous le règne d'Alphonse III, onze mois après la dédicace de l'église de Compostelle, soit en l'an 900 [1]. Les actes du premier concile avaient été transcrits par les soins de l'évêque Pélage : 1° dans le recueil, aujourd'hui perdu, que l'on appelle l'*Ovetensis* ; 2° dans le cartulaire dit *Libro gótico* [2]. Les actes du second concile avaient été insérés, toujours par les soins de Pélage, dans la recension de la Chronique de Sampiro que nous ont transmise le *Liber Chronicorum*, et son dérivé, le *Tumbo negro de Santiago* [3].

A) Ces deux conciles présentent d'étranges ressemblances. Tous deux ont même objet : en 821, comme en l'an 900, les évêques du royaume se rassemblent pour ériger l'église d'Oviedo en métropole, et pour se voir assigner les rentes nécessaires à leur subsistance, en certaines circonstances bien détermi-

---

l'authenticité ; enfin F. Fita, *Concilio Ovetense del año ¿ 900? Texto inédito*, dans *Bol. de la R. Acad. de la Hist.*, XXXVIII (1901), pp. 113-133, lequel tente de réagir contre l'opinion de La Fuente et de Gams.

1. Pour le premier concile, que Risco, *loc. cit.*, p. 176 (cf. p. 181), place en 811, nous adoptons la date du *Libro gótico*, cité plus bas ; pour le second concile, la date qui s'impose d'elle-même, la dédicace de l'église de Compostelle étant du 6 mai 899 (*Cat.*, n°ˢ 55 et 56). Au surplus, ces dates qui ont été fixées de maintes façons différentes, sont sans importance aucune.

2. Sur la copie de l'*Ovetensis*, cf. *Revue des Bibliothèques*, XXIV (1914), p. 213 ; sur celle du *Libro gótico*, fol. 3 v, voir Vigil, *Asturias*, p. 56, A 7ª. A défaut d'une édition critique on consultera : 1° celle de Carvallo, *Antigüedades... del principado de Asturias* (Madrid, 1695, in-fol.), pp. 168-171, qui a le mérite de reproduire tant bien que mal le texte du *Libro gótico* ; 2° celle d'Aguirre, *Collectio maxima conciliorum Hispaniae*, III (Romae, 1694, in-fol.), pp. 158-160, et 2ᵉ éd., IV (Romae, 1754), pp. 359-361, laquelle repose sur le *Libro gótico* et une copie conservée à Tolède ; 3° celle du P. Fita, *loc. cit.*, pp. 114-120, laquelle reproduit la copie tolédane qui se trouve au t. II de la collection Perez, cette copie étant d'ailleurs tronquée par rapport à celle du *Libro gótico*. Quant à l'édition de Risco, *Esp. Sagr.*, XXXVII, pp. 295-301, elle procède directement de celle de Aguirre, comme d'ailleurs en procèdent toutes celles des grandes collections de conciles.

3. Voir Sampiro, éd. Florez, ch. 10-13 (*Esp. Sagr.*, XIV, pp. 443-446).

nées [1]. Tous deux ont été réunis à l'instigation des mêmes personnages, Charlemagne et le pape Jean. Tous deux signalent l'intervention d'un même évêque franc, Théodulfe. Tous deux ont siégé au mois de juin [2]. A tous deux auraient assisté Diego, évêque de Tuy, Vicente, évêque de Leon, et Juan, évêque de Oca (ou de Huesca) [3]. Tous deux sont corroborés par des bulles du pape Jean [4]. Mais les ressemblances ne s'arrêtent pas là. Si l'on confronte les deux textes, on remarque qu'ils se copient l'un l'autre : les canons 2, 6, 8, 10 et 12 du premier concile ont passé en entier dans le second, sauf variantes légères ; les canons 1, 3, 5 et 7 du concile de 821 se retrouvent en grande partie dans celui de l'an 900. Peu importe, dès lors, que l'évêque d'Oviedo se nomme en 821 Adulfo et, en 900, Hermenegildo ; qu'en 900 apparaissent des évêques non mentionnés en 821 ; que les actes du premier concile soient, en leur ensemble, rédigés sous forme d'exposé [5],

---

1. Concile de 821, canon 4 : « ne aliquam victus inopiam toleremus, « dum ad celebranda concilia Ovetum venerimus » (*Esp. Sagr.*, XXXVII, p. 297).

2. Dans la copie tolédane publiée par le P. Fita, la date (15 juin) est mutilée : « XI *(sic)* kalendas... » Quant à la date du second concile (14 juin, d'après Sampiro, ch. 13), elle est évidemment fausse, puisque la consécration de Compostelle eut lieu le 6 mai et que le concile se serait tenu, nous dit-on, onze mois après.

3. D'après la copie tolédane, il faudrait ajouter à cette liste Agila, évêque d'Orense, et Eleca, évêque de Saragosse.

4. Jaffé-Wattenbach, *Regesta pontificum romanorum*, n°s 3035 et 3036, où ces bulles sont attribuées à Jean VIII et rangées sous la date arbitraire de 876 (celle-là même que Florez avait d'abord, par erreur, fixée à la consécration de Compostelle). — Par la première bulle *(Quia igitur)*, le Pape approuve l'érection de l'église d'Oviedo en métropole ; par la seconde *(Litteras devotionis)*, il autorise la consécration de Compostelle et la tenue d'un concile. Soit dit en passant, ces bulles devraient, logiquement, être placées dans l'ordre inverse, et non dans celui qu'ont suivi le compilateur du *Libro gótico* et, au ch. 7 et 8, l'interpolateur de Sampiro.

5. Noter cependant que le roi (?) s'adresse aux évêques au canon 6 : « Vos ergo, venerandi pontifices » ; au canon 10 : « Modo ergo vos,

les actes du second affectant la forme d'un dialogue [1]. Peu importe également que le concile de 821 s'achève par un récit de révolte, et celui de l'an 900 par une donation royale. Peu importe encore que le récit de la dédicace de l'église de Compostelle ait été soudé, dans la Chronique de Sampiro, aux actes du second concile [2], et qu'à ces derniers se rattache une notice portant assignation des rentes promises par l'une et l'autre assemblée [3]. Nier que nous avons affaire non à deux documents distincts, mais à deux rédactions d'un seul et même document, ce serait nier l'évidence [4].

B) Il est manifeste que ces deux rédactions sont entachées d'anachronismes, comme on l'a observé depuis longtemps [5]. Si le concile s'est réuni sous Alphonse II (791-842), le nom du pape Jean est inadmissible, Jean VII étant mort en octobre 707, et Jean VIII n'étant monté sur le trône pontifical qu'en 872 [6]. Si le concile s'est tenu sous Alphonse III (866-910),

---

« episcopi vel reliqui sacerdotes » ; au canon 12 : « Hoc ergo, reve-
« rendi episcopi. »

1. « Plat et ridicule dialogue », disait le P. Tailhan, *Bibliothèques*, p. 343, n. 1.

2. Voir Sampiro, ch. 6 et suiv.

3. Publiée par Florez, *Esp. Sagr.*, XIV, pp. 401-402, cette notice provient du *Liber Chronicorum*, et commence ainsi : « Ecce scriptu-
« ram quae docet qualiter... dominus Ermegildus ecclesiae Ovetensis
« archiepiscopus ad hispanos episcopos ex hereditatibus praedictae
« sedis dedit ut essent ad supplementum illorum, cum statuto tem-
« pore ad celebrandum concilium in metropolis Ovetensis sedem ve-
« nissent, ad manducandum et bibendum nihil eis deficeret. »

4. C'est ce qu'avait bien aperçu Contador de Argote, *Memorias para a historia de Braga*, III, p. 785.

5. Cf. V. de la Fuente, Gams, etc. Nous jugeons inutile de relever les impropriétés d'expression, qui sont nombreuses : Alphonse II est appelé « Adefonsus *Castus* », comme si ce surnom avait été pris par le roi lui-même ; le terme *Hispania* désigne ici l'Espagne chrétienne, etc.

6. Sans même parler de Diego de Tuy, Vicente de Leon et Juan de Oca (ou de Huesca), ajoutons que les noms de tels autres évêques cités en 821, soit Wimaredo (*var.* Recaredo), Théodulfe, Adulfo et

contemporain de Jean VIII (872-882) et de Jean IX (898-900), comment peut-on y mentionner l'intervention de Charlemagne et de Théodulfe ? Prétendre que des contaminations se sont produites de l'un à l'autre texte est vraiment par trop facile. Conjecturer, d'autre part, qu'il s'agirait non de Théodulfe, évêque d'Orléans (788-821), mais de Théodulfe, évêque de Paris (911-922) [1] ; non de Charlemagne (768-814), mais de Charles le Simple (893-929) [2], c'est proprement jouer sur les mots : l'ingérence du roi des Francs ne s'expliquerait en effet qu'à l'époque de Charlemagne et d'Alphonse II, c'est-à-dire lorsque le royaume des Asturies et la monarchie franque entretinrent d'étroits rapports.

C) Pour tout esprit non prévenu, le premier concile est un tissu d'incohérences et d'absurdités [3]. Les évêques qui participent à ce concile ont dû fuir leurs diocèses et se réfugier dans les Asturies ; ils décident cependant de « regere populum « sibi commissum » (c. 2), et, dans ce but, instituent des archidiacres chargés de visiter, deux fois par an, les diocèses ainsi abandonnés (c. 3). — Ces évêques se sont réunis pour ériger en métropole l'église d'Oviedo au lieu et place de Lugo ; certes, ils ne manquent pas de le faire ; mais, préoccupés des rentes qui vont leur être attribuées, ils brouillent à chaque

---

Argimundo (Braga), seraient peut-être empruntés à une charte privée du 25 juillet 930. Cf. F. Fita, *Santa María de Piasca y el primer concilio de Oviedo*, dans *Bol. de la R. Acad. de la Hist.*, XXXIV (1899), pp. 549-555.

1. Fita, *loc. cit.*, p. 555.

2. Fita, dans *Bol. de la R. Acad. de la Hist.*, XXXVIII (1901), p. 133. — On remarquera qu'un texte relatif à l'office espagnol (*Esp. Sagr.*, III, p. 390) accole au nom d'Ordoño II (914-924) ceux de Charlemagne et du pape Jean. Or, si les conciles d'Oviedo disent expressément « magnus rex Carolus » (concile de 821, c. 6), ou « prin- « ceps magnus Carolus » (Sampiro, ch. 11), le texte en question précise au point que le moindre doute est impossible : « Regnante Carolo « Francorum rege ac *patricio Rome*. »

3. Voir la démonstration de V. de la Fuente, *op. cit.*, pp. 122-127.

instant le spirituel et le temporel, et ne cessent pas de revenir sur ce qu'ils ont déjà dit [1]. — Ces évêques fugitifs se plaignent de n'avoir pu demeurer à la tête de leurs églises : néanmoins, ils songent à restaurer tous les sièges épiscopaux, même ceux que ni les Wisigoths, ni les Suèves n'avaient pu relever (c. 5). — Ce n'est pas tout. On voit encore ces évêques brouillons se référer au « livre d'Idace » (c. 5), soit à la Division de Wamba revue et complétée par Pélage [2] ; on les voit invoquer hors de propos l'autorité de Charlemagne, lequel aurait déclaré les Asturies assez vastes pour subvenir aux besoins de vingt évêques, ou même de trente (c. 6) [3] ; motiver l'érection d'Oviedo, en rappelant l'histoire de Carthagène et de Tolède (c. 7) [4] ; justifier l'abandon de leurs sièges, en citant l'exemple d'évêques résidant auprès du Pape, et continuant, malgré tout, à administrer leurs diocèses (c. 7). On voit également les pères du premier concile comparer à Babylone, Rome et Jérusalem, capitales successives du monde antique, Tolède et Oviedo, capitales successives de l'Espagne (c. 9) [5] ; et, pour finir, raconter la

---

1. Il est traité des droits d'Oviedo aux canons 1, 4, 5, 7 et 9 ; des rentes promises, aux canons 4, 6, 7 et 10, le mélange des deux questions portées à l'ordre du jour du concile étant particulièrement sensible aux canons 4 et 7.

2. Malgré l'argumentation de M. A. Blázquez, *La Hitación de Wamba* (Madrid, 1907, in-8º, 95 pp.), il faut, pour le *Liber Itacii*, en revenir à la doctrine si judicieuse et si probante de Florez, *Esp. Sagr.*, IV, pp. 195 et suiv.

3. Le passage mérite qu'on le cite : « Asturiarum enim patria tanto « terrarum spatio est distenta, ut non solum viginti episcopis in ea « singulae mansiones possint attribui, verum etiam (sicut praedictus « magnus rex Carolus per Teodulphum episcopum nobis significavit) « triginta praesulibus ad vitae subsidia valeant impendi singula « loca » (*Esp. Sagr.*, XXXVII, pp. 297-298).

4. Le début du canon 7, qui manque dans la copie tolédane, est à noter : « Ne igitur cuiquam videatur dissonum et quasi rationi con- « trarium » (*Ibid.*, p. 298).

5. Ici encore les évêques veulent convaincre les incrédules : « Adhuc

révolte d'un certain Mahmoûd, dans le but de montrer quels dangers avait courus l'église naissante d'Oviedo (c. 11) [1].

D) Le second concile est aussi déconcertant que le premier, duquel il dérive de la façon la moins douteuse [2]. Les Pères de 821 avaient une vague teinture de l'histoire universelle : ceux de l'an 900 ignorent l'histoire de leur temps [3]. Ils siègent à l'époque où Alphonse III, parvenu à l'apogée de sa puissance, avait conquis le Portugal jusqu'au Mondego et repeuplait les plaines léonaises jusqu'au Duero. Cela ne les empêche pas de répéter les doléances de leurs prédécesseurs, d'affirmer, eux aussi, qu'ils ont été chassés de leurs sièges et contraints de se réfugier dans les Asturies [4]. Bien mieux, oubliant presque l'objet propre de leur assemblée, — soit l'érection d'Oviedo en métropole, — ils ne s'inquiètent guère plus que des rentes qui leur sont attribuées, l'interpolateur de Sampiro ayant biffé tous les passages concernant les droits

---

« etiam, ut omnes invidos et refragatores Oveto metropolitanae « translationis leviter convincamus, alia exempla adducimus » (*Ibid.*, p. 299).

1. Dozy, *Recherches*, 3e éd., I, pp. 124-125 et XXIV-XXV, a considéré comme authentique le passage relatif à Mahmoûd et bâti tout un roman auquel sont mêlés les Maragatos, que le concile désignerait sous le nom de *falsi christiani*. L'erreur de Dozy ne supporte pas l'examen, et Noguera, *Ensayo cronológico*, p. 450, avait bien vu qu'il s'agit de Mahmoûd de Mérida, mais que le faussaire, empruntant au Pseudo-Alphonse, ch. 22, le nom de Mahmoûd, a transposé et déformé les faits. Cf. la réfutation implicite qui se trouve dans le diplôme apocryphe du 27 mars 832 (*Cat.*, nº 14).

2. Le P. Fita, dans *Bol. de la R. Acad. de la Hist.*, XXXVIII, p. 122, a cru que le texte de Sampiro avait « servi de source » au rédacteur du concile de 821. Cette opinion est infirmée par la comparaison des deux documents, et l'on observerait sans peine des traces de suppressions, par exemple en rapprochant du canon 5 du concile de 821 le ch. 10 de Sampiro.

3. Cf. Tailhan, *Bibliothèques*, p. 343, n. 1.

4. Sampiro, ch. 10 : « Infestatione namque et incursione gentili « extra Asturiarum montes nonnulli praesulum a suis penitus sedibus « sunt expulsi ; nos vero in nostris nimium inquietati », etc.

d'Oviedo à la dignité métropolitaine [1]. Notons aussi que le roi, dotant *in fine* l'église d'Oviedo, lui donne exclusivement des biens sis en Galice, ou mieux qu'il confirme à ladite église les possessions galiciennes que lui avaient concédées les Vandales [2] : il y a là une intention très clairement exprimée.

E) Que dire des documents annexés à ces deux conciles ? Les bulles du pape Jean ont pu faire illusion, parce que certaines formules en sont correctes, et que le style rappelle celui de la chancellerie pontificale du IXe siècle. Mais, outre que l'une d'elles est manifestement interpolée [3], et que toutes deux ont été successivement rapprochées du concile de 821 et celui de l'an 900 [4], ces deux bulles tendent à prouver un

---

1. Il n'est plus dit qu'Oviedo succède à Lugo en tant que métropole, les églises suffragantes d'Oviedo ne sont plus énumérées, etc.

2. Sampiro, ch. 13 : « et sicut praedictam sedem haereditaverunt « nostri praecessores, et Vandali reges stabilierunt, ita nos eam stare « praecipimus et confirmamus. »

3. Voici le passage incriminé de la bulle *Litteras devotionis* (Sampiro, ch. 8) : « Nam nos... sedulas preces Domino fundimus, ut regnum « vestrum gubernet, vos salvos faciat, custodiat et protegat, et super « omnes inimicos vestros erigat. *Ecclesiam autem beati Jacobi Apostoli « ab hispanis episcopis consecrari facite, et cum eis concilium celebrate.* « Et nos quidem, gloriose rex, sicuti vos, a paganis jam constrin- « gimur », etc. Il est manifeste que la phrase *Ecclesiam — celebrate* a été glissée entre deux propositions qui, logiquement, se font suite. Trelles, *Asturias ilustrada*, I (Madrid, 1736, in-fol.), pp. 291-292, a traduit la bulle d'après le *Libro gótico* ; or, dans sa traduction la susdite phrase ne se retrouve pas. Une vérification ne serait pas inutile.

4. Datées de juillet 821 *(Quia igitur)* et du 20 septembre 822 *(Litteras devotionis)*, ces deux bulles se trouvent aux fol. 5 v et 6 du *Libro gótico* (cf. Vigil, *Asturias*, p. 57, A 8ᵃ et A 9ⁿ), et se trouvaient aussi dans l'*Ovetensis* (cf. *Revue des Bibliothèques*, XXIV, 1914, p. 213). Datées de 871, elles constituent les ch. 7 et 8 de Sampiro. — Il serait intéressant de savoir à quelle époque remonte l' « original » de la bulle *Litteras devotionis*, signalé par Vigil, *loc. cit.* — Rappelons que l'église d'Oviedo aurait possédé une troisième bulle de Jean VIII (Vigil, *op. cit.*, pp. 57-58, A 13), renfermant une délimitation du diocèse de ladite église (les paroisses galiciennes n'y sont pas oubliées) ;

fait extrêmement douteux en lui-même : savoir que, dès le
IXe siècle, l'église asturienne se serait adressée au Saint-
Siège pour le règlement de questions d'ordre intérieur ; or,
on sait pertinemment que les relations de l'Espagne du Nord-
Ouest avec Rome n'ont commencé que beaucoup plus tard,
sous l'influence des moines de Cluny [1]. — Quant à l'acte
d'assignation de rentes, que l'on attribue à Alphonse III,
il n'a de valeur que par rapport aux conciles, notamment au
second, à l'appui duquel il vient [2] ; et il n'a d'intérêt qu'à
un seul point de vue : c'est qu'il donne à l'évêque de Braga
le titre d'archevêque [3]. Lorsqu'il a été rédigé, les faussaires
d'Oviedo, corrigeant leurs doctrines antérieures, ne préten-
daient donc plus que leur église avait été l'unique métropole
du royaume asturien.

Ces remarques étant faites, quelques observations complémentaires seront présentées.

1° Malgré leurs extravagances, les conciles d'Oviedo n'auraient-ils pas conservé le souvenir d'un fait exact ? En d'autres termes, un concile s'est-il réellement tenu dans le cours

---

mais, d'après Risco lui-même, *Esp. Sagr.*, XXXIII, pp. 179-181, cet
acte est un faux. C'est, à vrai dire, un faux très grossier, comme on
peut s'en convaincre en lisant la traduction qu'en a donnée Trelles,
Asturias ilustrada, I, pp. 293-296.

1. Masdeu, *Hist. crítica de España*, XIII (1794), pp. 47-49, avait
rejeté les bulles de Jean VIII, en concluant, p. 49, qu'elles sont « segu-
« ramente de invencion francesa ».

2. Cette notice est annoncée, au ch. 12 de Sampiro, par les mots :
« Dationem istam in fine libri hujus invenies eam », que Risco, *Esp.
Sagr.*, XXXVII, p. 249, a considérés comme interpolés ; ils corres-
pondent cependant à la réalité, puisque ladite notice se trouve à la
fin du *Liber Chronicorum*, où a pris également place la recension pélagienne de Sampiro.

3. On pourrait croire à un lapsus ; il n'en est rien, puisque l'acte
se termine ainsi : « Et fiunt in sub uno duo archiepiscopi et sedecim
« episcopi. » — On rappellera, sans insister, que parmi les évêques,
ont été omis ceux de Lamego et de Lugo.

du ixe ou au début du xe siècle ? Cette question restera
sans réponse : à part les documents déjà signalés, on ne pourrait invoquer ici qu'une charte privée du xie siècle, où on
lit : « ut in diebus regis Domini Adephonsi et Xemenae reginae,
« in era DCCCLXXXVI, cum Hermenegildus ipse praeponeret
« cum consensu papae romensi Joannis in Ovetense sede
« archiepiscopus, et omnes episcopi Ispaniae convenerunt ad
« concilium Oveto[1] ». Or, cette charte, que l'on a tenté de
défendre[2], est plus que suspecte en raison de sa provenance,
des dates qu'elle renferme et des rapports qui l'unissent à
l'acte d'assignation de rentes[3].

2º L'église d'Oviedo a-t-elle jamais eu rang de métropole ? — Sous Alphonse II comme sous Alphonse III, l'autorité métropolitaine appartenait, historiquement parlant, à
la seule église de Braga, l'ancienne capitale spirituelle de la
Galice. Mais ces droits, — quel qu'en fût, au ixe siècle, le
détenteur[4], — ne s'étendaient pas à l'ensemble du royaume ;
celui-ci englobait en effet, au moment de sa plus grande ex-

---

1. Texte dans *Esp. Sagr.*, XXXVIII, app. xvi, pp. 305-306.

2. Voir la préface du t. XXXVIII de l'*Esp. Sagr.*

3. Le document en question, — « una escritura Gótica » ,— était
conservé aux archives du monastère de San Vicente d'Oviedo, lesquelles
possédaient, d'autre part, la charte du 25 novembre 781 où est racontée
la fondation de la ville d'Oviedo (cf. ci-dessus, p. 84). — Les dates
sont inadmissibles : le second concile, tenu sous Alphonse III, est
placé ici en 848, ce qui est absurde, et le document lui-même est daté
de 1015, alors qu'il mentionne Ferdinand Ier (1037-1065). — Enfin,
le monastère concédé à San Vicente n'est autre que San Julian de
Box, soit celui que l'acte d'assignation de rentes avait attribué à
l'évêque de Leon ; bien mieux, notre charte fait allusion à l'acte
susdit : « data fuit ipsa ecclesia in praestamine episcopo Legionensi,
« quousque episcopatum super omnes sedes episcopales duravit in
« Oveto. »

4. S'il faut en croire les faussaires galiciens des xie-xiie siècles,
Alphonse II aurait érigé Lugo en métropole au lieu et place de Braga ;
d'où toute une série de diplômes apocryphes. Voir *Étude sur les actes
des rois asturiens*, pp. 72 et suiv.

tension, outre la Galice tout entière, un morceau de la Tarraconaise, quelques sièges relevant de la Lusitanie et un évêché de la Carthaginoise [1]. Privés de relations avec Tarragone, Mérida et Tolède, les rois asturiens eurent-ils l'idée de créer, en dehors de la province occidentale de Braga, une province orientale, avec Oviedo comme métropole ? Eurent-ils le goût moderne de la centralisation au point de concentrer entre les mains de l'évêque d'Oviedo tous les pouvoirs métropolitains ? Le *Chronicon Albeldense*, dénombrant en 881 les églises du royaume, cite en premier lieu celle d'Oviedo, la *regia sedes* [2] ; mais ce rang de préséance implique-t-il l'exercice de l'autorité métropolitaine ? Il serait téméraire de le soutenir. D'autre part, un évêque de l'extrême fin du Xe siècle souscrit trois diplômes de 994, 999 et 1000, relatifs à l'église de Leon, en s'intitulant évêque de l'église *universelle* d'Oviedo [3]. Mais que signifie au juste la formule employée ? On a voulu la définir [4] ; nous préférons confesser notre ignorance.

3° Que les conciles d'Oviedo reposent ou non sur des traditions partiellement authentiques, il n'en est pas moins vrai que, dans la pensée de leurs rédacteurs, ils répondaient à des besoins immédiats. En lutte avec Lugo, qui lui disputait la juridiction de paroisses galiciennes, — celles que mentionne le second concile, — et qui, d'un autre côté, refusait de se

---

1. Cf. F. Gómez del Campillo, *Apuntes para el estudio de las instituciones jurídicas de la iglesia de España desde el siglo VIII al XI*, dans *Revista de Archivos*, 3ᵃ época, XIV (1906), p. 454.

2. *Chron. Albeldense*, ch. XI : « Regiamque sedem Hermenegildus « tenet ; Flaianus Bracarae, Luco episcopus arce Reccaredus », etc.

3. *Esp. Sagr.*, XXXVI, app., p. II, III et VI.

4. Voir Risco, *Esp. Sagr.*, XXXVII, p. 240 ; cf. Fita, dans *Bol. de la R. Acad. de la Hist.*, XXXVIII (1901), pp. 122-123. — A supposer que cette formule fût justifiée par les événements de la fin du Xe siècle (Leon venait d'être détruite par El-Mançoûr), s'ensuivrait-il qu'elle eût une valeur rétrospective, c'est-à-dire que les évêques d'Oviedo eussent jamais été métropolitains ?

soumettre au métropolitain de Braga [1], Oviedo songea à se procurer les titres décisifs qui lui manquaient. Les faussaires de la fin du XIᵉ siècle et du commencement du XIIᵉ ont donc tiré du néant l'évêché de Lugo des Asturies, inventé sa fondation par les Vandales, imaginé un concile tenu par le roi Gunthamond, compris au nombre des possessions de Lugo des Asturies les paroisses galiciennes contestées, accordé de leur propre chef à Lugo des Asturies le privilège de l'exemption et, finalement, opéré le transfert à Oviedo de cet évêché asturien de Lugo [2]. Les prétendus conciles d'Oviedo avaient leur place marquée dans ce jeu de documents apocryphes, insérés au *Liber Itacii* et au *Libro gótico*, mais auxquels s'opposait la documentation également apocryphe de Lugo [3]. Nous avons vu ailleurs comment lesdits conciles se relient aux autres textes fabriqués par les deux églises rivales ; nous avons vu aussi comment Oviedo sut utiliser les armes dont elle disposait, et, grâce à elles, obtenir du Saint-Siège en 1099, 1105 et 1122, la confirmation de telles de ses prétentions concernant soit les paroisses de Galice, soit ses propres origines [4]. On s'en tiendra, pour l'instant, aux indications déjà fournies [5].

1. Cf. *Étude sur les actes des rois asturiens*, pp. 51 et 73.

2. Cf. *Revue Hispanique*, XLVI (1919), pp. 375-376 (cf. pp. 376-377).

3. Cette documentation comprenait les diplômes apocryphes déjà signalés (p. 100, n. 4), mais elle comprenait aussi le concile de Lugo de 569 (*Esp. Sagr.*, XL, pp. 341-343), lequel faisait pendant à ceux d'Oviedo, non moins qu'à celui qu'aurait tenu Gunthamond.

4. Voir *Études sur les actes des rois asturiens*, p. 49 et suiv.

5. Qu'il nous soit permis cependant d'attirer l'attention du lecteur sur deux points : 1º Nous avons estimé, *Revue Hispanique*, XLVI (1919), p. 377, que la bulle du 4 avril 1099 (Jaffé-Wattenbach, nº 5785) intéressait les paroisses galiciennes ; nous le croyons encore, avec Risco, *Esp. Sagr.*, XXXVIII, p. 96. Mais nous aurions dû noter qu'elle intéresse peut-être plus directement encore les églises de Trasmiera qui, le 4 mai 1097, avaient été rattachées par Urbain II à Burgos. Cf. F. Fita, dans *Bol. de la R. Acad. de la Hist.*, XXIV (1894), pp. 547 et suiv., la bulle d'Urbain II pour Oviedo étant publiée *ibid.*, aux pp. 549-551. — 2º Nous avons relevé, *Études*, p. 78, la

4° Sous l'épiscopat de Martin Ier (1094-1101), dont Pélage
fut le coadjuteur [1], puis sous l'épiscopat de Pélage (1101-
1129), d'autres événements sollicitèrent l'attention d'Oviedo.
Les conciles cherchent à montrer qu'à l'époque des rois asturiens l'évêque d'Oviedo ne jouissait pas seulement des prérogatives métropolitaines ; ils cherchent à montrer aussi que
ledit évêque avait été une sorte de primat [2], autour duquel
gravitaient tous les évêques du royaume, — et même quelques autres encore [3]. L'allusion est transparente ; mais, par

phrase du diplôme apocryphe du 27 mars 832, pour Lugo, où il est
dit : « et ipsam sedem Ovetensem fecimus eam et confirmamus pro
« sede Britoniensi, quae ab Hismaelitis est destructa et inhabitabilis
« facta. » Il aurait fallu rapprocher de cette phrase le passage suivant
du concile de Lugo de 569 : « Ad sedem Britanorum, ecclesias quae
« sunt intro Britones, una cum Monasterio Maximi, *et Asturias* »
(*Esp. Sagr.*, XL, p. 343). Il aurait fallu signaler également que, par
cette double mention, les faussaires voulaient prouver qu'Oviedo
aurait été suffragante de Lugo, *Britonia* ayant elle-même été suffragante de Braga ; pour parer le coup, les faussaires asturiens se sont bien
gardés d'oublier *Britonia* ; le premier concile la nomme parmi les
églises suffragantes d'Oviedo (c. 5) ; au second concile assiste l'évêque
« Theodesindus Britoniensis » (Sampiro, ch. 9) ; enfin, l'acte portant
assignation de rentes cite lui aussi l'évêque de *Britonia* (*Esp. Sagr.*,
XIV, p. 401). Disons qu'au surplus toute l'histoire du différend entre
Lugo et Oviedo serait à étudier de très près.

1. D'après un acte cité par Risco, *Esp. Sagr.*, XXXVIII, p. 95,
Pélage aurait été coadjuteur de Martin dès le 24 août 1097 ; mais
Pélage, d'autre part, n'aurait été consacré en qualité d'évêque que
le 29 décembre 1098 ; cf. la note du *Liber Chronicorum*, publiée par
Risco, *Esp. Sagr.*, XXXVIII, p. 371 : « Pelagius Ovetensis ecclesiae
« episcopus fuit consecratus sub era MCXXXVI, IV kalendas ia-
« nuarii. » — C'est par erreur que, reproduisant cette note dans la
Revue Hispanique, XLVI (1919), p. 366, nous avons imprimé : « era
« MCXXXVIII, III kalendas ianuarii. »

2. Fita, dans *Bol. de la R. Acad. de la Hist.*, XXXVIII (1901),
p. 122.

3. Un évêque de Saragosse, Eleca, semble avoir résidé un certain
temps auprès d'Alphonse III ; cf., outre divers documents douteux
ou apocryphes (*Cat.*, n°s 54, 55, 56, 59, 65), l'inscription du monastère
de Val de Dios de 893 (Hübner, *Inscr. Hisp. Christ.*, p. 84, n° 261)

surcroît, tels passages du premier concile ont manifestement pour objet de rehausser l'église d'Oviedo aux dépens de celle de Tolède. « Propter peccata retroacta cecidit Toletus et elegit « Asturias Dominus », est-il dit au canon 7 ; Tolède, est-il dit au même endroit, « in ambitu habet quinque vel sex millia « passuum », tandis que le territoire des Asturies « vix viginti « (*var.* decem) dierum spatio valet circui ». Tolède, est-il proclamé au canon 9, « totius Hispaniae antea caput extitit ; « nunc vero Dei judicio cecidit, cujus loco Ovetum sur- « rexit ». Or, Tolède, qu'Oviedo aurait ainsi éclipsée au IXe siècle, se trouvait à la fin du XIe dans une situation singulièrement différente. En 1088, Urbain II avait accordé la primatie à l'archevêque Bernard et enjoint à tous autres archevêques et évêques de reconnaître l'autorité du nouveau chef de l'église d'Espagne [1] ; bien plus, le 4 mai 1099, le même pape soumettait en termes exprès à l'église de Tolède celles d'Oviedo, Leon et Palencia [2]. Du jour où Bernard devint primat, il semble que toutes les églises se soient efforcées d'obtenir le privilège de l'exemption ; Compostelle y réussit dès 1095 ; Burgos, dès 1096 [3]. Oviedo ne pouvait manquer

---

et le diplôme authentique du 29 janvier ou 2 février 895 (*Cat.*, n° 50). Ce fait a été largement exploité par les faussaires d'Oviedo. 1° Jouant sur les mots *Aucensis* et *Oscensis*, à propos de l'évêque Juan, ils ont fait assister aux conciles (voir aussi *Cat.*, n° 56), un évêque d'Oca ou de Huesca, *ad libitum* suivant les variantes ; cf. Ramon de Huesca, *Teatro histórico de las iglesias del reyno de Aragon*, V (Pamplona, 1792, pet. in-4°), pp. 377-389 ; 2° affichant les prétentions primatiales d'Oviedo, ils ont nommé dans l'acte d'assignation de rentes les évêques de Calahorra et de Tarragone ; 3° pour corroborer le tout, ils ont introduit dans plusieurs diplômes refaits des évêques de Calahorra (*Cat.*, n°s 10 et 11) et de Huesca (*Cat.*, n° 25), sans d'ailleurs oublier Eleca, l'évêque de Saragosse (*Cat.*, n° 65).

    1. Jaffé-Wattenbach, *Reg. pont. rom.*, n°s 5366 et 5370 ; cf. 5367 et 5371.

    2. *Ibid.*, n° 5801. — Ewald a publié cette bulle dans *Neues Archiv*, II (1877), pp. 220-221.

    3. Jaffé-Wattenbach, *op. cit.*, n° 5601 et 5653.

d'y travailler, et point n'est besoin d'en dire davantage pour comprendre la valeur polémique du ou des conciles. On rappellera simplement qu'Oviedo fit triompher ses revendications : le 30 septembre 1105, Pascal II lui conférait l'exemption tant désirée [1] et que Leon, de son côté, avait obtenue quelques mois auparavant, le 15 avril [2].

5° Si nous connaissions mieux l'histoire ecclésiastique de la fin du XIe siècle et du commencement du XIIe, peut-être parviendrions-nous à élucider quelques points qui demeurent obscurs : par exemple, Oviedo, qui combattit Lugo et Tolède, ne se rapprocha-t-elle pas de Braga, à un moment donné ? Sans un rapprochement de ce genre, le passage, cité plus haut, de l'acte d'assignation de rentes est inexplicable. Pareillement, quels furent, au temps de Pélage, les rapports d'Oviedo et de Compostelle ? Ce n'est pas sans motif que les faussaires ont établi un lien, — quelque vague qu'il nous paraisse, — entre la dédicace de l'église de Saint-Jacques et la tenue des conciles d'Oviedo [3]. D'autre part, si nous pou-

---

1. Jaffé-Wattenbach, n° 6039. Texte dans Risco, *Esp. Sagr.*, XXXVIII, pp. 340-341. — Dans cette affaire, le *Liber Itacii* avait été certainement invoqué ; il porte que Lugo des Asturies « auctoritate romana permanet « libera et *numquam fuit subdita ulli metropoli* » (*Esp. Sagr.*, IV, p. 217 ; Blázquez, *La Hitación de Wamba*, p. 80) ; or, Pascal II dit d'Oviedo : «ipsa quippe cum inter caeteras Hispaniae « civitates clara locuplexque polluerit, *nulli unquam legitur subja-* « *cuisse metropoli.* »

2. Voir Jaffé-Wattenbach, n° 6058 et mieux Risco, *Esp. Sagr.*, XXXV, p. 145 et XXXVII, pp. 242-243. Les arguments invoqués par Leon, qui fit peut-être cause commune avec Oviedo, devaient être tirés eux aussi de la Division de Wamba remaniée, où il est stipulé que Leon « per romanum papam gaudet perpetua libertate » et que « alicui metropoli numquam fuit subdita » (*Esp. Sagr.*, IV, p. 227 ; Blázquez, *op. cit.*, p. 81).

3. Nous rappellerons que l'acte de consécration de l'église de Compostelle (*Cat.*, n° 56), conservé à Oviedo sous forme d' « original » (cf. *Études sur les actes des rois asturiens*, p. 70), avait été transcrit dans l'*Ovetensis* (cf. *Revue des Bibliothèques*, XXIV, p. 215). Nous

vions dater avec certitude tous les documents apocryphes qui nous sont parvenus [1], l'enchaînement des faits apparaîtrait plus nettement, et les contradictions de détail qu'il serait facile de relever dans la documentation existante tomberaient sans doute d'elles-mêmes. Résignons-nous à ignorer beaucoup ; mais renonçons aussi, et très fermement, à considérer comme réhabilités les textes étudiés ci-dessus [2].

rappellerons également que Pélage paraît s'être inspiré de ce document pour rédiger le texte qui forme le ch. 9 de Sampiro, et pour rédiger aussi une notice qui figure en tête du *Liber Chronicorum* (*Études*, p. 71 ; *Revue Hispanique*, XLVI, p. 366). — A signaler encore un autre rapprochement. De même que, d'après les actes sortis du *scriptorium* de Pélage, les évêques du royaume auraient cherché un refuge à Oviedo et reçu, en terre asturienne, des semblants de bénéfices, de même, d'après un diplôme apocryphe d'Ordoño II pour Compostelle, 29 janvier 915 (López Ferreiro, *Hist. de la iglesia de Santiago*, II, app. n° XXXVII, pp. 82-85), divers évêques se seraient réfugiés, lors de l'invasion, sur le diocèse d'Iria et ils y auraient reçu « decaneas « unde tolerationem habuissent, quousque Dominus... restituisset eis « hereditatem avorum et proavorum suorum » (*loc. cit.*, p. 82).

1. Il importerait de collationner avec le plus grand soin tous les textes communs à l'*Ovetensis*, au *Libro gótico* et au *Liber Chronicorum*. En l'état actuel, nous ne possédons qu'un indice chronologique ; le premier concile d'Oviedo, celui de 821, est cité dans la bulle d'Urbain II du 4 avril 1099, où on lit, d'après l'édition du P. Fita (*Bol. de la R. Acad. de la Hist.*, XXIV, p. 550) : « sicut etiam Alfonsi regis « temporibus, era videlicet *octingentesima quinquagessima nona* [Matritensis 1513, fol. 70 r : *noningentesima nona*], in episcoporum « concilio definitum et eiusdem regis cirografo roboratum vetera « Ovetensis ecclesie monimenta significant. »

2. Dom H. Leclercq, dans sa traduction de Hefele, *Histoire des Conciles*, IV, 2e partie (Paris, 1911, in-8°), p. 1360, s'est un peu trop pressé de tenir pour acquises les affirmations de Dozy et les suggestions du P. Fita.

DEUXIÈME PARTIE

LES FAITS

CHAPITRE PREMIER

LA FONDATION DU ROYAUME ASTURIEN (718-757)

Sept ans après l'entrée des Arabes en Espagne et la chute de la monarchie wisigothique, un royaume chrétien naissait dans les Asturies auprès d'une bourgade, Cangas de Onis. Moins d'un demi-siècle plus tard, les rois asturiens dominaient tout le pays compris entre la mer et les monts Cantabriques ; de plus, ils occupaient à l'Ouest la Galice septentrionale, à l'Est l'Alava, la Bureba, la Rioja, et ils s'étaient provisoirement avancés au Sud jusqu'au Duero. Dans quelles conditions cet état avait-il été fondé ? Pourquoi se développa-t-il si vite ?

I. — LA CONQUÊTE DE LA « GALICE » PAR LES ARABES.

Inaugurée le 19 juillet 711, la conquête de l'Espagne se poursuivit pendant quatre années consécutives [1]. Ayant cul-

---

[1]. Dans le très bref résumé qu'on va lire, nous suivrons moins la doctrine ingénieuse, mais fragile à l'extrême, de M. E. Saavedra, *Estudio sobre la invasión de los Árabes en España* (Madrid, 1892, in-8º), que les récits de Dozy, *Hist. des Musulmans d'Espagne*, II, pp. 32-38, Fournel, *Les Berbers*, I (Paris, 1875, in-4º), pp. 241-255

buté les troupes du roi Rodrigue, l'armée d'invasion, que commandait le Berbère Târik ben Ziyâd, se porta sur Ecija, où s'étaient ralliés les débris des contingents chrétiens. Victorieux de nouveau, Târik résolut de frapper un coup décisif, et tandis qu'il envoyait des détachements à Cordoue, Malaga et Grenade, il marcha en personne sur Tolède. Mais les Tolédans, à l'approche de l'ennemi, quittèrent leur ville et se refugièrent fort loin au Nord, dans la petite forteresse d'Amaya. Târik ne se tint pas pour satisfait ; Guadalajara prise, il franchit les monts, traversa la Vieille-Castille, alla piller Amaya, puis revint à Tolède, vers la fin de l'année 711. Cette incursion, poussée jusqu'aux pieds de la chaîne cantabrique, peut être considérée comme le prélude de la conquête du Nord-Ouest, laquelle devait être accomplie par Moûsa.

Jaloux des succès de son lieutenant Târik, le gouverneur de l'Afrique, Moûsa ben Noçayr, débarquait à Algéziras au mois de juin 712. Il commença par enlever Medinasidonia, Carmona et Séville. Cela fait, il assiégea Mérida. Mérida s'étant enfin rendue le 30 juin 713, Moûsa songea à rejoindre Târik et se dirigea sur Tolède. La mauvaise saison approchant, Moûsa hiverna dans l'ancienne capitale des rois wisigoths et ne se remit en campagne qu'au printemps de 714. A cette époque, deux vastes contrées n'avaient pas encore été soumises : c'étaient, d'une part, l'Aragon et la Catalogne ; d'autre part, le Leon, les Asturies, la Galice et le Portugal. Moûsa attaqua d'abord Saragosse et ravagea l'Aragon ; puis, au lieu d'obéir à un ordre du khalife qui le rappelait auprès de lui, il se lança dans une dernière aventure, la conquête de la « Galice [1] ».

---

et Aug. Müller, *Der Islam im Morgen-und Abendland*, I (Berlin, 1885, in-8º), pp. 425-429. Cf. l'esquisse donnée par M. F. Codera, *Estudios críticos de historia árabe española* (Zaragoza, 1903, in-16. *Colección de estudios árabes*, VII), pp. 96-98.

1. Ibn el-Athîr, trad. Fagnan, *Annales*, pp. 48-49 : « Moûsa alla

Si les historiens arabes nous ont conté avec quelques détails
certains épisodes, tels que les sièges de Cordoue et Mérida,
par contre ils ont presque complètement passé sous silence
les opérations militaires qui se déroulèrent dans le Nord-
Ouest, et le peu qu'ils en disent ne mérite pas grande créance [1].
A s'en rapporter à la tradition la moins suspecte, Moûsa,
semant sur son passage la mort et la ruine, aurait atteint le
cœur même de la région asturienne, le « rocher de Pélage [2] » ;
puis, quittant sans encombre ce pays escarpé, il serait entré
à Lugo, mais, loin de pouvoir continuer sa route, se serait

« conquérir Saragosse et les villes qui en dépendent ; puis il pénétra
« dans le pays des Francs… Il revint alors sur ses pas, et rencontra
« un messager que lui envoyait le khalife El-Welîd avec l'ordre de quit-
« ter l'Espagne et de venir le trouver ; mais, mécontent de cet ordre,
« il différa de répondre à l'envoyé et attaqua l'ennemi par un autre
« point… » La suite du récit montre qu'il s'agit de la « Galice ». Cf.
Noweyri, trad. de Slane, dans Ibn Khaldoun, *Hist. des Berbères*,
I (Alger, 1852, in-8°), pp. 351-352. — Comparer Makkari, I, p. 174
(trad. Gayangos, *Mohammedan dynasties*, I, p. 291 et trad. Lafuente
y Alcántara, *Ajbar Machmuâ*, pp. 192-193). D'après Makkari, Moûsa
aurait su gagner à sa cause Moghîth, l'envoyé d'El-Welîd, et se serait
fait accompagner par lui « en Galice » ; ce qu'attesterait indirectement
le *Fatho-l-Andaluçi*, trad., p. 15, où l'on voit qu'en 713 Moghîth
aurait conduit des expéditions en ces parages.

1. Sur les documents dont on dispose et la façon dont on s'en est
servi, voir Appendice III.

2. Ibn el-Athîr, *loc. cit.* « …tuant et pillant tout, détruisant les églises
« et brisant les cloches. Il parvint ainsi jusqu'au rocher de Belây,
« sur l'Océan, lieu élevé et dont la situation est forte. » Cf. Noweyri,
loc. cit. — Comparer Makkari, *loc. cit.*, qui paraphrase Ibn el-Athîr :
Moûsa, parvenu « á los ásperos pasajes del Norte » (nous citons d'après
la traduction de Lafuente y Alcántara), aurait enlevé Vizeu *(sic)*
et Lugo ; de cette place, il aurait envoyé des soldats chargés d'ex-
plorer les Asturies, et ces soldats seraient arrivés jusqu'au rocher de
Pélage. Toutes les églises auraient été brûlées, toutes les cloches bri-
sées. Les Chrétiens auraient fait leur soumission : « prestaron obe-
« diencia, se avinieron á la paz y al pago del tributo personal. » Bien
plus, les Arabes, non contents de s'installer dans les forteresses existantes, en auraient construit de nouvelles aux points stratégiques
les plus importants.

vu soudain obligé de battre en retraite, sur un nouvel et impérieux rappel d'El-Welîd. Ainsi aurait pris fin la campagne de 714, au moment où Târik, qui arrivait d'Aragon, amenait à son chef des renforts [1].

Bien que les textes ne mentionnent pas d'autres expéditions, il est certain que les Musulmans ne s'en tinrent pas là. Au début du VIIIe siècle, des contingents berbères et arabes occupèrent la ligne du Duero ; ils occupèrent aussi la voie romaine qui menait d'Astorga vers Bordeaux en passant par Leon et le Nord de la Castille, ainsi que les routes qui conduisaient d'Astorga dans la Galice proprement dite [2]. Toutes les places

1. Ibn el-Athîr, *loc. cit.* « Alors un second messager d'El-Welîd « vint insister sur l'urgence de son départ, et saisit même la bride « de sa mule pour le faire partir. Cela eut lieu dans la ville de Loukk, « en Galice, d'où il partit par le col dit Feddj Moûsa ; il fut rejoint « par Târik, venant de la Frontière supérieure (Aragon) ; il se fit « accompagner de ce chef, et tous deux partirent ensemble. » Cf. Noweyri, *loc. cit.*, et Makkari, I, p. 175 (trad. Gayangos, *Mohammedan dynasties*, I, pp. 291-292 et trad. Lafuente y Alcántara, *Ajbar Machmuâ*, p. 193). — M. Saavedra, *Estudio*, p. 119, a bien montré que, selon toute apparence, Moûsa ne fut pas atteint par deux messagers du khalife, mais par un seul (qui serait Moghîth), lequel, à deux reprises, aurait signifié à Moûsa l'ordre de retourner en Orient.

2. Aux termes d'une note annalistique découverte, paraît-il, dans une traduction de Râzi et reproduite par Brito, *Monarchia lusytana*, II (Lisboa, 1609, in-fol.), fol. 283 v (cf. Sandoval, *Cinco Obispos*, Pamplona, 1615, in-fol., p. 85), Abd el-Azîz, fils de Moûsa et son successeur dans le gouvernement de l'Espagne arabe, aurait, en 716, occupé pacifiquement Lisbonne, pillé Coïmbre, et rasé les villes de Porto, Braga, Tuy, Lugo et Orense : « Era DCCLIIII. Abdelaziz « cepit Olixbonam pacifice, diripuit Colimbriam et totam regionem, « quam tradidit Mahameth Alhamar Ibentarif ; deinde Portucale, « Bracham, Tudim, Luccum, Auriam vero depopulavit usque ad « solum. » Utilisée par maints auteurs, cette note est sans valeur aucune : le personnage au nom étrange qu'Abd el-Azîz aurait mis en possession de Coïmbre, se retrouve dans une charte forgée au monastère de Lorvão ; or, cette charte dont la suscription est ainsi rédigée : « Alboacem Iben Mahumet Alhamar Iben Tarif, bellator fortis, vin- « citor Hispaniarum, dominator caballariae Gothorum et magnae

de ces diverses régions tombèrent aux mains des Infidèles,
qui y mirent des garnisons; bien plus, bon nombre d'habitants, non contents de se soumettre aux vainqueurs, abju-
rèrent le Christianisme. Mais ces faits, nous ne les connaissons par aucun témoignage direct ; nous les induisons d'événements postérieurs [1] ; en sorte que nous ne savons ni à
quelle date exacte, ni dans quelles circonstances les Musulmans établirent leur domination dans les différentes zones
de la « Galice ».

*
* *

Presque au lendemain de la défaite de Rodrigue, il y eut
des Wisigoths qui, fuyant devant les armées ennemies, gagnèrent les portions montagneuses du Nord et du Nord-
Ouest de la Péninsule [2]. Nous avons vu incidemment que
Târik, vers la fin de l'année 711, trouva Tolède abandonnée,
ses habitants étant allés se concentrer dans Amaya [3]. De
même, soit avant, soit pendant le siège de Mérida (713), une
partie de la population réussit à quitter la place et à se réfugier en « Galice [4] ». Et c'est également en « Galice » que se reti-

---

« litis Roderici », est une des supercheries les plus éhontées qui soient
(voir le texte dans Brito, *op. cit.*, fol. 287 v-288 r, Sandoval, *op. cit.*,
pp. 87-89, ou Huerta, *Anales de Galicia*, II, *escr.* vi, pp. 389-390).

1. A savoir des conquêtes effectuées par Alphonse Ier vers 741-754.

2. Sur l'attitude des Chrétiens au cours de l'invasion, voir A. Cotarelo
y Valledor, *Los Cristianos españoles ante la invasión musulmana*,
Santiago, 1919, in-16, 40 pp. (Extr. de *El Eco Franciscano*).

3. Ci-dessus, p. 108. Cf. Ibn Adhari, trad. Fagnan, II, p. 18 ; Ibn
el-Athîr, trad. Fagnan, *Annales*, p. 45 et Noweyri, trad. de Slane,
loc. cit., p. 349.

4. *Akhbâr madjmoûa*, éd. Lafuente y Alcántara, trad. p. 30 ; trad.
Dozy, *Recherches*, 3e éd., I, p. 55 : « Les habitants conclurent alors
« un traité, en vertu duquel les propriétés des chrétiens qui avaient
« péri le jour de l'embuscade et de ceux qui s'étaient réfugiés en Galice
« appartiendraient aux musulmans », etc. Cf. Ibn Adhari, trad.
Fagnan, II, p. 23 ; Ibn el-Athîr, trad. Fagnan, *Annales*, p. 48 ; Mak-

rèrent, dit-on, plusieurs gouverneurs de villes [1]. Il serait
toutefois bien téméraire d'affirmer que cet exode fut considérable : la masse, qu'elle fût urbaine ou rurale, n'avait rien
à perdre à un changement de régime [2] ; et ceux qui émigrè-
rent, ce furent, à n'en pas douter, des patriciens et dignitaires de la monarchie déchue, soit, au total, une minorité [3].

Constituées par d'étroites vallées transversales communi-
quant malaisément entre elles, peu accessibles du côté de
la Galice, défendues à l'Est par l'épais massif des Pics d'Europe, séparées des plaines du Leon par une haute et compacte
chaîne de montagnes, .es Asturies d'Oviedo forment une sorte
de citadelle naturelle. C'est là, et principalement dans les
districts voisins de la Liébana [4], que se rassemblèrent la plupart des nobles wisigoths qui s'étaient volontairement exilés [5],

kari, I, p. 171 (trad. Gayangos, *Mohámmedan dynasties*, I, p. 285
et trad. Lafuente y Alcántara, *op. cit.*, pp. 188-189).

1. *Akhbâr madjmoûa*, éd. Lafuente y Alcántara, trad. p. 27 ; trad.
Dozy, *Recherches*, 3e éd., I, p. 51 : « Moghîth trouva le chrétien [le
« gouverneur de Cordoue] étendu sur son bouclier. Ce fut le seul
« prince chrétien qui fût fait prisonnier ; tous les autres conclurent
« des traités ou se retirèrent en Galice. » Cf. Ibn Adhari, trad. Fagnan,
II, p. 16 ; Makkari, I, p. 166 (trad. Gayangos, *Mohammedan dynasties*, I, p. 280 et trad. Lafuente y Alcántara, *op. cit.*, p. 182). — Aux
textes cités ici et dans les deux précédentes notes, joindre Ibn Khaldoun, IV, p. 118, qui signale de son côté cet exode vers la « Galice ».

2. Voir Dozy, *Hist. des Musulmans d'Espagne*, II, pp. 22-30.

3. Herculano, *Hist. de Portugal*, III (5e éd.), p. 173 ; F. de Cárdenas,
Ensayo sobre la historia de la propiedad territorial en España, I (Madrid, 1873, in-8º), pp. 185, 186, 204 et 205.

4. Voir M. Saínz, *La cuna de la Reconquista española*, dans *Razón
y Fé*, LI (1918), pp. 141-149 et 292-305.

5. Pseudo-Alphonse, ch. 8 : « Gothi vero partim gladio, partim
« fame perierunt. Sed qui ex semine regio remanserunt, quidam
« ex illis Franciam petierunt; maxima vero pars in hanc patriam
« Asturiensium intraverunt. » Le P. Tailhan, *Anonyme de Cordoue*,
p. 190, n. 4, considérait les mots « ex semine regio » comme interpolés, parce qu'on les rencontre de nouveau, quelques lignes plus bas,
accolés au nom de Fafila, père de Pélage ; mais la tradition manuscrite ne confirme en aucune manière l'opinion du P. Tailhan.

et il faut reconnaître qu'ils n'auraient pu trouver dans la Péninsule asile d'apparence plus sûre. Il n'y avait en ces parages ni villes, ni terres, ni richesses particulièrement susceptibles de tenter les Arabes : le pays était agricole et minier. Il n'y avait aucune large voie de communication reliant les Asturies au reste de l'Espagne : à l'inverse du Haut-Aragon, de la Navarre ou de la Galice, le pays était demeuré hors du réseau des grandes routes. Il y avait là enfin une population qui, de tout temps, avait combattu l'envahisseur : les Romains d'abord, les Wisigoths ensuite n'avaient que péniblement imposé leur autorité aux tribus indociles des *Astures Transmontani* [1].

Doit-on croire cependant que, grâce à leur position géographique, à leur pauvreté relative, à leur isolement et à la nature belliqueuse des indigènes, les Asturies d'Oviedo échappèrent de façon complète à la domination des Infidèles [2] ? Sans doute, on s'imagine assez mal les nouveaux maîtres de l'Espagne entreprenant la conquête de cette région [3] ; et cependant, il semble bien que, pendant plusieurs années, les Asturies aient été sous la dépendance plus ou moins effective des Arabes. Traditions chrétiennes et traditions musulmanes s'accordent à cet égard, d'ailleurs sans fournir les détails

---

1. Sur les Asturies à l'époque romaine, voir l'étude, d'ailleurs assez hâtive, de Francesco P. Garofalo, *De Asturia*, Barcelona, 1900, gr. in-8°, 42 pp. — Sur les Asturies à l'époque wisigothique, Risco, *Esp. Sagr.*, XXXVII, pp. 50-55.

2. Telle est par exemple, la thèse défendue, après Jovellanos, par M. J. Somoza, *Gijón en la historia general de Asturias* (Gijon, 1908, 2 vol. in-8°), II, pp. 445-447 et 475-478. On lit même, p. 477, cette affirmation tranchante, et imprimée en italique : « los árabes, « no hollaron en ningun tiempo el suelo de la Astúrias transmontana. »

3. Ne pas oublier cependant que les généraux arabes avaient fait, dans l'Afrique du Nord, l'apprentissage de la guerre de montagnes, et que les Berbères, — lesquels formaient la presque totalité des effectifs, — étaient habitués à vivre dans des pays pauvres, montagneux et de climat rude.

que l'on désirerait posséder [1]. On sait seulement que le pays était administré par un gouverneur ; et l'histoire, ou mieux la légende, veut même que ce gouverneur ait résidé tout au Nord, sur les bords de l'Océan, à Gijon [2].

II. — Pélage et Covadonga.

En 718, les nobles qui s'étaient groupés dans les Asturies, décidèrent de secouer le joug et de se donner un roi. Leur choix se porta sur l'un d'entre eux, Pélage [3], qui fut régulièrement

1. Voir les textes latins cités à la note suivante et les textes arabes cités plus bas, p. 124, n. 1. — La plupart des historiens ont admis, du moins en principe, le fait de la domination arabe dans les Asturies ; toutefois, il est bien évident que les Infidèles n'occupèrent pas le territoire asturien tout entier, et les explications que donnent à ce propos certains érudits (dont Risco, *Esp. Sagr.*, XXXVII, pp. 58 et 60) sont presque superflues.

2. Pseudo-Alphonse, ch. 11 : « Per idem tempus in hac regione Astu- « riensium, in civitate Gegione, praepositus Caldeorum erat nomine « Munnuza. » *Chron. Albeldense*, ch. 50 : « et in Legione civitate Sarra- « cenorum jussa super Astures procurante Monnuza. » — Faut-il lire, dans ces deux textes, Gijon ou Leon ? La question a été fort débattue. Rationnellement, la leçon « Legione » serait préférable (et le P. García Villada, *Crónica de Alfonso III*, p. 66, l'a adoptée) ; mais étant donné la marche des événements dans les chroniques latines, sinon dans la réalité, il faut accepter, quoique étrange, la leçon « Gegione », sous peine de rendre les textes inintelligibles. Cf. E. Saavedra, *Pelayo* (Madrid, 1906, in-8°, 32 pp.), pp. 22-23, et *Revue Hispanique*, XLVI (1919), pp. 334-335.

3. Les meilleurs travaux à consulter sur Pélage et Covadonga sont ceux de Lafuente y Alcántara, *Ajbar Machmuâ*, pp. 228-232 ; Caveda, *Examen crítico de la restauración de la monarquía visigoda en el siglo VIII* (dans *Memorias de la R. Acad. de la Hist.*, IX, 1879, n° 2, 107 pp.), pp. 39-90 ; Tailhan, *Anonyme de Cordoue*, pp. 189-192 ; E. Saavedra, *Pelayo* (cité à la note précédente) et Z. García Villada, *La batalla de Covadonga en la tradición y en la leyenda*, dans *Razón y Fé*, L (1918), pp. 312-318 et 413-422 (partiellement reproduit dans *La Lectura*, 1918[1], pp. 291-300). On y joindra quelques pages de J. So- moza, *Gijón*, II, *passim*, où l'on trouve des remarques intéressantes

élu et se fixa à Cangas de Onis [1], soit dans la vallée moyenne du Sella, à la lisière de l'ancien territoire cantabre [2].

Pélage était un Goth: le fait n'est pas contestable [3]. Il appartenait, sinon à une famille de sang royal, du moins à une famille noble, et selon la version la plus certaine, il avait eu pour père le duc Fafila [4] que les historiens ont sacré, sans

---

noyées dans un flot d'extravagances. Mais on ne citera que pour mémoire la brochure de P. Doenitz, *Covadonga, die Wiege der spanischen Monarchie.* Sangerhausen, 1902, in-4°, 14 pp., l'ouvrage du général Burguete, *Rectificaciones históricas. De Guadalete a Covadonga.* Madrid, 1915, pet. in-8°, et une publication de circonstance, *La Batalla y el Santuario de Covadonga.* Oviedo, 1918, in-8°. .

1. Pseudo-Alphonse, ch. 8 : « Maxima vero pars [Gothorum qui ex « semine regio remanserunt] in hanc patriam Asturiensium intra- « verunt, sibique Pelagium... principem elegerunt. » *Chron. Albeldense,* ch. 50 : « Primus in Asturias Pelagius regnavit in Canicas. » — La date de l'élection (718) est facile à calculer : le Pseudo-Alphonse, ch. 11 et le *Chron. Albeldense,* ch. 50, nous apprennent en effet que Pélage mourut en 737, après un règne de dix-neuf ans. Cf. Risco, *Esp. Sagr.,* XXXVII, pp. 61 et suiv., qui a minutieusement discuté les textes, et voir à l'Appendice IV une réfutation de M. Saavedra, lequel place l'événement en 714. — Quant aux circonstances qui accompagnèrent cette élection, elles demeurent inconnues ; il faut renoncer à interroger les traditions orales ou la toponomastique, et abandonner sans regret aux amateurs de récits dramatiques la légende de Pélage proclamé roi *après* la bataille de Covadonga, sur le champ appelé *Repelao,* et recevant au *Campo de la Jura* le serment de fidélité de ses sujets. Cf. les judicieuses observations de M. Saavedra, *Pelayo,* pp. 17-18.

2 Plusieurs siècles auparavant, les Romains s'étaient installés dans cette contrée, comme le prouvent les inscriptions, relativement nombreuses, trouvées aux environs soit de Corao, soit de Cangas de Onis. Voir *Corp. Inscr. Lat.,* II, nos 2706-2714 (cf. *Suppl.,* nos 5729-5732) et *Suppl.,* nos 5735-5738, 5742, 5744-5746, 5749, 5752-5757.

3. Cf. la très longue démonstration de Caveda, *Examen crítico,* pp. 41-48, et celle de M. Saavedra, *Pelayo,* pp. 25-27. — Rappelons que, pour certains auteurs, qui ne méritent pas qu'on s'y attarde, Pélage aurait été d'origine romaine, ou même cantabre.

4. Pseudo-Alphonse, ch. 8 : « Pelagium, filium quondam Fafilani « ducis ex semine regio. » Nous n'oserions affirmer, comme on le fait d'ordinaire, que l'adjectif *regius* doit être nécessairement traduit ici par let mo *royal.* — D'après une autre tradition, Pélage serait fils

l'ombre de raison, duc de Cantabrie [1]. Fafila avait été, croit-on, un des dignitaires de la cour d'Egica (687-700) ; mais ce dernier l'avait exilé en Galice, à Tuy, où il fut mortellement frappé dans une rixe par le fils dudit Egica, Witiza [2]. De son côté, sous le règne de Witiza (700-710 ?), Pélage fut chassé de Tolède, on ignore pour quel motif [3], de même que l'on ignore où il vécut dès lors [4]. Plus tard, quand les Arabes eurent envahi l'Espagne, il passa dans les Asturies [5].

---

d'un certain Bermude ; cf. *Chron. Albeldense*, ch. 47 : « Pelagius, « filius Veremundi, nepos Ruderici regis Toletani. » Mais ce passage est tiré d'une liste généalogique sans valeur ; voir ci-dessus, p. 13, n. 3, voir aussi Caveda, *Examen crítico*, p. 49 et Saavedra, *Pelayo*, p. 24.

1. Caveda, *Examen crítico*, p. 49 et Saavedra, *Pelayo*, p. 23, ne se séparent pas de l'opinion commune. Et cependant le seul chroniqueur qui fasse de Fafila un duc de Cantabrie est Rodrigue de Tolède, *De rebus Hispaniae*, III, 15 : « Pelagium filium Fafilae ducis Canta- « briae. » Au surplus, la question se poserait de savoir s'il y eut vraiment, sous les Wisigoths, un duché de Cantabrie, et cela est assez douteux. Du moins F. Dahn, *Die Könige der Germanen*, VI (Würzburg, 1871, in-8°), p. 332, n'en mentionne pas (ne point tenir compte des allégations mensongères de Pellicer, *Annales de la monarquía de Es- paña* [Madrid, 1681, in-fol.], p. 33, d'après lequel il y aurait eu, parmi les six duchés wisigoths, un duché de « Cantabria de los Astures » et un autre de « Cantabria de los Ruccones »).

2. *Chron. Albeldense*, recension de l'*Æmilianensis*, éd. Juan del Saz, ch. 108 (ou éd. Florez, p. 449, n. 1) : « Iste [Witiza] in vita patris in « Tudense urbe Galliciae resedit. Ibique Fafilanem ducem, Pelagii « patrem, quem Egica rex illuc direxerat, quadam occasione uxoris « fuste in capite percussit, unde post ad mortem pervenit. » Sur ces événements, voir Saavedra, *Pelayo*, pp. 23-24.

3. *Chron. Albeldense*, ch. 50 : « Iste a Vitizane rege de Toleto ex- « pulsus. » Comparer la recension de l'*Æmilianensis*, éd. Juan del Saz, ch. 108 : « Et dum idem Vvitiza regnum patris accepit, Pelagium « filium Fafilanis, qui postea Sarracenis cum Astures rebellavit, « ob causam patris, quam praediximus, ab urbe regia expulit. »

4. Caveda, *Examen crítico*, pp. 54-57; Somoza, *Gijón*, II, p. 494. — On a souvent avancé, mais sans preuves, que Pélage s'était réfugié dans la Rioja ; voir, par exemple, Risco, *Esp. Sagr.*, XXXVII, pp. 56-57.

5. *Chron. Albeldense*, ch. 50 : « Iste... Asturias ingressus est postquam « a Sarracenis Spania occupata est. »

Authentiques ou non, telles sont les seules indications que les plus anciens chroniqueurs nous aient laissées sur les antécédents du fondateur de la monarchie asturienne. Il va de soi que ces renseignements si maigres et si rares n'ont satisfait ni les compilateurs des XIIe et XIIIe siècles, ni les érudits modernes. Pélage est devenu, non seulement le petit-fils de Chindaswinthe (642-653) et le cousin germain de Rodrigue, mais encore le descendant de Reccarède (586-601), en d'autres termes, le descendant du plus illustre des rois wisigoths, de celui qui convertit son peuple au Christianisme [1]. Pélage aurait été le chef des gardes du corps de Witiza, puis il aurait rempli les mêmes fonctions auprès de Rodrigue [2] ; Pélage enfin aurait vaillamment combattu à la bataille de juillet 711 [3]. Autant d'erreurs ou de conjectures qui s'évanouissent au moindre effort de la critique.

Que fit notre héros entre le moment où il s'établit en terre asturienne et celui où ses compagnons d'infortune le choisirent pour souverain ? Une tradition chrétienne, déjà formée au XIe siècle, suppose que Pélage et le gouverneur musulman des Asturies vécurent d'abord en bonne intelligence ; mais ce gouverneur, Munuza, se serait épris de la sœur de Pélage, et n'aurait pas hésité à éloigner ce dernier, lequel s'opposait à ses désirs ; Pélage aurait donc été envoyé en mission à Cor-

---

1. Voir, entre autres auteurs, Morales, *Coronica*, éd. Cano, VI (Madrid, 1791, pet. in-4º), pp. 159 et suiv. et 354 et suiv.; Florez, *Reynas Catholicas*, 1re éd., I (Madrid, 1761, pet. in-4º), p. 33 ; Risco, *Esp. Sagr.*, XXXVII, p. 56, etc. Cf. *contra*, Dahn, *Die Könige der Germanen*, V (1870), pp. 235-238 ; Caveda, *Examen crítico*, pp. 50-52 ; Somoza, *Gijón*, II, p. 455. M. Saavedra, *Pelayo*, p. 24, ne se prononce pas nettement, mais semble pencher vers la négative.

2. Le Pseudo-Alphonse, réd. *B*, ch. 8, le Moine de Silos, ch. 20, Rodrigue de Tolède, *De rebus Hispaniae*, IV, 1 et Lucas de Tuy, p. 71, sont les seuls garants, assez équivoques, de ce *curriculum vitae*.

3. Les auteurs qui affirment ce fait se bornent à interpréter les textes mentionnés à la note précédente. Cf. Caveda, *Examen crítico*, p. 56 ; Saavedra, *Pelayo*, p. 24 ; Somoza, *Gijón*, II, p. 494.

doue, pendant que Munuza réalisait ses projets amoureux [1].
Une tradition musulmane, — dont il est impossible de déterminer la valeur, — assure que les Arabes, afin de maintenir
les Asturiens dans l'obéissance, les contraignirent à leur livrer
Pélage et le retinrent comme otage à Cordoue jusqu'au jour
où il parvint à s'évader, en 716 ou 717 [2]. Tirer parti de ces
témoignages, — du second notamment, — était chose fort

---

1. Pseudo-Alphonse, réd. *B*, ch. 8 : « Ipso [Munuza] quoque praefec-
« turam agente, Pelagius… cum propria sorore Asturias est ingressus.
« Qui supranominatus Munuza praefatum Pelagium, ob occasionem
« sororis eius, legationis causa Cordobam misit, sed antequam rediret,
« per quoddam ingenium sororem illius sibi in coniugio sociavit. »
Cf. Rodrigue de Tolède, *De rebus Hispaniae*, IV, 1 et Lucas de Tuy,
p. 71. — Ce récit a inspiré à M. Saavedra, *Pelayo*, p. 29, les réflexions
que voici : « En esta leyenda, más ó menos novelesca, se me antoja
« ver simbolizada la situación especial de Asturias durante los pocos
« años de la dominación mahometana. En ella encuentro la gran
« consideración de que gozaba Pelayo, la buena inteligencia, aunque
« momentánea, entre muslines y cristianos, el intento de implantar
« los matrimonios mixtos y la repugnancia de la nobleza á tolerar
« toda imposición extraña. » D'ailleurs, pour M. Saavedra, *op. cit.*,
p. 28, cette légende « en mucha parte no tiene nada de inverosímil ».
Cf. M. Gómez-Moreno, qui écrit dans le *Bol. de la R. Acad. de la Hist.*,
LXXIII (1918), p. 56 : « la historia de Pelayo y de Munuza, quizá
« no romancesca, sino bien humana y aun probable ».

2. Makkari, II, p. 671 ; trad. Lafuente y Alcántara, *Ajbar Machmuâ*,
p. 230 : « Cuentan algunos historiadores que el primero que reunió
« á los fugitivos cristianos de España, despues de haberse apoderado
« de ella los árabes, fué un infiel llamado Pelayo, natural de Astú-
« rias, en Galicia, al cual tuvieron los árabes como rehenes para
« seguridad de la obediencia de la gente de aquel país, y huyó
« de Córdoba en tiempo de Al-Horr ben Abdo-r-Rahmen Atsa-
« kafi, segundo de los emires árabes de España, en el año 6º despues
« de la conquista, que fué el 98 de la hégira (716-717). » Cette tradition
est peut-être postérieure à la mort d'Abd er-Rahmán III (961) ;
cf. les derniers mots : « Sublevó [Pelayo] á los cristianos contra el
« lugarteniente de Al-Horr, le ahuyentaron y se hicieron dueños del
« país, en el cual permanecieron reinando, ascendiendo á veinte y
« dos el número de los reyes suyos que hubo hasta la muerte de Abdo-
« r-Rahmen III. »

séduisante : on s'en est servi, et l'on est ainsi parvenu à définir avec une rigueur apparente la situation de Pélage antérieurement à la bataille de Covadonga. En élaguant presque tous les détails par trop précis et en ne retenant que deux faits essentiels, savoir les rapports de Pélage avec les Infidèles et le séjour de Pélage à Cordoue ; puis en reportant de façon arbitraire l'élection de Pélage à l'année 714, on a établi, non sans accumuler hypothèses et arguments logiques, que Pélage, avant de conquérir son indépendance, fut de 714 à 718 vassal des Musulmans [1].

Une fois investi du pouvoir royal, Pélage eut à lutter contre les Arabes. C'est là un point sur lequel les témoignages concordent, mais c'est le seul ; et quand on essaye de pénétrer dans le détail des événements, les traditions divergent et l'historien s'égare. Par qui l'offensive fut-elle prise ? Par les Infidèles, répond le Pseudo-Alphonse [2] ; par Pélage, répliquent les auteurs arabes [3]. — A quel propos les hostilités s'engagèrent-elles ? A raison même de l'élection de Pélage,

---

1. Saavedra, *Pelayo*, pp. 9-10 (sur la date de 714 ou 713, voir, du même, *Estudio*, p. 139 et ci-dessous, Appendice IV). — Se ressouvenant d'un passage du faussaire Faustino de Borbon, *Cartas para ilustrar la historia de la España árabe*, p. LXXXIII, M. Saavedra, *Estudio*, p. 140, avait malencontreusement écrit : «No cabe dudar que durante el « gobierno contemporizador de Abdelaziz, el nuevo rey estuvo en Cór- « doba, llamado tal vez para convertir en tratado formal... la tregua de « hecho que subsistía entre los musulmanes y los cristianos de Astu- « rias, bajo la garantía y protección de Ejilona. » Borbon avait déjà induit en erreur F. Martínez Martina, dans *Diccionario geográfico-histórico de España*, por la R. Academia de la Historia. Sección I, t. I (Madrid, 1802, in-4º), pp. 24-25.

2. Pseudo-Alphonse, ch. 8 : « Dum vero Sarraceni factum cogno- « verunt [Pelagii electionem], statim ei per Alkamanem ducem... « et Oppanem... Asturias cum innumerabili exercitu miserunt. »

3. Râzi et Ibn Hayyân, dans Makkari, II, pp. 671 et 9 (trad. Gayangos, *Mohammedan dynasties*, II, pp. 260 et 34) ; cf. *Akhbâr madjmoûa*, éd. Lafuente y Alcántara, trad. p. 38 ; *Fatho-l-Andaluçi*, éd. J. de González, trad. p. 29, etc.

affirme le Pseudo-Alphonse, rédaction *A* [1] ; parce que Pélage refusa de ratifier l'union de sa sœur avec Munuza, déclare le Pseudo-Alphonse, rédaction *B* [2] ; parce que, profitant des circonstances, il cessa brusquement de payer le tribut auquel il était astreint, assure l'érudition contemporaine [3]. — A quelle époque se place le début des hostilités ? D'après le Pseudo-Alphonse et une tradition musulmane, l'année de l'élection de Pélage, en 718 [4], par conséquent sous le gouvernement d'El-Horr ; d'après tels chroniqueurs arabes, soit entre 721 et 725, sous Anbasa [5], soit sous Okba [6], donc après

---

1. Cf. le texte cité plus haut, p. 119, n. 2.

2. Pseudo-Alphonse, réd. *B*, ch. 8 : « sed antequam rediret [Pela-« gius], per quoddam ingenium sororem illius sibi in coniugio sociavit « [Munuza] ; quod ille dum revertitur, nullatenus consentit, sed quod « iam cogitaverat de salvatione ecclesiae, cum omni animositate « agere festinavit », etc.

3. Saavedra, *Pelayo*, p. 10 : « Allí [en Córdoba] se encontraba « cuando en 718, teniendo el Virrey Alhor por acabada la conquista « de la Península, movió todas sus fuerzas para la Galia Gótica, de-« jando casi desguarnecida la parte ya ocupada. Pareció con razón « al Rey muy oportuna la ocasión para un movimiento insurreccional, « y marchó sin tardanza á prepararlo, negando el tributo cuando « fueran á reclamárselo. » En écrivant ces derniers mots, M. Saavedra avait sans doute présent à l'esprit le passage suivant du *Fatho-l-Andaluçi*, éd. J. de González, trad. p. 6 : « El mando del Islam [après « la mort de Rodrigue] extendióse hasta Galicia y Francia ; sus « habitantes se sometieron, pagaron impuestos de guerra, hasta que « habiendo disminuído tanto sus bienes, cesaron de pagar, y entónces « fueron atacados por las tropas. »

4. Cela ressort du texte latin reproduit p. 119, n. 2, et du texte arabe cité, p. 118, n. 2.

5. Râzi, Ibn Hayyân, *Fatho-l-Andaluçi*, *loc. cit.* Cf. Dozy, *Recherches*, 3e éd., I, p. 96, lequel attache, au point de vue de la date, « une « grande importance » aux témoignages de Râzi et d'Ibn Hayyân.

6. *Akhbâr madjmoûa, loc. cit.* Comparer Ibn Adhari, trad. Fagnan, II, p. 41. — On sait que le rédacteur du *Chron. Albeldense*, ch. 50, a même placé les faits sous le gouvernement de Yoûsof (746-756). Mais la faute est évidente (cf. Risco, *Esp. Sagr.*, XXXVII, pp. 74-75 ; Tailhan, *Bibliothèques*, p. 335, n. 1 ; Saavedra, *Pelayo*, p. 21), et il n'y a pas lieu d'y revenir, quoique la proposition *regnante Juzeph*

734. — Que furent ces hostilités ? Ici plus que jamais les différences s'accentuent. Y eut-il un seul grand combat, comme le rapporte la tradition chrétienne, ou bien, comme la tradition musulmane semble l'indiquer, une suite de misérables escarmouches dont le souvenir s'effaça peu à peu ? Y eut-il une tentative vigoureuse des Musulmans pour rentrer en possession du pays qui allait leur échapper, ainsi que le disent les chroniques latines, ou bien n'y eut-il de la part des Musulmans qu'indifférence et mépris à l'égard de ce mouvement insurrectionnel, ainsi que le prétendent les chroniqueurs arabes ? Voyons les textes.

*
* *

Aussitôt que la nouvelle de l'élection de Pélage leur fut parvenue, les Infidèles envoyèrent en toute hâte dans les Asturies une armée innombrable, que commandaient Alkama, un des anciens compagnons de Târik, et Oppas, métropolitain de Séville, fils du roi Witiza, et l'un des auteurs responsables de la chute de l'empire wisigoth [1]. A l'approche de cette armée, Pélage se réfugie sur le mont Auseba et s'enferme dans une grotte dite *Cueva de Santa Maria*. Les Musulmans entourent la grotte, et l'évêque Oppas, s'avançant en parlementaire, tente d'amener Pélage à se soumettre aux Arabes. Mais Pélage lui riposte fièrement et proclame qu'il ne se soumettra jamais et ne redoute pas l'adversaire [2].

---

in Cordoba ait suscité, outre de nombreux commentaires, de véritables fantaisies chronologiques.

1. Pseudo-Alphonse, ch. 8 : « Dum vero Sarraceni factum cogno-« verunt, statim ei per Alkamanem ducem, qui et ipse cum Tarech « in Yspania inruptionem fecerat, et Oppanem Spalensis sedis metro-« politanum episcopum, filium Vuittizani regis, ob cuius fraudem « Gothi perierunt, Asturias cum innumerabili exercitu miserunt. »

2. Pseudo-Alphonse, ch. 9 : « Quumque Pelagius ingressum eorum « cognovit, in monte Aseuva se contulit, in antro qui vocatur cova

Alors Oppas se tourne vers les Musulmans et les excite au
combat. La bataille s'engage, et bientôt une grêle de pierres
et de flèches s'abat sur la grotte sacrée. Mais Dieu veillait
et fit un miracle, car les pierres projetées contre le sanctuaire
de la Vierge vinrent retomber avec force sur ceux-là même
qui les avaient lancées et semèrent la mort dans leurs rangs.
Profitant du désarroi, les Chrétiens sortent de la grotte, fon-
dent sur les Infidèles, les mettent en fuite et les séparent en
deux tronçons : l'évêque Oppas est capturé et le général
Alkama tué avec cent vingt-quatre mille hommes[1]. Les
soixante-trois mille survivants escaladent la cime du mont
Auseba et par le col d'Amuesa descendent en Liébana. Mais
une montagne, située sur les bords du Deva, non loin de Cosgaya, s'effondre sous leurs pieds, et les fuyards sont précipités

« Sanctae Mariae ; statimque eum exercitus circumdedit, et propin-
« quans ad eum Oppa episcopus, sic adloquitur, dicens : « Scio te
« non litere f ater, qualiter omnis Yspania dudum sub uno regimine
« Gothorum esset constituta, et omnis Yspaniae exercitus in uno
« fuisset congregatus, Smaelitarum non valuit sustinere impetum ;
« quanto magis tu in isto montis foramine te defendere poteris ? Imo
« audi consilium meum, et ab hac voluntate animum revoca ut
« multis bonis fruaris, et in pace Arabum omnibus, quae tua
« fuerunt, utaris. » Ad haec Pelagius : « nec Arabum amicitiis socia-
« bor, nec me eorum imperio subiciam », etc.

1. Pseudo-Alphonse, ch. 10 : « Tunc conversus infandus episcopus
« ad exercitum, sic dixit : « Properate et pugnate, quia nisi per gladii
« vindictam, non habebitis cum eo pacis foedera. » Statimque arma
« adsumunt et praelium committunt, eriguntur fundibala, abtantur
« fundae, micant enses, crispantur hastae ac incessanter emittuntur
« sagittae. Sed in hoc non defuere Domini magnalia. Nam quum a
« fundibalariis lapides fuissent emissi, et ad domum sanctae semper
« Virginis Mariae pervenissent, super mittentes revertebantur et
« Caldeos fortiter trucidabant. Et quia Dominus non dinumerat
« hastas, sed cui vult porrigit palmam, egressique fideles de cova
« ad pugnam, Caldei statim versi sunt in fugam, et in duabus divisi
« sunt turmis, ibique statim Oppa episcopus est comprehensus et
« Alkamam interfectus. In eodem namque loco centum viginti qua-
« tuor millia Caldeorum sunt interfecti. »

dans la rivière ou écrasés par l'éboulement : deux siècles
après, lors des crues d'hiver, on apercevait encore, sur les
berges du Deva, des débris d'armes et de squelettes [1].

Apprenant le désastre subi par ses coreligionnaires, Munuza,
le gouverneur des Asturies, est saisi de peur, évacue Gijon
et prend la fuite ; rejoint par les Chrétiens à *Olalles*, il est
massacré et son armée anéantie. Dès lors, il ne restait plus un
Musulman dans les Asturies tout entières [2].

Telle est, en ses traits principaux, la version chrétienne,
recueillie ou forgée au IXe siècle [3].

---

1. Pseudo-Alphonse, ch. 10 : « Sexaginta vero et tria millia, qui
« remanserant, in vertice montis Aseuvae ascenderunt, atque per
« praeruptum montis, qui a vulgo appellatur Ammosa, ad territorium
« Libanensium praecipites descenderunt. Sed nec ipsi Domini eva-
« serunt vindictam. Nam quum per verticem montis qui situs est in
« ripa fluminis Devae iuxta praedium quod dicitur Casegadia [trans-
« irent], sic evidenter iudicio Domini actum est ut ipsius montis
« pars se a fundamentis evolvens sexaginta tria millia Caldeorum stu-
« penter in flumine proiecit, atque eos omnes oppressit, ubi usque nunc
« ipse fluvius, dum tempore hiemali alveum suum implet ripasque
« dissolvit, signa armorum et ossium eorum evidentissime ostendit. »

2. Pseudo-Alphonse, ch. 11 : « Per idem tempus in hac regione Astu-
« riensium in civitate Gegione [Legione, *Garcia Villada*] praepositus
« Caldeorum erat nomine Munnuza, qui Munnuza unus ex quatuor
« ducibus fuit qui prius Yspanias oppresserunt. Itaque dum inter-
« nicionem exercitus gentis suae comperisset, relicta urbe, fugam
« arripuit, quumque Astures persequentes eum in loco Olaliense
« reperissent, simul cum exercitu suo eum gladio deleverunt, ita ut
« ne unus quidem Caldeorum intra Pirinei portus remaneret. »

3. Comparer le résumé que donne le *Chron. Albeldense*, ch. 50 :
« Iste [Pelagius] primus contra eos [Sarracenos] sumpsit rebellio-
« nem in Asturias, regnante Juzeph in Cordoba et in Legione civitate
« Sarracenorum jussa super Astures procurante Monnuza ; sicque
« ab eo hostis Ismaelitarum cum Alcamane [Aloamane, *Florez*]
« interficitur, et Oppa episcopus capitur. Postremoque Monnuza
« interficitur ; sicque ex tunc reddita est libertas populo christiano.
« Tunc etiam qui remanserunt gladio de ipsa hoste Sarracenorum
« in Libamina monte ruente judicio Dei opprimuntur, et Asturorum
« regnum divina providentia exoritur. » — Sur le *regnante Juzeph in
Cordoba et la leçon *Legione*, voir ci-dessus, p. 120, n. 6 et p. 114, n. 2.

La « Galice » avait été complètement occupée par les Arabes, et il n'y avait ni ville ni village qui n'eût accepté la domination du vainqueur. Seule, une montagne escarpée avait échappé aux conquérants : c'est là que s'établit Pélage qui, poussant ses compagnons à la révolte, réussit à grouper autour de lui une troupe de trois cents hommes. Les Musulmans attaquèrent les Chrétiens ; ceux-ci furent décimés, tant par les armes que par la famine, de sorte que leur nombre se réduisit à trente hommes et dix femmes environ, n'ayant d'autre nourriture que le miel déposé par les abeilles dans les anfractuosités des rochers. Les Arabes dédaignèrent ce petit noyau d'insurgés. « Que pourraient faire, disaient-ils, ces trente barbares ? » Et ils n'inquiétèrent pas davantage Pélage et les siens. — Telle est, en abrégé, la version musulmane connue par diverses rédactions, dont la plus ancienne remonterait au xe siècle [1].

---

1. *Akhbâr madjmoûa*, éd. Lafuente y Alcántara, trad. pp. 38-39 ; cf. Ibn Adhari (qui suit l'*Akhbâr madjmoûa*), trad. Fagnan, II, p. 41 ; Ar-Râzi, dans Makkari, II, pp. 671-672 (trad. Gayangos, *Mohammedan dynasties*, II, pp. 260-261) ; Ibn Hayyân (qui suit Râzi), dans Makkari, II, pp. 9-10 (trad. Gayangos, *op. cit.*, II, pp. 34-35 et trad. Lafuente y Alcántara, *Ajbar Machmuâ*, pp. 198-199) ; voir aussi Hichâm ben Abd Allâh Kortobi, dans Ibn Adhari, trad. Fagnan, II, p. 19; cf. *Fatho-l-Andaluçi*, éd. J. de González, trad. p. 29. — Outre les variantes de dates déjà signalées (ci-dessus, p. 120, n. 5 et 6), il y a, entre ces différents textes quelques légères variantes de rédaction, d'ailleurs sans intérêt ; par exemple, Ibn Adhari omet de mentionner les dix femmes qui se seraient trouvées avec les trente compagnons de Pélage; par exemple aussi, El-Kortobi estime que le chiffre de trois cents hommes représente, non pas le nombre initial des combattants, mais celui des hommes qui survécurent à la faim et aux combats. Voici le texte de l'*Akhbâr madjmoûa*, lequel semble bien être le plus pur de tous : « Recibió, en efecto, [Okba] el gobierno de España, « viniendo en 110 y permaneciendo en ella algunos años, durante los « cuales conquistó todo el país hasta llegar á Narbona, y se hizo « dueño de Galicia, Álava y Pamplona, sin que quedase en Galicia « alquería por conquistar, si se exceptúa la sierra, en la cual se habia « refugiado con 300 hombres un rey llamado Belay (Pelayo), á quien

***

En présence de ces deux récits, — les seuls à retenir [1], — quelle attitude la critique adoptera-t-elle ? Il semble superflu de poser pareille question ; cependant un examen quelque peu attentif peut n'être pas inutile, puisque les historiens les plus autorisés ont utilisé, et utilisent encore, les textes résumés ci-dessus [2].

Si la tradition arabe se bornait à mentionner vaguement

« los musulmanes no cesaron de combatir y acosar, hasta el extremo
« de que muchos de ellos murieron de hambre ; otros acabaron por
« prestar obediencia, y fueron así disminuyendo hasta quedar redu-
« cidos á 30 hombres, que no tenian 10 mujeres, segun se cuenta.
« Allí permanecieron encastillados, alimentándose de miel, pues
« tenian colmenas y las abejas se habian reunido en las hendiduras
« de la roca. Era dificil á los muslimes llegar á ellos, y los dejaron,
« diciendo : « Treinta hombres, ¿ qué pueden importar ? » Despre-
« ciáronlos, por lo tanto, y llegaron al cabo á ser asunto muy grave,
« como, Dios mediante, referirémos en su lugar oportuno. »

1. On ne fera état, en effet, ni du Pseudo-Alphonse, réd. *B*, ch. 8-11, ni du Moine de Silos, ch. 20-25, qui paraphrase le Pseudo-Alphonse, ni de Rodrigue de Tolède, *De rebus Hispaniae*, IV, 1-2 et 4 (même remarque), ni de Lucas de Tuy, *Chronicon mundi*, pp. 71-72, qui copie le Moine de Silos. — Pareillement, on éliminera un texte arabe que cite Gayangos, *Mohammedan dynasties*, II, p. 407, n. 16, et qu'il traduit ainsi : « In the year 99 [14 août 717] Al-horr having heard « of the rising of the Christians [in Asturias], sent against them his « general, Alkamah, who was [defeated and] killed. » Ce texte, qui serait dû à Ad-Dhabbi, provient en réalité du faussaire Faustino de Borbon, *Cartas para ilustrar la historia de la España arabe*, p. cxxviii, n. 1. — Ne pas dire, d'autre part, avec Tailhan, *Bibliothèques*, p. 247, n. 1, que le Pseudo-Isidore de Beja parle « à mots couverts » de Pélage : rien n'est moins exact. Le Pseudo-Isidore ne dit pas un mot qui puisse s'appliquer à Pélage ; ce silence, du reste, ne prouve pas que l'auteur ait ignoré l'insurrection qui s'était produite dans les Asturies. Voir à ce propos les judicieuses remarques du P. García Villada, *loc. cit.*

2. Tel est le cas de Dozy, *Hist. des Musulmans d'Espagne*, III, pp. 21-23 ; Lafuente y Alcántara, *Ajbar Machmuâ*, pp. 231-232 et Saavedra, *Pelayo*, pp. 10 et suiv. (voir une critique de leurs récits à l'Appendice IV). Tel est également le cas du P. García Villada *loc. cit.*

quelques escarmouches entre Musulmans et Chrétiens, elle mériterait presque d'être acceptée, car une grande victoire chrétienne est *a priori* invraisemblable. Mais elle ne se borne pas à des indications de ce genre ; elle cherche à préciser, et dans ces conditions la cause nous paraît entendue. Dire qu'il n'y avait en « Galice » ni ville ni village qui n'eût été soumis, c'est user d'hyperbole [1]. Réduire le nombre des partisans de Pélage d'abord à trois cents hommes, ensuite à trente, c'est faire aveu d'ignorance ou de mauvaise foi [2]. Noter avec soin le mépris ou la pitié des Infidèles, c'est vouloir excuser après coup le manque de clairvoyance, l'impuissance ou l'indifférence de ceux qui, au VIIIe siècle, n'avaient pas étouffé dès l'origine le royaume asturien.

Passons à la version chrétienne : qu'il s'agisse de l'allure générale du récit, des personnages mis en scène, du lieu de la bataille ou de l'importance des effectifs, elle est plus que grandement suspecte [3].

---

1. « Sin que quedase en Galicia alquería por conquistar », dit l'*Akhbâr madjmoûa*, que corrobore, ou suit, Ibn Hayyân : « there remained « no city, town, or village in Galicia but what was in the hands of « the Moslems. » — Contre toute évidence, Dozy, *Recherches*, 3e éd., I, p. 118, trouve que semblable expression n'est pas exagérée ; et il donne comme preuve « qu'une ville aussi éloignée que l'ancienne Bri-« tonia, laquelle est située entre Mondoñedo et la rivière qui porte le « nom d'Eo, fut détruite par les musulmans. » Mais Dozy ne s'est pas aperçu de la fausseté du diplôme d'où il tirait cette confirmation (27 mars 832 ; *Cat.*, n° 14), bien que lui-même, *ibid.*, p. 140, ait déclaré que « l'authenticité de ce document » lui paraissait « fort contestable ».

2. Cf. Caveda, *Examen crítico*, p. 77 ; Tailhan, *Anonyme de Cordoue*, p. 192.

3. Cf. Somoza, *Gijón*, II, pp. 439-464 et R. Fuertes Arias, *Batalla de Covadonga*, dans *Bol. de la Sociedad castellana de excursiones*, IV (1909), pp. 258-262 (extr. de l'ouvrage du même auteur, *Estudio histórico-crítico acerca de Alfonso de Quintanilla, contador mayor de los Reyes Católicos*. Oviedo, 1909, 2 vol. in-8°). Voir aussi García Villada, *Crónica de Alfonso III*, p. 45.

Tandis que, d'ordinaire, le Pseudo-Alphonse est sobre et concis jusqu'à la sécheresse, même quand il rapporte des événements très rapprochés de lui, il raconte la bataille de Covadonga avec la netteté et l'abondance d'un témoin excellemment informé : discours d'Oppas et réponse de Pélage, attaque de la grotte et panique des assaillants, sortie de Pélage et massacre de ses adversaires, retraite des Arabes échappés à la tuerie et anéantissement des fuyards, fuite et mort de Munuza, tout est connu de notre chroniqueur et, sous sa plume, l'action se déroule de façon logique, régulière, comme d'après un plan harmonieusement ordonné. — De plus, alors que le Pseudo-Alphonse emploie d'habitude une langue simple et même fruste, il tente de trouver ici des expressions vraiment dignes du sujet ; il affecte un style ampoulé, solennel, grandiloquent, et qui sonne faux. A cet égard, la réplique de Pélage à Oppas est caractéristique : Pélage institue des comparaisons pédantes, vaticine, paraphrase les Psaumes, et déclame comme un parfait rhéteur [1]. — Au reste, le Pseudo-Alphonse use d'autres procédés pour frapper l'imagination de ses lecteurs ; plus encore que de coutume, il montre l'intervention de la Providence dans les faits qu'il mentionne. Quand les Asturiens sont assiégés dans la grotte de Covadonga, c'est Dieu qui sème la mort parmi les assaillants [2] ; si les

---

1. Pseudo-Alphonse, ch. 9 : « sed tu non nosti quia ecclesia Domini « lunae comparatur, quae et defectum patitur et rursus per tempus « ad pristinam plenitudinem revertitur ? Confidimus enim in Domini « misericordia quod ab isto modico monticulo, quem conspicis, sit « Yspaniae salus et Gothorum gentis exercitus reparandus, ut in « nobis compleatur ille propheticus sermo qui dicit : « Visitabo in « virga iniquitates eorum, et in flagellis peccata eorum : misericor- « diam autem meam non auferam ab eis. » Igitur etsi sententiam « severitatis per meritum excepimus », etc.

2. Cf. le passage du Pseudo-Alphonse, ch. 10 : « Sed in hoc non de- « fuere Domini magnalia », etc. (ci-dessus, p. 122, n. 1), où nous voyons les pierres lancées contre la grotte retomber sur les Arabes.

Asturiens sortis de la grotte culbutent les Arabes, c'est Dieu qui le veut ainsi [1] ; quand les fuyards cherchent un refuge en Liébana, c'est le Seigneur qui provoque l'éboulement de la montagne qui va les écraser [2]. Bref, c'est Dieu qui, d'un bout à l'autre, donne l'avantage aux Chrétiens, et la libération des Asturies n'est qu'un effet de la bienveillance divine [3].

Dans cette atmosphère de légende épique, se meuvent, outre Pélage, Alkama, le général de l'armée musulmane, l'évêque Oppas, conseiller d'Alkama, et Munuza le gouverneur de Gijon.

On s'est parfois demandé si le Pseudo-Alphonse n'avait pas commis des erreurs ou des confusions au sujet de tels de ces personnages : Alkama ne serait-il pas un sosie de l'émir Es-Samh, qui mourut devant Toulouse en 721 [4] ? Munuza

On a, bien entendu, expliqué le fait, ce qui, du reste, n'était pas difficile ; cf. Caveda, *Examen crítico*, p. 84 et comparer Somoza, *Gijón*, II, pp. 441-442.

1. Pseudo-Alphonse, ch. 10 : « Et quia Dominus non dinumerat « hastas, sed cui vult porrigit palmam », etc. (ci-dessus, p. 122, n. 1).

2. Pseudo-Alphonse, ch. 10 : « Sed nec ipsi Domini evaserunt vin- « dictam », et, un peu plus loin : « sic evidenter iudicio Domini actum « est » (ci-dessus, p. 123, n. 1). En terminant le récit de cet épisode, le Pseudo-Alphonse, dont la candeur est érudite, ajoute : « Non istud « miraculum inane aut fabulosum putetis, sed recordamini quia qui « in Rubro mari Egyptios Israelem persequentes demersit, ipse hos « Arabes, ecclesiam Domini persequentes, immensa montis mole « oppressit. » Voir, à propos de ce passage, Caveda, *Examen crítico*, p. 83, lequel note les efforts tentés par l'auteur pour qu'on ait foi en son récit.

3. Les Asturiens ne s'y trompent pas, du moins chez le Pseudo-Alphonse, ch. 11 : « et omnes in commune gratias referunt, dicentes : « Sit nomen Domini benedictum qui confortat in se credentes et ad « nihilum deducit improbas gentes. »

4. C'est ce que pensent Caveda, *Examen crítico*, pp. 60-61 et Somoza, *Gijón*, II, p. 453. — A signaler, au sujet d'Alkama, une singulière erreur de Caveda, *op. cit.*, pp. 61 et 76. Cet auteur reproduit d'après Casiri, *Bibliotheca arabico-hispana Escurialensis*, II (Matriti, 1770, in-fol.), p. 33, un passage d'Ibn el-Abbar, relatif à un certain

n'aurait-il pas pour prototype le Berbère Munuz, qui s'allia avec Eudes, duc d'Aquitaine, se révolta contre le gouverneur de l'Espagne Abd er-Rahmân Ghâfiki et périt de mort violente en Cerdagne vers l'année 731 [1] ? Que le Pseudo-Alphonse ait commis des confusions ou erreurs à ce point grossières, cela n'importerait que si la preuve matérielle de son ignorance pouvait être administrée ; mais il n'en est pas ainsi [2]. En revanche, et sans accuser notre auteur de semblables méprises, ce qu'il faut observer, ce sont les préoccupations qu'il affiche un peu naïvement lorsqu'il parle d'Alkama, Munuza et Oppas : Alkama aurait envahi l'Espagne en com-

---

« Alhassineus Ben Aldagiani ben Abdalla Alocaili », tout comme s'il concernait Alkama. Sur cette erreur de Caveda (et qu'avait déjà commise Noguera, *Ensayo cronológico*, p. 417), voir Saavedra, *Pelayo*, p. 14, n. 1.

1. Cette identification est admise par Dozy, *Hist. des Musulmans d'Espagne*, III, p. 23, n. 2 ; F. Fernández y González, *Mudéjares de Castilla* (Madrid, 1866, gr. in-8º), p. 250, n. 1 ; Lafuente y Alcántara, *Ajbar Machmuâ*, pp. 228-229 ; Tailhan, *Anonyme de Cordoue*, p. 39, n. 1. Le P. Tailhan suppose même : 1º que le Munuz tué en Cerdagne n'est autre que le Munuza du Pseudo-Alphonse ; 2º que ce personnage, « en récompense de ses services » lors de la conquête, « reçut pour lui « et ses Maures la ville de Gijon et son territoire » ; 3º qu' « en compen- « sation de la perte de ses possessions asturiennes », il fut nommé, après Covadonga, gouverneur de la Cerdagne. — D'autres auteurs ont identifié Munuza, soit avec Othmân ben Aboû Nisa, gouverneur de l'Espagne de 728 à 729 (Caveda, *Examen crítico*, pp. 61-64), soit même avec Moûsa, un Moûsa transformé à vrai dire (Somoza, *Gijón*, II, pp. 493-496). Tout cela est fantasmagorie ; sur le Munuz de Cerdagne, voir F. Codera, *Estudios críticos de historia árabe española* (*Col. de estudios árabes*, VII), pp. 140-169.

2. Cf. Saavedra, *Pelayo*, pp. 21-22, qui dit notamment, au sujet de Munuza : « como si no hubieran podido llevar el propio nombre dos « bereberes distintos ». — Notons, en passant, qu'on a débattu une autre question, plus vaine encore : celle de savoir si, *a priori*, le rôle prêté par le Pseudo-Alphonse à l'évêque Oppas est vraisemblable (Caveda, *Examen crítico*, pp. 65-66 et Saavedra, *Pelayo*, pp. 11-12 et 21), ou s'il est, au contraire, « d'une parfaite invraisemblance » (Tailhan, *Anonyme de Cordoue*, p. 191).

pagnie de Târik [1] ; Munuza est un des quatre généraux qui commandaient les armées d'invasion [2] ; Oppas enfin — l'archevêque vrai ou supposé de Séville [3] — devient pour la circonstance fils de Witiza, bien qu'il fût en réalité son frère [4] ; or on sait que, d'après la tradition, les fils de Witiza ont lâchement trahi leur patrie et l'ont livrée aux Arabes [5]. Ainsi, tous ceux qui auraient tenté d'empêcher la reconstitution de la monarchie wisigothique auraient, quelques années auparavant, contribué pour une large part à la chute de l'empire goth. Sans être impossible en soi, le fait n'en est pas moins suspect ; car la présence simultanée, en territoire asturien, de trois des principaux artisans de la conquête implique que, dès le début et par une sorte de prescience, les Musulmans auraient considéré comme redoutable le petit noyau de patriciens réfugiés dans les Asturies.

1. Pseudo-Alphonse, ch. 8 : « ...Alkamanem ducem, qui et ipse cum « Tarech in Yspania inruptionem fecerat. »

2. Pseudo-Alphonse, ch. 11 : « qui Munnuza unus ex quatuor « ducibus fuit qui prius Yspanias oppresserunt. »

3. Sur ce personnage, que le Pseudo-Alphonse, réd. *B*, ch. 8, qualifie d'évêque de Tolède, voir Florez, *Esp. Sagr.*, V, pp. 321-322 et IX, pp. 229-231 ; cf. Tailhan, *Anonyme de Cordoue*, p. 24, n. 2 ; Saavedra, *Estudio*, pp. 31 et 105 ; A. Cotarelo y Valledor, *Don Oppas*, dans *La Batalla y el Santuario de Covadonga*, pp. 40 et suiv.

4. Pseudo-Alphonse, ch. 8 : « et Oppanem... filium Vuittizani « regis. » L'*Akhbâr madjmoûa*, éd. Lafuente y Alcántara, trad. p. 22 et le *Fatho-l-Andaluçi*, éd. J. de González, trad. p. 7, tombent dans la même erreur que le Pseudo-Alphonse ; cf. Saavedra, *Estudio*, p. 32, note.

5. Pseudo-Alphonse, ch. 7 : « Filii vero Vuittizani invidia ducti eo « quod Rudericus regnum patris eorum acceperat, callide cogitantes, « missos nuncios ad Africam mittunt, Sarracenos in auxilium petunt, « eosque navibus advectos Yspaniam intromittunt. » Un peu plus loin, au même chapitre, on lit : « vel filiorum Vuittizani fraude de- « tecti », et au ch. 8, à propos d'Oppas : « ob cuius fraudem Gothi « perierunt. » — Sur l'attitude des fils de Witiza et de leur parti, voir F. Codera, *Estudios críticos de historia árabe española*, 2ª serie (Madrid, 1917, in-16. *Col. de estudios árabes*, VIII), pp. 48 et 49, n. 1.

Cela étant dit, que penser du théâtre de l'action ? Il est clair que le chroniqueur connaissait l'onomastique et la topographie de la région où il a placé les événements [1]. Le mont Auseba, la « Cueva de Santa Maria », la Muralla de Amuesa, le Deva, Cosgaya, *Olalles*, aucun de ces vocables n'a été inventé pour les besoins de la cause [2], et tous subsistent aujourd'hui, sauf *Olalles* [3]. D'un autre côté, le chemin que les Arabes échappés au désastre auraient suivi dans le but de gagner la Liébana, a été repéré par un érudit contemporain, et l'on a constaté que le Pseudo-Alphonse n'a pas tracé un itinéraire de fantaisie [4]. Toutefois, cette exactitude indéniable est-elle une preuve de véracité ? Évidemment non [5]. Et d'ailleurs, en dépit des observations topographiques de détail que l'on accumule, ou des trouvailles archéologiques dont on prétend faire état [6], plusieurs circonstances demeurent inexplicables.

---

1. Somoza, *Gijón*, II, pp. 449-450, s'efforce vainement de démontrer le contraire.

2. Voir l'index de l'édition García Villada.

3. Caveda, *Examen crítico*, pp. 34 et 85, croyait avec Morales, *Coronica*, éd. Cano, VII (1791), p. 21, qu'il s'agissait du Val de Olalles, à trois lieues d'Oviedo ; par contre, M. Saavedra, *Pelayo*, p. 15, texte et note 2, identifie *Olalles* avec Proaza, *part. jud.* d'Oviedo, identification que M. Somoza, *Gijón*, II, pp. 781-782 (cf. p. 494), se refuse à admettre.

4. Voir Ed. Jusué, dans *Bol. de la R. Acad. de la Hist.*, XLV (1904), p. 415. M. Jusué estime même que le Pseudo-Alphonse s'est servi d'expressions qui s'appliquent très exactement à la configuration du terrain. De la « Muralla de Amuesa » (1.425 mètres d'altitude) à Cosgaya, on compte, en ligne droite, environ quinze kilomètres. « Siguiendo « desde el puerto de *Amueza* hacia el puerto de Aliva, las alturas « exceden siempre de 1.400^m, y el cauce del Deva, cerca de Cosgaya, « las Bárcenas, etcétera, es de unos 600^m á 700^m. Este desnivel tan « grande, en distancias tan cortas, está bien expresado en la frase « precipites descenderunt », etc. »

5. Somoza, *Gijón*, II, p. 441 et p. 442, n. 264 : « De ser ciertos los « lugares, no se infiere que lo sean los hechos. Tanto valdría decir « que la pericia geográfica de Cervántes, probaba la certeza de las « aventuras de Don Quijote, y la realidad de este héroe. »

6. Voir par exemple Caveda, *Examen crítico*, p. 22, qui parle de dé -

D'abord, comment, loin de toute grande voie de communication, un général aurait-il pu conduire une armée nombreuse jusque devant Cangas de Onis ? Une fois là, comment aurait-il été assez audacieux pour s'enfoncer dans le chemin qui mène à Covadonga ? Qu'on relise la description que Morales nous a laissée de Covadonga, après l'excursion qu'il y fit en 1572 [1], et l'on partagera ensuite la surprise que causait au chroniqueur de Philippe II le choix d'un tel champ de bataille [2]. La vallée de Covadonga forme un étroit couloir qui finit en impasse ; elle est entourée de trois côtés par de hautes montagnes ; ce n'est donc, en aucune manière, un endroit propice pour un grand combat, et c'est tout au plus si une escarmouche aurait pu s'y engager entre un groupe de montagnards chrétiens et quelque patrouille musulmane. En second lieu, comment des fuyards auraient-ils réussi à franchir le massif abrupt et coupé de précipices qui s'étend de Covadonga jusqu'en Liébana ? Comment seraient-ils parvenus sains et saufs jusqu'au bourg de Cosgaya ? L'expérience montre qu'il faut être rompu à la pratique de l'alpinisme, et de plus se pourvoir de bons

---

couvertes d'armes, d'ossements et de monnaies, et Ed. Jusué, qui écrit, dans le *Bol. de la R. Acad. de la Hist.*, XLV (1904), p. 415 : « Muy « recientemente se han encontrado dos flechas y una lanza por aquellos « sitios ; una flecha en el mismo Monte Subiedes, en el sitio llamado « Pica Campos, y otra en los Picos de Europa, en el alto de los Car- « neros : la lanza fué hallada en el puerto de Aliva. » Est-il besoin de dire que cela ne prouve rien ?

1. Morales, *Viage*, éd. Cano (1792), pp. 79-81 et *Coronica*, éd. Cano, VII, pp. 7-10. Cette description est certainement une des meilleures, sinon même la meilleure, que l'on possède.

2. Morales, *Viage*, éd. Cano, p. 80 : « Ya quando se llega aquí, no « se puede dexar de pensar en la misericordia de Dios, que así cegó « á los Moros para que no mirasen á dónde se metian : porque si al- « guna, aunque poca consideracion de esto, hubiera, bastaba para « detenerlos, y buscar otra manera de tomar al Rey Don Pelayo y « á sus Christianos. » Comparer Caveda, *Examen crítico*, p. 84 et Tai- lhan, *Anonyme de Cordoue*, p. 190, lequel parle de la « merveilleuse « imprévoyance » des Arabes.

guides, si l'on veut tenter la traversée de ce massif sans trop
risquer de s'égarer ou de périr d'accident[1]. Or, chez le Pseudo-
Alphonse, les Musulmans opèrent cette retraite avec une parfaite aisance. Enfin, comment Munuza, le gouverneur arabe
des Asturies, n'avait-il pas été prévenu de l'expédition d'Alkama ? Comment n'a-t-il pas rejoint ses coreligionnaires dès
leur entrée en territoire asturien ? Comment a-t-il attendu
leur défaite pour essayer de se frayer un chemin vers le
Sud ? Autant d'invraisemblances, secondaires en vérité,
mais qui n'en sont pas moins étranges, déconcertantes
même.

Ajoutons que les indications relatives au nombre des combattants achèvent de discréditer le récit du Pseudo-Alphonse.
D'après ce chroniqueur, l'armée musulmane aurait été forte
de 187.000 hommes [2]. Bien mieux, cette armée aurait tenu

---

1. Voir, notamment, P. Labrouche et Cte de Saint-Saud, *Aux
Pics d'Europe (Pyrénées Cantabriques)*, dans *Le Tour du Monde*,
LXVII (1894), pp. 97-128 ; Cte de Saint-Saud et P. Labrouche, *Les
Picos de Europa (Monts Cantabriques). Étude orographique*, dans
Annuaire du Club alpin français, 20ᵉ année, 1893 (Paris, 1894),
pp. 129-168 et 169-181 ; P. Labrouche, *Les Pics d'Europe. Notes
vieilles et neuves*. Pau, 1906, in-8º, 16 pp. Voir encore *Liébana y los
Picos de Europa*, por « La Voz de Liébana ». Santander, 1913, in-8º.

2. Le Pseudo-Alphonse a négligé de nous apprendre d'où était partie
cette armée musulmane et par où elle était entrée dans les Asturies.
Entre autres auteurs, Caveda, *Examen crítico*, p. 81 et le P. Tailhan,
Anonyme de Cordoue, p. 191, formulent des hypothèses. Pour Caveda,
l'armée dut franchir les cols qui font communiquer les Asturies avec
les montagnes de Santander et de Castille : elle serait donc venue du
Sud. Pour le P. Tailhan, « l'ancien lieutenant de Târic [Alkama]
« reçut ordre de marcher contre Pélage avec une partie des contingents
« maures cantonnés dans la Galice et les autres provinces du nord-
« ouest de la Péninsule » : les Musulmans seraient donc entrés par la
Galice. La solution la plus originale est à coup sûr celle qu'avait
proposée J. de Paredes, *Carta de un profesor de Alcalá á un amigo suyo
en Madrid sobre « Los sumarios de los quatro primeros reyes de Asturias »* (Madrid, 1786, pet. in-8º, 37 pp.), p. X : pour cet auteur, les
troupes qui combattirent Pélage auraient débarqué à Gijon !

tout entière dans l'étroite vallée de Covadonga, elle y aurait manœuvré, elle y aurait même dressé des machines de guerre[1]. Enfin, comme en matière d'exagération il n'y a nul motif de s'arrêter, ces 187.000 hommes auraient tous péri : 124.000 sous les coups de Pélage et de ses compagnons sortis de la fameuse grotte, — où deux à trois cents personnes se casent avec peine[2], — et 63.000 sous un éboulement de rochers. Corriger ces chiffres, les ramener à la vraisemblance, par exemple les diviser par mille, comme on l'a proposé[3], c'est d'ailleurs peine perdue ou méthode vicieuse.

En effet, pour peu que l'on y regarde de près, on constate que le récit du Pseudo-Alphonse forme un bloc homogène, et ne supporte ni correction ni retouche. Vouloir démêler la parcelle de vérité qu'il est susceptible de renfermer, vouloir le dépouiller des inexactitudes qu'il présente, des exagérations dont il est rempli, du merveilleux dont il est imprégné jusqu'en ses moindres détails, c'est en fausser le sens, et, sous couleur de le rendre plus rationnel, partant plus véridique, c'est en réalité le détruire. Aux yeux d'un homme cultivé, mais crédule, du IXe siècle, seule une victoire éclatante avait pu débarrasser les Asturies de la domination musulmane;

---

1. Pseudo-Alphonse, ch. 10 : « eriguntur fundibala » Cette proposition fait sursauter M. Fuertes Arias, *loc. cit.*, pp. 259 et 260, qui s'attarde à démontrer l'impossibilité de la chose.

2. Dans son *Viage*, éd. Cano, p. 81, Morales dit trois cents ; dans sa *Coronica*, éd. Cano, VII, pp. 10 et 17, il dit deux cents.

3. Voir notamment Caveda, *Examen crítico*, pp. 74-76 ; Tailhan, *Anonyme de Cordoue*, p. 191, lequel suppose que l'armée arabe comptait « sept ou huit mille hommes »; enfin Saavedra, *Pelayo*, p. 14, lequel a opéré la division par mille : « Si yo hubiera de proponer alguna « enmienda no pasaría de una sencillísima supresión : la de la palabra « mil. Sesenta y tres hombres envueltos por una masa de tierra son « ya de por sí muchos, y ciento veinticuatro bajas definitivas en el « propio campo de batalla corresponden muy proporcionadamente « á un efectivo de dos mil combatientes, que á mi juicio podría tener « la columna expedicionaria. »

seul un héros avait pu chasser l'envahisseur, avec l'aide de Dieu; autrement dit, à l'origine de la monarchie asturienne, il fallait un miracle, et ce miracle on l'a conté. Acceptons donc ingénument le témoignage du Pseudo-Alphonse, si bon nous semble; rejetons-le, si nous voulons; mais ne cherchons pas à l'amender : ce serait lui ôter sa valeur symbolique, la seule du reste qu'il possède [1].

La bataille de Covadonga est l'unique événement du règne de Pélage que l'on soit censé connaître [2]. La légende de Cova‑donga étant écartée, le règne de Pélage se réduit à néant [3],

1. « Todo este relato de Sebastian de Salamanca es una pura pa‑ « traña », disait crûment Lafuente y Alcántara, *Ajbar Machmuâ*, p. 228, tandis que pour le P. García Villada, dans *Razón y Fé*, L (1918), p. 416, ce récit, malgré ses défauts, renferme un fond de vérité indis‑ cutable : « y ese fondo lo constituyen estos dos datos principales : « primero, que la desproporción entre el ejército cristiano y el árabe « fué muy considerable, y segundo, que la victoria de aquél sobre éste « la atribuyeron desde un principio los héroes de la Reconquista a « una especial providencia y ayuda de Dios y de la Virgen ».

2. Le P. Tailhan, *Anonyme de Cordoue*, p. 41, n. 3 (cf. p. 191 et *Bi‑ bliothèques*, p. 340, n. 3), conjecture que l'émir Abd el-Melik marcha « dans l'été de l'année 737 » (date conjecturale) contre « les Asturiens « de Pélage unis aux Cantabres de celui qui fut plus tard Alphonse Ier « le Catholique ». La doctrine du P. Tailhan repose sur un passage du Pseudo-Isidore de Beja (éd. Mommsen, *Chronica minora*, II, p. 362, ch. 108). Mais ce passage, qui est très vague, mentionne des popula‑ tions de la région pyrénéenne (« subvertere nititur pirinaica ina‑ « bitantium iuga »), et non pas spécialement les Asturiens ou les Cantabres. Or, un texte d'Ibn el-Athîr, trad. Fagnan, *Annales*, p. 60, nous montre à l'année 115 de l'hégire (21 février 733), Abd el-Melik entreprenant une campagne contre les « Vascons ». L'hypothèse du P. Tailhan est donc vaine : ce n'est point du côté des Asturies que l'émir guerroya. — Quant à la prise de Leon par Pélage (Rodrigue de Tolède, *De rebus Hispaniae*, IV, 4), c'est une légende dont Risco, *Esp. Sagr.*, XXXIV, pp. 121-125 (cf. XXXVII, p. 82), a fait bonne justice (cf. Morales, *Coronica*, éd. Cano, VII, pp. 26-28).

3. M. Somoza, *Gijón*, II, pp. 447-448, va beaucoup plus loin; il va même si loin que tout homme de bon sens refusera de le suivre. A l'en

et il ne reste à signaler que la mort de ce prince : il s'éteignit en 737 à Cangas de Onis [1].

III. — Les premiers accroissements du royaume asturien.
(737-757.)

Pélage eut pour successeur son fils Fafila (737-739), dont on ne sait rien, sauf qu'il périt à la chasse [2]. A Fafila succéda Alphonse Ier (739-757), fils d'un certain Pierre, duc de Cantabrie [3], et gendre de Pélage [4]. Avec Alphonse cessent les temps quasi-fabuleux de l'histoire asturienne et s'ouvre l'ère, des accroissements territoriaux [5].

---

croire, Pélage « tiene todas las apariencias de un *mytho histórico* », et (p. 451) la bataille de Covadonga serait « como un eco, un plagio « legendario » de la déroute de Roland à Roncevaux !

1. Pseudo-Alphonse, ch. 11 : « Pelagius post nonum decimum regni « sui annum completum propria morte decessit, era DCCLXXV. » Cf. *Chron. Albeldense*, ch. 50 : « Obiit quidem praedictus Pelagius « in locum Canicas era DCCLXXV. »

2. Pseudo-Alphonse, ch. 12 : « Filius eius Fafila in regno successit, « qui propter paucitatem temporis nihil historiae dignum egit. Quadam « occasione levitatis ab urso interfectus est anno regni sui secundo, « era DCCLXXVII. » Cf. *Chron. Albeldense*, ch. 51 : « Fafila filius « eius regn. an. II. Iste levitate ductus ab urso est interfectus. » — Sur une prétendue bataille livrée par Fafila aux Maures, voir Risco, *Esp. Sagr.*, XXXVII, pp. 85-86. — Naturellement, pour M. Somoza, *Gijón*, II, pp. 469 et 473, n. 286, Fafila est un mythe, tout comme Pélage.

3. Pseudo-Alphonse, ch. 13 : « Post Fafilanis interitum Adefonsus « successit in regnum ; vir magnae virtutis ; filius Petri ducis ex semine « Leuvigildi et Reccaredi regum progenitus. » Cf. *Chron. Albeldense*, ch. 52 : « Iste Petri, Cantabriae ducis, filius fuit. »

4. *Chron. Albeldense*, ch. 52 : « Adefonsus Pelagii gener... et dum « Asturias venit, Bermisindam, Pelagii filiam, Pelagio praecipiente « accepit. »

5. Voir Dozy, *Recherches*, 3e éd., I, pp. 116-123 : « Sur les causes de « l'agrandissement du royaume des Asturies sous le règne d'Al- « phonse Ier... » ; cf., du même auteur, *Hist. des Musulmans d'Es- pagne*, I, pp. 255-259 et III, pp. 24-26.

***

Depuis plusieurs années, les Berbères du Maghreb supportaient avec impatience le joug des Arabes. Exaspérés par les vexations continuelles que leur infligeait le gouverneur Obeyd Allâh, ils se soulevèrent en 740 dans la région de Tanger, mirent en déroute les armées envoyées contre eux, et à certaines heures furent sur le point de recouvrer leur indépendance [1]. Cette révolte se répercuta dans le Nord de l'Espagne, notamment dans le Nord-Ouest, où avait été cantonnée, après la conquête, une grande quantité de Berbères. Ceux-ci, qui avaient à se plaindre des vainqueurs, imitèrent l'exemple des Berbères d'Afrique, se soulevèrent à leur tour, et tuèrent ou repoussèrent vers le centre de la Péninsule les Arabes établis entre les Monts Cantabriques, l'Océan et les sierras de Gata, Gredos et Guadarrama. L'insurrection fut si soudaine, l'action des insurgés si rapide, que le gouverneur de l'Espagne, Abd el-Melik ben Katan, ne connut la révolte que par l'arrivée des fugitifs à Cordoue [2]. Enivrés par ce premier succès, les Berbères espagnols résolurent de se joindre

---

1. Sur cette révolte des Berbères africains, consulter Dozy, *Hist. des Musulmans d'Espagne*, I, pp. 233-250 et Fournel, *Les Berbers*, I, pp. 285-302.

2. *Akhbâr madjmoûa*, éd. Lafuente y Alcántara, trad. p. 48 : « Aconteció, en tanto, que los berberiscos españoles, al saber el triunfo « que los de África habian alcanzado contra los árabes y demas súb- « ditos del Califa, se sublevaron en las comarcas de España, y ma- « taron ó ahuyentaron á los árabes de Galicia, Astorga y demas ciu- « dades situadas allende las gargantas de la sierra (de Guadarrama), « sin que Ebn Kátan tuviese la menor sospecha de lo que sucedia « hasta que se le presentaron los fugitivos. » Cf. Ibn Adhari, II, p. 43 et *Fatho-l-Andaluçi*, éd. J. de González, trad. pp. 34-35. — Cette révolte des Berbères espagnols, loin d'être localisée à la Galice, s'était propagée dans tout le Nord de la Péninsule; cf. *Akhbâr madjmoûa*, *loc. cit.*

à leurs frères africains et, chemin faisant, de ruiner la domination arabe : un corps d'armée assiégerait Tolède, un autre
Cordoue, un troisième Algéziras. Ainsi, des deux côtés de la
Méditerranée, les Arabes devaient parer à des dangers très
pressants. Ils parvinrent à les surmonter : les Berbères espagnols furent écrasés (741) ; les Berbères africains subirent le
même sort (742) [1]. Mais la révolte que nous venons de rappeler eut pour conséquence de vider la « Galice » de la majeure
partie de sa population musulmane : les Arabes avaient été
massacrés ou chassés par les Berbères ; ceux-ci, de leur côté,
avaient en masse quitté les lieux qu'ils occupaient pour tenter
de lointaines aventures.

Jusqu'à ces derniers événements, l'état que Pélage avait
fondé en bordure de l'Espagne musulmane avait été comme
emprisonné de toutes parts. Sans doute, les Musulmans,
absorbés par les opérations de Septimanie, ne lui avaient
causé aucun dommage ; mais, étant maîtres et des routes
galiciennes, et de la voie romaine qui courait parallèlement
aux Monts Cantabriques, ils interdisaient au nouveau royaume
tout développement. Le massacre ou l'exode des Arabes et
l'émigration des Berbères modifièrent profondément l'équi-
libre des forces adverses.

Alphonse Ier profita de l'affaiblissement de ses voisins immédiats pour les attaquer et les harceler. Entre les montagnards asturiens et ce qui restait de Musulmans dans le Nord-
Ouest, particulièrement dans les environs d'Astorga, ce fut,
jusque vers 745, une incessante guerre d'escarmouches [2]. Puis

---

1. Sur les événements qui se déroulèrent alors en Espagne, cf. Dozy,
Hist. des Musulmans d'Espagne, I, pp. 257-259 et Fournel, *Les Berbers*, I, pp. 302-303.

2. *Akhbâr madjmoûa*, éd. Lafuente y Alcántara, trad. p. 66 : « Los
« gallegos se sublevaron contra los muslimes, y creciendo el poder
« del cristiano llamado Pelayo, de quien hemos hecho mencion al
« comienzo de esta historia, salió de la tierra y se hizo dueño del

la situation des Infidèles empira. En 750 ou 751, Alphonse poussa plus avant ; les indigènes qui s'étaient convertis de force à l'Islam, revinrent à la foi chrétienne et acceptèrent avec joie la suzeraineté du roi asturien ; beaucoup de Musulmans furent tués ; ceux qui échappèrent à la mort se replièrent vers Astorga [1]. Mais d'autres malheurs les y attendaient. Depuis l'année 749 ou 750, la famine ravageait l'Espagne arabe [2]. Lorsque la disette se fit sentir dans les plaines du Leon, les Chrétiens, accentuant leur mouvement offensif, se portèrent sur Astorga et en délogèrent leurs ennemis. Ceux-ci, poursuivis et affamés, durent non seulement abandonner le pays, mais encore reculer sans cesse, de ville en ville, d'étape en étape, si bien qu'en 753-754, Coria et Mérida étaient devenues des places frontières [3].

« distrito de Astúrias. Los muslimes de Galicia y Astorga le resis« tieron largo tiempo, hasta que surgió la guerra civil de Abol-Jatar « y Tsuaba. » Cette guerre civile est de 745 ; notre texte fournit donc un *terminus ad quem*. Mais on observera, d'autre part, qu'il commet une erreur grossière en attribuant à Pélage ce qui appartient à Alphonse Ier (cf. Lafuente y Alcántara, *op. cit.*, p. 66, n. 5).

1. *Akhbâr madjmoûa*, éd. Lafuente y Alcántara, trad. p. 66 : « En « el año 33 [9 août 750] fueron vencidos y arrojados (los árabes) de « Galicia, volviéndose á hacer cristianos todos aquellos que estaban « dudosos en su religion, y dejando de pagar los tributos. De los res« tantes, unos fueron muertos y otros huyeron tras de los montes « hácia Astorga. » Cf. Ibn Adhari, trad. Fagnan, II, p. 56 : « En 133, « les habitants de la Galice se soulevèrent... »

2. Pseudo-Isidore de Beja, éd. Mommsen, *Chron. minora*, II, p. 366, ch. 132 ; *Akhbâr madjmoûa*, éd. Lafuente y Alcántara, trad. p. 66 ; Ibn Adhari, trad. Fagnan, II, p. 56 ; Ibn el-Athîr, trad. Fagnan, *Annales*, p. 96 ; *Fatho-l-Andaluçi*, éd. J. de González, trad. p. 49.

3. *Akhbâr madjmoûa*, trad. pp. 66-67 : « Mas cuando el hambre « cundió, arrojaron tambien á los muslimes de Astorga y otras « poblaciones, y fuéronse replegando detras de las gargantas de la « otra cordillera, y hácia Coria y Mérida, en el año 36 [7 juillet 753]. » — Dozy, *Recherches*, 3e éd., I, pp. 120-121, expose les faits d'une façon assez différente. 1° Il suppose (p. 120 ; cf. *Hist. des Musulmans d'Espagne*, III, p. 24) que cette famine entraîna dès 751 l'émigration des

C'est à cette époque, entre 741 environ et 754, qu'Alphonse Ier opéra les marches militaires dont parlent les chroniques latines. Aidé par son frère Fruela, le roi des Asturies parcourut, — au fur et à mesure que les Musulmans se repliaient, — à l'Ouest, la Galice proprement dite [1] et une partie

Berbères en Afrique, et il écrit : « Profitant de cette émigration, les « Galiciens s'insurgèrent en masse contre leurs oppresseurs dès l'année 751, et reconnurent Alphonse pour leur roi. » Or, l'*Akhbâr madjmoûa*, trad. p. 67, déclare très clairement (cf. Ibn Adhari, trad. Fagnan, II, pp. 56-57) que l'émigration est postérieure à l'année 136 de l'hégire (7 juillet 753). On remarquera que seuls des textes de moindre valeur placent le fait soit avant 753 (Ibn el-Athîr, *loc. cit.*), soit même avant 749 *(Fatho-l-Andaluçi, loc. cit.)*. — 2º Dozy, *loc. cit.*, p. 121, semble croire que la date de 753 marque, non pas la fin, mais le commencement de cette retraite définitive : « Dans l'année 753 (4), « écrit-il, les Berbères durent se retirer encore davantage vers le Midi. « Ils évacuèrent Braga, Porto et Viseu », etc. Or, du texte de l'*Akhbâr madjmoûa*, il ressort qu'en 753-754 les Berbères avaient complètement évacué leurs anciennes possessions.

1. Certains documents latins montrent que l'église de Lugo aurait été restaurée et le pays d'alentour repeuplé plusieurs années avant 745 ; mais ces documents, qui ont été souvent utilisés (notamment par Morales, *Coronica*, éd. Cano, VII, pp. 54-57 ; Risco, *Esp. Sagr.*, XL, pp. 87-89 ; López Ferreiro, *Galicia en los primeros siglos de la Reconquista*, dans *Galicia histórica*, p. 665), ne méritent pas la confiance qu'on leur accorde (voir ci-dessous, Appendice V) ; il serait donc plus que téméraire de s'en servir à nouveau pour dater la conquête de la Galice. — Au sujet de cette conquête, notons, d'autre part, quelques hypothèses, présentées comme des certitudes par M. López Ferreiro, dans *Galicia histórica*, pp. 656 et suiv. et 664-666. Commençant par établir que des Goths se réfugièrent en Galice au moment de l'invasion (cf. les vocables Toldaos = *Toletanos* et Cumbraos = *Colimbrianos*, que l'on rencontre dans la toponomastique du pays), M. López Ferreiro affirme ensuite que ces Goths fondèrent entre le Miño et le Duero un petit état indépendant, analogue à l'état asturien ; puis, il déclare qu'en s'emparant de la Galice, Alphonse Ier aurait annexé à ses possessions ce petit état indépendant ; mais que, désireux de récompenser les services de son frère Fruela, et de ménager aussi les susceptibilités locales, Alphonse aurait donné à son frère le gouvernement du pays avec le titre de roi. Or : 1º jamais Fruela n'a été associé au trône, et rien ne prouve que le gouvernement de la Galice lui ait été confié (ci-dessous, Appendice VI) ; 2º aucun texte

du Portugal actuel ; au Centre, le pays situé aux pieds de la
chaîne cantabrique ; à l'Est, l'Alava, la Bureba, la Rioja
et les terres adjacentes ; plus au Sud, la Tierra de Campos et
les bords du Duero ; plus au Sud encore, la région comprise
entre le Duero et les montagnes de l'Espagne centrale [1]. Lugo,
Tuy, Porto, Braga, Vizeu et Chaves, — Astorga, Leon, Sal-
dana, Mavé et Amaya, — Oca, *Velegia*, Albeniz, Miranda
de Ebro, Revenga, Cabuérniga, Ábalos, Briones, Cenicero et
Alesanco, — Zamora, Simancas, Osma, Coruña del Conde et
Arganza, — Agueda, Ledesma, Salamanque, Avila, Ségovie
et Sepúlveda [2], telles sont, sinon énumérées dans l'ordre chro-

---

ne peut être invoqué en faveur de l'existence d'un état galicien indépendant. Le seul document allégué est un diplôme d'Ordoño II pour
Compostelle, 29 janvier 915 (López Ferreiro, *Hist. de la iglesia de
Santiago*, II, app. xxxvii, pp. 82-85). Mais, à supposer, — ce qui
n'est point certain, — que l'acte soit authentique, il est, de toutes
manières, bien peu probant, car il y est simplement question (p. 82)
d'évêques qui seraient allés se réfugier sur le diocèse d'Iria.

1. Pseudo-Alphonse, ch. 13 : « Arabum saepe ab eo fuit audacia
« compressa. Iste quantae gratiae vel virtutis atque auctoritatis
« fuerit, subsequentia acta declarant. Simul cum fratre suo Froilane
« multa adversus Sarracenos praelia gessit, atque plurimas civitates
« ab eis olim oppressas cepit » (suit l'énumération des villes conquises).
Cf. *Chron. Albeldense*, ch. 52 : « Et dum regnum accepit, praelia satis
« cum Dei juvamine gessit. Urbes quoque Legionem atque Asturicam,
« ab inimicis possessas, victor invasit. Campos quos dicunt Gothicos
« usque ad flumen Dorium eremavit et Christianorum regnum ex-
tendit. » — Les historiens arabes ont eux aussi mentionné (peut-être
d'après quelque source latine) certaines des villes et régions conquises
par Alphonse Ier, tout en attribuant ces conquêtes à Fruela Ier ; voir
Ibn el-Athîr, trad. Fagnan, *Annales*, p. 104, qui cite Lugo, Porto,
Salamanque, Zamora, Avila, Ségovie et la Castille ; cf. également Ibn
Khaldoun, IV, p. 122 et Makkari, I, p. 213 (trad. Gayangos, *Mohammedan dynasties*, II, p. 85).

2. Certains des noms de lieu cités par le Pseudo-Alphonse ne peuvent
être identifiés avec certitude. On a beaucoup discuté sur la position
de *Alabense* (Albeniz ?), *Carbonaria* (Carbonera ou Cabuérniga ?),
Abeica (Ábalos ?) ou *Velegia*. Nous jugeons inutile de reprendre des
discussions que nous ne sommes pas en mesure de clore. Voir l'index
de l'édition García Villada, pp. 151 et suiv.

nologique, du moins réparties par zones, les trente-deux villes
ou forteresses qui auraient ouvert leurs portes au roi Alphonse [1].

Il ne paraît pas, d'ailleurs, que l'émirat se soit sérieusement
efforcé d'arrêter les incursions des Chrétiens. Yoûsof, qui gouvernait l'Espagne arabe depuis la fin de 746 ou le début de
747, était aux prises avec d'innombrables difficultés inté-
rieures : la famine avait ruiné le pays au point que l'émir ne
parvenait pas toujours à lever les contingents qui lui eussent
été nécessaires ; les discordes intestines faisaient rage ; l'ennemi, en la personne de l'Omeyyade Abd er-Rahmân, était
aux portes de l'Espagne [2]. Peut-être cependant essaya-t-il
de réagir et d'entraver les progrès des Chrétiens, lorsque
ceux-ci débordèrent en « Galice », vers 750 et 751 [3] ; peut-
être envoya-t-il un peu plus tard, en 755, une armée contre
eux ; mais la première de ces tentatives, si elle reçut vraiment un commencement d'exécution, resta vaine ; et quant
à l'expédition de 755, qu'elle ait été dirigée contre la « Galice »
ou toute autre partie de la Péninsule septentrionale, elle était

---

1. Qu'Alphonse Ier n'ait pas réalisé tous les exploits qu'on lui prête,
cela est possible ; que le Pseudo-Alphonse ait attribué à Alphonse Ier
quelques-unes des conquêtes effectuées par Alphonse III, cela se peut
encore ; cependant, on ne saurait adopter l'opinion tranchante de
M. Somoza, *Gijón*, II, p. 503, qui écrit : « Las correrías de Alfonso I...
« tenémoslo por fábula ridícula de los *Cronicones*, y singularmente,
« de Sebastian. »

2. Dozy, *Hist. des Musulmans d'Espagne*, I, pp. 284 et suiv.

3. Cf. Ibn Adhari, trad. Fagnan, II, p. 56, qui, après avoir noté le
soulèvement des Galiciens en l'année 133 de l'hégire (ci-dessus, p. 139,
n. 1), ajoute : « et maintes incursions furent dirigées contre eux ». —
M. Saavedra, *Pelayo*, p. 21, affirme que Yoûsof organisa en 751, une
expédition contre les Asturies, et déclare même que cette expédition
de 751 a été confondue par l'auteur de la Chronique d'Albelda avec
celle qu'avait commandée Alkama ; bien plus, pareille confusion
expliquerait la proposition célèbre et maintes fois commentée qui se
trouve au ch. 52 : « regnante Juzeph in Cordoba ». Tout cela n'est
qu'hypothèses.

destinée, semble-t-il, moins à châtier les Chrétiens qu'à débarrasser l'émir de deux généraux ambitieux qui lui portaient ombrage [1].

*
* *

Faute de ressources en hommes et en argent, Alphonse ne
put ni placer des garnisons dans toutes les villes où il était
entré, ni organiser toutes les provinces qu'il avait parcourues [2].

---

1. L'expédition de 755 est rapportée, et indirectement datée, par
Ibn Adhari, trad. Fagnan, II, p. 67 : « Yoûsof se rendit à Tolède,
« d'où il fit marcher deux corps de troupes contre la Galice et la Biscaye,
« et voulut regagner Cordoue ; mais il venait de se mettre en route
« quand un messager lui apporta la nouvelle que son armée avait été
« mise en déroute et en partie massacrée. Il s'occupait des moyens de
« réparer cet échec », quand il apprit le débarquement de l'Omeyyade
Abd er-Rahmân à Almuñécar (août ou septembre 755). D'après
ce texte, Yoûsof dirigea donc une expédition contre les Asturies ;
mais, d'après l'*Akhbâr madjmoûa*, éd. Lafuente y Alcántara, trad.
p. 77, c'est de Saragosse, et non de Tolède, vers Pampelune, et non
vers la Galice, qu'il envoya des troupes (comparer le *Fatho-l-Andaluçi*,
trad. p. 55, qui suit la même tradition que l'*Akhbâr madjmoûa*, non
sans remplacer cependant le vocable « Pampelune » par le vocable
« Galice »). En outre, si, au témoignagne d'Ibn Adhari, Yoûsof songea
à réparer l'échec subi par son armée dans les Asturies, par contre,
au dire de l'*Akhbâr 'madjmoûa* et du *Fatho-l-Andaluçi, loc. cit.*, c'est à
dessein qu'il aurait confié à ses généraux des contingents très faibles,
et cela pour que l'expédition se terminât par un désastre. Voir Codera,
Estudios críticos de historia árabe española, 2ª serie (*Col. de estudios
árabes*, VIII), pp. 131-133 : l'auteur n'a point cherché, et sans doute
a-t-il eu raison, à concilier les traditions discordantes rapportées
ci-dessus ; il croit cependant qu'il y eut deux expéditions distinctes,
dirigées l'une contre les « Vascons », l'autre contre la « Galice ».

2. Comparer Dozy, *Recherches*, 3e éd., I, p. 122, où l'on rencontre
deux affirmations gratuites : 1º la famine aurait « moissonné des mil-
« liers d'hommes dans les Asturies et dans la Cantabrie », si bien que
« les seigneurs du Nord devaient avoir conservé à peine assez de serfs
« pour cultiver leurs propres terres » ; 2º les Musulmans auraient
« démantelé ou détruit » toutes les forteresses « avant leur départ ».
Cela étant, pourquoi Dozy pense-t-il, d'ailleurs sous réserves (*op.
cit.*, I, pp. 123 et 141), qu'Alphonse Ier repeupla peut-être Leon ?

Les succès faciles des Chrétiens ne demeurèrent cependant pas sans effet. D'abord, la sécurité du royaume fut accrue : un vaste désert, large de plusieurs centaines de kilomètres, le sépara désormais de l'Espagne musulmane [1]. Ensuite, le territoire soumis à la domination du roi asturien se trouva sensiblement agrandi [2]. Sous le règne d'Alphonse Ier, et indépendamment des revers subis par les Infidèles, les Chrétiens s'étaient répandus dans toute la zone côtière [3] : à l'Ouest, ils avaient colonisé les côtes de la Galice ; à l'Est, ils avaient non seulement repeuplé la vallée moyenne du Sella, berceau de la monarchie espagnole [4], mais encore pris possession de districts de l'ancienne Cantabrie [5], savoir la Liébana, c'est-à-

1. Les Chrétiens avaient fait, autant que possible, le vide dans ces régions, d'après le Pseudo-Alphonse, ch. 13 : « Ex cunctis castris « cum villis et viculis suis, omnes quoque Arabes occupatores supra- « dictarum civitatum interficiens, christianos secum ad patriam « duxit. » — Selon Herculano, *Hist. de Portugal*, III (5e éd., 1891), pp. 183 et suiv., l'exode plus ou moins volontaire des Chrétiens emmenés dans les Asturies aurait exercé une influence décisive sur les destinées du royaume : nous y reviendrons.

2. Il serait imprudent de croire, comme on a peut-être trop tendance à le faire, qu'au temps de Pélage le royaume ne s'étendait pas au delà des environs immédiats de Cangas de Onis : Pélage avait possédé des biens à Tiñana, près d'Oviedo (cf. un diplôme d'Alphonse III, 15 avril 869 ; *Cat.*, n° 31). Ce renseignement est d'ailleurs unique.

3. Pseudo-Alphonse, ch. 14 : « Eo tempore populantur Primorias, « Lebana, Transmera, Supporta, Carranza... et pars maritima Galle- « ciae. »

4. Dans le texte du Pseudo-Alphonse reproduit à la note précédente, cette région ne serait-elle pas désignée par le vocable « Primorias » ? On lit dans une charte du Ier juin 844 (*Diploma de Ramiro I*, p. 315) : « in locum Triunico territorio Primoriensi » ; or, il s'agit de Triongo (San Vicente), *part. jud.* de Cangas de Onis. Si l'identification proposée est exacte, il ne faudrait donc pas chercher le territoire appelé « Primorias » au Sud-Est des Asturies, comme le dit le P. García Villada, *Crónica de Alfonso III*, p. 155.

5. Peut-être certains de ces territoires avaient-ils été annexés à l'état asturien par suite de l'avènement d'Alphonse Ier, fils d'un duc des Cantabres (cf. Dozy, *Recherches*, 3e éd., I, p. 117). Mais que com-

dire la vallée encaissée de Potes, et la Trasmiera, c'est-à-dire
la région d'Entrambasaguas et Laredo ; ils s'étaient même
avancés jusqu'en Biscaye, non loin de la ville actuelle de Bil-
bao, et installés dans les petits bassins dont Sopuerta et Carranza marquent les centres respectifs [1]. A la faveur des événements rapportés plus haut, ils complétèrent en quelque
sorte ces premiers accroissements de territoire : tout à l'Ouest,
ils occupèrent la Galice, au moins en partie [2] ; tout à l'Est,
ils s'établirent dans ce pays tourmenté et aux frontières impré-
cises qui s'étend entre les Pyrénées, les Monts Cantabriques
et les plateaux de l'Espagne centrale : Alava, Bureba, Rioja,
portion septentrionale de la Vieille-Castille [3]. De ces deux
marches, dont l'importance stratégique et historique devait
croître avec les années, ils surveillaient des routes d'invasion.

---

prenait au juste la Cantabrie au début du viiie siècle ? Malgré les
travaux de Florez, *La Cantabria* (Madrid, 1768, pet. in-4º), de Risco,
Esp. Sagr., XXXII, pp. 79 et suiv. et XXXIII, pp. 166 et suiv.,
ou de A. Fernández-Guerra, *Cantabria* (Madrid, 1878, in-8º, 60 pp.),
il est impossible de répondre à cette question : les textes manquent,
et on ne saurait accueillir que sous réserves les précisions données par
le P. L. Serrano, *Becerro gótico de Cardeña*, p. xv.

1. On remarquera que le Pseudo-Alphonse, ch. 14, oppose à ces
régions « repeuplées » celles qui « a suis incolis reperiuntur semper
« esse possessae », soit l'Alava, la Biscaye, *Alaone* (?), Orduña, Pampelune, Monjardin *(Degius)* et la Berrueza (cf. pour la leçon « De-
« gius est », *Revue Hispanique*, XLVI, 1919, p. 336). Mais, en opérant
ce dénombrement, l'auteur ne semble pas s'être aperçu que, soit
parmi les villes reconquises, soit parmi les territoires repeuplés, il a
inclus des localités d'Alava et de Biscaye. On voit par là avec quelle
précaution doivent être utilisées ces indications topographiques.

2. Cf. la révolte des Galiciens contre Fruela Ier, fils et successeur
d'Alphonse Ier (ci-dessous, ch. IV).

3. Cf. la révolte des tribus vasconnes (c'est-à-dire alavaises) contre
Fruela Ier (ci-dessous, ch. IV) ; cf. aussi l'acte de fondation de San
Miguel de Pedroso, dans la Rioja, 24 avril 759 (Llorente, *Noticias*,
III, nº 1, p. 1) ; cf. également ce passage du Pseudo-Alphonse, ch. 14 :
« Eo tempore populantur... Bardulies quae nunc appellatur Castella. »
Voir L. Serrano, *op. cit.*, pp. XXI-XXIII.

CHAPITRE II

LE ROYAUME ASTURIEN ET L'ÉMIRAT HISPANO-OMEYYADE
DU MILIEU DU VIIIe AU MILIEU DU IXe SIÈCLE

Un an environ avant la mort d'Alphonse Ier, l'Omeyyade
'Abd er-Rahmân était intronisé à Cordoue (mai 756). Désormais, les rois asturiens vont avoir devant eux non plus, comme auparavant, des gouverneurs aux fonctions éphémères, mais des émirs investis de pouvoirs durables, disposant de forces et de ressources importantes, bref, capables *a priori* d'engager vigoureusement la lutte contre les populations indépendantes du Nord-Ouest et de réaliser l'unité de la Péninsule. En fait, quelle politique l'émirat a-t-il adoptée à l'égard de son faible adversaire ?

*
* *

Nous avons vu que les gouverneurs de l'Espagne arabe, depuis Yahya ben Kelbi (725) jusqu'à Yoûsof le Fihrite, ont en somme laissé les rois des Asturies et leurs sujets vivre en paix dans leurs montagnes. Le premier des émirs omeyyades, Abd er-Rahmân (756-788), n'eut ni le goût, ni le temps de les harceler davantage. Il lui fallait réduire à l'impuissance Yoûsof qu'il avait chassé et qui, un instant soumis, se révolta bientôt contre son heureux rival ; il lui fallait en outre défendre son trône contre divers prétendants, dont El-Alâ ben Moghîth, qui avait reçu du khalife de Damas l'investiture du gouvernement de l'Espagne et tentait de substituer à la domination omeyyade encore précaire la domination abbaside ; il lui fallait enfin étouffer maintes insurrections locales, provoquées par les ambitions des chefs de tribus, et, parmi ces soulèvements deux furent particulièrement graves : celui des Berbères et des Yéménites de l'Ouest et du Centre, qui dura près de dix ans, et celui qui détermina l'intervention de Charlemagne en 778 [1]. Obligé de consolider son autorité sans cesse chancelante, Abd er-Rahmân ne songea donc que très peu à la guerre sainte.

Il dut envoyer toutefois, vers le début de son règne, quelques corps de troupes dans la direction du royaume des Asturies. Cela ressort indirectement du témoignage du Pseudo-Alphonse, d'après lequel Fruela Ier (757-768) aurait remporté de « nombreuses victoires » sur les Arabes [2], et, notamment, une en Galice [3] : dans une localité qui est, peut-être, Puentedeúme [4], Fruela extermina, nous dit-on, plusieurs milliers

---

1. Voir Dozy, *Hist. des Musulmans d'Espagne*, I, pp. 355 et suiv. Cf. E. Saavedra, *Abderrahmen I. Monografía histórica*, dans *Revista de Archivos*, 3ᵃ época, XXII (1910), pp. 341-359 et XXIII (1910), pp. 28-44.

2. Pseudo-Alphonse, ch. 16 : « Victorias multas egit adversum hostem Cordubensium. » On rappellera que certains auteurs arabes attribuent à Fruela les victoires que les chroniques latines attribuent à Alphonse Ier (ci-dessus, p. 141, n. 1). Ou bien ils ont confondu le roi Fruela, fils d'Alphonse Ier, avec le prince Fruela, frère dudit roi ; ou bien Fruela aurait achevé l'œuvre de son père, ce qui expliquerait le témoignage du Pseudo-Alphonse.

3. Pseudo-Alphonse, ch. 16 : « In loco qui vocatur Pontuvio provinciae Galleciae praeliavit, eosque expugnatos quinquaginta quatuor millia Caldeorum interfecit, quorum ducem adulescentem, nomine Haumar, filium de Abderrahman Ibinhiscem, captum in eodem loco, gladio interemit. »

4. Nous acceptons l'identification proposée par M. Saavedra, *loc. cit.*, XXIII, p. 37, bien qu'elle ne soit pas absolument sûre (l'empla-

de Musulmans, et mit à mort leur chef, capturé en cet endroit, un adolescent nommé Omar, propre fils de l'émir Abd er-Rahmân [1].

Les historiens arabes n'ont pas conservé le souvenir de cette journée malheureuse. En revanche, ils ont noté une expédition de l'année 767, sur les frontières de l' « Alava », c'est-à-dire, apparemment, dans cette région de passage que traverse le cours supérieur de l'Ebre, au point de jonction des deux voies romaines qui menaient l'une d'Astorga à Pampelune, l'autre vers Saragosse. Commandée par Bedr, l'affranchi d'Abd er-Rahmân et le plus fidèle de ses serviteurs, cette expédition eut d'ailleurs, autant qu'il est permis d'en juger, le caractère d'une opération de police : les vaincus durent payer tribut et livrer comme otages ceux d'entre eux qui paraissaient susceptibles de fomenter des troubles sur les confins des possessions musulmanes [2].

Abd er-Rahmân n'inquiéta ni Aurelio (768-774), avec qui il n'eut que des rapports pacifiques [3], ni Silo (774-

---

cement de *Pontuvium* a été très discuté). Nous signalerons, à titre de curiosité, l'étrange opinion du général Burguete, *Rectificaciones históricas*, pp. 234-235 ; pour cet auteur, la bataille aurait été livrée, non en Galice, mais dans les Asturies, et *Pontuvium* serait « el actual « puerto del Pontón ». Nous ferons au lecteur grâce de la suite.

1. On observera que le qualificatif *adolescens* appliqué au fils d'Abd er-Rahmân n'a pas été employé à tort : la bataille ne peut être postérieure à 768, puisque Fruela mourut en cette année : or, Abd er-Rahmân était né en 113 de l'hégire (15 mars 731).

2. Ibn Adhari, à l'a. 150 (6 février 767), trad. Fagnan, II, p. 85 : « En la même année, Bedr fit une expédition à la frontière contre « Alava, qui dut, à la suite de divers combats, se soumettre et acquitter « le tribut. Il fit procéder à des recherches parmi les hommes de cette « région pour s'assurer de leurs projets, et emmena ceux d'entre eux « dont les mauvais sentiments et le caractère ambigu furent reconnus « par lui comme un danger pour la frontière. » Ibn el-Athîr, trad. Fagnan, *Annales*, p. 111, date cette expédition, non pas de 150, mais de 149 (16 février 766); cf. Noweyri, éd. Gaspar Remiro, I, trad. p. 9.

3. Pseudo-Alphonse, ch. 17 : « Praelia nulla exercuit, quia cum « Arabibus pacem habuit. »

783) [1], dont la mère était sans doute musulmane [2], ni Mauregato (783-788), à la mémoire duquel la légende a fait injure [3]. Ainsi, pendant plus de vingt ans, le royaume asturien fut à l'abri de toute incursion [4].

---

1. Pseudo-Alphonse, ch. 18 : « Iste cum Ismahelitis pacem habuit. » Il est à peine besoin de dire que l'expédition de Silo contre Mérida, racontée par Pélage (*Esp. Sagr.*, XXXVII, p. 354), est une pure légende. On écartera de même, comme apocryphe, le pacte soi-disant conclu le 5 juin 759 entre Abd er-Rahmân et les chrétiens « d'Es-« pagne, de Castille et autres lieux » (Casiri, *Bibliotheca arabico-escu-rialensis*, II, p. 104, d'après la *Ihâta* d'Ibn el-Khatîb), pacte que M. Saavedra, dans *Revista de Archivos*, XXIII, p. 37, n. 2, place par approximation vers 781, donc sous le règne de Silo, tout en reconnaissant que ce texte est « sumamente sospechoso ».

2. *Chron. Albeldense*, ch. 55 : « Cum Spania ob causam matris pacem « habuit. » Cette phrase, qui a provoqué maints commentaires, est pourtant très claire. Cf. Herculano, *Hist. de Portugal*, III (5ᵉ éd., 1891), p. 185 : « Que indica isto, senào que a màe de Silo era arabe... ? »

3. C'est sous Mauregato que la légende a localisé le tribut des cent vierges dont parlent les chroniqueurs du XIIIᵉ siècle (Rodrigue de Tolède, *De rebus Hispaniae*, IV, 7; Lucas de Tuy, p. 74), ce tribut remontant, dit-on, à Aurelio. — Sur cette légende, voir Th. Braga, *Epopêas da raça mosárabe* (Porto, 1871, in-16), pp. 173 et suiv.

4. Comment expliquer cette paix qui se prolongea pendant vingt ans et que les chroniqueurs latins mentionnent comme un fait digne de remarque ? Pour l'époque d'Aurelio, les historiens modernes n'apportent aucune hypothèse. Pour l'époque de Silo et Mauregato, Herculano, *Hist. de Portugal*, III (5ᵉ éd., 1891), pp. 184-185, a proposé l'explication suivante. La mère de Silo était musulmane ; il est probable que celle de Mauregato était d'origine musulmane également. Silo et Mauregato ont été les élus des « Mozarabes », et l'élection de ces deux princes marque une réaction contre l'esprit wisigothique. Ce dernier représentait la lutte à outrance contre l'Infidèle ; les Mozarabes au contraire formaient le parti de la conciliation, et mieux, de la fusion. Avec Silo et Mauregato, ce parti l'emporta (d'où la légende du tribut des cent vierges, qui symboliserait « les tendances à la fusion » et « la prépondérance temporaire du Mozarabisme »). Mais ce triomphe devait être de courte durée, puisqu'avec Alphonse II la caste guerrière reprit l'avantage. — Ces hypothèses ingénieuses ont été réfutées, sans peine, par F. J. Simonet, *Historia de los Mozárabes de España* (Madrid, 1897-1903, in-4º. *Memorias de la R. Acad. de la Hist.*, XIII), pp. 139-141. — Nous nous garderons de dire ce que ces mêmes hypo-

*
* *

Sous les émirs Hichâm Ier (788-796), Hakam Ier (796-822) et Abd er-Rahmân II (822-852), la situation changea et les Musulmans prirent résolument l'offensive. Avec des alternatives de guerre et de paix, cette offensive se prolongea durant les trois règnes de Bermude Ier (788-791), d'Alphonse II (791-842) et de Ramire Ier (842-850).

Hichâm, dont on vante à l'envi l'intégrité, la piété et la vertu [1], était cependant « passionné pour la guerre sainte [2] ». Aussitôt qu'il eut maté ses deux frères qui lui disputaient le trône et apaisé une ou deux révoltes, il se tourna vers le royaume des Asturies [3]. En 791, deux armées entrèrent en campagne [4]. L'une était conduite par Aboû Othmân, l'un des premiers partisans d'Abd er-Rahmân et son ancien vizir ; après

---

thèses sont devenues dans l'esprit et sous la plume du général Burguete.

1. Sur le caractère de ce prince, voir Dozy, *Hist. des Musulmans d'Espagne*, II, pp. 55-56.

2. Ibn el-Athîr, trad. Fagnan, *Annales*, p. 152.

3. Voir Dozy, *Recherches*, 3e éd., I, pp. 127-139 : « Sur les guerres « qu'Alphonse II eut à soutenir contre les sultans Hicham Ier et Ha- « cam Ier. »

4. Ibn Adhari, à l'a. 176 (28 avril 792), trad. Fagnan, II, p. 101, Ibn el-Athîr, à l'a. 175 (10 mai 791), trad. Fagnan, *Annales*, p. 143 ; cf. Noweyri, éd. Gaspar Remiro, I, trad. p. 21, Ibn Khaldoun, IV, pp. 124-125 et Makkari, I, p. 218 (trad. Gayangos, *Mohammedan dynasties*, II, p. 99) ; cf. aussi Rodrigue de Tolède, *Hist. Arabum*, ch. 21 (*Hisp. illustr.*, II, p. 174). — Sur cette double expédition, voir Dozy, *Recherches*, 3e éd., I, pp. 128-129, qui la place en 791, et Codera, *Estudios críticos*, 2a serie (*Col. de estudios árabes*, VIII), p. 162, qui la place en 792. — On observera tout de suite l'erreur d'Ibn Adhari en ce qui concerne la date : du moment que Bermude Ier (789-791) prit part à l'une des batailles livrées, il faut admettre que les événements sont, non pas de l'année de l'hégire 176, comme le prétend Ibn Adhari, mais de 175, ainsi que l'indiquait la source commune à tous les autres auteurs.

avoir réprimé la rébellion de Matroûh ben Soleymân à Saragosse, Aboû Othmân longea le cours de l'Ebre, et arriva ainsi
jusqu'en Alava, ou plus exactement jusqu'en Bureba, où il
remporta une victoire [1]. L'autre armée, sous les ordres de
Yoûsof ben Bokht, — qui était lui aussi un ancien client
et vizir d'Abd er-Rahmân Ier, — se dirigea plus à l'Ouest,
rencontra le roi Bermude et lui infligea une sanglante
défaite [2].

---

1. D'après Ibn Adhari, *loc. cit.*, les Musulmans auraient massacré
plus de neuf mille Chrétiens ; plus modeste, Ibn el-Athîr se contente
de dire que « les ennemis... laissèrent de nombreux morts sur le ter-
« rain ». Cette campagne est corroborée par deux témoignages chrétiens : 1° les *Annales Compostellani* (*Esp. Sagr.*, XXIII, 2e éd., p. 319) :
« Era DCCCXXX. Venit Albutaman in Alabam mense tertio » ;
2° le *Chron. Albeldense*, ch. 57 : « Eo [Veremundo] regnante praelium
« factum est in Burbia » (l'édition de Berganza, ch. 174, portant :
« Eo regnante praelium factum est sub aera DCCCXXX »). — On
remarquera cette date de 792, qui se retrouve à la fois chez Ibn Adhari,
dans les *Annales Compostellani* et le manuscrit du *Chron. Albeldense*
utilisé par Berganza. On remarquera également, sans oser en faire
usage, la date de mois indiquée par les *Annales Compostellani*. On
notera enfin que pour J. M. Quadrado, *Asturias* (éd. de Barcelone,
1885, in-8°), p. 67, n. 1, la bataille aurait eu lieu, non en Bureba,
mais à Burbia, dans le Bierzo, ce qui est inadmissible, étant donné
la mention des *Annales Compostellani*.

2. Ibn Adhari et Ibn el-Athîr spécifient de la façon la plus claire
que c'est contre le roi Bermude que marcha Yoûsof, et que Bermude,
après une bataille très violente, perdit beaucoup des siens (Ibn Adhari
parle de 10.000 tués). Comparer Rodrigue de Tolède, *Hist. Arabum*,
ch. 21 : « Hic [Hichâm] Galletiam devastavit, anno Arabum CLXXV,
« et in reditu obvium habuit Veremudum. » — Dozy, *Recherches*,
3e éd., I, p. 129, a voulu établir une relation de cause à effet entre la
défaite de Bermude et son abdication : « Bermude, écrit-il, qui avait
« été à même de se convaincre qu'il ne possédait pas les talents mili-
« taires exigés par les circonstances, se souvint tout à coup qu'il ne
« pouvait être roi puisqu'il avait reçu les ordres. Il abdiqua donc », etc.
Rien n'autorise cette supposition ; et mieux vaudrait qu'on se deman-
dât : 1° si cette double expédition n'a pas eu lieu en 792, comme le
disent Ibn Adhari et les *Annales Compostellani* ; 2° si les chroniqueurs
arabes n'ont pas confondu Bermude, qui venait d'abdiquer, avec Alphonse, qui venait de monter sur le trône.

L'année suivante, — très peu de temps par conséquent après l'avènement d'Alphonse II, — Abd el-Melik ben Abd el-Wâhid ben Moghîth razzia la région alavaise (792) [1]. Puis, en 794, Hichâm attaqua derechef les Chrétiens [2] et, cette fois encore, lança contre eux deux armées [3] : l'une, avec Abd el-Kerîm, frère d'Abd el-Melik, alla en « Alava » ; l'autre, avec Abd el-Melik, dans les Asturies. L'armée d'Abd el-Kerîm se borna à piller le pays. Celle d'Abd el-Melik débuta très brillamment : elle parvint en effet jusqu'à Oviedo, dont Alphonse II venait de faire sa capitale, et elle saccagea la ville [4] ; mais, au retour, les Asturiens réussirent à se venger. Ils tombèrent à l'improviste sur les Musulmans qui opéraient leur retraite et qui, trahis par leurs guides, s'étaient engagés dans un endroit marécageux appelé alors *Lutos* et ultérieurement, croit-

1. Ibn el-Athîr, trad. Fagnan, *Annales*, pp. 143-144 : « En 176 « [28 avril 792], Abd el-Melik ben Abd el-Wâhid conduisit l'armée « du prince d'Espagne dans le pays des Francs et pénétra dans la « région d'Alava, d'où il revint sain et sauf avec le butin qu'il y avait « fait. » Cf. Noweyri, éd. Gaspar Remiro, I, trad. p. 21, Ibn Khaldoun, IV, p. 125 et Makkari, I, p. 218 (trad. Gayangos, *Mohammedan dynasties*, II, p. 99).

2. Ibn el-Athîr, à l'a. 178 (7 avril 794), trad. Fagnan, *Annales*, p. 150 ; cf. Noweyri, éd. Gaspar Remiro, I, trad. p. 21. — Sur cette expédition, voir Dozy, *Recherches*, 3e éd., I, pp. 129 et suiv. et Codera, *Estudios críticos*, 2ª serie (*Col. de estudios árabes*, VIII), pp. 164-165.

3. Dozy, *loc. cit.*, p. 129 : « Afin d'obliger l'ennemi à diviser ses « forces, Hichâm le faisait attaquer ordinairement de deux côtés « à la fois. » L'illustre orientaliste a généralisé un peu vite, car, en 794, cette tactique n'était employée que pour la deuxième fois.

4. Ibn el-Athîr, *loc. cit.* « Cette expédition eut pour résultat la des- « truction de la capitale du roi Alphonse et des églises et une certaine « quantité de butin. » Dozy, *loc. cit.*, p. 131, a très justement identifié cette capitale avec Oviedo, mais, soucieux de donner quelques détails, il a très largement utilisé, pp. 131-132, toute une série de textes suspects ou apocryphes : charte du prêtre Montano (ci-dessus, p. 84), inscription forgée (Hübner, *Inscr. Hisp. Christ.*, p. 104, nos 93*-96*), diplôme refait du 16 novembre 812 (*Cat.*, nº 11), version interpolée du Pseudo-Alphonse (passages concernant la sépulture de Fruela et celle de Silo). Tout cela est à biffer.

on, Llamas del Mouro [1]. Le général Abd el-Melik fut tué ;
beaucoup de ses soldats périrent sous les coups des Asturiens
ou enlisés dans les marais ; les survivants perdirent leurs
bagages ; bref, ce fut un désastre [2].

Loin de se laisser décourager, les Musulmans se remirent
en campagne au printemps de 795, résolus, semble-t-il, à
châtier le roi Alphonse [3]. Abd el-Kerîm marcha donc sur
Astorga et de là vers les Asturies [4]. Entouré de ses propres

---

1. Carvallo, *Antigüedades del principado de Asturias*, p. 164 ; Risco,
Esp. Sagr., XXXVII, p. 136 (Llamas del Mouro est un hameau
voisin de Cangas de Tineo). Cette identification est rejetée par Somoza,
Gijón, pp. 506-507, parce que l'auteur s'entête à soutenir que jamais
les Arabes ne pénétrèrent dans les Asturies ; d'après lui, *Lutos* devrait
donc être recherché « en los astures leoneses ».

2. Ibn el-Athir, *loc. cit.* « Mais à leur retour, les musulmans, trompés
« par leur guide, furent soumis à de rudes épreuves : beaucoup d'entre
« eux périrent, ainsi que leurs montures, et ils perdirent leurs ba-
« gages ; le reste put cependant échapper. » Cf. Pseudo-Alphonse,
ch. 21 : « Huius [Adefonsi] regni anno tertio Arabum exercitus
« ingressus est Asturias cum quodam duce nomine Mokehit, qui, in
« loco qui vocatur Lutos, a rege Adefonso praeoccupati, simul cum
« supradicto duce septuaginta fere millia ferro atque coeno sunt
« interfecti. » Cf. *Chron. Albeldense,* ch. 58 : « Getulorumque hostes,
« unam infra Asturias in locum Lutis... praelio superavit. » M. Codera,
Estudios críticos, 2ª serie (*Col. de estudios árabes*, VIII), p. 166, pensait
que ces textes tirés du Pseudo-Alphonse et du *Chron. Albeldense* concernent, non pas les événements de 794, mais ceux de 795.

3. Ibn Adhari, à l'a. 179 (27 mars 795), trad. Fagnan, II, pp. 102-
104. Ibn el-Athîr, même année, trad. Fagnan, *Annales*, pp. 151-152 ;
cf. Noweyri, éd. Gaspar Remiro, I, trad. p. 22, I bn Khaldoun, IV,
p. 125 et Makkari, I, p. 218 (trad. Gayangos, *Mohammedan dynasties*,
II, p. 100), Makkari étant d'ailleurs seul à donner la date de 178 ;
Ibn el-Khâtib, ms. d'Alger, n° 1617, fol. 94 r, ms. de l'Académie de
l'Histoire, n° 37, fol. 147 r; Rodrigue de Tolède, *Hist. Arabum*, ch. 21
(*Hisp. illustr.*, II, p. 174). — Sur cette expédition, voir Dozy, *Recherches,* 3ᵉ éd., I, pp. 133-136 et Codera, *Estudios críticos*, 2ª serie (*Col.
de estudios árabes*, VIII), pp. 165-166 ; quant à M. Somoza, *Gijón*,
II, p. 508, il confond cette expédition de 795 avec celle de 816 et mal-
mène Dozy sans raison. — Nous suivrons le récit d'Ibn Adhari, le
plus clair et le plus complet de tous.

4. D'après Ibn el-Athîr (cf. Noweyri, Ibn Khaldoun et Makkari),

troupes et d'auxiliaires venus des contrées voisines [1], le roi attendait le choc, non sans avoir préalablement fait le désert autour de lui [2]. Une avant-garde, dont le chef était Faradj

---

le général qui entra dans les Asturies aurait été Abd el-Melîk. Mais Dozy, *loc. cit.*, p. 133, n. 1, remarque qu'il y a là une erreur (puisque Abd el-Melîk aurait été tué en 794).

1. Ibn Adhari, *loc. cit.* : « Alphonse avait... demandé l'aide des pays « basques et des populations voisines »; Ibn el-Athîr : « Alphonse « avait... obtenu des secours du roi de Biscaye, son voisin et des Nor- « mands [le texte porte *Madjous*, païens] qui habitaient de ce côté et « des habitants de ces régions. » Cf. Noweyri, qui donne les mêmes renseignements et parle des « reyes [cristianos] vecinos suyos »; cf. également Ibn Khaldoun, qui mentionne « le roi des Basques », ou, d'après certains mss., « les seigneurs basques » (cf. Codera, *Estudios críticos*, 2ª serie [*Col. de estudios árabes*, VIII], p. 165 et note 16, pp. 231-232). Dozy, *loc. cit.*, p. 133, a précisé, et, selon lui, Alphonse aurait demandé du secours même aux Aquitains. Mais Dozy n'invoque qu'un seul texte, soit un passage d'Einhard, *Vita Caroli*, ch. 16 (*Mon. Germ. SS.*, II, p. 451) ; or, ce passage n'est pas probant, puisqu'il y est simplement question des rapports d'Alphonse avec Charlemagne. Peut-être Dozy songeait-il plutôt à ces quelques mots de la *Vita Hludowici*, par l'Astronome, ch. 8 (*Mon. Germ. SS.*, II, p. 611) : « Sequente porro tempore Tholosam venit rex, et conventum « generalem ibidem habuit. Adefonsi Galleciarum principis missos, « quos pro amicitia firmanda miserat cum donis, suscepit et pacifice « remisit. » Mais cette ambassade d'Alphonse se place, non pas certainement en 794 ou 795, comme il le faudrait pour confirmer la thèse de Dozy, mais aux environs de 795, sans qu'il soit possible de fixer une date certaine. Cf. S. Abel et B. Simson, *Jahrbücher des fränkischen Reiches unter Karl dem Grossen* (Leipzig, 1888-83, 2 vol. in-8º), II, p. 104, texte et n. 3.

2. Ibn Adhari, *loc. cit.* « Avec tous ces auxiliaires [voir la note pré- « cédente] il [Alphonse] était campé dans le pays entre la Galice « et Eç-Çakhra, et il avait autorisé les habitants des plaines à se dis- « perser sur les hauteurs des montagnes du littoral. » Chez Dozy, *loc. cit.*, p. 133, la première partie de cette phrase devient : « Alphonse « échelonna ses soldats dans les montagnes qui s'étendent depuis la « Sierra Covadonga jusqu'à la baie qui sépare les Asturies de la « Galice. » Dozy pensait donc que Eç-Çakhra désigne les montagnes de Covadonga, ce qui n'est pas prouvé (M. Codera l'a admis à son tour ; cf. Ibn Adhari, trad. Fagnan, II, p. 538, correction aux pp. 41 et 103). Par contre, Dozy écrit avec raison qu'Alphonse voulait sans

ben Kinâna, précédait le gros de l'armée d'Abd el-Kerîm.
Dès que ce dernier fut entré en contact avec les Chrétiens, il
engagea la bataille ; le combat fut sanglant, les pertes considérables, au moins du côté des Asturiens, et beaucoup de
prisonniers furent, après l'action, massacrés par les Infidèles [1]. Tandis qu'Alphonse, éperdu, s'enfuyait vers le Nord,
la cavalerie musulmane désolait tout le pays. Mais Abd el-
Kerîm ne s'en tint pas là ; il se mit à la poursuite d'Alphonse,
et, ce faisant, rencontra sur les bords d'une rivière, — le
Narcea ou le Trubia, — une troupe de cavaliers. Cette troupe
de cavaliers n'entrava pas la marche d'Abd el-Kerîm :
elle fut en effet culbutée et son chef capturé [2]. Fuyant tou-

doute « attirer les envahisseurs dans l'intérieur du pays pour ne les
« attaquer qu'au moment où ils s'engageraient dans les ravins ».

1. Ibn Adhari, *loc. cit.* « Abd el-Kerîm, se faisant précéder d'une
« avant-garde de quatre mille cavaliers commandés 'par Faradj ben
« Kinâna, suivit les traces de son lieutenant et livra aux ennemis une
« bataille où Dieu les mit en déroute ; leurs plus braves guerriers
« périrent et un grand nombre, qui étaient tombés entre nos mains,
« furent après le combat mis à mort par ordre d'Abd el-Kerîm. »
A signaler deux hypothèses gratuites de Dozy, *loc. cit.*, p. 134 : 1º ce
sont les Maragatos, qui auraient, « peut-être », fait connaître à Abd el-
Kerim la position d'Alphonse ; 2º c'est, « à ce qu'il paraît », à l'entrée
d'un défilé que se serait livrée la bataille (sur ce dernier point, Dozy
a pu être influencé par un passage de Noweyri, *loc. cit.*).
2. Ibn Adhari, *loc. cit.* « Ce général s'avança ensuite jusqu'à la ri-
« vière dite Trubia (? *ou* Narcea ?), où il rencontra Gondemaro à la
« tête de trois mille cavaliers ; ces troupes furent mises en déroute
« non sans avoir subi des pertes considérables, et Gondemaro lui-
« même fut fait prisonnier, tandis que nos guerriers faisaient main
« basse sur tout ce que renfermait le pays. » — Le nom de la rivière
a été défiguré dans le ms. d'Ibn Adhari, et on peut lire aussi bien
Narcea que *Trubia* (cf. Dozy, *loc. cit.*, p. 134, n. 1 ; comparer la correction proposée par M. Codera, dans Ibn Adhari, trad. Fagnan, II,
p. 539 : il s'agirait du rio Aniros). — Quant au général asturien,
son nom a été également altéré ; Dozy, *loc. cit.*, n. 2, a proposé la leçon
« Gondemar » (cf. la traduction de M. Fagnan), en se basant sur le
diplôme du 16 novembre 812 (*Cat.*, nº 11), lequel est confirmé par
un témoin nommé « Gondemarus » : la correction serait ingénieuse, si

jours, Alphonse était allé s'établir dans la montagne; à l'approche du général musulman, il quitta son refuge et courut s'enfermer dans une forteresse qu'il avait construite au bord du Nalon. Il n'y demeura du reste que fort peu, car les Arabes ne cessaient d'avancer. Le roi se replia alors sur une autre place, que l'on suppose être Oviedo [1]. Entre temps, Abd el-Kerîm occupait la forteresse abandonnée, laquelle renfermait des vivres et des approvisionnements de toute espèce. Mais il voulait s'emparer de la personne même d'Alphonse II [2]; aussi, dès le lendemain de son arrivée dans la susdite forteresse, ordonna-t-il à Faradj de partir à la recherche de cet adversaire qui se dérobait perpétuellement. Alphonse s'enfuit encore devant Faradj [3], et ce dernier fit, à ce qu'on pré-

---

ce diplôme n'était pas un document refait. — Un mot encore : Dozy date du 18 septembre 795 la rencontre d'Abd el-Kerîm et de Gondemaro. Cette date se trouve dans Noweyri, mais s'applique à la bataille livrée par le général musulman au roi Alphonse.

1. Ibn Adhari, *loc. cit.* « Abd el-Kerîm, désireux de s'emparer d'Alphonse, continua sa marche en avant, et alors ce prince, quittant « la montagne où il se trouvait, tâcha d'éviter son adversaire en gagnant une forteresse solide qu'il avait élevée sur la rivière de Nalon ; « mais Abd el-Kerîm marchait sur ses talons, non sans livrer aux « flammes toutes les stations où il arrivait après lui et sans y enlever « tous les biens qu'il y trouvait. Il parvint ainsi jusqu'à la forteresse, « d'où Alphonse décampa pour s'installer dans une autre. » Quelle était cette autre forteresse ? D'après Dozy, *loc. cit.*, p. 135, c'était, au témoignage d'un chroniqueur arabe, qui du reste n'est pas nommé, la « résidence ordinaire » du roi, Oviedo, en d'autres termes. La chose est admissible en elle-même.

2. Cf. le texte d'Ibn Adhari cité à la note précédente.

3. Ibn Adhari, *loc. cit.* « Dès le lendemain de son arrivée, il [Abd el-« Kerîm] expédia sur les traces du fuyard Faradj ben Kinâna et dix « mille cavaliers, à l'approche desquels Alphonse s'enfuit précipitam-« ment. » Dozy, *loc. cit.*, p. 135, précise les causes de la fuite d'Alphonse : Faradj avait reçu l'ordre de marcher sur Oviedo ; et si Alphonse s'enfuit, c'est que « la réparation des murailles de cette ville n'était pas « encore suffisamment avancée pour qu'elle fût à l'abri d'un coup « de main ». Pourquoi présenter de façon si affirmative, comme une vérité incontestable, ce qui n'est, au fond, qu'une simple hypothèse ?

tend, main basse sur un riche butin [1]. L'instant était critique ; le roi des Asturies venait d'être exposé aux pires dangers et il n'était pas à l'abri d'un coup de main ; mais peu après les Musulmans se retirèrent [2]. Leur succès, d'ailleurs, ne semble pas avoir été complet ; en effet, si l'armée d'Abd el-Kerîm s'était couverte de gloire, un autre corps de troupes s'était, à ce qu'on prétend, laissé surprendre et battre par les Chrétiens [3].

* *
*

Depuis 791, le royaume asturien avait été attaqué presque à chaque printemps, et la fréquence même de ces attaques pouvait devenir alarmante [4]. Un heureux concours de circonstances allait cependant préserver pour une vingtaine d'années les Asturies de nouvelles invasions. En avril 796, Hichâm mourait, et son fils et successeur, El-Hakam, se trou-

---

1. Après un récit incolore de cette expédition de 795, Ibn el-Athîr termine par un détail savoureux : le général musulman, dit-il, « fit « violence aux femmes d'Alphonse ». Évidemment, Ibn el-Athîr ignorait qu'Alphonse II « absque uxore castissimam vitam duxit » (*Chron. Albeldense*, ch. 58).

2. Dozy, *loc. cit.*, p.'135, déclare que l'on était à ce moment « aux ap- « proches de l'hiver ». Cela est vrai, si la date du 18 septembre indiquée précédemment (cf. p. 156, note) est exacte.

3. Ibn el-Athîr, Noweyri, Ibn Khaldoun, Makkari, *loc. cit.* Voici le récit d'Ibn el-Athîr, trad. Fagnan, *Annales*, p. 152 : « Hichâm avait « aussi envoyé une seconde armée dans une autre direction ; elle « pénétra dans le pays de concert avec Abd el-Melîk, et détruisit, « emprisonna et pilla tout. Mais quand elle voulut se retirer, elle « se heurta à des troupes franques, qui la battirent et lui tuèrent un « certain nombre d'hommes ; elle put cependant se tirer d'affaire, « et les survivants purent rentrer chez eux sans autre dommage. » Cf. Rodrigue de Tolède, *Hist. Arabum*, ch. 21 (*Hisp. illustr.*, II, p. 174) : « Et cum quadam vice Galletiam intravisset [Hichâm], « anno Arabum CLXXIX, Christiani in montanis loca devia serva- « verunt, et transitu occurrentes, pluribus captis ex Arabibus, plu- « rimos occiderunt. »

4. Cf. Dozy, *loc. cit.*, p. 136.

vait en présence d'une situation très troublée, et de difficultés multiples qu'il lui fallait surmonter sans retard [1] : c'était la rébellion de ses oncles Soleymân et Abd Allâh, qui cherchaient à l'évincer du trône et sollicitaient l'aide de Charlemagne (797 et suiv.) [2] ; c'étaient aussi les entreprises des Francs, qui déployaient en Catalogne, depuis 795, une activité très grande ; c'étaient en outre les complots ourdis contre l'émir jusque dans Cordoue (805 et suiv.) et les troubles de Tolède, qui se terminèrent par un massacre demeuré fameux (807) [3] ; c'était enfin la révolte de Mérida qui, commencée dès 806, devait tenir en échec les armées de l'émir pendant sept années consécutives.

Les Asturiens profitèrent du répit qui leur était accordé, pour remporter quelques avantages : ainsi, Alphonse II, désireux de réparer en partie le désastre de l'année 795, marcha en 797 ou 798 sur Lisbonne. Ce raid hardi fut couronné de succès. Lisbonne prise, Alphonse annonça la nouvelle à Char-

---

1. Dozy, *loc. cit.*, suppose cependant qu'El-Hakam fit attaquer la « Galice au commencement de son règne (en 796) ». Ibn Adhari, trad. Fagnan, II, pp. 110-111 et Ibn el-Athîr, trad. Fagnan, *Annales*, pp. 154-155 (cf. Noweyri, éd. Gaspar Remiro, I, trad. pp. 24-25) mentionnent en effet, à l'année 180 (16 mars 796), une expédition d'Abd el-Kerîm cette année-là ; mais leur récit est un modèle d'imprécision : à le lire, on ne sait de quel côté les Infidèles se dirigèrent, et M. Codera, *Estudios críticos*, 2ª serie (*Col. de estudios árabes*, VIII), pp. 167-168 a pu observer avec raison que : « es tan vaga la narración de esta « campaña de Abdelcarim, que habiendo llegado hasta el mar, ni « siquiera comprendemos si fué al Cantábrico o al Atlántico o al Me- « diterráneo ».

2. D'après Dozy, *loc. cit.*, p. 136 : « Alphonse entra aussi dans cette « coalition ». Rien ne le prouve ; et Abel et Simson, *Karl der Grosse*, II, pp. 135-136 et 141, lorsqu'ils s'occupent de ces événements, se gardent bien de prononcer le nom d'Alphonse. Dozy a établi un rapprochement factice entre les demandes de secours adressées par Abd Allâh à Charlemagne en 797, et la prise de Lisbonne par Alphonse, annoncée à Charlemagne en 798.

3. Sur les troubles de Cordoue et de Tolède, voir Dozy, *Hist. des Musulmans d'Espagne*, II, pp. 60 et suiv.

lemagne en lui envoyant, à l'hiver de 798, à Aix-la-Chapelle, deux ambassadeurs, *Basiliscus* (Velasco ?) et Fruela, porteurs de magnifiques trophées de guerre [1]. De leur côté, les Musulmans ne demeurèrent pas entièrement inactifs, comme le prouvent les deux faits que nous allons rapporter. En 801, les Francs, commandés par Louis d'Aquitaine, assiégeaient Barcelone ; les assiégés demandèrent du secours à l'émir qui leur expédia aussitôt une armée ; mais quand celle-ci arriva à Saragosse, elle se vit barrer la route par Guillaume, comte

---

1. Sur cette ambassade, que mentionnent notamment les *Annales Laurissenses maiores* et les *Annales Einhardi* à l'a. 798 (cf. *Annales regni Francorum*, éd. Kurze, pp. 104 et 105), voir Abel et Simson, *Karl der Grosse*, II, pp. 151-152. Dès 797, Alphonse II avait déjà envoyé Fruela auprès de Charlemagne, à Herstall; cf. Abel et Simson, *op. cit.*, II, pp. 141-142. — A propos de cette double ambassade se pose la question suivante : depuis quand le royaume asturien et la monarchie franque étaient-ils entrés en relations ? Nous avons vu que vers 795 Alphonse II avait expédié des messagers à Toulouse, auprès de Louis d'Aquitaine, « pro amicitia firmanda ». Ces derniers mots impliquent, semble-t-il, l'existence de rapports antérieurs. S'il fallait en croire Abel et Simson, *op. cit.*, I (2e éd.), pp. 291-292 et 296-297, ces rapports, — belliqueux à l'origine, — remonteraient à l'année 778, soit à l'époque où Charlemagne entra en Navarre et conquit Pampelune : pour ces auteurs, en effet, la Navarre dépendait alors du royaume asturien ; mais nous noterons ailleurs (ci-dessous, ch. IV, § III), qu'il n'est pas du tout prouvé que les rois des Asturies aient jamais étendu leur domination jusqu'en Navarre même. En réalité, les rapports entre les deux états qui nous occupent ont dû s'établir au moment de la querelle de l'Adoptianisme. Dans leur lettre à Elipand, composée peu après le mois d'octobre 785, Etherius et Beatus disent : « certe jam rumor est, jam fama est, et non solum per Astu-« riam, sed per totam Hispaniam et usque ad Franciam divulgatum « est, quod duae quaestiones in Asturiensi ecclesia ortae sunt ». Pour que l'on ait connu, en France, aux environs de l'année 785, les déchirements que l'Adoptianisme avait causés dans l'Église asturienne, il faut, de toute nécessité, que des relations aient existé dès ce moment, sinon même plus tôt, entre l'empire franc et l'état asturien. Peut-être est-il permis de conjecturer que ces relations se nouèrent précisément à la faveur du mouvement hérétique que Charlemagne et son clergé combattirent avec tant de violence.

de Toulouse. Ne voulant pas retourner à Cordoue sans avoir accompli le moindre fait d'armes, le général qui commandait les Infidèles se dirigea alors vers les Asturies et commença à ravager la contrée ; d'ailleurs, il ne tarda pas à essuyer une défaite [1]. Pareillement, un peu plus tard, en 806, le général Aboû Othmân que nous avons vu à l'œuvre en 791, fit une incursion en Castille; mais ce fut pour trouver la mort sur les bords du Pisuerga [2].

Pendant ce temps, la lutte constante, acharnée contre les rebelles de toute sorte avait profondément altéré le caractère de l'émir El-Hakam. Ce prince, qui avait été doté d' « une nature « gaie et expansive », qui était « richement organisé pour jouir « de la vie [3] », devint irritable, violent, et finit par éprouver l'impérieux besoin de vaincre toutes les résistances [4]. Les

---

1. L'Astronome, *Vita Hludowici*, ch. 13 (*Mon. Germ.*, *SS.*, II, p. 612) : « Obsessi interea intra urbem, Cordubam miserunt [Barci- « nonenses], auxiliumque poposcerunt. Rex vero Sarracenorum pro- « tinus auxiliatum eis exercitum direxit. Venientibus porro his qui « missi fuerant Caesaraugustam, latum est eis de exercitu in via sibi « obviam constituto. Erat enim ibi Willelmus, primus signifer, Hadhe- « marus, et cum eis validum auxilium. Quod illi audientes, in Has- « turias sese verterunt, clademque illis inprovise importaverunt, sed « multo graviorem reportaverunt. » Voy. Abel et Simson, *Karl der Grosse*, II, pp. 261 et suiv. — A ces événements de 801 paraît se rap- porter un passage d'Ibn Khaldoun, IV, p. 125, qui, après avoir men- tionné la prise de Barcelone par les Francs en 185 (20 janvier 801), parle d'une expédition d'Abd el-Kerîm en Galice « où il fit des ravages. « L'ennemi leur opposa de la résistance jusqu'aux défilés. Il retourna « alors pour regrouper ses soldats et fut victorieux ». Le passage, altéré dans l'édition de Boulak, se retrouve chez Makkari, I, p. 219 (cf. trad. Gayangos, *Mohammedan dynasties*, II, p. 102).

2. *Annales Compostellani* (*Esp. Sagr.*, XXIII, 2e éd., p. 319) : « ...qui [Albutaman] et occisus fuit era DCCCXLIIII in Pisuerga, « quando venit in Bardulias. »

3. Ce sont les expressions dont se sert Dozy, *Hist. des Musulmans d'Espagne*, II, p. 58.

4. Voir dans Dozy, *op. cit.*, II, pp. 85-86, les vers « qu'il adressa à son « fils peu de temps avant de mourir », et qui contiennent une sorte de justification de sa politique.

Francs, d'un côté, les Asturiens de l'autre, opéraient des razzias sur les frontières de son empire, et ces agressions lui causaient de vifs soucis [1]. En outre, les rapports qu'Alphonse II entretenait avec Charlemagne et son fils lui paraissaient sans doute, à distance, plus dangereux qu'ils n'étaient en réalité [2]. Aussi, dès qu'il fut délivré de ses ennemis intérieurs les plus redoutables, consacra-t-il tous ses efforts à vaincre ceux du dehors. En 810 et 812, il mena ses armées « en territoire infidèle », sans qu'on sache au juste quels infidèles il alla combattre [3]. Puis, en 816, il entreprit contre le royaume as-

---

1. Ces razzias sont mentionnées à l'a. 194 (15 octobre 809), par Ibn Adhari, trad. Fagnan, II, pp. 117-118 et Ibn el-Athîr, trad. Fagnan, *Annales*, p. 174 (cf. Noweyri, éd. Gaspar Remiro, I. trad. p. 32) et les auteurs cités plus bas (n. 3). Voici le texte d'Ibn Adhari : « L'ennemi « était devenu très audacieux et très fort, grâce au fait que le prince « était tout absorbé par l'affaire de Mérida, ville contre laquelle les « expéditions d'été furent dirigées sept années de suite ; aussi des in- « cursions fréquentes ravageaient-elles nos frontières, s'y livrant au « meurtre et en emmenant des captifs. » Suit une anecdote qu'ont reproduite, avec quelques variantes, divers auteurs arabes, dont le compilateur de l'*Akhbâr madjmoûa*, éd. Lafuente y Alcántara, trad. p. 116, et Makkari, I, p. 221 (trad. Gayangos, *Mohammedan dynasties*, II, p. 105).

2. Ces rapports durent être cependant assez fréquents, puisque Einhard écrit, dans la *Vita Karoli*, ch. 16 (*Mon. Germ. SS.*, II, p. 451) : « ...adeo namque Hadefonsum, Gallitiae atque Asturicae regem, sibi « societate devinxit, ut his, cum ad eum vel litteras vel legatos mitteret, « non aliter se apud illum quam proprium suum appellari iuberet. » Rappelons ici que Jonas, le futur évêque d'Orléans, fit, antérieurement à 799, un voyage dans les Asturies (cf. un passage de son *De cultu imaginum*, dans Migne, *Patrol. lat.*, CVI, col. 308), voyage que d'ailleurs il n'accomplit pas en qualité de *missus*, comme on l'a dit parfois. Sur ce point, voir K. Amelung, *Leben und Schriften des Bischofs Jonas von Orleans* (Dresden, 1888, in-4°, 54 pp.), p. 4.

3. Ibn Adhari, trad. Fagnan, II, pp. 117-119, signale deux expéditions distinctes, l'une en 194 (15 octobre 809), l'autre en 196 (23 septembre 811) ; au contraire, Ibn el-Athîr, trad. Fagnan, *Annales*, pp. 174-175, n'en signale qu'une, qu'il place en 196, mais il semble bien qu'elle corresponde à celle qui, chez Ibn Adhari, est racontée à l'année 194. Comparer Noweyri, éd. Gaspar Remiro, I, trad. p. 32 ; Ibn

turien ce qu'on serait tenté d'appeler une grande expédition[1].

Cette année-là, son vizir Abd el-Kerîm, qui avait déjà conduit les expéditions de 794 et 795, pénétra fort loin dans l'intérieur de la Galice proprement dite[2]. Il arriva ainsi jusqu'à
la bourgade de Naron, située non loin d'un cours d'eau[3].
Les Chrétiens, qui avaient levé des contingents de toutes
parts[4], accoururent et campèrent sur la rive opposée. A

Khaldoun, IV, p. 127 et Makkari, I, p. 219, où la date 194 résulte
d'une correction (trad. Gayangos, *Mohammedan dynasties*, II, p. 104,
sous la date 196). — Les textes, répétons-le, sont extrêmement vagues ;
la seule notion précise qu'on en puisse tirer, c'est que l'émir passa
par Guadalajara, tant à aller qu'au retour.

1. Ibn Adhari, à l'a. 200 (11 août 815), trad. par Dozy, *Recherches*,
3e éd., I, pp. 137-138 et trad. Fagnan, II, pp. 121-122. Ibn el-Athîr,
trad. Fagnan, *Annales*, pp. 179-180 ; cf. Noweyri, éd. Gaspar Remiro,
I, trad. p. 35 , Ibn Khaldoun, IV, p. 127 et Makkari, I, pp. 219-220
(trad. Gayangos, *Mohammedan dynasties*, II, p. 104). Cf. Rodrigue
de Tolède, *Hist. Arabum*, ch. 25 (*Hisp. illustr.*, II, p. 175), qui dit
par erreur que cette expédition fut dirigée contre Calahorra, Cf.
aussi Pseudo-Alphonse, ch. 22, qui place cette expédition dans la
trentième année du règne d'Alphonse II, soit en 820 ou 821, et
Chron. Albeldense, ch. 58. — Sur cette expédition, voir Dozy, *Recherches*, 3e éd., I, pp. 137-139 et Codera, *Estudios críticos*, 2ª serie
(*Col. de estudios árabes*, VIII), pp. 179-180.

2. D'après Ibn el-Athîr, *loc. cit.*, l'émir « accompagna lui-même
« l'armée jusqu'à ce qu'elle eût pénétré au cœur du pays ennemi ».

3. Ibn Adhari, *loc. cit.*, nomme « Wadi Aroûn » la rivière qu'attei-
gnit Abd el-Kerîm. De son côté, le Pseudo-Alphonse, ch. 22, désigne
l'endroit où se livra la bataille par les mots : « in loco qui vocatur
« Nahron ». Le vocable Naron se retrouve, à notre connaissance,
cinq fois en Galice et désigne des localités situées dans les *part. jud.*
de Becerreá, Chantada, Le Ferrol et Ortigueira. De toutes ces localités, celle qui semblerait le mieux convenir est Naron (San Julian),
part. jud. de Le Ferrol, qui se trouve sur la rive droite du Jubia. Cependant Naron (Santa Maria) et Venta de Naron, *part. jud.* de Chantada, alternativement proposées par M. López Ferreiro, *Hist. de la
iglesia de Santiago*, II, p. 36 et dans *Galicia histórica*, pp. 683-684, ne
sont pas très éloignées du Miño et d'un de ses affluents, le rio Ferreira.

4. Ibn el Athir, *loc. cit.* « A la vue des ravages commis par les Mu-

l'aube, Abd el-Kerîm voulut traverser à gué le cours d'eau. Les Chrétiens l'en empêchèrent, puis tentèrent de réaliser en sens inverse l'opération qui n'avait point réussi aux Musulmans, c'est-à-dire de passer sur la rive où se tenaient les Infidèles. Non sans peine ils y réussirent; mais, à ce moment, l'ennemi fondit sur eux et ce fut alors, dans cette région accidentée, un combat violent et farouche, au cours duquel les Chrétiens enregistrèrent des pertes très sensibles [1]. Quoique affaiblies, les troupes chrétiennes ne voulurent cependant pas battre en retraite ; elles s'embusquèrent derrière des fortifications de fortune et durant treize jours multiplièrent les escarmouches [2]. Mais la pluie survint, la rivière grossit, les deux adversaires se virent dans une position également mauvaise. Aussi Abd el-Kerîm finit-il par reprendre le chemin de Cordoue, où il rentra au début soit de juin, soit de juillet [3]. Tandis qu'Abd el-Kerîm échouait en somme dans son entreprise, une autre armée avait été détruite près du village de Anceu [4].

« sulmans, le roi chrétien adressa des demandes de secours à tous les « rois de ces régions, et partout on répondit à son appel. »

1. Ibn Adhari, *loc. cit.*, dit : « La plupart des victimes, dont le nombre « fut incalculable, périrent en tombant dans des *précipices* et en s'écra- « sant les uns les autres. » Dozy, *loc. cit.*, p. 138, avait traduit, en faisant subir au texte une correction : « Cependant la plupart périrent « dans la *rivière*, où l'un noya l'autre ». Mais Dozy est revenu plus tard sur cette leçon ; voir ses *Corrections* au texte du *Bayân*, p. 40.

2 Ibn Adhari ne parle pas de ces treize journées d'escarmouches.

3. D'après Ibn Adhari, *loc. cit.*, le 7 juin (Dozy, *loc. cit.*, p. 138, écrit : 8 juin) ; d'après Ibn el-Athîr, le 7 juillet. Cf. Ibn Adhari, trad. Fagnan, II, p. 122, n. 2.

4. Le Pseudo-Alphonse, ch. 22, est seul à signaler la déroute de cette deuxième armée : « Huius regni anno XXX geminus Caldeorum exer- « citus Galleciam petiit, quorum unus ducum eorum vocabatur « Alhabbez et alius Melih, utrique Alcorescis. Igitur audacter ingressi « sunt, audacius et deleti sunt. Uno namque tempore unus in loco « qui vocatur Nahron, alter in fluvio Anceo perierunt. » Cf. *Chron. Albeldense*, ch. 58 : « Getulorum hostes... aliam in Gallaeciae provincia « in locum Anceo praelio superavit. » Ainsi deux armées auraient

El-Hakam mourut en mai 822, sans avoir infligé aux Asturiens la défaite qu'il avait souhaitée. Son général Abd el-Kerîm fut, à cet égard, plus heureux que lui. Peu après l'avènement d'Abd er-Rahmân II, Abd el-Kerîm revint vers le Nord [1]. Lors de sa précédente expédition, il avait envahi la Galice et n'avait guère eu à se féliciter de l'itinéraire choisi ; en 823, ce fut la région alavaise qu'il attaqua, et cela non pas à la légère, mais après mûre réflexion [2]. On raconte en effet qu'après avoir concentré ses troupes à la frontière, il tint une sorte de conseil de guerre, en vue de savoir quelle route il fallait suivre afin d'infliger aux ennemis le maximum de dommages; et le chroniqueur qui nous a rapporté ce renseignement ajoute : « On tomba d'accord sur [le passage] « d'Alava comme étant le plus préjudiciable aux Chrétiens et « pouvant le mieux servir à les dompter [3] ». L'Alava fut donc

---

pénétré simultanément en Galice et ces deux armées étaient commandées par les deux frères. Ce dernier renseignement ne peut être contrôlé ; on remarquera aussi que le Pseudo-Alphonse nomme les généraux, l'un Abbâs, l'autre Abd el-Melik (sans doute au lieu de Abd el-Kerîm). — Anceu nous paraît être, — d'ailleurs sous réserves, — la localité de ce nom située près de Puente-Caldelas.

1. D'après Ibn Khaldoun, IV, p. 127 et Makkari, I, p. 222 (trad. Gayangos, *Mohammedan dynasties*, II, p. 113), Abd el-Kerîm aurait été précédé par Abd er-Rahmân II lui-même, lequel, « au début de « son règne », soit donc à l'été de 822 (il fut intronisé le 24 mai), aurait fait une incursion « en Galice », ravageant longuement le pays.

2. Ibn Adhari, à l'a. 208 (16 mai 823), trad. Fagnan, II, p. 133. Ibn el-Athîr, trad. Fagnan, *Annales*, p. 198 ; cf. Noweyri, éd. Gaspar Remiro, I, trad. p. 38, Ibn Khaldoun, IV, p. 128 et Makkari, I, p. 222 (trad. Gayangos, *Mohammedan dynasties*, II, p. 113) ; Ibn el-Khatîb, ms. d'Alger, n° 1617, fol. 96 v et ms. de l'Académie de l'Histoire, n° 37, fol. 150 v. — D'après Ibn Adhari, cette expédition se place en été ; d'après Ibn el-Athîr, « en djomâda II », c'est-à-dire en octobre-novembre. — Sur cette expédition, voir Codera, *Estudios críticos* (*Col. de estudios árabes*, VII), pp. 192-194, qui s'en occupe incidemment.

3. Ibn Adhari, *loc. cit.* : « Il [Abd el-Kerîm] s'installa à la frontière, « où se concentrèrent les troupes musulmanes, et après que divers « avis eurent été émis sur le passage à choisir pour pénétrer en pays « ennemi, on tomba d'accord », etc.

envahi [1], et incendié, dévasté, pillé peut-être plus encore que de coutume ; les châteaux forts furent enlevés ou rançonnés, les prisonniers musulmans délivrés ; et cette campagne mémorable conserva chez les Musulmans le nom de campagne d'Alava [2].

* *

A la suite de cette expédition de 823, une nouvelle trêve, qui se prolongea pendant une quinzaine d'années, s'établit entre Chrétiens et Musulmans [3] : comme ses prédécesseurs

1. Ibn Adhari, *loc. cit.* : « Les nôtres se ruèrent donc par le col dit « de Djernîk, par delà lequel se trouvait une plaine renfermant les « approvisionnements et les trésors de l'ennemi. » S'agirait-il de Guernica, en Biscaye ? M. Fagnan, *loc. cit.*, p. 133, n. 4, l'a pensé ; M. Codera, *loc. cit.*, p. 193, a exprimé des doutes en faisant suivre le mot « Guernica » d'un point d'interrogation. M. Carmelo de Echegaray, ? *Llegaron los Árabes á Guernica?* dans *Revue internationale des études basques*, IV (1910), pp. 42-47, estime (p. 44 et p. 45) que l'auteur arabe a voulu désigner non pas Guernica, en Biscaye, mais un *despoblado* de même nom qui se trouve en Alava (cf. *Diccionario geográfico-histórico de España*, Seccion I, t. I, p. 314, s. v° Guernica). Cette opinion nous semble la seule acceptable.

2. Ibn Adhari, *loc. cit.* : « En 208... eut lieu la campagne dite d'Alava. »

3. Ibn el-Athîr, trad. Fagnan, *Annales*, p. 200, signale cependant à l'a. 210 (24 avril 825), une expédition d'Obeyd Allâh, dit Ibn el-Balensi, en « territoire franc » ; mais l'imprécision des termes employés rend vain tout essai de localisation. — De même Ibn Saîd, ms. de l'Académie de l'Histoire n° 80, fol. 272 v (publié et traduit par M. Codera, *Estudios críticos*, 2ª serie [Madrid, 1917, in-16. *Col. de estudios árabes*, IX], p. 6), mentionne, sous la même année 210, une expédition de Djâbir ben Melik en Galice : « En el año 210, Abderrahman el « emir mandó a su gobernador Chábir, hijo de Málic, que eligiese de « su familia (o de sus hijos) un suplente para el mando y que pusiese « en movimiento sus barcos para sitiar a Toledo y Mérida, y (ha- « biendo salido) conquistó muchos castillos de Galicia. » Mais que vaut cette mention dont la fin paraît assez incohérente ? On n'oserait en faire usage. — Pareillement, on ne tiendra pas compte d'un renseignement consigné par Ibn Adhari, trad. Fagnan, II, p. 135, Ibn el-Athîr, trad. Fagnan, *Annales*, pp. 200-201 et Noweyri, éd. Gaspar Remiro, I, trad. p. 38, renseignement qui concerne la prise du château

Abd er-Rahmân Ier ou El-Hakam, Abd er-Rahmân II était occupé à réprimer maintes insurrections, dont une à Tolède [1]. Mais une fois délivré de ces soucis d'ordre intérieur, il se retourna contre le royaume des Asturies, et, quatre années de suite, le fit ravager à chaque printemps : jamais, depuis le règne d'Hichâm, Alphonse II n'avait eu à parer des coups aussi répétés.

En 838, Abd er-Rahmân envoya donc son frère, El-Welîd ben el-Hakam, en « Galice » [2], pendant qu'une autre armée allait dévaster l' « Alava » [3]. L'année suivante, le fils de l'émir, El-Hakam, — à moins que ce ne soit Obeyd Allâh, dit Ibn el-Balensi [4], — aurait exterminé une quantité fantastique de Chrétiens [5]. Puis, ce fut au tour d'Abd er-Rahmân de prendre

---

d'El-Kala [Alcalá], lequel était « en territoire ennemi » ; car on ne sait ni de quelle ville, ni de quel territoire ennemi il est ici question ; cf. Codera, *Estudios críticos* (*Col. de estudios árabes*, VII), pp. 195-196.

1. Sur cette révolte de Tolède, voir Dozy, *Hist. des Musulmans d'Espagne*, II, pp. 97-100.

2. Ibn Adhari, à l'a. 223 (3 décembre 837), trad. Fagnan, II, p. 138. El Welîd aurait pénétré en Galice « par la Porte d'Occident » et remporté « de nombreuses victoires ». Cf. Codera, *Estudios críticos*, 2ª serie (*Col. de estudios árabes*, IX), p. 24. — Que faut-il entendre par « la Porte d'Occident » ? L'auteur a-t-il voulu désigner un passage déterminé, ou bien, tout simplement, la région occidentale de la Péninsule, l' « Al-Garb » ?

3. Ibn el-Athîr, à l'a. 223 (3 décembre 837), trad. Fagnan, *Annales*, p. 211 ; cf. Noweyri, éd. Gaspar Remiro, I, trad. p. 41. Cette armée assiégea, nous dit-on, le château d' « el-Gharât » ; elle y fit du butin, massacra « les habitants et s'en retourna, emmenant captifs les femmes et les enfants ». On ignore à quoi correspond ce château d' « El-Gharât ».

4. D'après Ibn Adhari, trad. Fagnan. II, p. 139, le général qui commanda l'expédition de l'année 224 (23 novembre 838), aurait été El-Hakam. D'après Ibn el-Athîr, trad. Fagnan, *Annales*, p. 211, ce fut Obeyd Allâh ; cf. Noweyri, éd. Gaspar Remiro, I, trad. p. 41, Ibn Khaldoun, IV, p. 128 et Makkari, I, p. 222 (trad. Gayangos, *Mohammedan dynasties*, II, pp. 113-114). Deux armées seraient-elles simultanément entrées en campagne ?

5. Ibn Adhari et Ibn el-Athîr (ce dernier localisant la bataille en

en personne le chemin de la « Galice » (juin 840) ; mais la campagne fut, dit-on, longue et pénible [1]. Fatigué sans doute, l'émir renonça à commander lui-même en 841 l'armée d'invasion et la plaça sous les ordres de son fils Motarrif ; ce dernier, avec l'aide du général Abd el-Wâhid ben Yezîd Iskenderâni, s'acquitta consciencieusement de la tâche que son père lui avait confiée [2].

Alava) s'accordent à exagérer de façon impudente les pertes des Chrétiens. « Les têtes seules, dit Ibn Adhari, formaient des monceaux « aussi hauts que des collines, à ce point que deux cavaliers ne pou- « vaient s'apercevoir d'un côté à l'autre. » Cf. Ibn el-Athîr qui donne le même renseignement. — Bien qu'il place, par erreur, l'expédition au printemps de 838 et semble en attribuer le commandement à Abd er-Rahmân II en personne, M. Gómez-Moreno, *Discursos*, p. 11, a bien montré qu'aux événements précités se rapporte la mention suivante des *Anales Castellanos I* (ou *Chron. S. Isidori Legionensis*) : « In « era DCCCLXXVI. fregerunt cortobesses Sotoscoba » (*loc. cit.*, p. 23). La date est altérée dans les *Anales Castellanos II* (ou *Annales Complutenses*) : « In era DCCCXXVI. fregerunt cordubenses Soutus- « covam » (*loc. cit.*, p. 25), et les *Anales Toledanos I* (*Esp. Sagr.*, XXIII, 2e éd., p. 383) : « Fregerunt Corduben. Soutus-Covam era « DCCCLXIIII. »

1. Ibn Adhari, à l'a. 225 (12 novembre 839), trad. Fagnan, II, p. 139 (c'est Ibn Adhari qui déclare que la campagne fut « longue et « très pénible ») ; Ibn el-Athîr, trad. Fagnan, *Annales*, p. 212 (c'est Ibn el-Athîr qui donne la date de juin 840, tout en affirmant que la campagne « dura longtemps ») ; Noweyri, éd. Gaspar Remiro, I, trad. p. 41 (d'après lui, au contraire, « no fué larga la duración de esta campaña ») ; Ibn Khaldoun, IV, p. 129 et Makkari, I, p. 222 (trad. Gayangos, *Mohammedan dynasties*, II, p. 114) ; cf. Ibn el-Khâtib, ms. d'Alger, n° 1617, fol. 96 v et ms. de l'Académie de l'Histoire, n° 37, fol. 150 r, à l'a. 215 ? — Aucun de ces récits ne contient le moindre détail typique ; celui d'Ibn el-Athîr, le plus explicite de tous, note qu'Abd er-Rahmân « pénétra sur le territoire des polythéistes à la « tête d'une nombreuse armée et s'avança en Galice, où il se rendit « maître de plusieurs forts. Il parcourut le pays en y semant la ruine, « le pillage et la mort et y faisant de (nombreux) captifs ». Il serait difficile d'accumuler plus de banalités.

2. Ibn Adhari, trad. Fagnan, II, p. 140 : « En 226 (31 octobre 840), « ce fut Motarrif ben Abd er-Rahmân, ayant pour général Abd el- « Wâhid ben Yezîd Iskenderâni, qui partit pour l'expédition d'été

Là, du reste, ne se bornèrent pas les efforts d'Abd er-Rahmân. Ni la mort du roi Alphonse II, survenue en 842, ni l'invasion normande de 844 [1], ne modifièrent son attitude à l'égard du royaume asturien, et le successeur d'Alphonse, Ramire Ier (842-850), eut à deux reprises l'occasion de voir ses états assaillis par les Infidèles [2]. D'abord, en 846, Mohammed, un des fils de l'émir, assiégea la ville de Leon [3] qui, dès cette époque, avait été repeuplée et jouait, en avant des Asturies, le rôle de sentinelle avancée. Frappés de panique à la vue des machines de guerre de l'ennemi, les Léonais profitèrent de la nuit pour s'enfuir et abandonner la place, qui fut brûlée et démantelée, au moins partiellement [4]. Trois ou

« dirigée contre la Galice et qui, après avoir pénétré en plein pays « ennemi en rapporta un riche butin. »

1. Sur l'invasion normande de 844, voir Dozy, *Recherches*, 3e éd., II, pp. 252-267. Les Normands, après avoir, en 843, pillé Nantes et les régions au Sud de la Loire (F. Lot et L. Halphen, *Le règne de Charles le Chauve*, 1re partie, Paris, 1909, in-8°, pp. 79-81), gagnèrent Gijon, puis la Galice, où ils débarquèrent près de La Corogne. Mais ils subirent un échec (Pseudo-Alphonse, ch. 23 ; cf. *Chron. Albeldense*, ch. 59). Après quoi ils allèrent ravager le Sud de la Péninsule.

2. C'est avec raison que le Pseudo-Alphonse écrit, ch. 24 : « nam « et adversus Sarracenos bis praeliavit », mais, comme nous allons le voir, il se trompe, ou du moins exagère, lorsqu'il ajoute : « et victor « extitit ». Cela rappelle une phrase non moins hyperbolique du *Chron. Albeldense*, ch. 58 : « Super Ismaelitas victorias plures gessit [Ade-« phonsus II] ».

3. Ibn Adhari, à l'a. 231 (7 sept. 845), trad. Fagnan, II, p. 144. Ibn el-Athîr, trad. Fagnan, *Annales*, p. 222 ; cf. Noweyri, éd. Gaspar Ramiro, I, trad. p. 44, Ibn Khaldoun, IV, 129 et Makkari, I, p. 223 (trad. Gayangos, *Mohammedan dynasties*, II, p. 114). — Voir Dozy, *Recherches*, 3e éd., I, p. 141.

4. Ibn Adhari, *loc. cit.* « ...Mohammed... mit le siège devant la ville « de Léon et l'attaqua à l'aide de ses machines de guerre, de sorte que « les habitants, persuadés qu'ils allaient succomber, s'échappèrent « de nuit et se jetèrent dans les montagnes et les fourrés. Le vainqueur, « livra aux flammes ce que renfermait la place et voulut aussi ruiner « les murailles, mais il dut y renoncer à raison de leur épaisseur, « qui était de dix-sept ou dix-huit coudées. » Cf. Ibn el-Athîr, *loc. cit.* :

quatre ans après (849 ou 850), un autre fils d'Abd er-Rahmân, El Mondhir, attaqua l'Alava ; mais on ne possède aucun détail sur cette expédition [1] qui clôt obscurément la série des campagnes effectuées sous Ramire Ier ou Abd er-Rahmân II, ou, pour mieux dire, qui clôt toute une période de l'histoire des rapports entre Asturiens et Omeyyades.

« ...Une armée musulmane... s'avança jusqu'à la ville de Léon, dont
« elle entreprit le siège avec des catapultes. Les habitants effrayés
« s'enfuirent en abandonnant la ville et ce qu'elle renfermait, de sorte
« que les musulmans y pillèrent à leur gré, puis ruinèrent ce qui res-
« tait. Mais ils se retirèrent sans avoir pu détruire les murailles, car
« elles avaient dix-sept coudées de large, et ne purent qu'y ouvrir de
« nombreuses brèches. »

1. Ibn el-Athîr, à l'a. 235 (26 juillet 849), trad. Fagnan, *Annales*, pp. 224-225 : « El-Mondhir, que son père Abd er-Rahmân avait envoyé « faire une incursion contre les chrétiens à la tête d'une armée consi- « dérable, pénétra dans le pays d'Alava. » Cf. Noweyri, éd. Gaspar Remiro, I, trad. p. 44.

CHAPITRE III

Depuis sa fondation (756), l'émirat omeyyade était obligé de tenir tête à d'innombrables ennemis. Arabes et Berbères, immigrés et indigènes, Musulmans de vieille race et Espagnols renégats s'entre-déchiraient sans relâche. Les principales villes, Mérida, Tolède et Saragosse s'insurgeaient perpétuellement, chaque soumission étant suivie d'une nouvelle révolte ; et toute l'énergie tenace d'El-Hakam, tous les efforts d'Abd er-Rahmân II avaient été nécessaires pour arrêter cette tendance au morcellement qui se manifestait déjà de la façon la moins douteuse. A la faveur de cet état de choses, les Francs, vers lesquels s'étaient tournés maintes fois les adversaires des émirs, avaient étendu leur domination en Catalogne ; et le royaume asturien, qui, lui aussi, avait recherché l'alliance franque, s'était maintenu intact.

Vers le milieu du IXe siècle, la situation de l'émirat tendit à s'aggraver. Non seulement les querelles intestines continuèrent, non seulement l'insurrection se propagea, mais encore les rebelles parvinrent à fonder des principautés indépendantes ; et tel fut, entre beaucoup d'autres, le cas des Benoû Moûsa en Aragon, d'Ibn Merwân à Mérida et d'Ibn Hafçoûn dans la région de Bobastro. De plus, ne pouvant espérer quelque secours ni de Charles le Chauve, ni de ses débiles successeurs,

Asturiens et rebelles ne tardèrent pas à entrer en relations, se prêtant un mutuel appui et faisant cause commune contre leur commun adversaire : le royaume des Asturies sortit ainsi de l'isolement relatif où il avait vécu jusqu'alors, se mêla à l'histoire générale de la Péninsule, et, disons-le tout de suite, eut de moins en moins à redouter les attaques des Infidèles : ceux-ci dirigeront encore contre lui, sous le règne de Mohammed (852-886), cinq ou six grandes expéditions ; ils ne l'envahiront pas une fois sous El-Mondhir (886-888) et Abd Allâh (888-912).

I. — Le royaume asturien et les Arabes de 850 a 867.

Après une première escarmouche avec les Musulmans, lors d'une campagne contre les Vascons révoltés [1], Ordoño Ier (850-866) entama résolument la lutte avec l'émirat, et ce fut une rébellion de Tolède qui lui fournit l'occasion d'entrer en scène.

Tolède, où l'insurrection sévissait à l'état endémique, s'était à nouveau soulevée en 853. Prenant pour chef l'un d'entre eux, appelé Sindola, les Tolédans poussèrent une pointe jusqu'à Andújar, au Nord-Est de Cordoue [2]. Désireux de venger cette insulte, Mohammed se dirigea sur Tolède au mois de juin de l'année suivante (854) [3]. Les Tolédans demandèrent

---

1. Pseudo-Alphonse, ch. 25 : « Quum adversus Vascones rebel-
« lantes exercitum moveret, atque illorum patriam suo iuri subiu-
« gasset, illo ad propria remeante, nuntius advenit, dicens : ecce ex
« adverso hostis Arabum est. Illico rex ferrum et acies ad illos in-
« vertit, nec mora eorum turbam fugavit et vibranti mucrone trun-
« cavit. » On n'a pas d'autre renseignement sur cette escarmouche.

2. Sur cette révolte, voir Dozy, *Hist. des Musulmans d'Espagne*, II, pp. 161-162. L'auteur établit hardiment, p. 161, un lien entre la révolte des Tolédans et les persécutions exercées par Mohammed contre les Chrétiens de Cordoue.

3. Ibn Adhari, trad. Fagnan, II, pp. 154-155. Ibn el-Athîr, trad.

du secours au roi des Asturies [1]. Celui-ci n'hésita pas à leur en fournir, et leur dépêcha Gaton, comte du Bierzo, avec une armée nombreuse [2]. Mohammed craignit vraisemblablement d'avoir le dessous, car il usa d'un stratagème. Il plaça la plus grande partie de ses troupes en embuscade près du Guadalacete, puis, avec un détachement assez faible, il marcha lui-même contre la ville dont il fit mine de commencer le siège. Les Tolédans, croyant que les forces de Mohammed étaient très réduites, prévinrent Gaton, qui aussitôt organisa une sortie. Mais à peine le combat fut-il engagé, que « les troupes placées en embuscade » se précipitèrent « de droite et de gauche », si bien que Chrétiens et Tolédans « mis en déroute « furent passés par les armes, ou tranchés par l'épée ou trans- « percés par la lance [3] ». Le carnage fut épouvantable. De l'aveu même des Tolédans, les pertes subies par eux et leurs alliés s'élevèrent à vingt mille hommes, et « pendant long- « temps les cadavres restèrent auprès du Guadalacete sans « sépulture [4] ».

Fagnan, *Annales*, p. 232 ; cf. Noweyri, éd. Gaspar Remiro, I, trad. p. 46, Ibn Khaldoun, IV, p. 130 et Makkari, I, p. 225 (trad. Gayangos, *Mohammedan dynasties*, II, p. 127) ; Ibn el-Khatîb, ms. d'Alger, nº 1617, fol. 97 r, ms. de l'Académie de l'Histoire, nº 37, fol. 151 r ; Rodrigue de Tolède, *Hist. Arabum*, ch. 27 (*Hisp. illustr.*, II, p. 176). — Sur ces événements, voir Dozy, *op. cit.*, II, pp. 162-164.

1. D'après Ibn el-Athîr, et les auteurs qui dépendent de la même source, les Tolédans se seraient adressés aussi au roi de Navarre. Cf. Rodrigue de Tolède, *loc. cit.*, qui mentionne l'assistance des Navarrais : « cum multitudine Asturum et Navarrorum ».

2. Ibn Adhari fait de Gaton le frère d'Ordoño Ier. L'erreur a été relevée par Dozy, *loc. cit.*, p. 163, n. 1. Remarquer toutefois que Gaton était apparenté à la famille royale ; cf. un diplôme d'Ordoño II, 22 novembre 919 (López Ferreiro, *Hist. de la iglesia de Santiago*, II, app. nº XLII, pp. 94-95), où on lit : « quod restauravit avus noster Gaton ».

3. Ces mots sont empruntés à Ibn Adhari, *loc. cit.*

4. Cf. Ibn el-Athîr, *loc. cit.* — Le chiffre de 20.000, qui se retrouve chez les auteurs cités, est décomposé de la façon suivante par Rodrigue de Tolède : « et de Christianis usque ad octo millia, de Toletanis

L'intervention d'Ordoño avait sans nul doute irrité Mohammed. Celui-ci, pour châtier le roi asturien, envoya l'année suivante (855), des troupes destinées à ravager l' « Alava [1] ». L'émir ne put d'ailleurs assouvir à ce moment sa vengeance : il eut à se préoccuper, entre autres choses, des Tolédans que la défaite n'avait pas abattus [2], et des Normands qui revinrent dévaster les côtes de l'Espagne (859-860) [3].

Utilisant cet armistice, Ordoño se prépara à la lutte et

« usque ad XII millia perierunt ». Ibn Adhari et Ibn el-Athîr ajoutent qu'on recueillit 8.000 têtes sur le champ de bataille, et qu'on envoya ces têtes « par tout le pays », dit Ibn el-Athîr, « à Cordoue, sur le littoral et aussi sur le littoral africain », précisent Ibn Adhari et Rodrigue de Tolède. — D'après Ibn el-Khatîb, les Chrétiens, après leur défaite devant Tolède, auraient été pourchassés jusqu'en « Alava » et en « Castille ».

1. Ibn Adhari, à l'a. 241 (22 mai 855), trad. Fagnan, II, p. 156. Ibn el-Athîr, trad. Fagnan, *Annales*, pp. 232-233 ; cf. Noweyri, éd. Gaspar Remiro, I, trad. pp. 46-47, Ibn Khaldoun, IV, p. 130 et Makkari, I, p. 225 (trad. Gayangos, *Mohammedan dynasties*, II, p. 127). D'après Ibn Adhari, l'armée aurait été conduite par Mohammed en personne ; d'après Ibn el-Athîr et les autres auteurs, par Moûsa ben Moûsa, que nous retrouverons un peu plus loin.

2. Dozy, *Hist. des Musulmans d'Espagne*, II, pp. 164 et 169. Cette fois, Ordoño abandonna les Tolédans à eux-mêmes (858-859). De même, il n'intervint pas dans les persécutions dont furent victimes les Chrétiens de Cordoue, persécutions que marqua notamment la mort d'Euloge (11 mars 859).

3. Sur l'invasion normande de 859-860, voir Dozy, *Recherches*, 3e éd., II, pp. 279-286. Comme en 844, les Normands débarquèrent en Galice avant de poursuivre leur route vers le Sud. Ils furent battus par le comte Pedro (*Chron. Albeldense*, ch. 60), on ne sait d'ailleurs en quel lieu. M. López Ferreiro affirme, dans *Galicia histórica*, p. 694, que ce fut à l'entrée de la baie d'Arosa, mais son raisonnement est médiocrement valable. L'auteur se base sur un diplôme du 24 juin 886 (*Cat.*, n° 45) qui nous apprend qu'à la suite d'une révolte, un certain Hermenegildo Perez fut dépossédé par Alphonse III de ses biens sis à la Lanzada, c'est-à-dire aux bords de la baie d'Arosa. M. López Ferreiro estime, sans raison, que Hermenegildo Perez était fils du comte Pedro ; d'où la localisation ci-dessus indiquée. Voir ci-dessous, ch. IV, § 3.

redoubla d'activité. On remit en état diverses places fortes
endommagées ou à demi-ruinées [1] : c'est ainsi, par exemple,
que fut « repeuplée » en 856 la ville de Leon, brûlée et démantelée en partie dix ans auparavant [2] ; c'est ainsi également
que le comte de Castille Rodrigue « repeupla » en 860 la place
d,Amaya [3]. Mais ce ne fut point tout. On fit des incursions

---

1. Pseudo-Alphonse, ch. 25 : « Civitates desertas, ex quibus Ade-
« fonsus maior Caldeos eiecerat, iste repopulavit, id est Tudem,
« Astoricam, Legionem et Amagiam Patriciam. » Cf. *Chron. Albeldense*, ch. 60 : « Legionem, Asturicam, simul cum Tude et Amagia po-
« pulavit; multaque et alia castra munivit. » Nous connaissons la
date du repeuplement de Leon et d'Amaya (voir les notes suivantes).
Par contre, nous ignorons à quelle époque furent repeuplées Astorga
et Tuy. Nous savons simplement que ce furent des habitants du Bierzo
qui, sous la conduite de leur comte Gaton, — celui-là même qui avait
été battu en 854 devant Tolède, — allèrent s'installer à Astorga. Cf. un
jugement du 6 juin 878 (*Cat.*, n°37), où il est dit : « Quando populus
« de Bergido cum illorum comite Gaton exierunt pro Astorica popu-
« lare. » Remarquons incidemment qu'il n'y a aucune raison de faire
de Gaton un Galicien, comme le veut M. López Ferreiro, dans *Galicia
histórica*, p. 694.

2. *Anales Castellanos I* (ou *Chron. S. Isidori Legionensis;* Gómez-
Moreno, *Discursos*, p. 23) : « In era DCCCLXⅤIIII. populavit domnus
« Ordonius Legione. » Cf. *Anales Castellanos II* (ou *Annales Complutenses, ibid.*, p. 25) : « In era DCCCLXⅤIIII populavit rex Ordonius
« Leionem. » Cf. *Annales Compostellani*, à l'a. 856 (*Esp. Sagr.*, XXIII,
2ᵉ éd., p. 319) ; *Chron. Burgense*, à l'a. 855 (*ibid.*, p. 308) et *Anales
Toledanos I*, à l'a. 809 (*ibid.*, p. 382). — Sur la nature de ce peuplement, qui doit « entenderse de aumento considerable de vecinos,
« edificios y fortificaciones », voir Risco, *Esp. Sagr.*, XXXIV, pp. 127-
128 (cf. XXXVII, p. 201) et *Historia de Leon* (Madrid, 1792, petit in-4°),
p. 10. Voir aussi Dozy, *Recherches*, 3ᵉ éd., I, pp. 140-141.

3. *Anales Castellanos I* (ou *Chron. S. Isidori Legionensis;* Gómez-
Moreno, *Discursos*, p. 23) : « In era DCCCLXⅤVIII. populavit Rudericus
« commes Amaya. » Cf. *Anales Castellanos II* (ou *Annales Complutenses : ibid.*, p. 25) : « In era DCCCLXXⅤVIII populavit Rudericus
« comes Amaia. » Cf. *Annales Compostellani* et *Chron. Burgense*, à
l'a. 860 (*Esp. Sagr.*, XXIII, 2ᵉ éd., p. 319 et 308), qui indiquent que ce
peuplement fut opéré « mandato Ordonii regis », ou « per mandatum
« regis Ordoni ». Voir, pour mémoire *Anales Toledanos I*, à l'a. 882 (*ibid.*,
p. 383) et *Cron. I de Cardeña*, à l'a. 826 et à l'a. 882 (*ibid.*, p 371].

en territoire ennemi : le comte Rodrigue s'empara de Talamanca, dont le gouverneur, Mourzouk, fut capturé avec sa
femme, puis relâché, tandis que la garnison était massacrée
et que le reste des habitants était réduit en esclavage (860) [1].
De même, on enleva aux Arabes la ville de Coria, dont le
gouverneur, Zeyd, fut fait prisonnier [2]. Peut-être même
est-ce à cette époque que l'on éleva des travaux de défense dans les régions montagneuses du Nord de la Vieille-
Castille [3]. Bien plus, Ordoño Ier mit à profit l'intermède
qui s'était produit pour porter un coup redoutable au
chef d'une famille de renégats, les Benoû Moûsa, lesquels
s'étaient taillé en Aragon et en basse Navarre une sorte

---

1. *Anales Castellanos I* (ou *Chron. S. Isidori Legionensis* ; Gómez-
Moreno, *Discursos*, p. 23) : « In era DCCCLX<V>VIII... Rudericus
« commes... et fregit Talamanka. » Pseudo-Alphonse, ch. 26 : «...aliam
« vero consimilem eius civitatem Talamancam cum rege suo, nomine
« Mozror, et uxore sua ; bellatores eorum omnes interfecit, reliquum
« vero vulgus cum uxoribus et filiis sub corona vendidit ». Cf. *Chron.
Albeldense*, ch. 60 : « Talamancam civitatem praelio cepit ; regem
« ejus Mozeror ibi captum voluntarie cum sua uxore Balkaiz in Petra
« sacra liberos abire permisit. » On notera que les sources sont en
discordance sur un point important : qui enleva Talamanca ? Mieux
vaut sans doute se fier aux *Anales Castellanos* qu'aux chroniques,
lesquelles placent l'opération au compte d'Ordoño. — A remarquer
que, depuis Morales, *Coronica*, éd. Cano, VII, p. 407, maints auteurs
ont changé Talamanca en Salamanque ; rien n'autorise cette substi-
tution.

2. Pseudo-Alphonse, ch. 26 : « [cepit Ordonius rex] civitatem Cau-
« riensem cum rege suo nomine Zeith ». Le Pseudo-Alphonse note
la prise de Coria avant celle de Talamanca ; mais nous connaissons
la date de la prise de Talamanca, tandis que nous ignorons celle de
la prise de Coria. On peut supposer néanmoins qu'elle est antérieure
à l'année 863, car, à partir de ce moment, les états d'Ordoño Ier
furent constamment harcelés par les armées de Mohammed. — De
même qu'on a changé Talamanca en Salamanque, de même on a
changé sans motifs les mots « civitatem Cauriensem » en « civitatem
« Tauriensem », soit Coria en Toro (cf. Morales, *Coronica*, éd. Cano,
VII, pp. 407-408, etc.).

3. Voir le passage d'Ibn Adhari cité p. 184, n. 2.

de fief, et qui menaçaient les possessions du roi asturien [1].

Moûsa ben Moûsa, avec qui Ordoño allait se mesurer [2], avait été, tout d'abord, gouverneur de Tudèle, et, pendant l'expédition d'Obeyd Allâh contre la Cerdagne et Narbonne (842), il avait montré une grande bravoure [3]. A la suite d'une querelle avec un haut personnage de l'État, il se souleva contre Abd er-Rahmân II, repoussa l'armée que celui-ci envoya contre lui, s'allia avec un certain Garcia [4], battit les troupes de l'émir (843), puis fut battu à son tour, par l'armée régu-

1. Sur les origines de cette famille, voir l'exposé très rapide de Dozy, *Recherches*, 3ᵉ éd., I, pp. 211-212 (cf. *Hist. des Musulmans d'Espagne*, II, pp. 182-183) ; voir aussi A. Fernández-Guerra, *Caída y ruina del imperio visigótico español* (Madrid, 1883, in-8º), pp. 30-32. — Il semble que, dès le règne d'Alphonse II, le roi des Asturies et les Benoû Moûsa soient entrés en contact. Cf. Ibn el-Athîr, trad. Fagnan, *Annales*, p. 211 : « En la même année [224, 23 novembre 838], Loderîk tenta « avec son armée une incursion contre Medinaceli, en Espagne. For- « toûn ben Moûsa, à la tête de troupes nombreuses, s'avança contre « lui, le défit et lui tua beaucoup d'hommes ; puis il alla assiéger le châ- « teau qu'avaient élevé les habitants d'Alava, vis-à-vis les places « frontières musulmanes, le prit et le détruisit. » Cf. Ibn Khaldoun, même année, IV, p. 129 et Makkari, I, p. 222 (trad. Gayangos, *Mohammedan dynasties*, II, p. 114). Fernández-Guerra, *op. cit.*, p. 33, estime que le « Loderîk » des textes arabes doit être identifié avec Rodrigue, comte de Castille ; mais à la date de 838, il n'y avait pas, que l'on sache, de comte de Castille ainsi nommé ; au surplus, Ibn Khaldoun et après lui Makkari qualifient « Loderîk » de « roi des Galiciens ». Il est donc probable qu'il s'agit effectivement d'Alphonse II.

2. Sur ce personnage, voir Dozy, *Recherches*, 3ᵉ éd., I, pp. 212-213 et Fernández-Guerra, *Caída y ruina*, pp. 32-38 ; mais ne tenir aucun compte de ce que dit M. de Jaurgain, *La Vasconie*, I, pp. 152-153 et 155 : c'est un tissu d'erreurs (cf. Codera, *Estudios críticos* [*Col. de estudios árabes*, VII], pp. 228-231).

3. Tel est le premier renseignement certain que l'on possède sur Moûsa ben Moûsa. Tout ce que dit Fernández-Guerra, *op. cit.*, pp. 32-33, des débuts du personnage jusqu'en 842 est extrêmement douteux, ou est erroné.

4. Nous nous sommes occupé de ce Garcia dans *Revue Hispanique*, XV (1906), p. 639.

lière (mai-juin 844), que commandait Mohammed, fils d'Abd er-Rahmân II ; finalement, il signa la paix avec son adversaire, qui lui rendit le gouvernement de Tudèle, et il prêta même à l'émir un concours efficace contre les Normands (844). Mais peu après il se révoltait de nouveau (846 ou 847), quitte d'ailleurs à se soumettre encore [1]. En 854, nous retrouvons Moûsa dans les rangs de l'armée qui opère devant Tolède [2] ; en 855, c'est à lui que Mohammed confie le soin d'envahir l'Alava [3]. Tout en passant ainsi par des alternatives de soumission et de révolte, il poursuivit d'ailleurs l'œuvre propre qu'il avait entreprise. Grâce à son habileté et à sa force, il réussit, dit-on, soit à conquérir par les armes, soit à gagner à sa cause, Tudèle, Saragosse, Huesca, enfin Tolède où il plaça son fils Lope en qualité de gouverneur [4]. Maître de l'Aragon, étendant son influence jusqu'au centre de la Castille, il se tourna aussi contre les Francs, leur infligea des défaites, leur enleva du butin et s'empara, par ruse, de deux comtes, Sanche et Emenon, qu'il incarcéra [5] ; nous savons

---

1. Sur la vie de Moûsa entre 842 et 847, voir Fernández-Guerra, *op. cit.*, pp. 34-36 et Dozy, *loc. cit.*, p. 213.

2. Voir les vers cités par Dozy, *Hist. des Musulmans d'Espagne*, II, pp. 163-164 : « Le fils de Jules, dit un poète de la cour, disait à Mousâ « qui marchait devant lui : « Je vois la mort partout », etc. Dozy, *loc. cit.*, p. 163, n. 3, remarque à propos de ce Jules : « C'était sans « doute le nom d'un chef chrétien, tandis que Mousâ était celui d'un « chef de renégats. » Comment ne pas songer à l'identification que nous admettons ?

3. Cf. ci-dessus, p. 173, n. 1.

4. Pseudo-Alphonse, ch. 25. — Fernández-Guerra, *op. cit.*, p. 36, semble croire que c'est en 855, après la campagne d' « Alava », que Moûsa s'empara de Saragosse, de Huesca et de tout l'Aragon. Rien n'autorise cette hypothèse. Dozy, de son côté, a pensé, *loc. cit.*, p. 213, que dès 852, Moûsa était en possession des villes et de la région susdites. Pour notre part, nous éviterons de proposer une date quelconque.

5. Pseudo-Alphonse, ch. 25. — Le comte Sanche, nommé par le Pseudo-Alphonse, est Sanche-Sanchon, duc de Gascogne (Jaurgain,

aussi qu'en 856, il pilla la Catalogne, campant à Barcelone et ravageant toute la province [1]. Victorieux de tous côtés [2], enivré d'orgueil, Moûsa se considérait comme le troisième roi d'Espagne [3].

Cet ambitieux roitelet s'était mis en tête de menacer le royaume asturien et il avait bâti, au Sud de Logroño, une forteresse, Albelda. De cette place, qui commandait à la fois les routes de Castille, d'Alava et de Navarre, il espérait pouvoir ravager les possessions d'Ordoño et lui couper toute communication tant avec la portion orientale du royaume qu'avec la région navarraise [4]. Mais Ordoño ne laissa pas à Moûsa

La Vasconie, I, p. 124 ; cf. p. 130 et 153 ; F. Lot, Études sur le règne de Hugues Capet, p. 378, n. 1). Quant au comte que notre texte appelle « Epulo », ce serait Emenon, que divers auteurs (dont M. de Jaurgain, op. cit., I, p. 124) qualifient de comte du Périgord. — MM. F. Lot et L. Halphen, Le règne de Charles le Chauve, 1re partie, p. 170, considèrent ces événements comme antérieurs à 846 ; mais ce n'est là qu'une hypothèse, ainsi que les auteurs le reconnaissent eux-mêmes.

1. Cf Fernández Guerra, op. cit., p. 36. — Ne serait-ce pas plutôt au cours de cette campagne qu'il aurait capturé les deux comtes mentionnés à la note précédente ? Fernández Guerra plaçait en cette année 856 l'envoi, par Charles le Chauve, des présents qui seront rappelés plus bas.

2. Le Pseudo-Alphonse, ch. 25, signale que Moûsa, après s'être emparé par ruse (« per fraudem cepit ») des comtes Sanche et Emenon, s'empara par les armes, avec son fils Lope (« praeliando ceperunt ») de deux seigneurs musulmans : « unum genere Alkoresci, nomine « Ibenamaz, alium Mollitem, nomine Alporz, cum filio suo Azet ».

3. Pseudo-Alphonse, ch. 25 : « unde ob tantae victoriae causam « tantum in superbia intumuit, ut se a suis tertium regem in Spania « appellari praeceperit ».

4. Nous savons qu'en 860, Ordoño était en relations avec le roi de Navarre Garcia-Eneco, mais momentanément brouillé avec lui, semble-t-il (voir les passages d'Ibn Khaldoun et Ibn Adhari cités dans Revue Hispanique, XV, 1906, pp. 635-636). — A quelle époque remontaient ces relations entre Navarrais et Asturiens ? Sauf erreur des textes arabes, pour le moins au règne d'Alphonse II (ci-dessus, p. 154, n. 1), mais on ne saurait préciser davantage. — Que furent-elles, après Ordoño ? Il est avéré qu'Alphonse III épousa une princesse navarraise, Chimène (Sampiro, ch. 1) ; on devine, d'autre part,

le temps de l'attaquer, et, prenant les devants, il alla assiéger Albelda, dont la construction était à peine achevée [1]. Moûsa accourant au secours de la place, établit son camp au mont Laturce. Ordoño divisa alors son armée en deux corps : l'un reçut mission de continuer le siège d'Albelda, l'autre, de livrer bataille à Moûsa. Celui-ci, attiré dans une embuscade, fut battu, ses troupes furent taillées en pièces, son gendre Garcia périt dans la mêlée, et lui-même, atteint de trois blessures, ne dut son salut qu'à la fuite : un ancien sujet d'Ordoño, qui avait passé à l'ennemi, le sauva et l'emmena en lieu sûr [2].

---

qu'en l'an 900, le même prince se rencontra avec le souverain qui gouvernait alors la Navarre (cf. la note annalistique mentionnée, p. 27, n. 2) ; mais là s'arrêtent nos renseignements. — Soit dit par incidence, il serait téméraire d'affirmer : 1º que les rois asturiens ont jamais dominé en Navarre (ci-dessus, p. 159, n. 1, et ci-dessous, ch. IV, § 111) ; 2º qu'Ordoño Iᵉʳ maria l'une de ses filles, Leodegundia, à un prince navarrais (cf. Appendice II).

1. Pseudo-Alphonse, ch. 26 : « Adversus quem Ordonius rex exerci« tum movit ad civitatem quam ille noviter miro opere instruxerat, « et Albeilda nomen imposuit. » Fernández-Guerra, *op. cit.*, p. 36, veut qu'Albelda ait été, dans la pensée de Moûsa, la future capitale du royaume; soit. Mais cette ville, qui inquiétait Ordoño, aurait d'abord inquiété l'émir, lequel l'aurait fait saccager en 851 ; voir ci-dessous, p. 180, n. 3. — Notons ici, que contrairement à l'opinion de M. de Jaurgain, *La Vasconie*, I, p. 152 (cf. I, p. 134 et II, p. 3), Ordoño n'agit point à l'instigation du roi de Navarre Garcia et ne réunit point ses troupes à celles des Navarrais. L'opinion de M. de Jaurgain repose uniquement sur une interpolation (« Garseano prin« cipe hortante »), que Pellicer avait insérée dans le texte du Pseudo-Alphonse, après les mots *Adversus quem*. Cf. *Revue Hispanique* VII (1900), p. 190, texte et n. 1.

2. Pseudo-Alphonse, ch. 26 ; *Chron. Albeldense*, ch. 60. C'est le Pseudo-Alphonse qui mentionne la mort du gendre de Moûsa, Garcia, et le *Chron. Albeldense* qui signale la façon dont Moûsa échappa : « ab amico quondam e nostris verum cognoscitur fuisse salvatum, « et in tutiora loca amico equo esse sublatum ». — D'après M. de Jaurgain, *op. cit.*, I, p. 134 (cf. p. 152 et II, p. 3), le Garcia, gendre de Moûsa, tué à la bataille du mont Laturce, serait Garcia-Eneco, dit le Mauvais, fils aîné d'Eneco-Garcia et duc des Navarrais. Mais rien n'est moins sûr ; cf. *Revue Hispanique*, VII (1900), pp. 148-151.

L'armée asturienne trouva dans le camp de Moûsa les présents que Charles le Chauve lui avaient envoyés [1], sans doute en vue de racheter les deux comtes dont il a été question plus haut. Cette première série d'opérations terminée, l'armée tout entière se massa sous les murs d'Albelda, qu'elle emporta d'assaut, après sept jours d'efforts. La garnison fut massacrée et la forteresse rasée [2]. Cela se passait en 859 [3].

La victoire d'Ordoño eut une double conséquence. D'abord, elle débarrassa Ordoño de tout souci du côté de l'Est [4] ; ensuite, elle amena un rapprochement entre les Benoû Moûsa

---

1. Pseudo-Alphonse, ch. 26 : « Multumque ibi bellici adparatus, « sive et munera, quae ei Carolus rex Francorum direxerat, per- « didit. »

2. Pseudo-Alphonse, ch. 26 : « Omnes viros bellatores gladio inter- « fecit, ipsam vero civitatem usque ad fundamenta destruxit. »

3. Sur la date, qui a été fort discutée (cf. *Revue Hispanique*, VII, 1900, p. 194), voir Tailhan, *Anonyme de Cordoue*, p. 196, n. 9 et M. Gómez-Moreno, *Discursos*, pp. 11-12. Pour ces deux auteurs, à l'opinion desquels nous nous rangerons, c'est la bataille du mont Laturce, soit la prise d'Albelda, que concerne la mention suivante des *Anales Castellanos I* (ou *Chron. S. Isidori Legionensis* ; Gómez-Moreno, *op. cit.*, p. 23) : « In era DCCCLXVIIII. populavit domnus « Ordonius Legione et in tertio anno sic fregit... » — On remarquera que ni les autres textes latins, ni les textes arabes ne fournissent le moindre élément de datation. On lit bien dans Ibn el-Athîr, trad. Fagnan, *Annales*, p. 230 : « La même année [237 (5 juillet 851)], des « troupes musulmanes pénétrèrent sur le territoire des polythéistes « et remportèrent la victoire dans une grande bataille bien connue « en Espagne sous le nom d'affaire d'El-Beydâ. » Mais il est invraisemblable que cette mention, en raison même de sa teneur, intéresse la victoire d'Ordoño ; tout au plus, pourrait-elle s'appliquer à une première bataille d'Albelda livrée à Mohammed par Moûsa. Cf. Fernández-Guerra, *Caída y ruina*, pp. 36-37.

4. Pseudo-Alphonse, ch. 26 : « et numquam postea effectum vic- « toriae habuit [Muza]. » — En 861, d'après Fernández-Guerra, *op. cit.*, p. 37, Moûsa aurait refusé à l'armée de l'émir le passage par la Rioja. On pourrait donc croire que cette armée se dirigeait vers les possessions d'Ordoño ; il semble cependant qu'elle marchait sur Barcelone. Cf. Ibn Adhari, trad. Fagnan, II, p. 159, à l'a. 247, et *ibid.*, n. 3.

et le roi asturien. En effet, quand il apprit la défaite de son père, Lope s'empressa de se soumettre à Ordoño ; et l'on prétend que jusqu'à sa mort il lui demeura fidèle, l'aidant même, en plusieurs circonstances, à combattre les Musulmans [1].

*
* *

Une nouvelle incursion des Asturiens qui, en 862, pillèrent les frontières musulmanes [2], décida Mohammed à engager vigoureusement l'action, et, en l'espace de cinq années, les états d'Ordoño et de son fils Alphonse III furent envahis à quatre reprises.

Abd er-Rahmân, fils de Mohammed, et le général Abd el-Melik ben el-Abbâs marchèrent tout d'abord contre l' « Alava » (863) [3]. Ce fut une razzia en règle [4]. Ordoño voulut couper la

---

1. Pseudo-Alphonse, ch. 26 : « Lupus vero, filius de idem Muza, « qui Toleto consul praeerat, dum de patre quod superatus fuerat « audivit, Ordonio regi cum omnibus suis se subiecit, et dum vitam « hanc vixit, subditus ei fuit ; postea vero cum eo adversus Caldeos « praelia multa gessit. »

2. Ibn el-Athîr, trad. Fagnan, *Annales*, p. 241 : « En 248 [7 mars « 862] une troupe de cavaliers marcha sur Dhoû Teroûdja (Tor- « rejon ?) en Espagne, car les infidèles avaient commis des empiè- « tements de ce côté. Les ennemis furent rejoints et battus par ces « cavaliers, qui en tuèrent un grand nombre. » Dans la province de Salamanque, il existe deux villages nommés Torrejon : l'un, *part. jud.* et *ayunt.* de Alba de Tormes, l'autre, *part. jud.* de Salamanque, *ayunt.* de Palencia de Negrilla. Si « Dhoû Teroûdja » équivaut à Torrejon, c'est sans doute à l'une de ces deux localités qu'il faudrait songer.

3. Ibn Adhari, à l'a. 249 (24 février 863), trad. Fagnan, II, pp. 159-160 ; Ibn el-Athîr, trad. Fagnan, *Annales*, p. 241. Ce dernier auteur consacre à peine quelques mots à cette campagne ; de même Noweyri, éd. Gaspar Remiro, I, trad. p. 48.

4. Ibn Adhari, *loc. cit.* : « Il [Abd er-Rahmân]... massacra les « hommes et démantela les fortifications ; il parcourut dans tous les « sens les plaines de cette région, y coupant les arbres et y ravageant « les champs cultivés. »

retraite aux Musulmans, et tandis que ceux-ci dévastaient les plaines, il envoya « son frère [1] » se poster « au passage le « plus resserré du col » que devait franchir au retour l'armée arabe. Mais ce fut en vain. Abd el-Melik, qui commandait l'avant-garde, dispersa les Asturiens ; quand le gros de l'armée arriva, les Chrétiens furent débordés. Malgré leur héroïque résistance, ils furent donc battus, et, dans la bataille, perdirent dix-neuf de leurs comtes [2].

Ce succès, qui fut du reste chèrement acheté [3], ne calma pas le ressentiment de Mohammed. Ce dernier, qui « mettait « beaucoup d'entrain à faire la guerre aux chrétiens et aux « rebelles » [4], prépara avec grand soin une nouvelle expédition. Il réunit des contingents de toute l'Andalousie : les districts de Grenade, Jaen, Cabra, Priego, Ronda, Algéziras, etc. fournirent un total de plus de vingt mille cavaliers, sans compter les volontaires enrôlés par les Cordouans [5], et en juillet 865 commença la campagne qui devait se terminer par la fameuse « déroute d'El-Markewîz [6] ».

---

1. C'est l'expression dont se sert Ibn Adhari ; mais on se souvient qu'il s'en est précédemment servi pour désigner Gaton, comte du Bierzo, lequel n'était nullement frère d'Ordoño Ier (ci-dessus, p. 172, n. 2).

2. Ibn Adhari, *loc. cit.* « Dix-neuf comtes, qui sont les principaux « de leurs officiers, mordirent la poussière. »

3. Cf. l'aveu d'Ibn Adhari, à l'a. 250 (13 février 864), trad. Fagnan, II, p. 160 : « Cette année-là il ne fut pas entrepris de campagne ; « on se contenta des résultats de l'année précédente et on laissa les « troupes se reposer. »

4. Ibn Adhari, trad. Fagnan, II, p. 183.

5. Ibn Hayyân, cité par Ibn Adhari, trad. Fagnan, II, pp. 178-179.

6. Ibn Adhari, à l'a. 251 (2 février 865), trad. Fagnan, II, pp. 160-163. Ibn el-Athîr, trad. Fagnan, *Annales*, p. 242 ; cf. Noweyri, éd. Gaspar Remiro, I, trad. p. 48, Ibn Khaldoun, IV, p. 131 et Makkari, I, p. 226 (trad. Gayangos, *Mohammedan dynasties*, II, p. 127) ; Rodrigue de Tolède, *Hist. Arabum*, ch. 28, à l'a. 247 ? (*Hisp. illustr.*, II, pp. 176-177). La date initiale (juillet 865) est donnée par Ibn el-Athîr ; le récit le meilleur est celui d'Ibn Adhari. — Noter qu'Ibn

Abd er-Rahmân ben Mohammed, qui avait déjà commandé les troupes en 863, s'installa sur le Duero et y concentra ses forces [1]. Puis, s'étant porté devant Briviesca [2], il l'enleva d'assaut et détruisit les quatre forts qui la défendaient. Il rayonna ensuite dans les environs, semant partout la ruine et l'incendie, et il détruisit de la sorte, méthodiquement, tous les châteaux forts qui appartenaient à Rodrigue, comte de Castille, et aux comtes Ordoño (?), Gonzalvo et Gomez [3]. Après quoi, il marcha sur Salinillas de Bureba, possession de Rodrigue [4] : les abords furent dévastés et la place entière-

---

Khaldoun et Makkari, *loc. cit.*, placent en outre, sous cette même année 251, une expédition dirigée contre la « Galice » par l'émir en personne; mais cette autre expédition serait plutôt de 255 (20 décembre 868) ; cf. Codera, *Estudios críticos*, 2ª serie (*Col. de estudios árabes*, IX), pp. 28 et 31.

1. D'après Ibn el-Athir, *loc. cit.*, le chef de l'expédition aurait été, non pas Abd er-Rahmân, mais El-Mondhir. Cf. Ibn Khaldoun (où, par suite d'une faute d'impression, El-Mondhir est dit frère, au lieu de fils, de l'émir Mohammed), Makkari et Rodrigue, tous ces auteurs suivant, comme d'ordinaire, la même tradition.

2. Ibn Adhari, *loc. cit.* « De là [des bords du Duero] il porta son « camp au défilé de Berdhîch. » L'identification que nous proposons (Berdhîch = Briviesca), nous paraît très plausible, sinon phonétiquement, du moins topographiquement.

3. Ibn Adhari, *loc. cit.* « Grâce à ce procédé systématiquement « suivi, il ne resta plus intact un seul des châteaux forts appartenant « à Rodrigue, prince des Forts [d'Alava ; *lire : prince de Castille*], « à Ordoño (?), prince de Toûka, à Ghandechelb, prince de Bordjia, « à Gomez, prince de Mesâneka. » « Touka » n'a pas été identifié ; « Bordjia » l'a été avec Burgos, par Fernández y González, dans sa trad. d'Ibn Adhari, p. 197, n. 2 et p. 301 ; mais M. Fagnan, II, p. 161, n. 2, rejette cette identification, pour une question de graphie, et propose à son tour « Borja d'Aragon », ce qui est peu vraisemblable. Quant à « Mesâneka », ce serait peut-être d'après Fernández y González, p. 311, San Cosme de Mayanca en Galice ; M. Fagnan, II, p. 161, n. 3, reproduit sans commentaire l'opinion de son devancier. Elle est pourtant inadmissible ; car il ressort du contexte qu'il faudrait chercher l'emplacement de « Mesâneka » dans la Vieille-Castille.

4. Ibn Adhari, *loc. cit.* « Abd er-Rahmân se dirigea ensuite contre « El-Mellâha, qui était l'un des plus grands districts obéissant à

ment rasée. Abd er-Rahmân songeait au retour et se proposait de franchir, dans les monts Obarenes, le défilé appelé de nos jours la Foz de Malacuera [1]. Comme il avait établi son camp à une certaine distance, le comte Rodrigue, renouvelant la tactique employée par Ordoño en 863, voulut lui couper la retraite : il se posta donc non loin d'une tranchée creusée près de la Foz de Malacuera, tranchée qui, sans nul doute, barrait la route et qui avait été solidement fortifiée depuis plusieurs années [2] ; il s'agissait, évidemment, d'attirer les Infidèles dans un traquenard. Mais Abd er-Rahmân, en présence des dispositions de Rodrigue, transporta son camp sur l'Ebre ; le général Abd el-Melik rangea alors ses troupes en vue de la bataille qui s'annonçait ; les Chrétiens, se préparant eux aussi au combat, choisirent leurs emplacements et installèrent « des « troupes en embuscade sur les deux flancs du défilé [3] ». La bataille ne tarda pas à s'engager et fut, comme presque toujours, acharnée de part et d'autre. Les Chrétiens d'ailleurs finirent par lâcher pied et durent abandonner la tranchée

---

« Rodrigue. » Ibn el-Athîr, sans parler des combats notés ci-dessus, dit aussi que l'armée « se dirigea vers El-Mellâhâ. » Que cette localité, dont le nom signifie « saline », doive être identifiée avec Salinillas de Bureba (*part. jud.* de Briviesca), comme M. Codera l'a suggéré à M. Fagnan, II, p. 539, cela est tout à fait probable. On remarquera d'ailleurs que deux au moins des noms de lieu cités par Ibn Adhari sont des noms traduits et non transcrits.

1. Ibn Adhari, *loc. cit.* « Après avoir accompli ces exploits, il [Abd er-« Rahmân] songea à sortir de là par le défilé d'El-Markewîz. » Ibn el Athîr, *loc. cit.* « Il les rencontra dans un lieu nommé Feddj el-Mark-« wîn. » Sur l'identification adoptée, cf. Fagnan, II, p. 539, qui la tient de M. Codera. M. Fagnan, *Annales*, p. 664, avait d'abord, sur l'avis de M. Saavedra, identifié « Feddj el-Markwîn » avec le « col de « Mormera, dans les monts Obarenes ».

2. Ibn Adhari, *loc. cit.* « …Rodrigue… installa son camp près du fossé avoisinant El-Markewîz, fossé dont, depuis plusieurs années, il « s'était occupé de rendre les abords des plus difficiles à l'aide de « travaux exécutés par corvées : séparé de la montagne et muni d'un « talus élevé, il était infranchissable. »

3. Les mots placés entre guillemets sont empruntés à Ibn Adhari.

pour se réfugier sur une colline voisine ; leur plan avait donc échoué. Cet engagement fini, les Musulmans campèrent. Mais le lendemain, dès l'aurore, la bataille recommença et, cette fois, les Chrétiens furent complètement mis en déroute : beaucoup d'entre eux furent tués, beaucoup furent faits prisonniers ; bon nombre aussi essayèrent de se réfugier de l'autre côté de l'Ebre [1], mais ils ne trouvèrent pas de passage guéable et se noyèrent dans le fleuve ; enfin, des bandes de fuyards furent pourchassées et massacrées sans pitié. Le carnage ne prit fin qu'à midi (9 août 865) [2]. Après quoi, la fameuse tranchée fut comblée et les Musulmans purent continuer leur route vers le Sud.

Cette « brillante et importante victoire », comme l'appelle Ibn Adhari, fut suivie, à bref délai, d'une autre campagne. Abd er-Rahmân se dirigea, cette fois encore, vers l' « Alava » (866), qu'il mit au pillage [3] : c'était du reste chose facile, en raison des pertes que cette région avait subies l'année précédente [4]. Il est probable que l'on attaqua la ville d'Amaya qui, nous l'avons vu, avait été récemment repeuplée par Rodrigue, comte de Castille [5].

---

1. Ibn Adhari, *loc. cit.* « Le reste s'enfuit sans s'arrêter vers la région « d'El-Ahzoûn et dut se jeter dans l'Ebre. » On ne sait à quoi correspond le vocable « El-Ahzoûn ».

2. D'après Ibn Adhari, *loc. cit.* « le nombre des têtes qui furent réunies « à la suite de cette affaire fut de vingt mille quatre cent soixante-« douze ». Ibn el-Athîr, *loc. cit.*, dit « deux mille quatre cent quatre-« vingt-douze », mais il est clair que la réduction du nombre des morts provient simplement d'une erreur de transcription.

3. Ibn Adhari, à l'a. 252 (22 janvier 866), trad. Fagnan, II, p. 163 ; Ibn el-Athîr, trad. Fagnan, *Annales*, pp. 242-243.

4. Ibn Adhari, *loc. cit.* « Ces gens [les habitants de l' « Alava »] « étaient d'ailleurs réduits à la plus extrême faiblesse, et ils ne purent « tenter aucune résistance d'ensemble à raison des grandes pertes « en hommes et en biens qu'ils avaient faites l'année précédente. »

5. Ibn el-Athîr, *loc. cit.* « ...un corps d'armée... marcha contre « l'Alava et la ville de Mâno (?) et revint sans subir de pertes. » Graphiquement, la correction « Amaya » nous paraît s'imposer.

En 867, une dernière expédition vint terminer cette série presque ininterrompue d'incursions [1]. El-Hakam, un autre fils de Mohammed, assiégea la place de Guernica, dont il s'empara non sans peine [2], et celle de « Foûtab » (?) qui, sans doute, ne put être complètement occupée par les Arabes [3]. Mais, à ce moment, la révolte d'Ibn Merwân le Galicien faisait rage, l'Aragon s'agitait, les Benoû Moûsa se livraient à des actes d'hostilité constants. Mohammed dut courir au plus pressé, et laisser tranquille le nouveau roi des Asturies, Alphonse III, lequel avait succédé à son père le 26 mai 866 [4].

II. — Les opérations d'Alphonse III en Galice et Portugal.

Les chroniqueurs latins constatent qu'Ordoño Ier recula les frontières de son royaume et remporta de nombreux succès sur les Musulmans [5]. Pareil éloge semble un peu excessif, mais il s'appliquerait parfaitement à Alphonse III, qui, tant du côté de la Galice que du Leon et de la Vieille-Castille,

---

1. Ibn Adhari, à l'a. 253 (11 janvier 867), trad. Fagnan, II, p. 163 ; Ibn el-Athîr, trad. Fagnan, *Annales*, p. 243.

2. Ibn Adhari, *loc. cit.* « ...El-Hakam... dirigea une expédition contre « Djernîk (Guernica) ; après avoir ravagé le territoire ennemi, il mit « le siège devant le fort de ce nom et finit par l'emporter de vive « force. » Ibn el-Athîr mentionne également « Djernîk », que nous avons déjà signalé ; cf. ci-dessus, p. 165, n. 1.

3. Ibn el-Athîr, *loc. cit.* « ...l'armée musulmane... mit le siège devant « Foûtab (?), dont les murailles tombèrent entre ses mains pour la « plus grande partie. » Ibn Adhari ne parle pas de « Foûtab ».

4. L'Académie de l'Histoire avait proposé en 1913 pour le prix Santa Cruz le sujet suivant : « Vida militar, política y literaria de Alfonso III el Magno. » Le prix a été décerné à M. A. Cotarelo y Valledor.

5. *Chron. Albeldense*, ch. 60 : « Iste Christianorum regnum cum Dei « juvamine ampliavit. » Pseudo-Alphonse, ch. 25 : « Adversus Cal« deos saepissime praeliatus est », et ch. 26 : « Multas et alias civi« tates iam saepedictus Ordonius rex praeliando cepit. »

organisa de véritables marches, et soit dans l'offensive, soit dans la défensive, battit plusieurs fois les Infidèles.

C'est du côté de la Galice qu'Alphonse concentra d'abord ses efforts. A peine avait-il pris possession du pouvoir que le comte de cette province, Fruela, parvint à le renverser et l'obligea à fuir en Castille. Fruela fut bientôt vaincu et le roi légitime replacé sur le trône (866) [1]. Mais les Galiciens, qui avaient trop souvent manifesté un inquiétant esprit de révolte, pouvaient, inactifs, devenir dangereux. Aussi Alphonse III les employa-t-il à conquérir et à coloniser la région septentrionale du Portugal actuel. Dès 868, le comte Vimarano Perez s'emparait de Porto [2]. La ville prise, on songea naturellement à la conserver, et comme la forteresse la plus avancée en ces parages était alors Tuy, sur les bords du Miño, on décida de repeupler la région comprise entre le Miño et le Duero. C'est un certain Odoario qui fut chargé de ce soin [3]. Il se fixa à Chaves, sur le Tamega, bâtit des châteaux forts, installa des habitants dans les villes désertes ou à moitié désertes, distribua des terres aux colons et délimita nettement les frontières de cette nouvelle province [4]. Ainsi, peu à peu, tout le

---

1. Sur ces événements, voir ci-dessous, ch. IV.

2. *Chron. Laurbanense* (*Port. Mon. Hist. Script.*, I, p. 20) : « Era « DCCCCVI. prenditus est Portugale ad Vimarani Petri. »

3. S'appuyant sur le récit de la consécration de l'église de Compostelle (Sampiro, ch. 9), M. López Ferreiro, dans *Galicia histórica*, p. 726, qualifie Odoario de comte de « Castela » et Orense. A l'aide des mêmes documents, il attribue à Hermenegildo, que nous retrouverons plus loin, les comtés de Tuy et de Porto, ce qui lui permet de dire (*loc. cit.*, pp. 725-726), qu'Alphonse III confia la défense des côtes galiciennes à Hermenegildo et celle de la frontière orientale à Odoario. Mais souvenons-nous que le document utilisé est apocryphe. — Il semble qu'Odoario ait été ultérieurement privé de tout ou partie de ses biens par Alphonse III ; cf. López Ferreiro, *Hist. de la iglesia de Santiago*, II, pp. 292-293 ; voir aussi un diplôme du roi de Galice Sanche, 19 février 928, dans *Revue Hispanique*, X (1903), pp. 369-370.

4. Donation du diacre Odoino au monastère de Celanova, 1er octobre 982, dans López Ferreiro, *Hist. de la iglesia de Santiago*, II,

pays qui s'étendait jusqu'au Duero fut occupé à demeure par les Chrétiens [1].

Un peu plus tard, l'organisation de cette marche étant achevée, Alphonse entra en relations avec un rebelle de la frontière galicienne, personnage fort ambitieux, fort remuant et très tenace, Ibn Merwân, lequel avait entamé depuis plusieurs années une lutte sans merci contre l'émir Mohammed [2]. Ibn Merwân était un de ces renégats qui rêvaient de se constituer des principautés indépendantes. Obligé de se soumettre après la capitulation de Mérida (868) et de servir dans l'armée de l'émir, Ibn Merwân, à la suite d'insultes qu'il reçut à la cour, s'enfuit de Cordoue et occupa la forteresse d'Alanje, au Sud de Mérida (875), se soumit, puis se révolta de nouveau,

---

app. n° LXXV, pp. 176-186 : « Multorum etenim manet cognitum et « plerisque notissimum hoc quod data est terra ad populandum illus- « trissimo viro domno Odoario digno bellatori, in era DCCCCX, a « principe serenissimo domno Adefonso ; qui venit in civitate Flavias, « secus fluvium Tamice, vicos et castella crexit, et civitates munivit, « et villas populavit, atque eas certis limitibus firmavit, et terminis « certis locavit, et inter utrosque habitantes divisit, et omnia ordi- « nate atque firmate bene cuncta disposuit » (*loc. cit.*, p. 176).

1. Outre Odoario, on connaît de nom un de ces « pobladores » galiciens. C'est Alphonse, dit *Bittoti*, cité dans un diplôme d'Ordoño III du 5 mars 951 (López Ferreiro, *Hist. de la iglesia de Santiago*, II, app. n° LXI, pp. 136-138). Ce personnage occupa une villa sise aux bords du Miño, mais là se bornent les renseignements que nous avons sur lui. M. López Ferreiro, dans *Galicia histórica*, p. 768, l'identifie avec le comte de Deza « Berotus », qui aurait assisté à la consécration de l'église de Compostelle (Sampiro, ch. 9). Pour les motifs déjà indiqués, l'identification est précaire. — M. López Ferreiro, dans *Galicia histórica*, p. 727, cite quelques témoignages indirects du repeuplement de la région comprise entre le Miño et le Duero.

2. Sur Ibn Merwân, voir Dozy, *Hist. des Musulmans d'Espagne*, II, pp. 183-188, 238 et 260. Voir en outre l'excellente monographie de M. F. Codera, *Los Benimeruán en Mérida y Badajoz*, dans *Estudios críticos*, 2ª serie (*Col. de estudios árabes*, IX), pp. 1-74. — Ibn Merwân aurait été surnommé le Galicien à cause de ses rapports avec Alphonse III (Dozy, *loc. cit.*, p. 184 ; noter cependant les réserves de Codera, *loc. cit.*, pp. 3-4).

s'installa à Badajoz, lia partie avec un autre révolté, Sadoûn es-Soronbâki, et reçut des secours d'Alphonse III. Mohammed envoya contre lui (876) une armée, commandée par son fils El-Mondhir et par le général Hâchim ben Abd el-Azîz, celui-là même qui, à Cordoue, avait gravement injurié et frappé Ibn Merwân. A l'approche de l'ennemi, Ibn Merwân avait évacué Badajoz et s'était jeté dans Caracuel, tandis que Hâchim avait fait occuper une autre forteresse, *Monsalud*. Sadoûn, qui était dans les environs de cette dernière place, et qui secondait Ibn Merwân, fit habilement « courir le bruit « qu'il n'avait que peu d'hommes avec lui ». Commettant une faute analogue à celle dont s'était rendu coupable Gaton, lors du siège de Tolède (854), Hâchim crut à l'exactitude des renseignements qu'on lui avait donnés, et il « quitta aussitôt le « camp avec quelques cavaliers sans prendre ni dispositions de « combat ni provisions ». Adroitement attiré dans la montagne, il y fut attaqué, battu, blessé et fait prisonnier [1]. Pour remercier Alphonse III des services rendus, Ibn Merwân lui envoya le général ainsi capturé. Hâchim fut donc conduit à Oviedo [2].

---

1. Sur les événements de 876, voir Ibn Adhari, à l'a. 262 (6 octobre 875), trad. Fagnan, II, pp. 167-169 ; Ibn el-Athîr, trad. Fagnan, *Annales*, p. 252 ; Ibn Khaldoun, IV, p. 131 et 133. A ces textes, dont le premier est essentiel, joindre les passages d'Ibn el-Khatîb et d'Ibn el-Koûtiyya, résumés ou traduits par M. Codera, *loc. cit.*, p. 35-36, ainsi que le passage d'Ibn Hayyân cité à la note suivante. — Consulter le récit de Dozy, *op. cit.*, II, pp. 185-186.

2. La remise d'Hâchim à Alphonse III, mentionnée par Ibn Hayyân, ms. d'Oxford, fol. 11 v, ainsi que par Ibn el-Koûtiyya (Codera, *loc. cit.*, p. 36), est confirmée par le *Chron. Albeldense*, ch. 62, sous la date erronée de 877 : « Parvoque procedente tempore, era DCCCCXV, « consule Spaniae et Mahomat regis consiliarius Abuhalit bello in fines « Gallaeciae capitur, regique nostro in Oveto perducitur. » Cf. Sampiro, ch. 4. — Que *Abuhalit* soit bien Hâchim, cela n'est pas douteux (Codera, *loc. cit.*, pp. 40-41, et p. 41, n. 1). — A signaler incidemment une amusante bévue de M. López Ferreiro, dans *Galicia histórica*, p. 724. Ignorant tout des circonstances qui amenèrent la capture d' « Abuhalit », M. López Ferreiro pense que ce général avait profité,

Il y resta deux ans [1], et n'ayant pu payer en une seule fois la rançon qu'Alphonse exigeait de lui, — soit cent mille sous d'or — il dut donner au roi des otages, savoir ses deux frères, son fils et son neveu (878) [2].

Afin de punir et Ibn Merwân et Alphonse III, Mohammed envoya son fils El-Mondhir en expédition, avant même la libération d'Hâchim (877) [3]. El-Mondhir avait ordre de passer par Mérida, la capitale d'Ibn Merwân. Ce dernier, qui se trouvait alors soit à Badajoz, soit à Mérida, attaqua El-Mondhir qui cheminait avec neuf cents de ses cavaliers. Malgré l'aide de contingents chrétiens, Ibn Merwân fut vaincu et une partie de ses renforts massacrée. Mais peu après les Chrétiens et Ibn Merwân prenaient leur revanche, en anéantissant un parti de sept cents cavaliers maures. Cet exploit accompli, Ibn Merwân crut d'ailleurs prudent de se réfugier auprès d'Alphonse III [4]. L'émir, à cette nouvelle, tenta, une

en 877, pour envahir la Galice, de ce qu'Alphonse III était encore en guerre avec ses frères ; et il suppose, bien inutilement, que le général musulman avait été « probablemente inducido por los enemigos « de nuestro Monarca ».

1. Voir les textes d'Ibn Adhari et d'Ibn el-Khatîb résumés par M. Codera, *loc. cit.*, p. 40. D'après Ibn Khaldoun, IV, p. 131 (cf. p. 133), la captivité d'Hâchim aurait duré deux ans et demi, et n'aurait pris fin qu'en 265 (3 septembre 878).

2. *Chron. Albeldense*, ch. 62 : « Qui dum se postea redemit, duos « fratres suos, filium atque subrinum obsides dedit, quousque centum « millia auri solidos regi persolvit. » Sampiro, ch. 4 : « qui se redimens « pretio, centum millia solidorum in redemptionem suam dedit ». Ibn el-Koûtiyya, résumé par M. Codera, *loc. cit.*, p. 36, fixe la rançon à 15.000 monnaies (*sic*). Comparer Dozy, *op. cit.*, II, pp. 186-187.

3. Ibn el-Athîr, à l'a. 263 (24 septembre 876), trad. Fagnan, *Annales*, pp. 252-253 (c'est le récit le plus complet) ; Ibn Adhari, trad. Fagnan, II, p. 169 ; Ibn Khaldoun, IV, p. 131 et Makkari, I, p. 226 (trad. Gayangos, *Mohammedan dynasties*, II, p. 128). Les trois premiers de ces textes sont analysés par M. Codera, *loc. cit.*, pp. 38-39.

4. La présence de contingents chrétiens dans l'armée d'Ibn Merwân est attestée par Ibn el-Athîr et Ibn Khaldoun, la fuite d'Ibn Merwân en pays ennemi, par Ibn Adhari.

fois de plus, de châtier Alphonse et fit envahir la « Galice »
par El-Barrâ ben Mâlik (878) [1] ; mais il est peu probable que
cette expédition ait commis, quoi qu'on en dise, de grands
ravages [2] ; en tout cas, la même année, le comte Hermenegildo s'emparait de Coïmbre [3].

Mohammed cependant ne se tenait pas pour battu ; il
avait conservé, en dépit des circonstances, l'espoir d'arrêter
la marche d'Alphonse ; aussi n'hésita-t-il pas à tenter une
diversion [4]. Ayant appris par un espion que les côtes de la

---

1. Ibn Adhari, à l'a. 264 (13 septembre 877), trad. Fagnan, II,
p. 169 ; Ibn el-Athîr, trad. Fagnan, *Annales*, p. 254. Cf. Codera,
loc. cit., p. 41.

2. Ibn Adhari, *loc. cit.* « ...El-Barrâ ben Mâlik pénétra en Galice
« par la porte de Coïmbre à la tête de recrues levées dans l'Ouest
« de la Péninsule, et ne cessa de la parcourir qu'après y avoir détruit
« tout ce qui y avait de la valeur. » Ibn el-Athîr, *loc. cit.*, après avoir
noté qu' « une troupe d'Arabes marcha contre la ville de Djalîkiyya »,
ajoute plus modestement : « et dans le grand combat qui eut lieu,
« les pertes furent des deux parts très sensibles ».

3. *Chron. Laurbanense* (*Port. Mon. Hist. Script.*, I, p. 20) : « Era
« DCCCCXVI. prendita est Conimbria ad Ermegildo comite. » Qui
était cet Hermenegildo ? Un personnage de même nom souscrit,
en qualité de majordome, l'acte suspect du 25 septembre 883 (*Cat.*,
n⁰ 43) et souscrit, mais cette fois sans titre, le diplôme authentique de
885 (*Cat.*, n⁰ 44). Nous savons, d'autre part, que le comte Hermenegildo vint à bout du comte Witiza qui s'était révolté en Galice
(ci-dessous, ch. IV, § III). Il est probable qu'il s'agit d'un seul et
même personnage, qui fut l'aïeul de saint Rosendo. Voir Florez,
Esp. Sagr., XVIII, p. 75 et López Ferreiro, dans *Galicia histórica*,
pp. 766-767. — Quant à la prise de Coïmbre, elle est mentionnée aussi
par le *Chron. Albeldense*, ch. 61 : « Conibriam ab inimicis possessam
« eremavit », mais le repeuplement de cette ville y est en outre signalé : « et Gallaecis postea populavit ». (La première partie de la
phrase citée a été remaniée de la façon suivante par Sampiro, ch. 3 :
« Conimbriam quoque ab inimicis *obsessam defendit*. ») Notons encore
que le souvenir de la prise de Coïmbre est rappelé dans le diplôme
suspect du 25 septembre 883 (*Cat.*, n⁰ 43) et le diplôme authentique
du 30 décembre 899 (*Cat.*, n⁰ 58).

4. Ibn Adhari, à l'a. 266 (23 août 879), trad. Fagnan, II, p. 170.
Ibn el-Athîr, trad. Fagnan, *Annales*, p. 257 ; cf. Noweyri, éd. Gaspar

Galice étaient insuffisamment défendues, il résolut d'envoyer
une flotte en ces parages. Les vaisseaux furent construits à
Cordoue [1] et placés sous le commandement d'Abd el-Hamîd
ben Moghîth [2]. Mais cette entreprise échoua lamentablement.
Une fois en mer, les navires furent assaillis par la tempête
et presque complètement anéantis. L'amiral put échapper
à la mort (879-880) ; mais jamais plus les flottes musulmanes,
qui sillonnaient avec succès la Méditerranée, ne s'aventu-
rèrent dans l'Atlantique [3].

* * *

A l'époque où nous sommes arrivés, c'est-à-dire vers 880,
toute la Galice et une grande partie du Portugal actuel obéissaient au roi des Asturies. Outre Coïmbre, Braga, Porto,
Chaves, Lamego et Vizeu avaient été réoccupées par les
Chrétiens. Idanha (ou La Guarda), Coria et les frontières de la

---

Remiro, I, trad. pp. 48-49, Ibn Khaldoun, IV, pp. 131-132 ; Rodrigue
de Tolède, *Hist. Arabum*, ch. 29 (*Hisp. illustr.*, II, p. 177).

1. Rodrigue de Tolède, *loc. cit.*, indique d'autres chantiers de construction : « Praecepit rex naves fieri Cordubae, Hispali et in aliis
« locis, ubi lignorum materiae abundabant. »

2. Ibn Adhari, *loc. cit.*, le nomme d'abord Er-Roayti, « connu sous
« le nom d'Ibn Moghîth », puis « Abd el-Hamîd ben Moghîth ». Comparer Rodrigue de Tolède, *loc. cit.* « praefecit eis [navibus] quendam,
« qui Abdelhamit dicebatur ».

3. Ce n'était sans doute pas la première fois que les Musulmans
envoyaient une escadre sur les côtes galiciennes ; le *Chron. Albeldense*,
ch. 60 (règne d'Ordoño Ier), renferme en effet cette phrase : « Mauri
« in navibus venientes in freto Gallicano devicti sunt. » — Noter
à ce propos une erreur de M. López Ferreiro, dans *Galicia histórica*,
p. 693 : Conde *Hist. de la dominacion de los árabes en España*, I (Madrid, 1820, pet. in-4º), pp. 301-302, ayant rapporté les événements
de 879-880 sous la date de 867 (*lire* 868), M. López Ferreiro a rapproché le récit de Conde du passage ci-dessus transcrit de la Chronique d'Albelda. M. López Ferreiro a sans doute été influencé par
Morales, *Coronica*, éd. Cano, VII, p. 408, lequel plaçait sous Ordoño
l'expédition maritime des Musulmans.

Lusitanie jusqu'à Mérida, sinon plus loin, avaient été saccagées[1]. Alphonse III était l'allié d'Ibn Merwân, le plus dangereux ennemi de l'émirat en ces régions, et de Sadoûn, un autre chef de bande. Aussi le roi asturien put-il réaliser en 881 une marche très hardie en territoire musulman. Tandis que l'armée de l'émir combattait le plus célèbre des renégats révoltés, Omar ben Hafçoûn[2], Alphonse, traversant la Lusitanie, franchit le Tage, pénétra dans le pays situé entre Trujillo et le Guadiana — pays où était installée la tribu berbère de Nefza, — et parvint à Mérida. Puis, passant le Guadiana, il s'avança jusqu'au mont « Oxifer[3] », dans la Sierra Morena. Là il mit en déroute les troupes musulmanes, après quoi il regagna Oviedo[4].

1. *Chron. Albeldense*, ch. 62 (où ces événements sont notés juste avant ceux de l'année 877) : « Urbes quoque Bracharensis, Portu« calensis, Auriensis [Aucensis, *Florez*], Eminensis, Vesensis atque « Lamecensis a Christianis populantur. Istius victoria Cauriensis, « Egitaniensis et ceteras Lusitaniae limites, gladio et fame consumptas, « usque Emeritam atque freta maris, eremavit et destruxit. » Cf. Sampiro, ch. 4 : « Urbes namque Portugalensis, Bracharensis, Ve« sensis, Flaviensis, Auriensis [Aucensis, *Florez*] a Christianis popu« lantur, et secundum sententiam canonicam episcopi ordinantur, « et usque ad flumen Tagum populando producitur. »

2. Omar, qui se révolta vers 880 ou 881, ne mourut qu'en 917. Sur ce personnage, voir Dozy, *Hist. des Musulmans d'Espagne*, II, pp. 191 et suiv. Il ne semble pas qu'Omar ait jamais été l'allié d'Alphonse ; toutefois, il y eut peut-être, à un moment donné, un projet d'alliance entre ces deux ennemis de l'émir (cf. Dozy, *op. cit.*, II, p. 306).

3. D'après A. de los Ríos, *Hist. crítica de la literatura española*, II, p. 146, il s'agirait des monts Marianos.

4. *Chron. Albeldense*, ch. 64 : « Postea rex noster, Sarracenis inferens « bellum, exercitum movit, et Spaniam intravit sub era DCCCCXIX. « Sicque per provinciam Lusitaniae, Castra de Nepza praedando « pergens, jam Tago flumine [Tacum fluminem, *Florez*] transito, « ad Emeritae fines est progressus ; et decimo milliario ad Emeritam « pergens, Anam fluvium transcendit, et ad Oxiferium montem per« venit : quod nullus ante eum princeps adire tentavit. Sed et hoc « quidem glorioso ex inimicis triumphavit eventu ; nam in eodem « monte XV [*sic*] capita amplius noscuntur esse interfecta. Sicque « inde princeps noster cum victoria sedem revertitur regiam. » —

13

Ce fut la dernière grande opération militaire du côté du
Portugal. Dès lors, en ces parages, Alphonse n'eut qu'à sur-
veiller ou à mettre à la raison deux ennemis dont il connaissait mieux que personne les ressources, à savoir ses anciens
alliés, Ibn Merwân et Sadoûn. Le premier, qui, après la campagne de 877, s'était réfugié en territoire chrétien, comme
nous l'avons vu, se brouilla avec Alphonse, pour des motifs
que l'on ignore, et, le quittant, s'en alla relever une forteresse ruinée, sise non loin de Mérida et nommée *Antania* (?);
de là, il se mit à ravager les possessions d'Alphonse [1]. Quant à
Sadoûn, il s'installa près de Coïmbre — peut-être même réus-
sit-il à s'emparer un instant de cette ville — et il entreprit
des razzias tant sur les terres des Chrétiens que sur celles
des Musulmans. Ce bandit fut finalement mis à mort par le
roi des Asturies [2].

Le nombre des Musulmans tués dans la Sierra Morena est fixé à
cinq mille et quinze mille respectivement par les éditions de Pellicer
et de Juan del Saz (cf. Florez, *Esp. Sagr.*, XIII, p. 455, n. 2).

1. Ces faits sont rapportés par Ibn Khaldoun, IV, pp. 131 et 133;
cf. Codera, *loc. cit.*, pp. 41-42. Ibn Khaldoun, p. 133, s'exprime ainsi :
« Ensuite Alphonse changea de dispositions à l'égard d'Ibn Mer-
« wân et le combattit. Ibn Merwân abandonna le théâtre de la guerre
« [les états d'Alphonse] et s'installa à *Antania*, ville située aux envi-
« rons de Mérida ; il la fortifia, car elle était en ruines ; puis il s'empara
« du territoire qui, dépendant de cette ville, était situé soit en terre
« léonaise, soit en terre galicienne, et il l'annexa à Badajoz. Mais alors
« l'émir Abd Allâh s'empressa de se rendre à Badajoz. » Rappelons
qu'Abd Allâh monta sur le trône le 29 juin 888 : les événements rapportés par Ibn Khaldoun seraient donc, au moins en partie, postérieurs à cette date.

2. Ibn Hayyân, ms. d'Oxford, fol. 17 v-18 r; publié par Dozy, *Recherches*, 3e éd., II, app. no XXXIV, p. LXXXVIII ; successivement traduit par Gayangos, *Mohammedan dynasties*, II, p. 442, Dozy, *op. cit.*,
II, p. 286 et Codera, *loc. cit.*, p. 43. Comparer Ibn Khaldoun, IV,
p. 133 (trad. par M. Codera, *loc. cit.*, pp. 42-43). D'après Ibn Hayyân,
c'est dans les montagnes situées entre Santarem et Coïmbre que Saa-
doun s'était installé; d'après Ibn Khaldoun, c'est dans une forteresse
sise entre Coïmbre et Beja (ou le Tage ?). Le détail concernant la
prise de Coïmbre n'est donné que par Ibn Khaldoun.

III. — Les opérations d'Alphonse III en Leon et en Castille.

Tandis qu'Alphonse III s'établissait dans le Nord du Portugal sans éprouver de résistances bien sérieuses, il avait, d'autre part, à repousser des invasions musulmanes en Leon et en Castille.

Antérieurement à l'année 877, mais à une date qu'il est impossible de préciser, une armée conduite par El-Mondhir, fils d'Abd er-Rahmân II et frère de l'émir Mohammed, vint camper sous les murs de Leon : elle dut cependant battre en retraite, non sans avoir subi de fortes pertes [1]. Vers la même époque, un autre corps de troupes qui avait pénétré dans le Bierzo fut anéanti [2]. Après quoi, Alphonse alla piller les frontières ennemies ; il prit Deza, dont il brûla les tours, et reçut la soumission d'Atienza [3].

Plus tard, El-Mondhir, fils de l'émir Mohammed, et le général El-Welîd ben Ghânim partirent de Cordoue et se

---

1. *Chron. Albeldense*, ch. 61 (où les faits sont rapportés antérieurement à l'année 877) : « Illius tempore praeterito jamque multo, « Ismabelitica hostis ad Legionem venit, duce Abulmundar, filio « Abderhamam regis, fratre Mahomat Cordobensisr egis. Sed dum « venit, sibi impediit ; nam ibi multis millibus amissis, ceterus exer- « citus fugiens evasit. » Cf. Sampiro, ch. 1 : « Interea ipsis diebus « Ismaelitica hostis urbem Legionensem attentavit cum duobus du- « cibus Immundar et Alcanatel, ibique multis militibus amissis, alius « exercitus fugiens evasit. » Au dire de Sampiro, cette expédition aurait précédé de peu le mariage d'Alphonse.

2. *Chron. Albeldense*, ch. 61 : « Ipsisque diebus alia hostis in Ver- « gidum ingressa usque ad nihilum est interempta. »

3. *Chron. Albeldense*, ch. 61 : « Multosque inimicorum terminos est « sortitus. Dezam castrum iste accepit. Antezam pace adquisivit. » Cf. Sampiro, ch. 2 : « Studio quippe exercitus, concordante favore « victoriarum, multos inimicorum terminos sortitus est. Dezam urbem « iste cepit atque civibus [cives, *Florez*] illius captis plurimis, igne « turres consumpsit ; Atenzam pace acquisivit. » — *Anteza* ou *Atenza* est sûrement Atienza (prov. de Guadalajara), et non pas *Antania* (?), près de Mérida (où s'était retranché Ibn Merwân), comme le suppose, d'ailleurs sous réserves, M. Codera, *loc. cit.*, p. 42, n. 1.

dirigèrent vers Astorga et Leon. A cette armée devaient se joindre les contingents de Tolède, Talamanca et Guadalajara. Mais Alphonse empêcha la jonction de se produire. Laissant derrière lui l'armée d'El-Mondhir, il marcha sur les troupes de renfort, et, débouchant brusquement d'un bois, il fondit sur elles et les tailla en pièces sur les bords de l'Orbigo, à *Polvoraria* [1]. El-Mondhir tâchait, entre temps, d'atteindre la forteresse de *Sublantium*, qu'avait restaurée Alphonse et qui était située près de l'Esla [2] ; apprenant le désastre de *Polvoraria* et apprenant aussi que le roi l'attendait avec toutes ses forces devant *Sublantium* même, il fit volte-face en pleine

1. *Chron. Albeldense*, ch. 63 : « Ipsisque diebus, sub era DCCCCXVI, « Almundar, filius regis Mahomat, cum duce Ibenganim atque hoste « Sarracenorum, ex Cordoba ad Asturicam [Sturicam, *Florez*] atque « Legionem venit. Sed manus idem hostis ex adverso exercitum se- « quens, qui erant de Toleto, Talamanca, Vathlelhara vel de aliis « castris, sub uno XIII millia, in locum Polboraria apud fluviun Urbi- « cum a principe nostro interfecti sunt. » Le détail des faits est ainsi indiqué par Sampiro, ch. 5 : « Per idem fere tempus Cordubensis « exercitus venit ad civitatem Legionensem atque Astoricensem ur- « bem, et exercitum Toletanae urbis atque alium ex aliis Hispaniae « civitatibus post eum venientem in unum secum aggregari voluit « ad destruendam Dei ecclesiam ; sed prudentissimus rex per explo- « ratores omnia noscens, magno consilio Dei juvante instat adjutus ; « nam Cordubense agmen post tergum relinquens, sequenti exercitui « obviam properavit. Illi quidem prae multitudine armatorum nil « metuentes, Polvorariam tendentes venerunt. Sed gloriosissimus rex « ex latere sylvae progressus, irruit super eos in praedictum locum « Polvorariae, juxta flumen cui nomen est Urbicum, ubi interempti « ad XII millia corruerunt. » — Sur l'emplacement de *Polvoraria*, voir C. Fernández Duro, *Memorias históricas... de Zamora*, I (Madrid, 1882, in-8º), pp. 178 et 179; ce serait le « campo del Mató », », près de Benavente.

2. Sampiro, ch. 1, place la restauration de *Sublantium* aussitôt après la défaite de l'usurpateur Fruela, donc en 866 ou 867 : « exinde « venit Legionem et populavit Sublancium quod nunc a populis Su- « blancia dicitur. » — Sur l'emplacement de cette forteresse (à deux lieues de Leon, près de l'Esla), laquelle succéda à la ville romaine de *Lancia*, voir Florez, *Esp. Sagr.*, XVI, pp. 3 et 16 et Risco, *Esp. Sagr.*, XXXIV, pp. 4-6.

nuit [1]. Mohammed conclut alors avec Alphonse une trêve
de trois ans (878) [2].

Aussitôt après l'expiration de la trêve, les hostilités reprirent, et nous voyons reparaître à ce moment les Benoû Moûsa,
les alliés d'Alphonse.

Moûsa ben Moûsa, l'ancien adversaire d'Ordoño Ier, était
mort en 862, des suites d'une blessure reçue au cours d'une
expédition contre Guadalajara [3]. Privés de leur chef, les Benoû
Moûsa jouèrent pendant plusieurs années un rôle assez effacé
en Aragon ; mais en décembre 871, un des fils de Moûsa ben
Moûsa, Motarrif, s'emparait de Tudèle, et, le 16 janvier 872,
un autre de ses fils, Ismaïl, se rendait maître de Saragosse [4].
Motarrif ne tarda pas à tomber entre les mains de l'émir,
qui le fit exécuter, ainsi que ses fils (873) [5]. Mais, bravant les
armées que l'on envoyait contre lui (878) [6], Ismaïl se maintint

---

1. *Chron. Albeldense*, ch. 63 : « Idem Almundar ad castrum Sublan-
« tium volens pertendere, cognovit quod gestum fuerat in Polboraria ;
« etiam comperiens quod rex noster jam in Sublantio castro cum omni
« exercitu eum bellaturus expectabat, metuens retro ante lucentem
« diem vertitur in fugam. » Sampiro, ch. 5, rapporte les choses dif-
féremment : à l'en croire, l'armée d'El-Mondhir aurait été anéantie
à Valdemora (*part. jud.* de Valencia de Don Juan) : « Ille quidem alius
« exercitus Cordubensis vallem de Mora venit fugiendo. Rege vero eos
« persequente, omnes ibidem gladio interempti sunt. Nullus inde evasit
« praeter decem involutos sanguine inter cadavera mortuorum. »
2. *Chron. Albeldense*, ch. 63 : « Deinde, imperante Abuhalit, pro
« tribus annis pax in utrosque reges fuit. » Sampiro, ch. 6 : « Post
« haec Agareni ad regem Adefonsum legatos pro pace miserunt ;
« sed rex per triennium illis pacem accommodans, fregit audaciam
« inimicorum, et ex hinc laetitia magna exultavit ecclesia. »
3. Dozy, *Recherches*, 3e éd., I, pp. 214-215 ; Fernández-Guerra,
Caída y ruina, pp. 37-38.
4. Ibn Adhari, à l'a. 258 (18 novembre 871), trad. Fagnan, II,
p. 165. Cf. Dozy, *Recherches*, 1re éd. (Leyde, 1849, in-8o), I, p. 7.
5. Ibn Adhari, à l'a. 259 (7 novembre 872), trad. Fagnan, II, pp. 165-
166. Cf. Dozy, *Recherches*, 1re éd., I, p. 7.
6. Ibn el-Athîr, à l'a. 264 (13 septembre 877), trad. Fagnan, *Annales*,
p. 254 ; Ibn Adhari, trad. Fagnan, II, p. 169.

à Saragosse, pendant qu'un autre de ses frères, Fortun ben Moûsa, s'établissait à Tudèle [1]. Ismaïl et Fortun vivaient probablement en bonne intelligence avec Alphonse ; en tout cas, leur neveu Mohammed ben Lope, — le fils de Lope ben Moûsa, l'ancien « consul » de Tolède, — entretenait des relations d'amitié si étroites avec le roi des Asturies que ce dernier lui avait confié un de ses fils, le futur Ordoño II [2]. Telle était la situation en Aragon quand El-Mondhir reprit à nouveau la route du Nord, et partit de Cordoue avec le général Hâchim ben Abd el-Azîz, dans le but de réduire à l'obéissance et les Benoû Moûsa et le roi Alphonse [3] (882).

El-Mondhir marcha donc sur Saragosse, où il assiégea vainement pendant une vingtaine de jours Ismaïl ben Moûsa. De là, il se rendit devant Tudèle, que défendait Fortun ben Moûsa, mais il n'obtint aucun avantage [4]. Alors se produisit

---

1. *Chron. Albeldense*, ch. 66, cité plus bas, n. 4.

2. *Chron. Albeldense*, ch. 67 : « cui rex filium suum Ordonium ad « creandum dederat ». Le P. Tailhan, *Bibliothèques*, pp. 285-286, s'élève avec véhémence contre le témoignage de la Chronique d'Albelda : « Cette affirmation d'un fait invraisemblable jusqu'à l'absurde, « celui d'un roi, le plus ferme et le plus vaillant chrétien de son temps, « confiant à un émir musulman l'éducation de son fils âgé de six ou « huit ans à peine », etc., etc. Il n'y a pas lieu de discuter cette opinion purement sentimentale, puisque l'alliance d'Alphonse III avec les Benoû Moûsa ne saurait faire aucun doute.

3. *Chron. Albeldense*, ch. 66 : « Hoc supradicto principe regnante, « in era DCCCCXX, supradictus Almundar, Mahomat regis filius, « a patre suo directus cum duce Abuhalit et exercitu Spaniae... » Cf. Ibn Adhari, trad. Fagnan, II, p. 172 : « En 268 (1er août 881), « El-Mondhir ben Mohammed ayant comme général Hâchim ben « Abd el-Azîz marcha contre les points les plus reculés de la fron- « tière. » Comparer aussi Ibn el-Athîr, trad. Fagnan, *Annales*, pp. 258-259 ; Noweyri, éd. Gaspar Remiro, I, trad. p. 49 et Ibn Khaldoun, IV, p. 132.

4. Tel est du moins le récit du *Chron. Albeldense*, ch. 66 : « ...LXXX « millia a Cordoba progressus [Almundar], ad Caesaraugustam est « profectus, ubi Zmael Iben Muza stabat adversus Cordobenses « infestus. Hostis, dum ad Caesaraugustam circuivit, XXV [XXII,

la trahison de Mohammed ben Lope. Jaloux de la puissance de ses oncles Ismaïl et Fortun, il fit soudainement la paix avec l'émirat et joignit ses troupes à celles d'El-Mondhir [1]. L'armée musulmane ainsi grossie pénétra sur les états d'Alphonse, attaqua la ville de Cellorigo, mais essuya un échec [2]. Poursuivant sa marche, elle passa sur le territoire qu'administrait Vigila Ximenez, comte d'Alava, assiégea pendant trois jours Pancorbo, mais dut se retirer après avoir éprouvé des pertes sensibles [3]. Elle entra ensuite sur les possessions de

---

« *Berganza*] dies ibidem pugnavit, sed nihil victoriae gessit. Inde « profectus ad Tutelam castrum praeliavit, quod Furtunio Iben Muza « tenebat, sed nihil ibidem egit. » — Les historiens arabes s'expriment d'une autre manière (cf. Codera, *Estudios críticos* [*Col. de estudios árabes*, VII], pp. 231-232). D'après eux, l'armée d'El-Mondhir, s'étant d'abord portée sur Saragosse, s'empara ensuite de la forteresse de « Rota » (sur laquelle on consultera Fagnan, *Annales*, p. 258, n. 3) : il n'y est pas question de Tudèle.

1. *Chron. Albeldense*, ch. 67 : « Tunc Ababdella ipse qui Mahomat « Iben Lupi, qui semper noster fuerat amicus, sicut et pater ejus, « ob invidiam de suis tionibus... cum Cordobensibus pacem fecit, « fortiamque suorum in hostem eorum misit. »

2. *Chron. Albeldense*, ch. 67 : « sicque hostes Caldaeorum in terminos « regni nostri intrantes, primum ad Celloricum castrum pugnave- « runt, et nihil egerunt, sed multos suos ibi perdiderunt ». — La marche d'El-Mondhir est indiquée comme suit par les auteurs arabes. Selon Ibn Adhari, *loc. cit.*, c'est immédiatement après la prise de « Rota » (ci-dessus, p. 198, n. 4) qu'El-Mondhir aurait attaqué l' « Alava ». Au contraire, selon Ibn el-Athîr et Ibn Khaldoun, *loc. cit.*, c'est seulement après s'être avancé de « Rota » sur le couvent de « Teroûdja », puis sur Lérida et Carthagène (?), que le fils de l'émir se serait retourné contre les Chrétiens. Il est impossible de concilier ces témoignages discordants. — A noter que, au dire d'Ibn el-Athîr, El-Mondhir aurait combattu, à Carthagène (?), Ismaïl ben Moûsa, ce qui serait en contradiction formelle avec le passage de la Chronique d'Albelda cité plus haut (p. 198, n. 4), si la lecture « Carthagène » n'était pas extrêmement douteuse.

3. *Chron. Albeldense*, ch. 68 : « Vigila Scemeniz erat tunc comes in « Alava ; ipsa quoque hostis in extremis Castellae veniens, ad castrum, « cui Ponte curbum nomen est, tribus diebus pugnavit, et nihil vic- « toriae gessit, sed plurimos suorum gladio vindice perdidit. » — Ibn

Diego Rodriguez, comte de Castille, et remporta là un semblant de succès : Nuño Nuñez abandonna devant elle la forteresse de Castrogeriz, qui n'était pas en état de soutenir victorieusement une attaque [1].

Alphonse III attendait à Leon cette armée redoutable, fermement résolu à livrer bataille dans les environs de la ville. Mais, lorsque les Musulmans connurent les dispositions d'esprit de leur adversaire, ils changèrent de route : à l'instigation d'Hâchim ben Abd el-Azîz, qui venait d'apercevoir les avant-postes d'Alphonse, ils franchirent l'Esla, alors qu'ils se trouvaient à quinze milles au Sud de Leon [2]. Après avoir brûlé quelques forts, ils campèrent à Alcoba de la Rivera, sur l'Orbigo. De là, Hâchim envoya des messagers à Alphonse pour lui demander la libération de son fils Aboûl-Kâsim, qui était toujours retenu comme otage. On conclut un échange : Alphonse délivra son prisonnier ; Hâchim remit à Alphonse, outre de nombreux présents, d'abord le fils d'Ismaïl ben Moûsa, qu'il avait emmené de Cordoue pour servir de médiateur entre son père et l'émir, ensuite un certain « Fortun Iben Alazeh » dont il s'était emparé à Tudèle. Re-

---

el-Athîr, *loc. cit.*, écrit : « Il [El-Mondhir] se dirigea vers la ville d'An-
« kara, qui appartenait aux polythéistes. » L'orthographe de ce nom
de lieu étant très peu certaine, nous serions tenté de voir en « Ankara »
une forme défigurée du vocable Pancorbo.

1. *Chron. Albeldense*, ch. 69 : « Didacus, filius Ruderici, erat comes in
« Castella ; castrum quoque Sigerici ob adventum Sarracenorum
« Munio, filius Nunni, eremum dimisit, quia non erat adhuc strenue
« munitum. »

2. *Chron. Albeldense*, ch. 70 : « Rex vero noster in Legionense urbe
« ipsam hostem sperabat, strenue munitus agmine militari, ut cum
« eis legitime ad civitatis suburbium dimicaret ; sed ipsa hostis, dum
« comperit quod rex noster illam quotidie alacri animo ad urbem
« propinquare desideraret, instigante [castigante, *éd.*] Habuhalit,
« qui jam viros aspexerat regios, longe a civitate XV millibus, ipsa
« hostis trans flumen Estorae perrexit. » — La correction que nous
adoptons (*instigante*, au lieu de *castigante*) nous paraît s'imposer

venant sur leurs pas, et se dirigeant de l'Orbigo vers Cea[1],
les Musulmans prirent le chemin du retour[2]. Ils étaient partis
de Cordoue en mars, ils y rentrèrent en septembre[3]. Alphonse
remit à ses alliés les Benoû Moûsa les membres de cette famille
qu'il avait reçus des mains d'Hâchim[4], et ainsi se termina
cette longue campagne[5].

L'armée musulmane partie, la discorde éclata entre les
Benoû Moûsa. Mohammed ben Lope était devenu un objet
de haine, et aussi un danger, pour ses oncles et ses frères depuis
qu'il s'était soumis à l'émir de Cordoue. Aussi, pendant l'hiver

---

1. Cea avait été repeuplée par Alphonse III ; cf. Sampiro, ch. 1 :
« et populavit... et Cejam, civitatem mirificam ».

2. *Chron. Albeldense*, ch. 70 : « Castella munita succendit, et de
« campo Alcopae ad fluvium Urbicum missos regi nostro direxit, ro-
« gans ut filium suum Abulkazem, quem adhuc rex tenebat, reciperet.
« Sicque filium Zmaelis Iben Muzae, quem de Cordoba patri suo causa
« pacis adduxerant, pariterque Furtum Iben Alazela, quem in Tutela
« arce [tutela arte, *Florez*] ceperant, ad nostrum regem Abohalit
« direxit ; et sic rogans per multa munera filium suum recuperat, et
« super fluvium Urbicum usque in Zeiam [Zela, *Florez*] viam fecit,
« sicque tunc Cordobam rediit. »

3. *Chron. Albeldense*, ch. 70 : « Reversi sunt in Cordoba mense
« septembrio, unde exierant martio mense. »

4. *Chron. Albeldense*, ch. 70 : « Et postea rex noster ipsos de Be-
« nikazi, quos de Habuhalit pro ejus filio acceperat, suis denique
« amicis sine pretio dedit. »

5. L'échec des Musulmans est discrètement confirmé par Ibn Adhari ;
cet auteur, après avoir noté, comme Ibn el-Athîr et Ibn Khaldoun,
qu'El-Mondhir conquit diverses forteresses, ajoute en effet qu'il
« en fit évacuer beaucoup d'autres... [*lacune ?*] dans la crainte de
« quelque dommage pour ses troupes et parce qu'il s'attendait à rester
« vainqueur ». — Signalons que le P. Tailhan, *Bibliothèques*, p. 263,
n. 3, dresse comme suit « le bilan » de cette expédition : « échec hon-
« teux et sanglant devant Saragosse, Cellorigo en Alava, Pancorvo
« en Castille ; entrée triomphale dans la bourgade ouverte de Cas-
« trojeriz ; reculade précipitée à la vue des troupes d'Alphonse
« massées sous les murs de Leon, incendie de quelques bicoques
« enlevées dans le cours de cette retraite, et, enfin, après une pro-
« menade ridicule de six mois, rentrée à Cordoue des deux généraux,
« aussi légers de gloire que de butin ».

de 882, fut-il attaqué par son oncle Ismaïl ben Moûsa et son cousin germain Ismaïl ben Fortun, plus que jamais fidèles à la cause d'Alphonse III. Mohammed ben Lope avait pris position sur une colline ; Ismaïl ben Moûsa et Ismaïl ben Fortun voulurent l'en déloger ; ils montèrent à l'assaut avec quelques hommes seulement. Ce fut une imprudence qui leur coûta cher. Mohammed, en effet, se rua sur eux avec une telle impétuosité qu'ils s'enfuirent. Dans sa fuite, Ismaïl ben Fortun tomba de cheval et fut fait prisonnier ; son oncle voulut lui porter secours, mais fut pris lui aussi [1]. Ayant incarcéré ses parents au château de Viguera, Mohammed ben Lope, dès lors seul chef de la famille des Benoû Moûsa, marcha sur Saragosse, qui jusque-là obéissait à Ismaïl ben Moûsa. Il occupa la ville sans coup férir et envoya des messagers à l'émir pour l'assurer de sa fidélité. Mais l'émir commit l'imprudence de demander à Mohammed la remise et de la ville de Saragosse et des Benoû Moûsa prisonniers. Mohammed refusa, et rompit toute relation avec Cordoue ; bien mieux, il relâcha son oncle qui, en manière de rançon, lui donna le château de Valtierra, et il relâcha également son cousin, qui lui céda la ville de Tudèle et le château de San Esteban de Deyo [2]. Plus fort que jamais, il restait le maître incontesté de Saragosse [3]. Mais, entre temps, Diego, comte de Castille, et Vigila, comte d'Alava, n'avaient cessé de ravager les terres de cet ambitieux personnage. Mohammed, lorsqu'il vit que ces attaques, par leur fréquence même, devenaient dangereuses, essaya de se rapprocher d'Alphonse, qu'il avait si délibérément trahi ; il envoya donc ambassades sur ambassades pour implorer sa grâce et tenter de faire la paix avec le roi asturien ; mais ce dernier, se souvenant de la défection dont

1. *Chron. Albeldense*, ch. 71.
2. Aujourd'hui Monjardin (*part. jud.* d'Estella).
3. *Chron. Albeldense*, ch. 72.

il avait souffert en des circonstances particulièrement graves,
ne se hâta pas d'accorder le pardon si humblement demandé [1].

Sur ces entrefaites, l'émir de Cordoue résolut de punir,
comme en 882, et les Benoû Moûsa et le roi des Asturies, et,
chose curieuse, la campagne de 883 fut, sinon entièrement,
du moins en majeure partie, la répétition textuelle de celle
de l'année précédente.

Sous le commandement d'El-Mondhir et d'Hâchim, l'armée
musulmane marcha d'abord vers Saragosse [2]. A son approche,
Mohammed s'enferma dans la place. Le combat dura deux
jours, d'ailleurs sans résultat. El-Mondhir ravagea alors les
environs de Saragosse, ainsi que les terres appartenant aux
Benoû Moûsa ; puis il pilla San Esteban de Deyo, mais ne
prit aucune autre ville ou forteresse [3]. Ces préliminaires
achevés, l'armée musulmane entra sur les états d'Alphonse,
assiégea de nouveau Cellorigo, que défendait le comte d'Alava,

1. *Chron. Albeldense*, ch. 73 : « Ipsisque diebus a comitibus Castellae
« et Alavae, Didaco et Vigila, multas persecutiones et pugnas idem
« Ababdella sustinuit ; et dum vidit se valde obprimi ab eis, statim
« legatos pro pace regi nostro direxit et saepius dirigit, sed adhuc
« hucusque a principe nullatenus pacem accipit firmam. Ille tamen
« in nostra amicitate persistit et persistere velet, sed rex noster ei
« adhuc non consentit. » Noter que ce passage a été écrit en 883.

2. *Chron. Albeldense*, ch. 74 : « Postea quoque in era DCCCCXXI,
« quae est praesenti anno, jam suprafatus Almundar, Mahomat regis
« filius, cum duce Abohalit et cum omni exercitu Spaniae, a patre
« suo ad Caesaraugustam directus est. » Les mots « cum omni exercitu
« Spaniae » ne répondent probablement pas à la réalité ; en tout cas,
il est curieux de constater que le célèbre rebelle Omar ben Hafçoûn,
momentanément réconcilié avec l'émir, accompagna l'armée d'El-
Mondhir et « trouva l'occasion de se distinguer dans plusieurs ren-
« contres, et notamment dans l'affaire de Pancorvo » (Dozy, *Hist.
des Musulmans d'Espagne*, II, p. 197).

3. *Chron. Albeldense*, ch. 74 : « Ubi dum venit, Ababdellam intus
« invenit. Duobus tantum diebus ibi pugnavit ; labores et arbusta
« diripuit, non tantum ad Caesaraugustam, sed in omnem terram
« de Venikazi similiter egit. Degium ex parte intravit et depraedavit,
« sed nullam de civitatibus vel castris cepit, sed jam populavit. »

Vigila, et perdit de nouveau beaucoup d'hommes devant la place assiégée [1] ; ensuite, elle se dirigea, de même qu'en 882, sur Pancorbo, dont elle dut encore abandonner le siège au bout de trois jours, et se heurta derechef aux troupes du comte de Castille, Diego ; mais, cette fois, elle ne put rien contre Castrogeriz, qui était bien défenduc [2]. En août, elle entrait en territoire léonais. Apprenant qu'Alphonse III était à Leon même et qu'il se disposait à leur offrir le combat près de *Sublantium*, les Musulmans quittèrent de nuit les bords du Cea, et, à l'aube, atteignirent *Sublantium*, avant qu'Alphonse eût eu le temps d'y arriver. El-Mondhir ne trouva d'ailleurs rien à *Sublantium*, si ce n'est des maisons vides [3]. Le lendemain, le roi attendait les ennemis près de Leon ; or, non seulement les Musulmans ne marchèrent pas sur cette ville, mais encore ils se gardèrent de suivre la même route que l'année précédente ; ils revinrent donc par Valencia de Don Juan et, en chemin, ruinèrent de fond en comble le monastère de Sahagun [4] ; après quoi, ils s'en retournèrent à Cor-

---

1. *Chron. Albeldense*, ch. 74 : « Postea quoque ipsa hostis in terminis « nostri regni intravit, primumque ad castrum Celoricum pugnavit « multosque interfectos e suis ibi dimisit. Vigila comes muniebat « ipsum castrum. »

2. *Chron. Albeldense*, ch. 75 : « Deinde ad terminos Castellae « in Ponte Curbo castro pervenit ; ibique sua voluntate pugnare « cepit, sed tertio die victus valde inde recedit. Didacus comes erat. « Dehinc castellum Sigerici munitum invenit, sed nihil in eo egit. »

3. *Chron. Albeldense*, ch. 75 : « Augustoque mense ad Legionenses « terminos accessit; sed dum regem nostrum in eadem urbe esse au- « divit, et quia in Sublantio castro cum eis praeliare jam definitum « esse comperit, de fluvio Zeiae [Zelae, *Florez*] nocte praemovit, « et lucescente die ad ipsum castrum pervenit, antequam noster exer- « citus illuc perrexisset ; sed nihil in eo castro praeter vacuas domus « invenit. »

4. *Chron. Albeldense*, ch. 75: « Alio tamen die cum alacritate eos « rex noster ad urbem pugnaturus sperabat ; sed ipsa hostis non « tantum ad Legionem non venit, sed et viam praeteriti anni nulla- « tenus arripuit, nec Estoram fluvium transcendit, sed per castrum

doue [1]. Tandis qu'il était en territoire léonais, Hâchim avait amorcé des négociations en vue de la paix. Pour y donner suite, Alphonse III envoya auprès de l'émir, en qualité d'ambassadeur, un prêtre de l'église de Tolède, Dulcidio (septembre 883) [2] ; et pendant ce temps, Mohammed ben Lope ne cessait de solliciter un recours en grâce qu'on ne cessait de lui refuser [3]. Dulcidio, ayant signé la paix, rentra à Oviedo le 9 janvier 884, ramenant les restes de saint Euloge et de sainte Léocritie qui, vingt-cinq ans auparavant, avaient subi le martyre à Cordoue [4]. Quant à Mohammed ben Lope, furieux de se voir méprisé par Alphonse, il se tourna résolument contre celui-ci et alla ravager l'Alava (886 ou 887) [5].

« Coiancam ad Zejam iterum reversi sunt, domumque Sanctorum « Facundi et Primitivi usque ad fundamenta diruerunt. » *Coianca* est aujourd'hui Valencia de Don Juan.

1. *Chron. Albeldense*, ch. 75 : « Sicque retro reversi per portum, « qui dicitur Balatcomalti, in Spaniam ingressi sunt. » Morales, *Coronica*, éd. Cano, VIII (1791), p. 36, a supposé qu'il s'agit du « puerto « del Pico », « por serle camino mas corto y mas llano, que no el « ordinario por Toledo y Sierra Morena ».

2. *Chron. Albeldense*, ch. 75 : « Ipse vero Ahubalit dum in terminos « Legionenses fuit, verba plura pro pace regi nostro direxit. Pro quo « etiam et rex noster legatum nomine Dulcidium, Toletanae urbis « presbyterum, cum epistolis ad Cordobensem regem direxit septem- « brio mense, unde adhuc usque non est reversus novembrio discur- « rente. » — Sur ce Dulcidio, qui, plus tard, aurait été évêque de Salamanque, cf. Florez, *Esp. Sagr.*, XIV, pp. 281-283.

3. *Chron. Albeldense*, ch. 76 : « Supradictus quoque Ababdella legatos « pro pace et gratia regis nostri saepius dirigere non desinit ; sed « adhuc perfectum erit quod Domino placuerit. »

4. Florez, *Esp. Sagr.*, X, p. 457 ; cf. Risco, *Esp. Sagr.*, XXXVII, p. 226.

5. Ibn Adhari, trad. Fagnan, II, pp. 189-190 : « En l'année où El- « Mondhir monta sur le trône, dit Râzi, Mohammed ben Lope fit « avec des bandes de musulmans une incursion dans le pays d'Alava ; « Dieu donna la victoire à ce chef, qui fit un grand massacre de chré- « tiens. » Rappelons qu'El-Mondhir fut intronisé le 13 août 886.

***

L'expédition de 883 est la dernière que les émirs de Cordoue
aient dirigée contre le roi des Asturies [1]. Le successeur de
Mohammed, El-Mondhir, n'eut guère, pendant ses deux années de règne, qu'un souci : vaincre les rebelles et notamment
Omar ben Hafçoûn [2]. D'autre part, Abd Allâh, successeur
d'El-Mondhir, fut contraint, pendant plus de vingt ans, de
reconquérir pied à pied son empire sur ses sujets insurgés [3].
La situation de l'Espagne musulmane favorisait donc l'expansion du royaume asturien.

Lorsqu'Alphonse III était monté sur le trône, les places qui
couvraient ses possessions étaient, de l'Ouest à l'Est, Tuy,
Astorga, Leon et Amaya. Nous avons vu qu'en Galice il
recula la frontière jusqu'à Coïmbre. Dans le Leon et en Castille un mouvement analogue se produisit : en d'autres termes,
on colonisa des régions inhabitées ou à peu près désertes et
l'on établit de véritables lignes de forteresses. C'est ainsi que
la Tierra de Campos, — c'est-à-dire les bassins du Carrion et
du Pisuerga, — cessa d'être une morne solitude [4]. C'est ainsi
également que l'Arlanzon, le Pisuerga et le Duero furent ja-
lonnés de places fortes, savoir : sur l'Arlanzon ou à peu de distance, Burgos, bâtie par Diego, comte de Castille (882 ou 884) [5],

---

1. La « guerre sainte », ne recommencera qu'en 916. Voir Dozy,
Hist. des Musulmans d'Espagne, III, p. 34.

2. Dozy, *op. cit.*, II, pp. 201-204.

3. Dozy, *op. cit.*, II, pp. 207-319.

4. Sampiro, ch. 14, sous l'année 899 (date incluse dans la recension
silésienne, ch. 51) : « sub era DCCCCXXXVII urbes desertas ab
« antiquis populari rex jussit : haec sunt... vel omnes Campi Go-
« thorum. »

5. Le comte Diego repeupla non seulement Burgos, mais encore
Ubierna. Cf. *Anales Castellanos I* (ou *Chron. S. Isidori Legionensis* ;
Gómez-Moreno, *Discursos*, p. 23) : « In era DCCCCXX populavit Di-
« dacus commes Burgus et Auvirna pro iussionem domno Adefonso »,

et Castrogeriz, achevée de construire vers 883 [1] ; sur le Pisuerga, Dueñas, et près du confluent du Pisuerga et du Duero, Simancas, repeuplées toutes deux vers 899 [2] ; sur le Duero, Zamora, réédifiée avec l'aide de chrétiens de Tolède (893) [3] et très puissamment défendue, puisqu'elle était entourée de sept murs d'enceinte entre lesquels se trouvaient « des « talus et de vastes fossés remplis d'eau [4] » ; enfin, et toujours sur le Duero, Toro, réoccupée vers 899 ou 900 par l'infant Garcia, le futur roi de Leon [5]. Bientôt d'ailleurs, la ligne for-

---

et *Anales Castellanos II* (ou *Annales Complutenses, ibid.*, p. 25). Les *Annales Compostellani* et le *Chron. Burgense*, à l'a. 884 (*Esp. Sagr.*, XXIII, 2e éd., pp. 319 et 308), citent simplement Burgos. Pour mémoire, *Anales Toledanos I*, à l'année 862 (*ibid.*, p. 383), qui mentionne Burgos et Ubierna, et *Cronicon I de Cardeña*, à l'année 882 (*ibid.*, p. 371), lequel ne mentionne qu'Ubierna.

1. *Chron. Albeldense*, ch. 69 (a. 882) : « Castrum quoque Sigerici « ob adventum Sarracenorum Munio, filius Nunni, eremum dimisit, « quia non erat adhuc strenue munitum. » *Ibid.*, ch. 75 (a. 883) : « Dehinc castellum Sigerici munitum invenit [hostis Sarracenorum]. »

2. Sampiro, ch. 14 : «...Sub era DCCCCXXXVII urbes desertas ab « antiquis populari rex jussit : haec sunt... Septimancas et Domnas. » — Pour la date, le P. Fita, dans *Bol. de la R. Acad. de la Hist.*, XLI (1902), p. 485, adopte, sans motif suffisant, la variante : « era « DCCCCXIII » (a. 875).

3. Ibn Adhari, à l'a. 280 (23 mars 893), trad. Fagnan, II, p. 204 : « Alphonse fils d'Ordoño entra dans la ville de Zamora et la fit [re-] « construire ; elle avait eu pour fondateurs les barbares de Tolède. » Cf. Ibn Hayyân, ms. d'Oxford, fol. 83 r ; trad. Gayangos, *Mohammedan dynasties*, II, p. 453 et pp. 462-463. Cf. également Dozy, *Hist. des Musulmans d'Espagne*, III, p. 27 : « Zamora, ville qu'Alphonse III « avait fait rebâtir, en 893, par les chrétiens de Tolède, ses alliés. » La ville avait été démantelée par les Musulmans sous le règne de Mohammed (cf. Ibn Hayyân, cité plus bas, p. 209, n. 1) ; pour l'époque de sa reconstruction, nous adoptons la date de 893, et non celle de 899, que donne Sampiro, ch. 14.

4. Maçoudi, *Prairies d'or*, éd. Barbier de Meynard, I (Paris, 1861, in-8o), p. 363 ; cf. Dozy, *Recherches*, 3e éd., I, pp. 165-166.

5. Sampiro, ch. 14 : « Taurum namque dedit ad populandum filio « suo Garseano. » Sampiro semble placer cet événement entre 899 et 901 (voir le texte inséré dans le Moine de Silos, ch. 51).

tifiée du Duero fut prolongée à l'Est : deux ans après la mort d'Alphonse, on peuplait Roa et San Esteban de Gormaz et l'on repeuplait Osma [1]. Ainsi, de tous côtés, le royaume asturien faisait face à ses ennemis et devenait menaçant. Coïmbre, sur le Mondego, commandait et la route de Braga à Lisbonne et tout le pays qui s'étend jusqu'au Tage ; Coria, sentinelle perdue au delà de la Sierra de Gata, tenait en respect les tribus berbères campées entre le Tage et le Guadiana ; Zamora, Toro, Simancas, — étapes de l'une des voies romaines qui menaient de Mérida à Saragosse, — dominaient le territoire compris entre le Duero d'une part et de l'autre les Sierras de Gredos et de Guadarrama. En attendant que San Esteban de Gormaz et Osma surveillassent à la fois la route d'Astorga à Saragosse par la Cantabrie, et ce que les Arabes appelaient la Frontière orientale, c'est-à-dire les districts de Guadalajara, Medinaceli, etc., les comtes d'Alava et de Castille, postés à Pancorbo, Briviesca, Burgos, défendaient à l'extrémité Nord-Est l'accès, par la Bureba, des possessions du roi asturien.

*
* *

Dans les dernières années du règne d'Alphonse III, le royaume des Asturies fut attaqué du côté de Zamora par des tribus berbères, du côté de la Castille par un Benoû Moûsa ; mais ce ne furent que de simples incidents de frontière.

Un Omeyyade, Ahmed ben Moâwiya, qui prétendait être

---

1. Voir Gómez-Moreno, *Discursos*, p. 14, d'après les *Anales Castellanos I* (ou *Chron. S. Isidori Legionensis; ibid.*, p. 24) ; cf. *Anales Castellanos II* (ou *Annales Complutenses ; ibid.*, p. 25), et *Cron. I de Cardeña* (*Esp. Sagr.*, XXIII, 2e éd., p. 371). On remarquera que dès 881 on trouve mention d'un évêque d'Osma (*Chron. Albeldense*, ch. XI) ; il est donc possible qu'Osma ait été occupée, sinon « repeuplée » avant 912. Par contre, il ne semble pas permis de dire avec Dozy, *Hist. des Musulmans d'Espagne*, III, p. 26, que San Esteban de Gormaz aurait été élevé dans la seconde moitié du IXe siècle.

le Mahdi, prêcha la guerre sainte aux Berbères de la région
du Guadiana et parvint à réunir une forte armée de prosé-
lytes qu'il mena devant Zamora, « la ville de la ruine ». Mais
le chef de la tribu de Nefza, Zalal ben Yaîch, regrettait, avant
même qu'on eût atteint la place, d'avoir adopté la cause du
Mahdi. Il résolut, en conséquence, de causer la perte de ce
dernier à la première occasion. Le Mahdi, arrivé sous les murs
de Zamora, écrivit à Alphonse une lettre comminatoire, par
laquelle il le sommait de se faire musulman, sous peine d'un
châtiment exemplaire. A la lecture de cette missive, Alphonse
entra en fureur. Peu après, la bataille s'engagea, mais les
Chrétiens, après avoir remporté un léger avantage, furent
bientôt battus, repoussés loin de Zamora et obligés de fuir
vers le Nord. Alors se produisit la défection de Zalal ben
Yaîch qui, jaloux du succès du Mahdi, fit replier ses hommes.
Au bout de trois jours d'une lutte douteuse, l'armée du pré-
tendant, désagrégée, fut à la merci des soldats d'Alphonse.
Ahmed ben Moâwiya, voyant sa cause perdue, se jeta au plus
fort de la mêlée et fut tué. On porta sa tête à Alphonse qui
ordonna de l'exposer à la porte de Zamora (juin 901) [1].

Sur la frontière du Nord-Est, la rupture d'Alphonse avec

---

1. Voir un récit beaucoup plus détaillé de cet épisode dans Dozy,
Hist. des Musulmans d'Espagne, III, pp. 27-30, d'après Ibn Hayyân,
ms. d'Oxford, fol. 98 v-102 v (ce texte étant traduit en abrégé par
Gayangos, *Mohammedan dynasties*, II, pp. 456 et 463). Cf. Ibn Adhari,
à l'a. 288 (26 décembre 900), trad. Fagnan, II, p. 231, lequel date la
mort d'Ahmed de février, alors qu'Ibn Hayyân la place en juin. Cf.
également Ibn el-Abbar, dans Dozy, *Notices sur quelques manuscrits
arabes* (Leyde, 1851, in-8º), p. 92 (trad. par Casiri, *Bibliotheca arabico-
hispana escurialensis*, II, p. 35, col. 1.) Voir enfin Sampiro, ch. 14,
à l'a. 901 : « Interea, sub era DCCCCXXXIX, congregato exercitu
« magno, Arabes Zemoram properarunt. Haec audiens serenissimus
« rex, congregato magno exercitu, inter se dimicantes, cooperante
« divina clementia, delevit eos usque ad internetionem ; etiam Al-
« chamam, qui Propheta eorum dicebatur, ibidem corruit, et quievit
« terra. »

14

les Benoû Moûsa n'eut aucune répercussion grave. Abandonné d'Alphonse, suspect à l'émir de Cordoue, Mohammed ben Lope ne s'était plus occupé que des affaires d'Aragon [1]. Après sa mort, survenue lors d'une attaque contre Saragosse (898) [2], son fils, Lope ben Mohammed, désormais le chef des Benoû Moûsa, se rapprocha franchement de l'émir, lequel lui rendit Tudèle et Tarazona [3]. Autant dire que Lope adopta vis-à-vis du roi des Asturies une attitude nettement hostile. En juillet-août 903, il enleva une forteresse alavaise, et Alphonse III, qui assiégeait à ce moment le château fort de Grañon, en aurait levé le siège, à la nouvelle du succès de Lope [4]. En outre, à une date indéterminée, Lope, assiégé par Alphonse dans

---

1. Sur la foi de Gayangos, *Mohammedan dynasties*, II, p. 440, on pourrait croire que Mohammed ben Lope avait attaqué l' « Alava » dès l'année 278 de l'hégire (15 avril 891). Gayangos traduit en effet : « He fought also with the infidels of Alava and Pamplona bordering « upon his dominions, and defeated them in several encounters, and « chiefly in 278 ». Mais le passage correspondant d'Ibn Hayyân ms. d'Oxford, fol. 12 v, ne renferme aucune date. La date que Gayangos a introduite dans sa traduction est tirée du fol. 80 r et v dudit manuscrit d'Oxford, où on lit, sous l'année 278 : « Cette année, Mo-« hammed ben Lope el-Kousawî, qui commandait la partie élevée « de la frontière, mit l'ennemi en fuite, dans une bataille qui eut lieu « en cette région. Il remporta une victoire éclatante. La fuite de l'en-« nemi dura deux jours entiers ; on en fit un grand carnage. » Mais de quel ennemi s'agit-il ? Il ne semble pas que le passage reproduit concerne quelque expédition contre le royaume asturien.

2. Dozy, *Recherches*, 1re éd., I, pp. 8-9 ; 3e éd., I, p. 220.

3. Dozy, *Hist. des Musulmans d'Espagne*, II, p. 319.

4. Ibn Adhari, à l'a. 291 (24 novembre 903), trad. Fagnan, II, p. 233 : « Lope ben Mohammed marcha contre Bâyech dans la région « d'Alava, au mois de ramadán (juillet-août 904), et il enleva le château « de ce nom ainsi que le territoire environnant. Le chrétien Alphonse « [III], qui était alors à assiéger le château de Arnoûn, déguerpit « en apprenant la conquête de Bâyech par Lope ben Mohammed. » Le mot *Bâyech* désignerait, paraît-il, une région de la province de Saragosse ; cf. Fagnan, II, p. 233, n. 1 (comparer Fernández y Gónzalez, p. 300). Quant à *Arnoûn*, ce serait, d'après M. Codera, Grañon en Alava (Fagnan, II, p. 539).

Tarazona, aurait mis en déroute les troupes du roi et lui aurait tué trois mille hommes [1]. Mais Lope fut bientôt absorbé par d'autres soucis, et, à notre connaissance, jamais plus Alphonse n'eut affaire avec les Benoû Moûsa.

*
* *

Vers la fin de sa vie, Alphonse III marcha sur Tolède, reçut des Tolédans de nombreux présents, puis, au retour, il s'empara du château de « Quinitia Lubel » [2]. Cette expédition, brillamment conduite à coup sûr, n'eut, et ne pouvait avoir, aucune importance pratique : Tolède était trop loin du centre des possessions asturiennes, pour que le roi d'Oviedo y prît pied. Cependant, en accomplissant cette campagne, Alphonse avait montré la route sur laquelle ses successeurs devaient s'engager ; et la leçon ne fut pas perdue.

L'histoire, ou la légende, lui attribue un dernier exploit. Détrôné par son fils Garcia [3], Alphonse demanda, dit-on, et obtint comme une ultime faveur, d'aller combattre une dernière fois les Musulmans. Il réunit donc une armée, tua une quantité considérable d'Infidèles, et, dans tout l'éclat de sa gloire, rentra à Zamora, où il mourut [4]. Le souverain

---

1. Ibn Khaldoun, IV, p. 134 : « Alphonse, le roi des Galiciens, l'as-« siégea un jour à Tarsoûna, mais Lope le repoussa, l'ayant mis en « déroute et tua environ trois mille de ses soldats. »

2. Sampiro, ch. 14 : « In illis diebus, quando hostes solent ad bella « procedere, rex, congregato exercitu, Toletum perrexit, et ibidem « a Toletanis copiosa munera accepit ; et inde reversus cepit gladio « castellum quod dicitur Quinitia Lubel, partim gladio truncavit « [sic], partim secum adduxit atque Carrionem venit. » Le château de *Quinitia Lubel* correspondrait à l'emplacement actuel de Valladolid.

3. L'usurpation de Garcia n'est rien moins que sûre. Voir à ce sujet, ch. IV, § III.

4. Sampiro, ch. 14 : « Ipse autem... a filio suo Garseano petivit, ut « adhuc vel semel Sarracenos persequeretur ; et multo agmine aggre-

qui avait contribué, plus qu'aucun autre, à agrandir et défendre le royaume des Asturies, aurait ainsi expiré, au lendemain d'une incursion heureuse, dans la plus importante place
forte de la frontière.

« gato, multas strages fecit, et cum magna victoria regressus est,
« atque Zemoram veniens, proprio morbo decessit. » On sait, d'autre
part, qu'Alphonse fut assisté à ses derniers moments par Genadio,
évêque d'Astorga. Voir *Esp. Sagr.*, XVI, pp. 139-140 et XXXVII,
p. 223.

CHAPITRE IV

LA ROYAUTÉ

A partir de l'avènement de Pélage, et pour une très longue période, il n'y eut, chez les Chrétiens du Nord-Ouest, qu'une seule institution vraiment vivante et agissante : la royauté. A l'époque qui nous occupe, quels en furent, d'une part, les caractères et, d'autre part, les organes et fonctions ? En plus de la lutte contre l'ennemi du dehors, à quoi s'employa-t-elle, ou, si l'on préfère, quelle en fut l'œuvre intérieure ? C'est ce qu'il nous faut examiner maintenant.

I. — CARACTÈRES DE LA ROYAUTÉ ASTURIENNE.

Pour les chroniqueurs du IXe siècle, la monarchie asturienne n'est que la continuation de celle des Wisigoths. Lorsque le Pseudo-Alphonse, après avoir mentionné la défaite et la mort de Rodrigue, consigne l'élection de Pélage, il le fait de façon telle que Pélage nous apparaît comme le successeur naturel de Rodrigue [1]. De même, lorsque l'auteur de la Chronique d'Albelda aborde l'histoire propre des rois des Asturies, il place en tête de cette portion de son ouvrage la rubrique suivante : *Ordo Gothorum Ovetensium Regnum* [2], marquant par

---

1. Voir Pseudo-Alphonse, ch. 7-8.
2. *Chron. Albeldense,* ch. 50. Comparer le titre qui, dans le *Soriensis,*

là que les rois de Cangas de Onis, de Pravia et d'Oviedo sont les héritiers des rois de Tolède.

Dans leur désir d'établir entre le présent et le passé une chaîne continue, les chroniqueurs signalent, à tort ou à raison, des liens de parenté entre les premiers souverains des Asturies et les rois wisigoths : Pélage est de sang royal, par son père Fafila, sans que d'ailleurs soit donnée quelque précision à cet égard [1] ; Alphonse Ier, par son père Pierre, descend de Léovigilde et de Reccarède [2]. Ce n'est donc pas une race nouvelle qui va être appelée à gouverner le *regnum Gothorum* et à l'arracher aux mains des Musulmans [3]. Bien plus, ce ne sont même pas des hommes nouveaux qui entrent en scène : Pélage est un ancien dignitaire de la cour de Witiza [4] ; et l'inadvertance d'un chroniqueur, ou d'un copiste, imbu des idées que nous exprimons, fait d'Alphonse Ier un *princeps militiae* en exercice sous les règnes d'Egica et dudit Witiza [5].

*
* *

Sans nous préoccuper davantage ni des exagérations des historiens, qui sont évidentes, ni de l'origine ethnique des

---

accompagnait la chronique du Pseudo-Alphonse (éd. García Villada, p. 53) : « Incipit chronica Visegothorum a tempore Vuambani regis « usque nunc in tempore gloriosi Garseani regis Adefonsi filii col- « lecta. » — Sur la persistance de l'emploi du terme *Gothus* appliqué aux Chrétiens, voir, notamment, F. Martinez Marina, *Ensayo histórico-crítico sobre la legislacion de los reinos de Leon y Castilla*, 2e éd. (Madrid, 1834, 2 vol. pet. in-4º), I, p. 57.

1. Ci-dessus, p. 115.

2. Ci-dessus, p. 136, n. 3. Le fait est contesté sans raison aucune par de Jaurgain, *La Vasconie*, I, p. 142.

3. Le *Chron. Albeldense*, ch. 46, après avoir mentionné l'entrée des Arabes en Espagne, continue ainsi : « regnumque *Gothorum* capiunt « [Sarraceni] ; quod adhuc usque *ex parte* pertinaciter possident. »

4. Ci-dessus, p. 116.

5. Pseudo-Alphonse, ch. 13. Cf. *Revue Hispanique*, XLVI (1919), pp. 335-336.

rois asturiens, qui n'est pas douteuse, essayons de montrer en quoi cette royauté asturienne procède ou diffère de la royauté wisigothique.

On sait que sous les Wisigoths la royauté était légalement élective, mais qu'il y eut perpétuellement lutte entre le principe d'hérédité, défendu par les souverains, et le principe électif, défendu par l'aristocratie. On sait en outre que, malgré les efforts des rois, le principe électif se maintint autant que la monarchie wisigothique elle-même [1], puisque Rodrigue, le dernier des rois goths, n'était pas de souche royale. Avec la monarchie asturienne il n'en fut plus ainsi, et le caractère de la royauté se modifia [2]. Sans doute, aucune disposition ne fut prise pour assurer la transmission du pouvoir suprême ; sans doute aussi, les chroniqueurs, inconscients de la transformation qui s'était opérée, continuèrent de mentionner des « élections [3] » ; mais si l'on examine les faits et les textes, on observe qu'en pratique la couronne demeura toujours, héréditairement, dans la même famille [4].

---

1. Voir F. Dahn, *Die Könige der Germanen*, VI (Würzburg, 1871, in-8°), pp. 531 et suiv., et notamment pp. 534-539.

2. La plupart des auteurs estiment cependant que la monarchie asturienne (et la monarchie léonaise) continua d'être élective ; cf. Masdeu, *Hist. crítica de España*, XIII (1794), p. 28 ; Martinez Marina, *Ensayo*, 2e éd., I, pp. 83-85 ; M. Colmeiro, *De la constitucion y del gobierno de los reinos de Leon y Castilla* (Madrid-Santiago, 1855, 2 vol. in-8°), I, pp. 195-200, etc.

3. Pseudo-Alphonse, ch. 20 : « Maurecato defuncto, Veremundus... « in regno eligitur » ; ch. 23 : « Post Adefonsi discessum, Ranimirus... « electus est in regnum. » Moine de Silos, ch. 39 (fragment de chronique perdue) : « ...eum [Adefonsum III] totius regni magnatorum cetus « summo cum consensu ac favore patri successorem fecerunt » (éd. Santos Coco, p. 34). Il s'agit évidemment ici d'un simulacre d'élection, à moins qu'il n'y ait lieu de redire avec Fustel de Coulanges, *Les transformations de la royauté pendant l'époque carolingienne* (Paris, 1892, in-8°), p. 259: « Quand nous traduisons *eligere* par *élire*, sommes- « nous bien sûrs que ce terme eût pour les hommes du IXe siècle le « sens que le mot *élire* a pour nous ? »

4. Comparer Tailhan, *Bibliothèques*, p. 248, n. 2 : « Au début tou-

Qu'est donc ce droit héréditaire à la couronne ? Il va de soi qu'à cette époque, où l'autorité royale n'aurait pu échoir à un enfant sans danger pour la sécurité du royaume, le fils ne recueille pas nécessairement l'héritage politique de son père ; il ne le recueille que s'il est en âge de porter les armes [1] ; et tel est le cas de Fafila, qui succède à Pélage (737) ; de Fruela, qui succède à Alphonse Ier (757) ; d'Ordoño Ier, qui succède à Ramire Ier (850) ; d'Alphonse III, qui succède à Ordoño (866) [2]. Mais lorsque le fils est trop jeune, il est écarté du trône, soit définitivement, soit temporairement. Rappelons, à ce propos, les interminables mésaventures d'Alphonse II, fils· de Fruela, qui ne monta sur le trône que vingt-trois ans après la mort de son père [3], et l'attente, beaucoup plus longue, de

« tefois, l'élection ainsi que l'hérédité avait sa part dans le choix
« du roi, en ce sens que l'élection, devant porter sur un des membres
« de la famille royale, pouvait tomber sur des collatéraux, de préfé-
« rence au fils du roi défunt. »

1. Cf. Tailhan, *loc. cit.* « En règle générale, scrupuleusement gardée
« jusqu'à la fin du xe siècle, l'enfant mineur est incapable de régner.
« A sa place, on proclame roi et non *tuteur* (remarquons-le bien) un
« des agnats de la famille royale arrivé à l'âge d'homme. » Rappelons
que « les Wisigoths avaient une première et principale majorité de
« 14 ans, et, en outre, une *aetas perfecta*, fixée à 20 ans » (P. Guilhier-
moz, *Essai sur l'origine de la noblesse en France au moyen âge*. Paris,
1902, in-8°, pp. 409-410).

2. Pseudo-Alphonse, ch. 12 : « Filius eius Fafila in regno succes-
« sit » ; ch. 16 : « Post Adefonsi discessum Froila filius eius successit
« in regnum » ; ch. 25 : « Ranimiro defuncto, Hordonius filius eius
« successit in regnum. » Cf. *Chron. Albeldense*, ch. 51, 53 et 60.
Pour Alphonse III, voir Sampiro, ch. 1 : « Era DCCCCIV. Adefonsus
« filius domini Ordonii successit in regno. »

3. Fruela meurt en 768 et Alphonse II ne commence à régner qu'en
791. Entre ces deux dates s'intercalent les règnes d'Aurelio, Silo,
Mauregato et Bermude. Noter qu'à la mort de Silo, en 783, Alphonse II
fut placé sur le trône par sa tante, la reine Adosinda, mais que, évincé
par son oncle Mauregato, il dut se réfugier en Alava chez les parents
de sa mère ; cf. Pseudo-Alphonse, ch. 19 : « Silone defuncto, regina
« Adosinda... Adefonsum, filium fratris sui Froilani regis, in solio
« constituerunt paterno ; sed praeventus fraude Maurecati, tii sui...

Ramire Ier, qui ne devint roi que cinquante et un ans après la renonciation de son père Bermude [1]. Ajoutons que le bâtard succède comme le fils légitime, puisque Mauregato, fils naturel d'Alphonse Ier, a régné de 783 à 788 [2], et bien qu'il semble,

« a regno deiectus apud propinquos matris suae in Alabam commo-
« ratus est. » — Cette fuite d'Alphonse II a donné lieu à bien des confusions. Dans un diplôme très suspect d'Ordoño II pour Samos, 1er août
922 (*Esp. Sagr.*, XIV, p. 369), on lit : « Postea vero vene (*sic*) proabus
« meus, jam supradictus dominus Adefonsus adhuc in pucritia remo-
« rabit ibidem in Sammanos, et in alium locellum quod dicunt Subre-
« gum, in ripa Laure, cum fratres, multo tempore, *in tempore perse-*
« *cutionis ejus.* » En combinant les deux textes cités, on a déclaré
qu'Alphonse avait été obligé de fuir à Samos, puis en Alava ; et suivant les cas, ou bien on réunit ces deux faits, et on les place après
l'avènement de Mauregato ; ou bien on les disjoint, et on place la fuite
à Samos après l'avènement d'Aurelio et la fuite en Alava après l'avènement de Mauregato. Tant d'ingéniosité est inutile, le diplôme
d'Ordoño II portant des traces plus que manifestes de remaniements
(une inscription y est reproduite).

1. La renonciation de Bermude est de 791 et l'avènement de Ramire,
de 842. — Sur l'abdication volontaire de Bermude, cf. Pseudo-Alphonse, ch. 20 : « ...sponte regnum dimisit, reminiscens ordinem sibi
« olim impositum diaconi. Suprinum suum Adefonsum... sibi in regno
« successorem fecit. » Colmeiro, *op. cit.*, I, p. 281, veut que cette
transmission de pouvoirs ait eu lieu d'accord avec la noblesse ; mais
le seul texte invoqué est tiré du Moine de Silos, ch. 32 (« patentibus
« totius regni magnatorum conventibus »), donc sans valeur probante.

2. Pseudo-Alphonse, ch. 19 : « Maurecati... filii Adefonsi maioris,
« de serva tamen nati. » Sous les Wisigoths, un bâtard, Liuva II,
avait également ceint la couronne ; cf. Isidore de Séville, *Hist. Gothorum*, ch. 57 (Mommsen, *Chron. minora*, II, p. 290) : « ignobili
« quidem matre progenitus. » — Depuis Garibay, maints auteurs estiment que c'est avec l'aide des Arabes que Mauregato s'empara du
trône ; mais cette opinion ne repose que sur le témoignage de Lucas
de Tuy, *Chron. mundi*, p. 74 et de Rodrigue de Tolède, *De rebus
Hispaniae*, IV, 7. D'autres auteurs ont voulu voir en Mauregato,
soit un représentant des « colons » installés dans les Asturies par Alphonse Ier (cf. Herculano, *Hist. de Portugal*, III, 5e éd., 1891, p. 185),
soit même un représentant des Maragatos (Burguete, *Rectificaciones
históricas*, pp. 258-259). Les textes n'autorisent pas ces hypothèses
audacieuses.

à certains indices, que les droits des enfants nés hors mariage ne fussent pas incontestables [1]. Par contre, il est certain que les filles, à l'inverse de ce qui se passait dans le royaume franc, n'étaient nullement exclues du trône [2] : un noble, Alphonse Ier, succède à Fafila (739), parce qu'il a épousé la fille du roi Pélage ; un autre noble, Silo, est revêtu de la dignité royale (774), parce qu'il a épousé Adosinda, fille d'Alphonse Ier [3]. Et il est également hors de doute que les collatéraux ont, eux aussi, accès à la couronne : quand Alphonse II est écarté pour la première fois (768), c'est un cousin germain de son père, Aurelio, qui se substitue à lui [4] ; quand le même Alphonse II est écarté pour la quatrième fois (788), c'est le propre frère d'Aurelio, Bermude, qui l'évince [5].

Mais le triomphe du principe d'hérédité ainsi entendu ne s'opéra point sans résistances de la part de l'aristocratie. Lors de la mort d'Alphonse II, Ramire, le nouveau roi, se trouvait en Castille, où il était allé contracter mariage. Pro-

---

1. Le Pseudo-Alphonse, ch. 19, considère Mauregato comme un usurpateur ; cf. les expressions dont il se sert : « sed praeventus « [Adefonsus] *fraude* Maurecati », et, plus loin : « Maurecatus autem « regnum quod *callide* invasit... »

2. Tailhan, *Bibliothèques*, p. 248, n. 2, observe que la couronne peut échoir à une femme, mais les raisons qu'il donne sont de pur sentiment ; mieux vaut observer que le droit civil n'excluait pas les femmes de l'héritage; cf. *Lex Wisigothorum*, IV, 2,1.

3. Si, pour Alphonse Ier, les chroniques ne mentionnent pas expressément le motif de son élévation au trône, il n'en va pas de même pour Silo ; cf. Pseudo-Alphonse, ch. 18 : « Post Aurelii finem Silo « successit in regnum eo quod Adosindam Adefonsi principis filiam « sortitus esset coniugem. » Ce mariage avait eu lieu sous le règne d'Aurelio ; cf. *Chron. Albeldense*, ch. 54 : « Suoque tempore [Au-« relii], Silo, futurus rex, Adosindam, Froilae regis sororem, conjugem « accepit ; cum qua postea regnum obtinuit. »

4. Pseudo-Alphonse, ch. 17 : « Post Froilanis interitum, consubrinus « eius Aurelius, filius Froilanis fratris Adefonsi, successit in regnum. »

5. Pseudo-Alphonse, ch. 20 : « Maurecato defuncto, Veremundus, « subrinus Adefonsi maioris, filius videlicet Froilanis, in regno « eligitur. »

fitant de son absence, le comte du palais, Nepociano, usurpa la couronne [1]. A la double nouvelle de la mort d'Alphonse II et de la tentative de Nepociano, Ramire revint précipitamment, se rendit à Lugo, et réunit les contingents militaires de la Galice ; puis il entra sur le territoire des Asturies et marcha sur son rival qui, entouré d'une troupe d'Asturiens et de Vascons, vint présenter le combat à Ramire sur un pont du Narcea. Mais les Asturiens et les Vascons groupés autour du rebelle ne tardèrent pas à l'abandonner : Nepociano, mis en fuite, fut rejoint par les soldats de Ramire, fait prisonnier par les comtes Scipio et Somna, aveuglé, puis enfermé dans un monastère [2]. — Quelques années plus tard, l'aristocratie tenta un nouvel effort. A peine Alphonse III fut-il proclamé que, profitant de l'absence et de l'extrême jeunesse du roi [3], le

---

1. Pseudo-Alphonse, ch. 23 : « Post Adefonsi discessum, Rani-« mirus... electus est in regnum ; sed tunc temporis absens erat in « Barduliensem provinciam ad accipiendam uxorem. Propter huius « absentiam accidit ut Nepotianus, palatii comes, regnum sibi tyran-« nice usurpasset. » La liste des rois asturo-léonais insérée au ch. 47 du *Chron. Albeldense* non seulement range Nepociano au nombre des rois asturiens (cf. *Laterculus Legionensis*, dans *Chron. minora*, III, p. 469), mais encore, comme la liste du Codex de Meyá (ci-dessus, p. 14, note), elle le qualifie de « cognatus regis Adefonsi ». Si ce dernier renseignement était exact, peut-être s'agirait-il moins d'une réaction aristocratique que d'une querelle de famille.

2. Pseudo-Alphonse, ch. 23 ; cf. *Chron. Albeldense*, ch. 59. Le pont du Narcea ne peut être, d'après Carvallo, *Antigüedades del principado de Asturias*, p. 202, que celui de Cangas de Tineo ou celui de Cornellana ; c'est du reste dans les parages de l'une ou l'autre de ces localités que l'on a coutume de localiser la rencontre. — Quant à l'endroit où fut capturé Nepociano, ce serait, dit le Pseudo-Alphonse, « in terri-« torio premoriense », soit aux environs de Cangas de Onis (cf. ci-dessus, p. 144, n. 4). Nepociano n'aurait donc été capturé que longtemps après la bataille.

3. Au moment de la mort de son père, Alphonse III — qui avait quatorze ou dix-huit ans (voir la note suivante) — ne se trouvait pas à Oviedo ; cf. Moine de Silos, ch. 39 (fragment de chronique perdue) : « Cuius rei nuntium Adefonsus magnus, qui casu obeunte

comte de Galice, Fruela Bermudez, essaya de le détrôner. Cette
tentative réussit momentanément, puisqu'Alphonse se vit
dans l'obligation de se réfugier en Castille ; mais Fruela Bermudez ne tarda pas à être tué, à Oviedo, par les fidèles du
roi légitime[1], lesquels paraissent avoir été aidés, en l'occur-
rence, par les Castillans et leur comte, Rodrigue[2]. Cette

« patre a palatio aberat, postquam accepit, summa cum festinatione
« Oveti venit » (éd. Santos Coco, p. 33). Morales, *Coronica*, éd. Cano,
VIII, p. 3, essaye de montrer qu'Alphonse III était alors à Com-
postelle ; mais la preuve qu'il donne, tirée du diplôme du 18 juin 866
(*Cat.*, nº 28), est bien débile, cet acte étant faux.

1. *Chron. Albeldense*, ch. 61 : « Iste in primo flore adulescentiae,
« primoque regni anno et suae nativitatis XVIII ab apostata Froilane,
« Galliciae comite, per tyrannidem regno privatur. Ipseque rex Castel-
« lam se contulit; et non post multo tempore, ipso Froilane tyranno
« et infausto rege a fidelibus nostri principis Oveto interfecto, idem
« gloriosus puer ex Castella revertitur, et in patrio solio regnans feli-
« citer conlaetatur. » Cf. Sampiro, ch. 1, lequel : 1º assigne au roi
quatorze ans d'âge; 2º nomme l'usurpateur Fruela Bermudez; 3º place
en Alava, non en Castille, le lieu de refuge d'Alphonse. — Qui était
Fruela Bermudez ? On a voulu faire de lui un fils du roi Bermude; mais
c'est une erreur (cf. Mondéjar, *Advertencias á la Historia del P. Juan
de Mariana*. Valencia, 1746, in-fol., nº CLXXXVII-VIII, pp. 91-93); d'autre part, on l'a identifié (cf. López Ferreiro, dans *Galicia histórica*,
p. 722), avec le comte Fruela que nous montre un acte, d'ailleurs
suspect (cf. ci-dessous, Appendice V), daté de 861 (E. de Hinojosa,
*Documentos para la historia de las instituciones de León y de Castilla.
Siglos X-XIII*. Madrid, 1919, in-8º, nº CXI, pp. 184-185). En réalité,
on ne sait rien de ce personnage. Ce que l'on sait, c'est que, antérieurement au 20 janvier 867 (*Cat.*, nº 30), Fruela avait été chassé et
Alphonse replacé sur le trône. Voir, notamment, Morales, *Coronica*,
éd. Cano, VIII, p. 4, qui a le premier utilisé le diplôme de 867.

2. *Anales Castellanos I* (ou *Chron. S. Isidori Legionensis*), dans
Gómez-Moreno, *Discursos*, p. 23 : « In era DCCCCIIII fregit Rudericus
« commes Asturias. » Sur le sens de ce passage, voir Masdeu, *Hist.
crítica de España*, XV (1795), p. 159 : « y en el [año] de sesenta y seis
« sosegó la rebelion que habia levantado en Asturias el Conde Fruela
« de Galicia, contra el nuevo Rey Don Alonso tercero. » Comparer
Gómez-Moreno, *loc. cit.*, pp. 12-13, qui a rapproché de la note annalistique ci-dessus reproduite, un passage se trouvant, par erreur, au
ch. 23 de Sampiro : « Tunc temporis populavit Rodericus comes Ama-

seconde révolte aboutissait donc à un échec ; comme la première, elle arrivait trop tard : au moment où l'aristocratie prétendait revenir aux anciens usages, le principe d'hérédité était déjà entré dans les mœurs.

En même temps qu'elle échappait ainsi aux compétitions des laïques, la royauté asturienne s'affranchissait d'autre part de la tutelle du clergé. Sous les Wisigoths, l'Église commençait par faire jurer au roi de défendre la foi catholique, de combattre le juif et l'hérétique, de gouverner avec équité ; et c'est seulement après la prestation de ce serment qu'elle procédait au sacre du souverain [1]. Ce dernier s'engageait donc envers l'Église avant d'en recevoir l'investiture spirituelle. Ajoutons que le serment prêté par le roi n'était pas nécessairement une vaine formule : le roi était contraint de tenir ses engagements et, s'il venait à y manquer, l'Église s'arrogeait le droit de délier les sujets de leur serment de fidélité envers le monarque [2], donc, de prononcer la déchéance

---

« jam et populavit Asturias in partibus Sanctae Julianae. » Pour M. Gómez-Moreno (voir le texte cité p. 29), le second *populavit* doit être corrigé en *praedavit* (cf. Chronique léonaise, éd. Cirot, liv. II, ch. 69, dans *Bulletin Hispanique*, XIII, 1911, p. 414). Cette correction acquise, M. Gómez-Moreno indique la manœuvre du comte Rodrigue, « el cual hizo pesar los estragos de la guerra sobre las Asturias de « Santander, limítrofes con Castilla, y así se impuso como necesidad « a los magnates de Oviedo atajar el daño asesinando a Froilano. » Un mot encore. D'après notre auteur, la victoire du comte Rodrigue marquerait la fin des tentatives faites par la Galice en vue d'imposer des rois ; elle expliquerait la politique anti-asturienne (*sic*) d'Alphonse III ; elle serait le point de départ de l'influence de la Castille, laquelle représentait un esprit nouveau à la fois démocratique et militaire. « Los moldes godos, la aristocracia de raza, la esclavitud, « eso y mucho más fué roto por el conde Rodrigo en Asturias en el año « 866 » (*op. cit.*, p. 13). Tout cela est, peut-être, trop ingénieux.

1. Sur le serment du roi, voir Dahn, *op. cit.*, VI, pp. 539-540 ; sur le sacre, *ibid.*, pp. 541-542 et M. Férotin, *Le* Liber Ordinum *en usage dans l'église wisigothique et mozarabe d'Espagne du* V^e *au* XIe *siècle* (Paris, 1904, in-4°), col. 498 et suiv.

2. Dahn, *op. cit.*, VI, p. 557.

de celui-ci. Mais la conquête musulmane avait ruiné le clergé comme elle avait amoindri la noblesse : devant l'invasion, toute l'organisation ecclésiastique s'était effondrée ; et cette organisation ne se relevant par la suite qu'avec peine et qu'avec le concours de la monarchie, l'Église asturienne oublia, semble-t-il, les traditions et prétentions de l'Église wisigothique : il n'y eut plus d'engagement de la royauté envers l'Église, plus de contrôle exercé par l'Église sur la royauté [1] ; peut-être même, l'Église perdit-elle alors, pour longtemps, l'habitude de sacrer les rois [2].

On notera enfin que les rois ont renoncé aux titres pompeux de leurs devanciers [3]. Quand, dans leurs diplômes, ils font suivre leur nom d'une formule, c'est l'expression pieuse *gratia Dei rex* qui est seule employée [4], et il est à peine besoin

1. Le serment royal, tel que le prêtaient les rois wisigoths, semble avoir à tout jamais disparu, quoi qu'en pensent Masdeu, *Hist. crítica de España*, XIII (1794), p. 35 ; Martinez Marina, *Ensayo*, 2e éd., I, p. 69 ; Colmeiro, *Constitucion*, I, p. 280, etc.

2. Alphonse III cependant aurait été sacré, s'il faut en croire — non pas le *Cron. II de Cardeña* (*Esp. Sagr.*, XXIII, 2e éd., p. 377), qui est sans valeur, — mais : 1º le *Chron. Laurbanense* : « Era DCCCCIIII. « Obiit Ordonius rex et perhunctus est Adefonsus in regno » (*Port. Mon. Hist. Script.*, I, p. 20) ; 2º le Moine de Silos, ch. 39 (fragment de chronique perdue) : « Igitur XIIIº etatis sue anno unctus in regem » (éd. Santos Coco, p. 34). Cf. Colmeiro, *Constitucion*, I, p. 228 et M. Férotin, *op. cit.*, col. 505. — Masdeu, *Hist. crítica de España*, XIII (1794), p. 35, prétend que la sacre aurait été rétabli peu de temps après Alphonse Ier, mais c'est là une affirmation gratuite.

3. Sur les titres des rois wisigoths, voir Dahn, *op. cit.*, VI, pp. 518-523. — Remarquer qu'en s'adressant au roi des Asturies ou en parlant de lui, on applique parfois à sa personne telle épithète jadis en usage chez les Wisigoths. On dira par exemple : « coram predictis patribus, « id est, gloriosi Froilanis regis » (charte du 24 avril 759 ; Llorente, *Noticias*, III, nº 1, p. 1), ou encore : « tibi gloriosissimo principi nostro « Adefonso » (charte du 17 septembre 870, dans López Ferreiro, *Hist. de la iglesia de Santiago*, II, app. nº VIII, p. 18).

4. Cf. *Étude sur les actes des rois asturiens*, p. 10. — Noter aussi que le roi n'indique jamais sur quels états il règne (cf. *ibid.*) ; les formules « rex Ovetensium», «rex Hispaniae catholicus », « princeps Hispaniae »,

de dire que cette formule banale n'implique aucune doctrine orgueilleuse de droit divin.

<h2 style="text-align:center">II. — Organes et fonctions de la royauté.</h2>

Un chroniqueur affirme qu'Alphonse II (791-842) fit soudain revivre toute la constitution politique des Wisigoths et toute leur organisation ecclésiastique [1]. Ainsi présentée, la remarque de ce chroniqueur est tendancieuse jusqu'à l'inexactitude [2] ; par contre, elle renferme une large part de vérité, si l'auteur a voulu dire que l'état asturien commença de s'organiser à la fin du VIIIe et au début du IXe siècle.

Les rois asturiens sont assistés dans le gouvernement du royaume par leur famille même. Vers le milieu du VIIIe siècle, Fruela aide son frère Alphonse Ier à remporter les victoires, ou mieux, à accomplir les chevauchées dont parle le Pseudo-Alphonse [3]. Dans les dernières années du IXe siècle et au début du Xe, la reine Chimène, femme d'Alphonse III, participe manifestement aux actes de l'autorité royale, puisque son nom accompagne celui du roi dans la souscription de plusieurs diplômes [4]. A la même époque, les fils d'Alphonse III souscri-

---

« totius Hispaniae imperator », etc., sont caractéristiques de diplômes apocryphes ou refaits (*Cat.*, nᵒˢ 8, 24, 25, 29, 35). Par contre, dans certains actes privés, mentionnant à la date le nom du souverain régnant, celui-ci est dit « « rex in Asturias », ou « rex in Oveto ».

1. *Chron. Albeldense*, ch. 58 : « omnemque Gothorum ordinem, sicuti « Toleto fuerat, tam in ecclesia quam palatio in Oveto cuncta statuit. »

2. Certains auteurs prennent cette phrase au pied de la lettre, ou même renchérissent ; par exemple, Tailhan, *Bibliothèques*, p. 279, n. 3, et plus encore López Ferreiro, dans *Galicia histórica*, p. 687.

3. Pseudo-Alphonse, ch. 13 : « Simul cum fratre suo Froilane multa « adversus Sarracenos praelia gessit. »

4. *Étude sur les actes des rois asturiens*, p. 19, texte et n. 72. — Deux diplômes refaits d'Ordoño Ier (*Cat.*, nᵒˢ 24 et 25) renferment aussi la souscription de la reine Nuña.

vent divers actes de leur père [1], ce qui peut, à la rigueur, indiquer une collaboration plus ou moins étroite aux affaires publiques. Mais jusqu'où s'étendent le rôle et l'action de la
famille royale ? En raison de l'extrême rareté des textes, on
ne saurait le dire. Tenons toutefois pour certain que jamais
les rois des Asturies n'ont partagé ou voulu partager le pouvoir
avec leurs frères, et tenons pour infiniment probable qu'ils
n'ont jamais associé au trône tel de leurs fils [2], renonçant ainsi
à un usage observé par plusieurs rois wisigoths. Considérons
en outre comme fort vraisemblable que, le roi mort, la reine
disparaît de la scène politique [3] ; peut-être même entre-t-elle
au cloître, ainsi qu'il était jadis de règle [4].

---

1. Abstraction faite d'actes remaniés ou faux, voir les diplômes du
10 juillet 875 (*Cat.*, n° 34), 24 juin 886 (n° 45), 25 juillet 893 (n° 48),
29 janvier ou 2 février 895 (n° 50), 25 novembre 895 (n° 52), 30 décembre 899 (n° 58), 22 octobre 904 (n° 60), 30 novembre 904 (n° 61),
30 novembre 905 (n° 64) et 28 avril 909 (n° 68). — Tous les diplômes
soi-disant délivrés non seulement au nom du roi et de la reine, mais
encore au nom de leurs fils, sont refaits ou entièrement apocryphes,
et proviennent soit de Lugo (30 juin 897 ; *Cat.*, n°s 54), soit d'Oviedo
(5 septembre 896, 20 janvier 905, 11 avril 906 ; *Cat.*, n°s 53, 62 et 65).
    2. Voir ci-dessous, Appendice VI.
    3. Cependant, après la mort de son mari Silo, Adosinda continue
un instant à se mêler des affaires et cherche à faire accepter son neveu
Alphonse, comme nous l'avons déjà noté, d'après le Pseudo-Alphonse,
ch. 19.
    4. Pour l'époque wisigothique, cf. Dahn, *op. cit.*, VI, p. 523. — D'après
Florez, *Reynas Cathólicas*, I, p. 53, toutes les reines veuves auraient
pris l'habit monastique (cf. Martinez Marina, *Ensayo*, 2e éd., I, pp.
86-87). En tout cas, pour l'époque asturienne, on ne peut produire
qu'un seul exemple : celui de la reine Adosinda, qui, le 26 novembre
785, fit profession (cf. la lettre d'Etherius et Beatus à Élipand, I,
ch. 1 ; Migne, *Patrol. lat.*, XCVI, 894-895), dans un monastère qui,
selon une conjecture de Morales, *Coronica*, éd. Cano, VII, p. 125,
serait San Juan de Pravia. Cf. Florez, *op. cit.*, I, pp. 52-53 et Risco,
Esp. Sagr., XXXIV, p. 383 et XXXVII, p. 124. — Certains historiens
épris de nouveautés suspectes, par exemple, Pellicer, *Annales*, pp. 405
et 409 ou Mondéjar, *Advertencias*, n° CXVI, pp. 58-59, n'admettent
pas que la religieuse Adosinda citée dans la lettre d'Etherius et Beatus

A l'exemple des rois wisigoths, les rois asturiens sont assistés, en dehors de leur famille, par un certain nombre de grands qui forment leur entourage habituel[1]. En 783, on voit les palatins seconder les tentatives de la reine Adosinda, qui s'efforçait de faire couronner son neveu, le futur Alphonse II[2] ; vers 866, on voit les fidèles d'Alphonse III tuer l'usurpateur Fruela Bermudez et replacer le roi sur le trône[3]. Sous le règne d'Alphonse III, on remarque que plusieurs laïques ou ecclésiastiques confirment assez régulièrement les diplômes du souverain[4]. Cet

---

soit la veuve de Silo, parce qu'elle n'est pas expressément désignée comme telle : « cumque nos ad fratrem Fidelem... recens religiosae « dominae Adosindae perduceret devotio. » M. Somoza, *Gijón*, II, p. 415, est allé beaucoup plus loin : sans broncher, il soutient que ladite lettre est « un *fraude piadoso* forjado sobre la falsa escritura funda-. « cional del Monasterio de Obona ». Il serait pénible d'insister.

1. Sur l'*ordo palatinus* et l'*officium palatinum* à l'époque des Wisigoths, voir Dahn, *op. cit.*, VI, pp. 107-108 et 549-550. Cf., pour les « fideles », Tailhan, *Anonyme de Cordoue*, p. 105.

2. Pseudo-Alphonse, ch. 19 : « Silone defuncto, regina Adosinda, cum « omni officio palatino, Adefonsum... in solio constituerunt paterno. »

3. *Chron. Albeldense*, ch. 61 : « ipso Froilane tyranno... a fidelibus « nostri principis Oveto interfecto. » Ici, le mot *fideles* pourrait signifier : ceux qui étaient demeurés fidèles au roi ; mais on observera que Sampiro l'a compris dans un sens plus limitatif, puisqu'il lui donne comme synonyme la locution *senatus Ovetensis* ; cf. Sampiro, ch. 1 : « ipse vero nefandus Froila a senatu Ovetensi interfectus est. » — Le mot *fideles* est employé encore par le *Chron. Albeldense*, ch. 58 : « Inde a quodam Teudane vel aliis fidelibus reductus [Adefonsus II].»

4. Quoi qu'on en ait dit (par exemple, Somoza, *Gijón*, II, p. 487), il semble bien que les souscripteurs aient résidé auprès du roi, lors de l'expédition des diplômes qu'ils souscrivent, les listes de témoins, loin d'être uniformes, variant d'un acte à l'autre. Mais les évêques, en particulier, résidaient-ils habituellement dans leurs diocèses ou à la cour ? La question a été très débattue (voir entre autres Risco, *Esp. Sagr.*, XXXIV, p. 133 ; Martinez Marina, *Ensayo*, 2e éd., I, pp. 59-60 ; Tailhan, *Bibliothèques*, pp. 248-249). De toutes manières, il faut rejeter l'opinion des historiens qui, hantés par le souvenir des actes des conciles d'Oviedo, veulent faire d'Oviedo la « cité des évêques » et supposent, bien à tort, que presque tous les prélats étaient des sortes d'évêques *in partibus*.

entourage constitue à la fois une sorte de conseil et un semblant de cour [1].

De même qu'à Tolède, il existe à Oviedo des officiers chargés
des divers services du palais. Mais ici encore, étant donné
les circonstances, des modifications, des simplifications pour
mieux dire, se sont produites. Les rois wisigoths avaient ins-
titué des comtes préposés à la garde *(comes spatariorum)*,
au trésor *(comes thesaurorum)*, à la chancellerie *(comes notariorum)*, au patrimoine *(comes patrimonii)*, à l'appartement
(comes cubiculi), à la table *(comes scanciarum)*, à l'écurie
(comes stabuli) [2]. Tous ces officiers paraissent avoir disparu
à l'époque où nous sommes [3]. Les rois asturiens ont autour
d'eux : un comte palatin, personnage nouveau, et sans doute
d'importation franque, lequel cumule peut-être plusieurs des
fonctions énumérées ci-dessus [4] ; un *strator*, qui a, selon toute
vraisemblance, hérité la charge de l'ancien *comes stabuli* [5] ;

---

1. Dans les diplômes authentiques qui nous sont parvenus, les rois
asturiens ne mentionnent jamais l'assentiment de leur entourage.
Il n'y a pas à retenir les mots : « cum consilio et consensu comitum
« et principum meorum », contenus dans le diplôme apocryphe du 21
décembre 804 (*Cat.*, n° 8), ou telles formules analogues contenues
dans d'autres faux.

2. Dahn, *op. cit.*, VI, pp. 338-340.

3. Tel n'est pas l'avis — non motivé, d'ailleurs — de Masdeu,
Hist. crítica de España, XIII (1794), p. 37.

4. Les trois seuls comtes du palais que nous connaissons ont vécu
sous Alphonse II et Ramire ; ce sont : Nepociano, qui essaya de ravir
le trône à Ramire (cf. ci-dessus, p. 219), Aldroito et Piniolo, qui tous
deux se révoltèrent aussi (voir ci-dessous, p. 236). — Que la fonction
soit d'origine franque, cela est probable pour deux raisons : d'abord,
il n'existait pas de comtes du palais chez les Wisigoths (Dahn, *op.
cit.*, VI, pp. 340-341) ; ensuite, Alphonse II, sous le règne duquel apparaît ce nouveau dignitaire, fut, on le sait, en relations suivies avec
Charlemagne.

5. Le diplôme du 10 juillet 875 (*Cat.*, n° 34) est confirmé par un
certain « Quiliacus strator ». — Le même personnage figure, sous le
nom « Quiriacus », dans deux diplômes apocryphes du 10 février 877
et du 27 février ou 29 avril de la même année (*Cat.*, n°ˢ 35 et 36).

un notaire, dont la situation modeste contraste avec celle qu'occupait jadis le *comes notariorum* [1] Citons encore, mais sous réserves, un ou des intendants *(major domus)* [2], et notre liste sera close [3].

La même indigence de titres s'observe dans ce que l'on n'oserait délibérément appeler l'administration locale [4]. On retrouve peut-être des ducs [5]. On retrouve certainement des

---

Dans l'acte du 10 février, on trouve d'ailleurs, outre « Quiriacus », deux autres *stratores*, Arias et Gavino. Si le faussaire a emprunté les souscriptions à quelque charte authentique, il en résulterait que plusieurs *stratores* pouvaient être simultanément en fonctions.

1. Voir *Étude sur les actes des rois asturiens*, p. 20.

2. Un « Sarracenus maiordomus » et un « Ermenegildus maiordomus » souscrivent respectivement les actes suspects du 17 août et du 25 septembre 883 (*Cat.*, nos 41, 42, 43). — Dans les diplômes des rois léonais, les souscriptions de majordomes sont fréquentes ; la plus ancienne que nous connaissions jusqu'ici se trouve dans un acte du 8 janvier 917 (*Esp. Sagr.*, XXXIV, p. 444). De même, vers le milieu du IXe siècle, nous trouvons des *cubicularii* (voir, par exemple, un diplôme de Ramire II, 19 octobre 941, dans Yepes, *Coronica*, V, *escr.* XV).

3. Ne pas tenir compte en effet de la souscription : « Didacus Pelaez « armiger regis », qu'on lit au bas du diplôme apocryphe du 21 décembre 804 (*Cat.*, no 8). Au surplus, il ne semble pas que l'*armiger* apparaisse avant le milieu environ du Xe siècle (exemples : diplôme de Ramire II, 3 septembre 946, dans *Esp. Sagr.*, XVI, p. 440 ; charte de Sisnando, évêque de Compostelle, 30 décembre 955, dans López Ferreiro, *Hist. de la iglesia de Santiago*, II, app. no LXVII, p. 158, etc.).

4. Sur l'administration locale à l'époque wisigothique, voir Dahn, *op. cit.*, VI, pp. 321-360.

5. Le Pseudo-Alphonse, ch. 23, écrit qu'à la nouvelle de la descente des Normands en Galice, Ramire Ier « misit adversus eos exercitum « cum ducibus et comitibus ». Voir aussi le jugement d'Alphonse V du 1er février 1007 (Yepes, *Coronica*, V, *escr.* V, fol. 428 r-429 r), où un personnage contemporain d'Alphonse III est qualifié de *dux*. — Dans une charte privée du 21 février 897 (*Port. Mon. Hist. Diplom. et chartae*, I, no XII, p. 7), on rencontre le « dux Menemdus Gutierizi » ; mais cette charte est sûrement mal datée, puisque, dès le début, il y est question de la reine Elvire, femme du roi Ordoño et mère du prince Ramire, c'est-à-dire femme d'Ordoño II (914-924) et mère de Ramire II (931-950). — Noter que le terme de *dux*, souvent employé à la fin du Xe et au début du XIe siècle, s'applique souvent à

comites qui, nommés par le roi [1], représentent celui-ci dans les provinces, notamment dans le Bierzo, en Galice, en Alava, en Castille [2], et exercent à la fois un commandement militaire et des fonctions judiciaires [3]. On retrouve également des sayons [4]. Mais tous les autres agents royaux de l'époque wisigothique ont disparu, semble-t-il, et aucune catégorie nouvelle n'a encore été créée [5].

des personnages galiciens ou portugais ; cf. par exemple, Vie de S. Rosendo, ch. 1 (*Esp. Sagr.*, XVIII, p. 379) : « dum comes Gutierre « in bello contra Agarenos apud Colimbriam, ut dux, moraretur. »

1. On a conservé, sinon pour l'époque asturienne, du moins pour l'époque léonaise, quelques actes portant attribution d'un district à un comte ; voir chartes d'Alphonse IV, 16 août 929 (*Esp. Sagr.*, XVIII, p. 330) et de Ramire II, 942 (*ibid.*, pp. 330-331). Voir aussi un diplôme d'Ordoño III, 18 mai 952 (López Ferreiro, *Hist. de la iglesia de Santiago*, II, app. nº LXIII, p. 143), où on lit : « commissum « quod dicunt Cornatum... sicuti eum habuerunt multi comites per « ordinationem regiam. »

2. Une liste des comtes du royaume figure dans les actes du second concile d'Oviedo (Sampiro, ch. 9) : on n'y touchera pas. Les seuls comtes que nous connaissions en qualité de gouverneurs de territoires sont : 1º Gaton, comte du Bierzo (*Cat.*, nº 37) ; 2º Pedro (*Chron. Albeldense*, ch. 60) et Fruela (*ibid.*, ch. 61 ; cf. Sampiro, ch. 1), comtes de Galice ; 3º Vigila Ximenez (*ibid.*, ch. 68, 73 et 74) et Eylo (Sampiro, ch. 1), comtes d'Alava ; 4º les comtes de Castille (voir ci-dessous, Appendice VII). Comparer Masdeu, *Hist. crítica de España*, XV (1795), pp. 130-131, 168-169 et 175 et suiv.

3. Le comte Pedro repousse les Normands en 859-860 ; le comte d'Alava Vigila combat les Musulmans en 882 et 883 ; le comte Gaton examine les réclamations de deux plaideurs en procès avec l'évêque d'Astorga, Indisclo (*Cat.*, nº 37).

4. Cf. un acte du 13 décembre 863 (*Bol. de la R. Acad. de la Hist.*, LXXIII, 1918, pp. 421-422), et le jugement du 6 juin 878 (*Cat.*, nº 37).

5. Les *judices* que nous montrent les deux actes précités, et d'autres encore, ne sont investis que de fonctions temporaires. — Quant au « vice-comes » et au « majorinus », on ne les découvre que dans des actes apocryphes, tels que le diplôme du 16 ou 25 novembre 812 (*Cat.*, nº 10) ; au demeurant, le plus ancien texte authentique portant mention de *merinos* serait, d'après Colmeiro, *Constitucion*, II, p. 234, le *fuero* de San Zadornin, 29 novembre 955 (Llorente, *Noticias*, III,

***

Ainsi que les rois wisigoths, les rois asturiens lèvent l'armée, rendent la justice, perçoivent l'impôt et protègent l'Église [1].

Le roi continue de convoquer l'armée où et quand il veut : ainsi, Ramire, apprenant l'usurpation de Nepociano, se transporte de Castille en Galice et lève les contingents de ce pays [2]. Les sujets continuent, selon toute vraisemblance, d'être astreints au service militaire, sous peine de châtiments sévères en cas d'infraction et sans qu'apparaisse la moindre trace d'exemption [3]. Mais, par contre, il est probable que les cadres de cette armée ne rappellent guère ceux de l'armée wisigothique : la subdivision de cette dernière en divers groupes que commandaient les tiuphades, les cinqcenteniers, les centurions et les décurions, implique l'existence de contingents assez nombreux ; or, il va de soi que les armées asturiennes n'ont jamais été que des poignées d'hommes, malgré les chiffres que les Arabes assignent aux pertes de leurs ennemis

Le tribunal du roi demeure toujours la juridiction su-

---

n° 25, pp. 331-333). — Autres fantômes : le *cancellarius* et le *censor regis* (sorte de procureur fiscal), qui, selon Caveda, *Ensayo*, p. 100, se rencontreraient auprès d'Alphonse II.

1. Comparer Dahn, *op. cit.*, VI, pp. 209-225 (service militaire), 226-246 (justice), 252-281 (finances), 369-429 (organisation ecclésiastique et rapports du roi et de l'Église). Voir aussi Pérez Pujol, *Historia de las instituciones sociales de la España goda* (Valencia, 1896, 4 vol. in-8°), II, pp. 178-186 (finances), 186-192 (service militaire) ; III, pp. 82-142 (organisation ecclésiastique) et 251-373 (rapports de l'Église et de l'État).

2. Pseudo-Alphonse, ch. 23 : « Itaque Ranimirus... Lucensem civi- « tatem Galleciae ingressus est, sibique exercitum totius provinciae « adgregavit. »

3. Les exemples d'exemption que l'on pourrait produire seraient tirés soit du diplôme d'Alphonse II du 21 décembre 804 (*Cat.*, n° 8), soit du *fuero* de Brañosera, 13 octobre 824 (Llorente, *Noticias*, III, n° 6, pp. 29-30) ; ils seraient donc sans valeur.

prême, devant laquelle se règlent soit en appel, soit en première instance les causes importantes [1]. Le code en vigueur est toujours le *Forum Judicum*, lequel, on le sait, fut d'ailleurs en usage jusqu'au XIIIᵉ siècle [2] ; et il ne paraît point, sauf erreur, que la procédure ait beaucoup varié [3]. — Notons aussi que le roi, juge suprême, est lui-même susceptible d'être traduit en justice par ses sujets [4].

Les rois asturiens tirent une partie de leurs ressources des domaines qui constituent leur patrimoine [5], ou qu'ils ont

1. Le jugement précité du 6 juin 878 nous montre le tribunal du roi jugeant une cause en appel ; cf. Tailhan, *Bibliothèques*, p. 293, n. 4. Le diplôme du 24 juin 886 (*Cat.*, nº 45) rappelle un jugement rendu sans nul doute en première instance, après la révolte d'Hermenegildo Perez. Voir aussi dans un diplôme d'Ordoño II, 2 juin 912 (López Ferreiro, *Hist. de la iglesia de Santiago*, II, app. nº XXXIV, pp. 74-75), l'exposé d'une cause, également jugée en première instance par le tribunal d'Alphonse III.

2. Le fait a été depuis longtemps mis en lumière ; cf., entre autres auteurs, Martinez Marina, *Ensayo*, 2ᵉ éd., I, pp. 47-55, bien que les exemples donnés pour les VIIIᵉ et IXᵉ siècles soient empruntés à des actes douteux ou faux.

3. Comparer à cet égard le procès-verbal du jugement rendu le 6 juin 878 (*Cat.*, nº 37) avec le nº 40 (*diiudicatio*) des *Formulae visigothicae*, éd. Zeumer, pp. 593-594. Observer de plus que, dès le 13 mai 911, on rencontre des *Conditiones sacramentorum* (*Revue Hispanique*, VII, 1900, pp. 309-311), analogues au nº 39 desdites formules wisigothiques, pp. 592-593.

4. Cf. Martinez Marina, *Ensayo*, 2ᵉ éd., I, pp. 70-71 ; Colmeiro, *Constitucion*, II, p. 257. On réunirait aisément un certain nombre d'exemples pour les Xᵉ et XIᵉ siècles; pour le IXᵉ, il n'en a été relevé qu'un seul. Dans un diplôme d'Alphonse III, 15 avril 869 (*Cat.*, nº 31), on lit : « sicuti eas [possessiones] per judicium adquisivit divae « memoriae tius noster dominus Adefonsus ex proprietate bisavi sui « domini Pelagii. » Donc, un sujet ou un parent d'Alphonse II avait revendiqué en justice contre ce dernier les biens mentionnés dans l'acte.

5. A l'époque où nous sommes, les documents ne permettent pas encore de faire une distinction entre le patrimoine propre du souverain et le domaine de la couronne ; en parlant des biens dont il dispose en faveur de bénéficiaires, le roi emploie des expressions telles que « in cellario *nostro* », « ex *nostra* proprietate », etc.

soit achetés, soit reçus en don, soit acquis par voie de conquête [1] ; domaines disséminés d'ailleurs sur toute l'étendue
du territoire et situés tant dans les Asturies et le Leon qu'en
Galice et en Portugal [2]. A ces ressources privées se joignent
certaines contributions publiques, savoir : 1º les droits de
péages [3] ; 2º les taxes dont le roi frappe tels de ses sujets
pour subvenir aux dépenses occasionnées par la guerre [4].
Ajoutons à ces diverses sources de revenus le produit des
confiscations prononcées par le roi en certaines circonstances,
conformément aux dispositions du *Forum Judicum* [5] ; le pro-

---

1. Exemple d'achats : diplôme du 29 janvier ou 2 février 895 (*Cat.*,
nº 50). — Exemple de dons : charte de l'abbé Reterico, 17 septembre
870,en faveur d'Alphonse III (López Ferreiro, *op. cit.*, II, app. nº VIII,
pp. 18-19, cet acte étant placé par erreur à l'année 930 dans E. de
Hinojosa, *Documentos*, nº II, pp. 2-3 ; cf. López Ferreiro, *loc. cit.*,
p. 19, n. 1, et comparer la date des nᵒˢ IX et X). — Exemples d'acquisitions par voie de conquête : diplômes du 30 décembre 899 (*Cat.*,
nº 58) et du 28 avril 909 (*Cat.*, nº 68).
2. Voici quelques exemples. Asturies : diplômes du 28 juin 860 et
du 15 avril 869 (*Cat.*, nᵒˢ 26 et 31). — Leon : diplômes du 29 janvier
ou 2 février 895, 22 septembre 907, 28 avril 909 (*Cat.*, nᵒˢ 50, 66, 68). —
Galice : diplômes du 23 août 775 et du 24 juin 886 (*Cat.*, nᵒˢ 5 et 45). —
Portugal : diplôme du 30 décembre 899 (*Cat.*, nº 58).
3. Cf. le diplôme du 30 novembre 905 pour Sahagun (*Cat.*, nº 64) :
« et insuper precepimus 'ut omnis civitatis regni nostri nullum por
« taticum vobis prehendant. » — Le *portazgo* ne devait pas être la
seule redevance en usage ; mais noter que, pour cette époque, nous ne
connaissons le *montazgo* que par le diplôme apocryphe du 21 décembre
804 (*Cat.*, nº 8), et les droits de marché (*calumniae mercati*) que par
les diplômes refaits du 20 avril et de mai 857 (*Cat.*, nᵒˢ 24-25).
4. La *fonsadera*, que nous trouvons signalée dans un diplôme d'Ordoño II, 12 avril 920 (*Revue Hispanique*, XVI, 1907, p. 546), existait
sans doute déjà. Mais il serait imprudent d'énumérer avec le Comte
de Cedillo, *Contribuciones é impuestos en León y Castilla durante la
edad media* (Madrid, 1896, in-8º), pp. 130-140, d'autres redevances
de même nature, telles que la *castelleria* ou l'*anubda*, car seuls des
textes apocryphes, dont le diplôme du 21 décembre 804 (*Cat.*, nº 8),
nous les font connaître. Cf. F. Macho y Ortega, dans *Revista de Archivos*, 3ª época, XXXVI (1917), pp. 383-385.
5. Cf. les diplômes de 885 (*Cat.*, nº 44), du 24 juin 886 (nº 45) et du

duit des amendes judiciaires fixées par ledit code [1], enfin le produit du domaine public [2]. Quant à la contribution foncière, on ignore si elle fut encore perçue, comme elle l'avait été chez les Wisigoths [3].

Ainsi que ses prédécesseurs, le roi asturien nomme aux évêchés vacants [4] ; et ce droit de nomination s'exerce soit directement [5], soit peut-être, en certains cas, après un simulacre d'élection [6], soit encore après désignation faite par la

25 novembre 895 (n° 52). Les deux derniers marquent par la formule « per legum decreta » la légitimité des confiscations opérées.

1. Bien que seuls des actes apocryphes, refaits ou interpolés (diplômes du 21 décembre 804, 20 avril 857, 24 janvier 891 ; *Cat.*, n°ˢ 8, 24, 47), signalent ces amendes applicables aux cas de vol, homicide, etc., il n'est pas douteux qu'elles aient été infligées aux délinquants. Cf. le diplôme ci-dessus mentionné d'Ordoño II, 12 avril 920.

2. Le domaine public prendra, s'il ne l'a déjà pris, le nom de *regalengum* : on trouve ce vocable dans les diplômes d'Ordoño II du 16 avril 916 (*Esp. Sagr.*, XXXIV, p. 436), du 18 mai 919 (*ibid.*, p. 448), etc., etc. — Sur le domaine public, voir Martinez Marina, *Ensayo*, 2ᵉ éd., I, pp. 91-92 et Colmeiro, *Constitucion*, I, pp. 287-288.

3. Sur l'impôt foncier chez les Wisigoths, voir F. Thibault, dans *Nouvelle revue historique de droit français et étranger*, XXVI (1902), pp. 32-38.

4. Ce fait est de doctrine courante ; mais remarquer que, pour l'époque asturienne, il n'y a pas de textes rigoureusement contemporains. Ceux dont on dispose, empruntés au diplôme interpolé du 28 août 886 (*Cat.*, n° 46), à une charte de l'évêque d'Astorga Salomon, 9 février 937 (*Esp. Sagr.*, XVI, pp. 434-438), et à un diplôme d'Ordoño III, 18 mai 952 (López Ferreiro, *Hist. de la iglesia de Santiago*, II, app. n° LXIII, pp. 143-144), ont déjà été cités par Martinez Marina, *Ensayo*, 2ᵉ éd., II, pp. 7-8.

5. Cf. les exemples rappelés à la note précédente.

6. D'après la *Vita S. Attilani*, ch. 2 (*Esp. Sagr.*, XIV, p. 395), les évêques Atilano de Zamora et Froilan de León furent « a rege, clero « et plebe unanimiter electi ». Mais cette Vie est de trop basse époque pour avoir quelque valeur (cf. ci-dessus, p. 32). Plus troublant est le passage que voici d'un diplôme de 885 (*Cat.*, n° 44) : « simul cum « antistite Sisnando, qui nostro tempore per concilium electus et « ordinatus est ». Si l'acte s'était conservé sous forme d'original, notre doctrine s'écroulerait ; mais de l'acte en question on ne possède qu'une copie, contenue dans le *Tumbo A* de Compostelle (fol. 3 v.), et cette

voix populaire [1]. Mais là ne se bornent pas les prérogatives royales. Comme l'Église asturienne est demeurée pour ainsi dire sans relations avec la Papauté [2] ; qu'elle n'a tenu aucune assemblée analogue, *mutatis mutandis,* aux conciles de Tolède [3] ; que même, sauf erreur, elle n'a eu qu'une organisation métropolitaine rudimentaire [4], les pouvoirs du roi en matière religieuse se sont certainement accrus. Si le souverain ne paraît pas s'être directement immiscé dans la querelle de l'Adoptianisme qui, au VIIIe siècle, secoua le royaume et toutes les communautés chrétiennes de la Péninsule [5], en revanche, nous le voyons non seulement régler telle menue

copie, authentique dans l'ensemble, a été légèrement interpolée (cf. *Étude sur les actes des rois asturiens,* p. 143, n. 1), apparemment sous l'influence du diplôme apocryphe du 30 juin 880 (*Tumbo A,* fol. 2 v ; *Cat.,* n° 38), où on lit, à propos du même Sisnando : « Secun-« dum quod in *concilio* per collationem fuit deliberatum, concedimus « vobis atque adfirmamus sedem Hiriensem, ubi *electus* et *ordinatus* « estis pontifex. »

1. Cf. *Vita sancti Froylani* (*Esp. Sagr.,* XXXIV, p. 424) : « Quumque « rex tanta vidisset in eum [Frojanem] crescere gratia sanctitatis, « clamor populi adtollitur permultis diebus Frojanem abbatem di-« gnum esse episcopum in Legione civitatem nostram. »

2. Les seules bulles authentiques qui témoignent de rapports, au moins indirects, entre Rome et le royaume asturien, sont les lettres du pape Adrien relatives à l'Adoptianisme (Jaffé-Wattenbach, *Regesta pontificum romanorum,* n°s 2479 et 2482). Toutes autres allusions à des consultations du Saint-Siège se rencontrent soit dans les actes des conciles d'Oviedo, soit dans les diplômes apocryphes de Lugo, apparentés auxdits actes, 27 mars 832 (*Cat.,* n° 14) et 1er janvier 841 (*Cat.,* n° 17).

3. Sur les prétendus conciles d'Oviedo, voir ci-dessus, p. 91. En dehors de ces conciles, on n'en connaît aucun autre, quelle que soit l'opinion de divers auteurs, et notamment de V. de la Fuente, *Hist. eclesiástica de España,* 2e éd., III, p. 524 et de M. Gómez del Campillo, dans *Revista de Archivos,* 3ª época, X (1904), p. 156.

4. Voir ci-dessus, pp. 100-101.

5. Les documents sont muets à cet égard. Toutefois, il est permis de croire que le roi favorisa les adversaires d'Élipand de Tolède, puisque l'hérésie adoptianiste fut finalement extirpée du royaume.

question de discipline [1], mais aussi relever, sans intervention de Rome, les sièges épiscopaux détruits, en créer même de nouveaux à l'occasion, opérer enfin les transferts qu'il juge utiles, ou que les circonstances imposent [2]. Observons, d'autre part, que le roi n'abandonne pas encore volontiers à l'Église, semble-t-il, l'un quelconque des droits de la couronne [3].

---

1. Cf. le diplôme suspect d'Ordoño Ier, 20 mai 856 (*Cat.*, n° 23), où se trouve la phrase suivante, assez fréquemment citée (notamment par Colmeiro, *Constitucion*, II, p. 88 et p. 128) : « ordinamus tibi « de calendis in calendas facias collationes per omnia ipsa monasteria « in territorio illo. » Sur l'authenticité probable de cette clause, voir *Étude sur les actes des rois asturiens*, p. 34. — Rappelons en passant que l'interdiction du mariage des prêtres qu'aurait prononcée Fruela, au VIIIe siècle, et sur laquelle maints auteurs ont discuté, n'est attestée que par des documents de basse époque : Pseudo-Alphonse, réd. *B*, ch. 16 ; Moine de Silos, ch. 27 ; Rodrigue de Tolède, *De rebus Hispaniae*, IV, 6 et Lucas de Tuy, p. 73. Il n'y a donc pas matière à controverse.

2. Cf. Martinez Marina, *Ensayo*, 2e éd., II, pp. 3-5, mais sous réserves, les preuves étant tirées d'actes suspects ou apocryphes. — Qu'il y ait eu des créations ou des transferts de sièges, c'est ce que prouve, à défaut de textes explicites, l'existence même des églises de Leon, Oviedo, Valpuesta, *Velegia*, Zamora.

3. Sur l'immunité, voir, de préférence à tout autre, l'exposé de H. da Gama Barros, *Historia da administração publica em Portugal nos seculos XII a XV* (Lisboa, 1885-1914, 3 vol. in-8°), I, pp. 133 et suiv. ; consulter aussi l'intéressant article de M. C. Sánchez-Albornoz, *Estudios de alta edad media. La potestad real y los señorios en Asturias, León y Castilla. Siglos VIII al XIII*, dans *Revista de Archivos*, 3ª época, XXXI (1914), pp. 263-290. Mais observer que tous les textes allégués, même par M. Gama Barros, pour l'époque des rois asturiens, sont apocryphes ou interpolés : diplômes d'Alphonse II du 21 décembre 804 (*Cat.*, n° 8) et du 1er janvier 841 (*Cat.*, n° 17) ; diplômes d'Alphonse III du 28 août 866 ou 867 (*Cat.*, n° 29), du 24 janvier 891 (*Cat.*, n° 47) et du 30 juin 897 (*Cat.*, n° 54). — En réalité, les seuls documents à invoquer seraient les trois diplômes d'Alphonse III pour Sahagun, 22 octobre 904, 30 novembre 904, 30 novembre 905 (*Cat.*, n°s 60, 61, 64). Sur le sens des formules d'exemption qu'ils renferment, consulter J. Puyol y Alonso, *El abadengo de Sahagún. Contribución al estudio del feudalismo en España* (Madrid, 1915, in-8°), pp. 150 et 156 ; voir aussi, pour l'acte du 22 octobre 904, qui serait

III. — LA PACIFICATION DU ROYAUME.

L'entourage du roi n'a pas perdu le goût des conspirations, et, toutes proportions gardées, la royauté asturienne est, comme la royauté wisigothique, en butte à d'assez fréquents assauts. Des troubles éclatent à la cour, non pas seulement lors des changements de règne, mais aussi après l'intronisation du souverain et quand ce dernier pouvait se croire définitivement le maître. Fruela, qui était de mœurs rudes [1], tue son frère Vimarano en qui il voyait un rival, et lui-même tombe bientôt, victime d'une vengeance ou d'une révolution de palais [2]. Vers 801 ou 802, Alphonse II, ce prince « aimé de Dieu et des hommes [3] », est brusquement déposé, enfermé dans un monastère, et il ne remonte sur le trône que grâce au dévouement d'un certain Theuda et de quelques fidèles [4]. Ramire,

le plus ancien exemple connu de *mandación*, Cárdenas, *Ensayo sobre la historia de la propiedad territorial en España*, I, p. 280.

1. Pseudo-Alphonse, ch. 16 : « Hic vir mente et armis acerrimus « fuit. »

2. Pseudo-Alphonse, ch. 16 : « Denique fratrem suum, nomine « Vimaranem, propriis manibus interfecit, qui non post multum « temporis talionem iuste accipiens, a suis interfectus est. » Cf. *Chron. Albeldense*, ch. 53 : « Fratrem suum nomine Vimaranem ob invidiam « regni interfecit. Ipse post, ob feritatem mentis, in Canicas est inter-« fectus. » C'est à ce prince Vimarano que l'on pourrait peut-être attribuer, d'après le P. Fita (*Bol. de la R. Acad. de la Hist.*, XXXVIII, 1901, pp. 41-47), la construction de l'hospice pour marins que mentionne l'inscription publiée par Hübner, *Inscr. Hisp. Christ. Suppl.*, p. 115, n° 484.

3. Pseudo-Alphonse, ch. 22 : « amabilis Deo et hominibus. »

4. *Chron. Albeldense*, ch. 58 : « Iste XI regni anno per tyrannidem « regno expulsus, monasterio Abelaniae est retrusus. Inde a quodam « Teudane vel aliis fidelibus reductus regnique Oveto est culmine « restitutus. » On ignore quelle fut la cause de ce mouvement, quel établissement désigne l'expression « monasterium Abelaniae » et qui était Theuda. Inutile d'ajouter que l'on a, sur ces trois points, accumulé les hypothèses gratuites. On a d'autre part lu quelquefois : « II « regni anno », au lieu de : « XI regni anno », et placé en conséquence

dont un chroniqueur vante la fermeté à l'égard des « brigands », « magiciens » et « tyrans [1] », se voit menacé, peu après sa victoire sur Nepociano, par le comte du palais Aldroito ; celui-ci vaincu, un autre complot se forme, et c'est le successeur d'Aldroito, Piniolo, qui en est l'âme ; mais, cette fois encore Ramire étouffe le mouvement, et fait exécuter le rebelle, ainsi que les sept fils de ce dernier [2].

Enfin, s'il faut en croire Sampiro, Alphonse III aurait été, plus peut-être qu'aucun de ses prédécesseurs, inquiété par ses familiers et ses proches. Au début de son règne, il doit, à ce qu'on rapporte, lutter contre ses frères qui, groupés autour de l'infant Fruela, se réfugient en Castille ; cette révolte apaisée et les coupables sévèrement châtiés, l'un d'eux, Bermude, réussit à s'évader d'Oviedo où il avait été incarcéré, gagne Astorga, s'y maintient pendant sept ans en état de rébellion ouverte, appelle les Arabes à son aide, attaque avec eux la ville de Grajal [3], mais, finalement battu, n'a d'autre

---

vers 793 la révolte signalée. On ne sait pas davantage quel fut l'usurpateur. M. B. Martín Mínguez, *De la Cantabria* (Madrid, 1914, in-8º), pp. 109-112, croit l'avoir découvert en la personne d'un certain Froilan, mentionné dans un acte privé du 20 avril 815, où on lit : « regnante « domno Froilane in Asturias. » Alphonse II ayant été détrôné vers 802, Froilan aurait donc régné pendant treize ans au moins. Le malheur est que l'acte doit être daté, non de 815, comme le dit M. Martín Mínguez, mais de 915, et que le roi Fruela cité dans le document n'est autre que Fruela II (cf. Ed. Jusué, dans *Bol. de la R. Acad. de la Hist.*, XLVIII, 1906, pp. 136-138).

1. *Chron. Albeldense*, ch. 59 : « Virga justitiae fuit. Latrones oculos « evelendo abstulit. Magicis per ignem finem imposuit ; sibique ty« rannos mira celeritate subvertit atque exterminavit. »

2. Pseudo-Alphonse, ch. 24 : « ...nam comes palatii Aldoroitus « adversus regem meditans, regio praecepto excaecatus est. Piniolus « etiam, qui post eum comes palatii fuit, patula tyrannide adversus « regem surrexit ; ab eo una cum septem filiis suis interemptus est. » Cf. *Chron. Albeldense*, ch. 59.

3. S'agit-il de Grajal de Campos ou de Grajal de la Ribera ? Peu importe, au demeurant.

ressource que de passer en terre musulmane [1]. Ce n'est point tout. Alors que, vers la fin de sa vie, il guerroyait contre Tolède, Alphonse fut, dit-on, l'objet d'un nouveau complot, tramé par son serf Adamnino. Ce dernier subit à Carrion de los Condes le châtiment suprême [2]. Mais aussitôt après, ce sont les propres enfants du roi qui s'insurgent à leur tour. Alphonse, s'étant emparé à Zamora de son fils aîné Garcia et l'ayant interné au château fort de Gozon, le beau-père de Garcia, Nuño Fernandez, prend fait et cause pour son

---

1. Sampiro, ch. 3 : « In his diebus frater regis nomine Froilanus « (ut ferunt) necem regis detractans, aufugit ad Castellam. Rex qui- « dem dominus Adefonsus, adjutus a Domino, cepit eum, et pro tali « causa orbavit oculis; hos fratres simul, Froilanum, Nunnum etiam « et Veremundum et Odoarium. Ipse vero Veremundus orbatus frau- « dulenter ex Oveto exivit, et Astoricam venit, et per septem annos « tyrannidem gessit. Arabes secum habens, una cum ipsis Getulis « exercitum Graliare direxit. Rex vero Adefonsus haec audiens « obviam illis processit, et eos usque ad internecionem delevit. » « Coecus vero ad Sarracenos fugit. Tunc edomuit rex Astoricam, simul « et Ventosam. » Quoique la plupart des historiens aient admis les faits rapportés par Sampiro, et que certains aient essayé de leur assi- gner une date (877, après 881, 896-897, etc.), il y a cependant lieu de se demander si l'on n'est pas en présence d'une légende. Voir les très judicieuses remarques de Masdeu, *Hist. critica de España*, XII (1793), p. 155 et de Tailhan, *Bibliothèques*, p. 339, n. 1 : le silence du *Chron. Albeldense*, la durée même de la révolte, les doutes qu'exprime Sampiro en employant les mots « ut ferunt », sont autant d'arguments contre la véracité du récit ; à noter que d'après le fragment de chro- nique conservé par le Moine de Silos, au ch. 39, Alphonse III était le fils unique d'Ordoño : « Erat enim Adefonsus unicus domni Ordonii « regis filius » (éd. Santos Coco, p. 33).

2. Sampiro, ch. 14 : « …Rex congregato exercitu Toletum perrexit… « et inde reversus… Carrionem venit, et ibidem servum suum Adam- « ninum cum filiis suis trucidari jussit, eo quod cogitaverat in necem « regis. » Le P. Fita, dans *Bol. de la R. Acad. de la Hist.*, XLI (1902), p. 335, n. 3, s'est demandé si cet *Adamninus* ne serait pas le rebelle *Hanmu* que mentionne le diplôme de 885 (*Cat.*, n° 44) et que nous retrouverons plus loin. Cela est possible; mais l'événement rapporté par Sampiro semblerait devoir être placé dans les toutes dernières années du règne.

gendre ; de leur côté, les autres fils du roi veulent venger l'outrage infligé à leur frère ; bref, une vaste conspiration se forme, et Alphonse est détrôné et relégué dans la bourgade asturienne de *Boides* [1]. Que le premier et surtout le dernier de ces récits ne méritent pas grande confiance, nous l'accorderons volontiers [2] ; toutefois ils montrent que les hommes cultivés de

---

1. Sampiro, ch. 15 : « Et veniens Zemoram filium suum Garseanum « comprehendit, et ferro vinctum ad castrum Gauzonem duxit. Socer « quidem ejus Munio Fredinandi tyrannidem gessit, et rebellionem « paravit. Etenim omnes filii regis, inter se conjuratione facta, patrem « suum expulerunt a regno, Boides villam in Asturiis concedentes. » — Presque tous les auteurs ont utilisé cette notice, et cherché à identifier *Boides* (sur cette localité, voir Somoza, *Gijón*, II, pp. 543, 547, n. 330 et 577-578) ; plusieurs ont même tenté de dater les faits ou de compléter le récit de Sampiro en empruntant à Rodrigue de Tolède, *De rebus Hispaniae*, IV, 19 et à Lucas de Tuy, p. 80, quelques détails concernant le rôle de la reine Chimène, laquelle se serait rangée du côté de ses fils. Toutefois, le témoignage de Sampiro est très suspect, comme l'ont indiqué, pour des raisons d'inégale valeur, Tailhan, *Bibliothèques*, p. 342, n. 2 et Somoza, *Gijón*, II, pp. 544-545. Cf. aussi la note suivante.

2. Il faut remarquer que toute la fin du récit de Sampiro a un caractère nettement légendaire. Le dernier passage cité s'éclaire, dès qu'on se reporte à la suite : on voit le roi faire, peu après sa déposition, un pèlerinage à Compostelle, revenir à Astorga, implorer de son fils Garcia l'autorisation de combattre une dernière fois l'Infidèle, entreprendre une campagne contre les Maures, rentrer triomphalement à Zamora et y mourir. Il y a là comme un thème épique, brièvement esquissé, mais dont nous ne rencontrons par ailleurs nul écho. Un mot encore : le dernier diplôme délivré par Alphonse III, et souscrit par ses cinq fils, est du 28 avril 909 (*Cat.*, n° 68) ; la dernière mention qui soit faite de son règne, est, à notre connaissance, du 23 juillet 909 (L. Serrano, *Becerro gótico de Cardeña*, n° LXI, pp. 74-75). Comme il n'y a aucun motif de placer en 912 la mort d'Alphonse III (voir ci-dessous, Appendice, I) ; comme il n'y a, d'autre part, aucune raison d'admettre qu'Alphonse III aurait partagé ses états entre ses fils et gardé jusqu'à sa mort, survenue en 911, « le pouvoir royal supérieur « et dominant » (Tailhan, dans *Revue du Monde catholique*, LXXXIV, 1885, pp. 523-524), il faudrait donc placer entre le 23 juillet 909 et le 20 décembre 910 (date traditionnelle de la mort du roi), non seulement la révolte des fils du roi et la déposition de ce dernier, mais

la fin du Xe ou du début du XIe siècle, époque à laquelle travaillait Sampiro, se représentaient la famille et la domesti-
cité des rois asturiens, même celles du plus puissant d'entre
eux, comme un foyer d'intrigues.

*
* *

A la suite des entreprises réalisées par Alphonse Ier, les
possessions des rois asturiens comprenaient trois groupes de
territoires : au centre, les Asturies proprement dites ; à l'Ouest,
une partie de la Galice ; à l'Est, les régions aux confins in-
décis qu'habitaient les tribus vasconnes. Placés aux deux
ailes extrêmes du royaume, occupant des contrées malaisément accessibles, et voués, de par leur éloignement même, à
des velléités d'indépendance, Galiciens et Vascons tentèrent,
à plusieurs reprises, de secouer le joug [1]. A peine annexés,
ils se soulèvent : Fruela, successeur d'Alphonse Ier, combat
les Vascons d'Alava, d'où il ramène une prisonnière de guerre,
qui plus tard devint reine [2] ; peu après, il marche contre les

encore tous les événements qui suivirent : ou bien l'intervalle est un
peu court, ou bien les faits se seraient précipités, et auraient marché
d'une allure aussi rapide que le récit même de Sampiro.

1. Les historiens galiciens du XIXe siècle ont exagérément précisé
les tendances confuses de leurs lointains ancêtres. Pour Murguía
et ses émules, il y aurait même eu une sorte de séparatisme galicien,
provoqué par la prédominance des éléments suèves et celtes en opposition avec l'élément wisigoth que représentaient les rois asturiens
et la noblesse asturienne. Voir l'excellente réfutation de A. Sánchez
Moguel, *Discursos leídos ante la R. Academia de la Historia...* (Madrid,
1888, in-8º), pp. 35 et suiv. — Quant aux Vascons, on sait qu'ils
s'étaient soulevés à plusieurs reprises contre les rois wisigoths ; cf.
Pérez Pujol, *Historia de las instituciones sociales de la España goda*,
II, p. 20.

2. Pseudo-Alphonse, ch. 16 : « Vascones rebellantes superavit atque
« edomuit. Muniam quandam adulescentulam ex Vasconum praeda
« sibi servari praecipiens, postea eam in regali coniugio copulavit,
« ex qua filium Adefonsum suscepit. » — Quels étaient ces Vascons ?

Galiciens soulevés et ravage leur pays en représailles [1]. Un
moment apaisés, les Galiciens ne tardent pas à relever la
tête ; mais ils sont battus par Silo au mont Cebrero et contraints de reconnaître l'autorité du roi [2].

La réponse est fournie par le Pseudo-Alphonse lui-même, au ch. 19,
où il nous dit qu'Alphonse II, fils de Fruela, « a regno deiectus apud
« propinquos matris suae in Alabam commoratus est ». Les Vascons
soumis étaient donc des Alavais ; cf. Moret, *Investigaciones*, éd. de
1766 (Pamplona, in-fol.), pp. 69-70 (et 250-251) ; Florez, *Reynas
Catholicas*, I, p. 50 ; M. Oliver y Hurtado, *Discursos leídos ante la
R. Academia de la Historia...* (Madrid, 1866, in-8º), p. 10, etc. Mais
tel n'a pas été l'avis de divers érudits, qui ont prétendu que la domination des rois asturiens s'était étendue jusqu'en Navarre ; par
exemple, Risco, *Esp. Sagr.*, XXXII, p. 344 et suiv. et XXXVII,
pp. 107 et 131 ; Masdeu, *Hist. crítica de España*, XII (1793), p. 65 ;
Llorente, *Noticias*, I (1806), pp. 48-51, etc. L'erreur provient du Moine
de Silos, ch. 27, de Rodrigue de Tolède, *De rebus Hispaniae*, IV, 6
et de Lucas de Tuy, p. 73, qui ont les premiers identifié les Vascons
avec les Navarrais, ou nommé les deux ; et cette erreur s'est répercutée
jusque chez Abel et Simson, *Karl der Grosse*, I (2e éd.), pp. 292 et 296,
lesquels croient, bien à tort, que Pampelune obéissait au roi asturien,
lors de l'expédition de Charlemagne en 778.
    1. Pseudo-Alphonse, ch. 16 : « Galleciae populos contra se rebellantes
« simul cum patria devastavit. » Bien qu'on n'ait aucun autre renseignement, M. López Ferreiro, dans *Galicia histórica*, pp. 667-668,
n'a pas hésité à dire avec précision les causes de cette révolte ; les
Galiciens voulaient rappeler au roi « que ellos formaban también un
« estado autónomo é independiente ». Inutile de discuter ces propos,
ou la suite du récit.
    2. Pseudo-Alphonse, ch. 18 : « Populos Galleciae contra se rebel-
« lantes in monte Cuperio bello supcravit, et suo imperio subiugavit. »
Pour M. López Ferreiro, *loc. cit.*, p. 676, il s'agirait, non du mont
Cebrero, mais de la localité appelée Monte-Cubeiro (*part. jud.* de Lugo,
ayunt. de Castroverde) ; cela n'est pas très vraisemblable, car le mont
Cebrero est, par lui-même, une position stratégique, « el puerto y
« entrada mas ordinaria de toda Castilla para Galicia por el Vierzo »,
comme disait Morales, *Coronica*, éd. Cano, VII, p. 111. Mais M. López
Ferreiro ne s'en tient pas là. Reprenant la thèse de Murguía, *Historia
de Galicia*, IV, pp. 133 et suiv., il déclare que le succès de Silo ne fut
que partiel : seuls furent soumis les Galiciens de la région septentrionale ; ceux de la région située à l'Ouest du Miño continuèrent de former
un état indépendant, gouverné par un roi nommé Ramire, lequel avait

Ces succès de Fruela et de Silo furent suivis d'une longue période de tranquillité : en tout cas, on ne constate plus de rébellion galicienne ou vasconne sous Mauregato, ni sous Bermude, ni pendant le demi-siècle que dura le règne d'Alphonse II [1]. Mais à l'avènement de Ramire (842), les troubles reprirent et dégénérèrent en une véritable guerre civile : se rangeant aux côtés des Asturiens, les Vascons soutiennent avec eux l'usurpateur Nepociano qui, profitant d'une absence momentanée du souverain, s'était emparé du pouvoir ; demeurés fidèles, les Galiciens soutiennent au contraire le roi légitime, lequel, grâce à leur appui, triomphe de ses adversaires [2]. Désireux peut-être de venger leur échec de 842, les Vascons se révoltent derechef sous Ordoño Ier, qui les combat [3],

associé au trône son fils ou frère appelé Silo. Tout cela repose sur la charte du 26 février 788 que nous avons déjà signalée (ci-dessus, p. 85), et tout cela a été très complètement réfuté — redisons-le — par M. Martínez Salazar, dans *Galicia histórica*, pp. 788-799.

1. M. López Ferreiro, *loc. cit.*, pp. 675, 679, 689, 691, 721, a essayé d'expliquer pourquoi les Galiciens demeurèrent fidèles à Alphonse II et à ses successeurs jusqu'à Alphonse III inclus ; mais les raisons produites sont purement sentimentales, ou fantaisistes.

2. Voir ci-dessus, p. 219. Plusieurs auteurs, après Carvallo, *Antigüedades del principado de Asturias*, p. 202, ont cru que Nepociano était vascon. Ce n'est là qu'une hypothèse, basée sur la parenté supposée de ce personnage avec Alphonse II, dont la mère était alavaise.

3. Pseudo-Alphonse, ch. 25 : « Adversus Caldeos saepissime prae- « liatus est, et triumphavit in primordio regni sui. Quum adversus « Vascones rebellantes exercitum moveret, atque illorum patriam « suo iuri subiugasset... » Entre autres auteurs, Risco, *Esp. Sagr.*, XXXII, pp. 386-387 et XXXVII, p. 202, a établi un rapprochement entre la paix conclue par les Navarrais avec Charles le Chauve en 850 (*Chron. Fontanellense*, a. 850, dans Duchesne, *Hist. Franc. Script.*, II, p. 389) et le soulèvement qu'Ordoño eut à réprimer (les Navarrais voulaient, nous dit Risco, se libérer de la tutelle du roi asturien). Mais pour que ce rapprochement fût valable, il faudrait qu'Ordoño eût combattu les Navarrais eux-mêmes, et cela n'est guère admissible (cf. Moret, *Investigaciones*, éd. de 1766, pp. 69 et 251). M. de Jaurgain, *La Vasconie*, I, p. 195 (cf. II, p. 5), a tourné la difficulté en identifiant le duc des Navarrais que le *Chron. Fontanellense* nomme *Mition* avec

presque aussitôt après son avènement. Un peu plus tard, quand Alphonse III succède à son père (866), de nouveaux troubles surviennent, et les événements de 842 se répètent, mais en sens inverse : cette fois, ce sont les Galiciens qui, conduits par leur comte Fruela Bermudez, chassent le roi ; et ce sont les populations de l'Est qui accueillent le souverain détrôné[1]. Son trône reconquis, grâce à l'aide de la Castille, qui fait alors ses débuts sur la scène politique, Alphonse III eut d'ailleurs à lutter à la fois contre les Galiciens, qui l'avaient dépossédé, et contre les Alavais qui l'avaient sans doute secouru, de concert avec les Castillans[2]. Nous savons en effet qu'il dirigea deux expéditions contre les Vascons[3] et obtint, au cours de l'une d'elles, la soumission complète des Alavais ; effrayés à l'approche du roi, ceux-ci se hâtèrent de faire amende honorable et de livrer leur comte, Eylo[4]. Nous savons aussi

---

« Semen-Garcia », lequel « était, en réalité, le chef élu des Vascons de
« l'Alava » ; donc, ayant fait la paix avec Charles le Chauve, Semen
« reprit les armes quelque temps après, pour se soustraire à la suze-
« raineté d'Orduño Ier. Semen-Garcia fut vaincu, mais le roi d'Oviedo
« paraît s'être attaché le chef vascon en lui confiant le gouvernement
« d'une partie de la Castille, car nous voyons l'un des fils de Semen,
« Rodéric-Semen, y exercer un commandement et peupler la ville
« d'Amaya dès 860 ». Ce serait perdre son temps et sa peine que de
discuter pareilles assertions, aussi catégoriques que dénuées de fondement.

    1. Voir ci-dessus, p. 220.

    2. Cette hypothèse nous est inspirée par le rapprochement du *Chron.
Albeldense*, ch. 61 et de Sampiro, ch. 1, cités ci-dessus, p. 220, n. 1.

    3. *Chron. Albeldense*, ch. 61 : « Vasconum feritatem bis cum exercitu
« suo contrivit atque humiliavit. » Comparer Risco, *Esp. Sagr.*, XXXII,
p. 387 : « ...el intento de los Vascones [lire : de los Navarros] por
« estos tiempos, no era otro que la independencia de los Reyes Le-
« gionenses, y el establecimiento de Rey particular, que los gober-
« nase. » Risco ignorait que dès 859-862, pour le moins, les Navarrais
avaient leur roi ; voir *Revue Hispanique*, XV (1906), pp. 633-637
et 641-643.

    4. Sampiro, ch. 1 : « Ipso vero istis satagente operibus, nuntius
« ex Alavis venit, eo quod intumuerant corda illorum contra regem.

qu'Alphonse III mit à la raison, — outre quelques Léonais
rebelles dont les biens furent donnés à l'église de Compostelle [1],
— plusieurs personnages galiciens que mentionnent les documents diplomatiques : le comte Flacidio, qui se serait révolté
avant 875 [2] ; Hermenegildo Perez et sa femme Iberia, qui
conspirèrent eux aussi vers 886 environ [3] ; enfin le comte

« Rex vero haec audiens, illuc ire disposuit ; terrore adventus ejus
« compulsi sunt, et subito jura debita cognoscentes, supplices colla
« ei submiserunt, pollicentes se regno et ditioni ejus fideles existere,
« et quod imperaretur efficere ; sicque Alavam obtentam proprio
« imperio subjugavit. Eylonem vero, qui comes illorum videbatur,
« ferro vinctum secum Ovetum attraxit. » Selon M. de Jaurgain,
La Vasconie, II, pp. 174-175, le comte Eylo, cité par Sampiro, ne
serait autre que le comte « Vigila Scemeniz » cité par le *Chron. Albeldense* aux années 882 et 883, ch. 68, 73 et 74 ; il avait succédé
« à son père dans le comté d'Alava en 866 » ; et, après sa révolte,
il « fut sans doute réintégré dans son gouvernement en 869, lorsque
« Alphonse III épousa une proche parente du comte d'Alava, Semena,
« fille de Garcia II-Eneco, roi de Pampelune ». Identifications, dates
et hypothèses sont également hasardeuses.

1. Voir le diplôme d'Alphonse III de 885 (*Cat.*, n° 44), mentionnant
la révolte de Hanno, dont il sera question ci-dessous, et le diplôme
du 25 novembre 895 (*Cat.*, n° 52), mentionnant la rébellion des enfants
de Sarraceno et de Sendina.

2. Voir le diplôme — très douteux, il est vrai, — du 1er mars 875
(*Cat.*, n° 33). — M. López Ferreiro, dans *Galicia histórica*, p. 723,
qualifie Flacidio de comte de Lugo ; ce n'est qu'une hypothèse. De
plus, il considère la rébellion de Flacidio et celles qui suivirent comme
des manifestations de l'esprit séparatiste galicien : nous ne discute-
rons pas.

3. Cf. le diplôme du 24 juin 886 (*Cat.*, n° 45). — M. López Ferreiro,
Hist. de la iglesia de Santiago, II, p. 176, suppose que les conjurés
étaient en relations étroites avec le rebelle léonais Hanno, dont parle
le diplôme déjà signalé de 885 (*Cat.*, n° 44); il n'hésite même pas à
déclarer, p. 175, que les frères du roi auraient trempé dans cette
« vastísima y tremenda » conspiration, établissant ainsi un lien entre
les révoltes survenues en Galice et Leon, et la rébellion des frères
du roi que raconte Sampiro, au ch. 3. Ce sont là autant d'hypothèses
superflues. — Rappelons que, selon M. López Ferreiro, *op. cit.*, II,
p. 176 et *Galicia histórica*, p. 694, Hermenegildo serait fils du comte
Pedro, le vainqueur des Normands en 859-860.

Witiza qui, au bout de sept ans de rébellion, fut soumis par le comte Hermenegildo, et fait prisonnier [1].

* *

Comme nous l'avons indiqué, Alphonse Ier transplanta dans son royaume les Chrétiens qu'il avait délivrés au cours de ses expéditions [2] ; de plus, bien que les chroniqueurs affirment qu'il passa au fil de l'épée tous les Musulmans des villes et bourgades reconquises, il est cependant invraisemblable qu'il n'ait pas emmené avec lui un certain nombre de captifs [3]. Peu après la mort d'Alphonse Ier, une tradition,

1. Pour la date, que nous ne donnons ici qu'à titre d'indication, voir, sous toutes réserves, le diplôme douteux du 11 juillet 895 (*Cat.*, n° 51); pour le récit de l'événement, se reporter au jugement d'Alphonse V du 1er février 1007, dans Yepes, *Coronica*, V, escr. v, fol. 428 r-429 r. — D'après M. López Ferreiro, dans *Galicia histórica*, p. 725, Hermenegildo aurait été comte de Porto ; c'est un ressouvenir malencontreux des actes du 2e concile d'Oviedo (Sampiro, ch. 9) : « Ermenegildus « Tudae et Portugale comes. » Naturellement, cet Hermenegildo est distinct de celui que nous avons rencontré à la note précédente. — A remarquer que Masdeu, *Hist. crítica de España*, XII (1793), p. 156, considérait comme imaginaire la révolte de Witiza, l'acte qui la mentionne étant selon lui un faux ; mais l'indice de fausseté que Masdeu croyait remarquer, provenait, semble-t-il, d'une mauvaise datation. Masdeu notait de plus, non sans humeur, que cette révolte aurait, elle aussi, duré sept ans : « otra rebelion, que cuentan de otros siete « años ». Il est certain que le nombre *sept* revient souvent dans les histoires de révoltes : Mahmoûd de Mérida vit pendant *sept* ans en paix avec Alphonse II (Pseudo-Alphonse, ch. 22) ; Piniolo est mis à mort avec ses *sept* fils (*ibid.*, ch. 24) : la rébellion de Bermude, frère d'Alphonse III, dure *sept* ans (Sampiro, ch. 3) ; de même, celle de Witiza. Mais peut-on tirer argument de ces coïncidences, — ou de ces clauses de style ?

2. Ci-dessus, p. 144, n. 1.

3. Pseudo-Alphonse, ch. 13 : « Ex cunctis castris cum villis et viculis « suis, omnes quoque Arabes occupatores supradictarum civitatum « interficiens. » A s'en tenir à la lettre même, jamais les Chrétiens n'auraient fait quartier à leurs ennemis (voir *ibid.*, ch. 10, 11, 16, 21, 22, 26). L'exagération est si évidente qu'il n'y a pas lieu de s'y arrêter.

dont les actes du monastère de Samos ont gardé le souvenir, nous montre des moines mozarabes venant chercher un refuge en Galice et demander un asile au roi Fruela [1]. Vers la fin du VIIIe siècle, à l'époque où l'hérésie adoptianiste se répand en Espagne et où l'état asturien vit en paix avec les Arabes, on constate que les Chrétiens du Nord-Ouest sont en rapports avec ceux de Tolède, ce qui implique une facilité de communications propre à favoriser des infiltrations plus ou moins importantes [2]. Au début du IXe siècle, on observe que des Musulmans, ou plutôt sans doute, des Mozarabes, chassés par la famine, font irruption en Castille et s'y installent [3]. Quelques années plus tard, c'est un insurgé presque célèbre, Mahmoûd, qui, battu par Abd er-Rahmân II en 833, lors d'une insurrection de Mérida, puis obligé d'abandonner *Monsalud* où il s'était réfugié, va se mettre en quelque sorte sous la protection plus ou moins volontaire d'Alphonse II,

---

1. Voir ci-dessous, p. 254.

2. L'existence de ces relations entre les Chrétiens vivant en terre musulmane et ceux des Asturies n'est pas douteuse ; cf. la lettre d'Élipand de Tolède à l'abbé asturien Fidel (785), et la longue réplique d'Etherius et Beatus à Élipand (Migne, *Patrol. lat.*, XCVI, 893 et suiv.). S'il n'y avait pas eu échanges de personnes entre les Asturies et l'Espagne musulmane, il est clair que les doctrines de l'archevêque de Tolède n'auraient pu se propager ni dans le Nord-Ouest, ni dans le Nord-Est de la Péninsule, et de là gagner l'empire franc. Comparer Herculano, *Hist. de Portugal*, III (5e éd., 1891), p. 186.

3. *Anales Castellanos I* (ou *Chron. S. Isidori Legionensis*), dans Gómez-Moreno, *Discursos*, p. 23 : « In era DCCC [C]LII exierunt foras « montani de Malacoria et venerunt ad Castella. » Cf. *Anales Castellanos II* (ou *Annales Complutenses*), *ibid.*, p. 25 et *Anales Toledanos I*, à l'a. 788 (*Esp. Sagr.*, XXIII, 2e éd., p. 382). Cette mention annalistique, qui avait intrigué Berganza, *Antigüedades de España*, I, p. 109, a été fâcheusement interprétée par Dozy, *Recherches*, 3e éd., I, pp. 124-125 (il y voyait une allusion à quelque révolte des Maragatos), et plus fâcheusement encore rapprochée par lui du c. 11 du Concile d'Oviedo de 821. Voir l'ingénieuse explication de M. Gómez-Moreno, *op. cit.*, pp. 10-11.

et se fixe en Galice, dans les environs de Lugo (vers 835) [1].
Ainsi, avant même que les persécutions d'Abd er-Rahmân II
et de Mohammed eussent provoqué le grand exode des Mozarabes qui se produira dans la seconde moitié du IXe siècle,
et se poursuivra au Xe [2], diverses causes avaient contribué à
entraîner vers les Asturies et les régions environnantes des
groupes de Chrétiens et d'Infidèles qui avaient jusqu'alors
vécu en terre musulmane.

La fusion de ces éléments disparates se fit-elle en règle
générale sans heurts ni à-coups ? On l'ignore. Il est des cas
cependant où la présence de ces immigrés détermina des con-
flits qui nécessitèrent l'intervention de la royauté.

Sous Aurelio, successeur d'Alphonse Ier, c'est la classe
servile — esclaves musulmans ou colons d'origine chrétienne
— qui se soulève et fomente une révolte à main armée : pour
apaiser ce mouvement, dont on ne sait d'ailleurs ni les vraies
causes ni l'étendue, le roi dut employer, dit-on, moins la force
que l'habileté [3]. Sous Alphonse II, c'est l'immigré Mahmoûd

---

1. Sur Mahmoûd de Mérida, voir Ibn el-Athîr, trad. Fagnan,
Annales, p. 205 ; Ibn Saîd, ms. nº 80 de l'Académie de l'Histoire,
fol. 272 v-273 r ; Ibn Khaldoun, IV, p. 128 ; Pseudo-Alphonse, ch. 22
et *Chron. Albeldense*, ch. 58, le diplôme du 27 mars 832, qui mentionne
Mahmoûd (*Cat.*, nº 14), devant être rejeté comme apocryphe. Consulter
Dozy, *Recherches*, 3e éd., I, pp. 139-140 et surtout F. Codera, *Estudios
críticos de historia árabe española*, 2ª serie (*Col. de estudios árabes*, IX),
pp. 9-22, où sont cités et étudiés tous les textes connus jusqu'à ce
jour.

2. Voir ci-dessous, p. 252.

3. Pseudo-Alphonse, ch. 17 : « Cuius [Aurelii] tempore libertini
« contra proprios dominos arma sumentes, tyrannice surrexerunt,
« sed principis industria superati, in servitutem pristinam sunt omnes
« redacti. » *Chron. Albeldense*, ch. 54 : « Eo regnante servi, dominis
« suis contradicentes, ejus industria capti, in pristina sunt servitute
« reducti. » Depuis Garibay, *Compendio historial*, éd. de 1628, I
(Barcelona, in-fol.), p. 348, maints auteurs ont pensé qu'il s'agissait
de Musulmans réduits en esclavage par la guerre ; d'autres ont
estimé au contraire qu'il s'agissait de serfs chrétiens (par exemple,

qui, après avoir paisiblement vécu pendant plusieurs années dans la retraite choisie par lui [1], se met un jour à recruter des partisans et à ravager le pays, appelle à son aide des coreligionnaires et, bravant l'autorité de son hôte, s'enferme dans le château de Santa Cristina [2]. Voulait-il, comme semble l'indiquer un texte arabe, rentrer en grâce auprès de l'émir [3] ? Prétendait-il se tailler, aux dépens du roi chrétien, une principauté indépendante ? Était-ce simplement un redoutable pillard ? Quoi qu'il en soit, tant d'audace causa sa perte. Alphonse II marcha contre lui et l'assiégea. Mahmoûd voulut se dégager et tenta une sortie, mais ses troupes subirent un sanglant échec et lui-même, au cours de la mêlée, fit une chute de cheval mortelle (mai-juin 840) [4].

V. de la Fuente, *Hist. eclesiástica de España*, 2e éd., III, p. 111, n. 1) ; Muñoz y Romero, *Del estado de las personas en los reinos de Asturias y Leon*, 2e éd. (Madrid, 1883, in-16), p. 13, ne se prononce pas, tandis que Herculano, *Hist. de Portugal*, III (5e éd., 1891), pp. 183-184 (et pp. 276-277), se refuse à voir dans les révoltés des prisonniers musulmans et considère que cette rébellion contre la « caste guerrière » est l'œuvre de colons chrétiens, forcés par Alphonse Ier à abandonner leurs foyers « para irem viver sujeitos a uma soldadesca infrene ». La divergence même des opinions émises montre combien le problème est obscur. Que les révoltés fussent chrétiens de vieille souche ou musulmans récemment convertis, colons ou serfs, il est cependant permis de croire que, sans les conquêtes d'Alphonse Ier, ils n'auraient jamais été assez nombreux pour provoquer un pareil mouvement.

1. Sept ans, dit le Pseudo-Alphonse, ch. 22 ; cinq ans et trois mois, affirme Ibn el-Athîr, *loc. cit.* Mahmoûd étant mort en mai 840 (voir ci-dessous, n. 4), son arrivée en Galice se placerait donc en 835, date que nous avons admise plus haut.

2. Sur l'emplacement de Santa Cristina, voir López Ferreiro, dans *Galicia histórica*, p. 684.

3. Cf. Ibn Saîd, trad. par Codera, *op. cit.*, p. 11 : « había huído « hacia Alfonso y quería volver a la obediencia del Sultán. »

4. La date de la mort de Mahmoûd est fixée par Ibn el-Athîr « en « redjeb 225 », soit mai-juin 840. Quant à l'accident dont Mahmoûd fut victime, il est rapporté par Ibn Saîd (Codera, *op. cit.*, p. 12) : « se « desbocó su caballo en una batalla, y dando contra una encina, le

IV. — La renaissance intérieure.

Les événements obscurs que symbolisent la bataille de Covadonga et la déroute consécutive de Munuza avaient rendu la liberté aux Chrétiens réfugiés dans les Asturies [1]. Le recul des Arabes et des Berbères, qui s'était opéré quelque trente ans plus tard, avait laissé vacants de vastes espaces qui s'étendaient de la chaîne Cantabrique à la ligne du Duero, voire même au delà. Les faits eux-mêmes dictaient la conduite à tenir.

En premier lieu, les rois asturiens devaient consolider leurs bases, et pour cela occuper fortement les Asturies proprement dites et les régions immédiatement avoisinantes. Ils n'y manquèrent pas. D'abord, ils se portèrent vers l'Est, sous Alphonse Ier, et annexèrent, comme nous l'avons vu, la Trasmiera et les districts de Sopuerta et Carranza, en Biscaye [2]. L'opération terminée, ils quittèrent, plus tard, la portion orientale des Asturies pour se reporter vers le Centre : d'un côté, le transfert de la résidence royale de Cangas de Onis, sur le Sella, à Pravia, sur le Nalon, à l'époque de Silo [3] ; d'un autre côté, la fondation d'Oviedo et l'installation de la capitale en cette ville à l'époque d'Alphonse II [4], marquent les

---

« mató, permaneciendo en el suelo largo rato ; pues los caballeros
« cristianos que estaban en un cerro no se atrevían a acercarse, te-
« miendo que fuese un ardid de su parte. »

1. C'est ce qu'exprime le Pseudo-Alphonse en disant, ch. 11 : « Tunc
« demum fidelium adgregantur agmina, populantur patriae, restau-
« rantur ecclesiae, et omnes in commune gratias referunt, dicentes :
« Sit nomen Domini benedictum », etc.

2. Ci-dessus, p. 145.

3. *Chron. Albeldense*, ch. 55 : « Iste [Silo] dum regnum accepit,
« in Pravia solium firmavit. » L'événement se placerait donc vers 774.

4. Pseudo-Alphonse, ch. 21 : « Iste prius solium regni Oveto
« firmavit » ; *Chron. Albeldense*, ch. 58: « omnemque Gothorum ordi-

étapes de cette prise de possession du sol asturien [1]. Fixés à Oviedo, qu'ils embellirent en y construisant des palais et des églises [2], et que, sans doute aussi, ils mirent en état de défense pour la préserver soit des agressions musulmanes, soit ultérieurement des incursions normandes [3], les rois dominaient,

« nem...Oveto cuncta statuit. » A s'en référer à la charte de Montano, 25 novembre 781 (*Esp. Sagr.*, XXXVII, app. VI, pp. 309-311), la fondation d'Oviedo remonterait à vingt ans auparavant, sous le règne de Fruela, mais l'acte est plus que suspect (cf. ci-dessus, p. 84 et V. de la Fuente, *Hist. eclesiástica de España*, 2e éd., III, p. 108). — Sur la fondation d'Oviedo, on n'a donc aucun texte, car la notice de Pélage (*Esp. Sagr.*, XXXVIII, pp. 375-376) est elle-même insignifiante (c'est une simple note étymologique). Inutile d'ajouter que Risco, *Esp. Sagr.*, XXXVII, pp. 108-112 et F. de Selgas, *Origen de Oviedo*, dans *Bol. de la Sociedad española de excursiones*, XVI (1908), pp. 102-125, ont largement tiré parti de la charte indiquée ci-dessus.

1. Les documents diplomatiques de la région asturienne étant en majorité refaits ou apocryphes, il est impossible de préciser davantage, à moins d'oser, comme le général Burguete, dans ses *Rectificaciones históricas*, reconstituer l'histoire d'après les formes du terrain.

2. Cf. Pseudo-Alphonse, ch. 21 et *Chron. Albeldense*, ch. 58. Nous dirons, plus loin, un mot des églises. Ces constructions remonteraient à Alphonse II.

3. Les Arabes ravagèrent Oviedo en 794, et peut-être en 795 (ci-dessus, ch. II) ; les Normands débarquèrent à Gijon en 844 (Pseudo-Alphonse, ch. 23), malgré M. Somoza, *Gijón*, II, p. 530, qui refuse d'admettre le fait. Même sans ces attaques ou ces menaces, des travaux de fortifications s'imposaient : Alphonse II aurait entouré la ville de murailles ; Alphonse III aurait bâti, à proximité de la cathédrale, un château fort destiné à la défendre ; mais les textes qui mentionnent les murs d'Oviedo sont les diplômes refaits du 16 ou 25 novembre 812 et du 16 novembre 812 (*Cat.*, nos 10 et 11), ceux qui mentionnent le château fort étant, en dehors d'une inscription de 875 (Hübner, *Inscr. Hisp. Christ.*, p. 81, no 253), le diplôme refait du 20 janvier 905 (*Cat.*, no 62), la recension pélagienne de Sampiro ch. 3 et une inscription (Hübner, *op. cit.*, p. 84, no 259), qui se retrouve, à quelques variantes près, dans le diplôme du 20 janvier 905, ce qui suffit à la rendre très suspecte. — Pour la défense des côtes, Alphonse III construisit le château de Gozon, que mentionnent, exception faite de textes par trop douteux, le Moine de Silos, ch. 41 (fragment de chronique perdue), l'inscription gravée sur la Croix de la Victoire (Hübner, *op. cit.*, p. 80, no 249), et Sampiro, ch. 15.

outre la zone côtière, les vallées du Nalon, du Caudal (ou rio de Lena) et du Narcea, c'est-à-dire les voies fluviales, disposées en éventail, qui constituent les voies d'accès des Asturies du côté du Leon et de la Galice.

En second lieu, les rois asturiens devaient songer à repeupler les territoires immenses qu'avait évacués l'Infidèle. Repeupler ces territoires, qui se prolongeaient jusqu'aux déserts de l'Espagne centrale, c'était une tâche essentielle, d'où dépendait dans une large mesure l'avenir de la monarchie, mais qui ne pouvait s'effectuer que lentement, en raison des maigres ressources dont disposait la royauté, de la faible densité des populations chrétiennes et de l'insécurité perpétuelle qu'engendraient les incursions de l'ennemi. Malgré les difficultés qu'elle présentait, cette tâche fut cependant amorcée de très bonne heure, puis conduite avec persévérance [1].

Nous venons de rappeler qu'Alphonse Ier inaugura la colonisation des territoires récupérés, en repeuplant ou annexant à l'Est quelques districts de la Vieille-Castille, et à l'Ouest une partie de la Galice. Sous les successeurs d'Alphonse, le mouvement se poursuivit de façon obscure, mais continue.

---

1. Sur les caractères généraux de la *población* ou *repoblación*, voir Colmeiro, *Constitucion*, I, pp. 159 et suiv. et Cárdenas, *Ensayo*, I, pp. 204 et suiv. — Il est bien évident que tous les territoires dont il sera question n'étaient pas absolument vides de toute population, comme tendrait à le faire croire le Pseudo-Alphonse, ch. 13. Si Alphonse Ier avait emmené dans les Asturies tous les Chrétiens, sans exception aucune, et massacré tous les Infidèles jusqu'au dernier, jamais ses successeurs n'auraient pu relever Tuy, Braga, Porto, Coïmbre, Astorga, Leon, etc., l'existence d'une agglomération urbaine impliquant la coexistence d'une population rurale. Il faut donc admettre que des groupes d'habitants soit chrétiens, soit infidèles, s'étaient maintenus épars dans les régions où Alphonse Ier s'était efforcé de faire le vide et où s'exerça ultérieurement l'action des colons. Pour le Portugal, le fait a été mis en pleine lumière par Gama Barros, *Hist. da administração publica em Portugal*, II, pp. 314-321.

Des domaines sans possesseurs, et partant demeurés incultes, furent peu à peu défrichés, et, à défaut de textes narratifs, les pièces d'archives nous montrent, tant bien que mal, le labeur accompli [1]. Toutefois, autant qu'on en peut juger par les trop rares témoignages que l'on possède, il semble que, jusqu'au milieu du IXe siècle, les colons ne dépassaient guère les régions septentrionales et centrales de la Galice [2], ou les vallées du Bierzo [3] ; qu'ils restaient confinés en Liébana [4],

1. La prise de possession des territoires vacants est désignée par le mot *apprehendere*; le terrain ainsi occupé est la *pressura*. Cf., entre autres auteurs, Colmeiro, *Constitucion*, I, p. 162, Cárdenas, *Ensayo*, I, p. 213, Gama Barros, *Historia*, II, p. 11, etc., et comparer avec ce que dit de l'aprision carolingienne dans le Midi de la France, M. J.-A. Brutails, *Étude sur la condition des populations rurales du Roussillon au moyen âge* (Paris, 1891, gr. in-8º), pp. 99-101. Sans entrer dans un exposé, même sommaire, remarquons : 1º que l'aprision est, au moins dans certains cas, confirmée par le roi ; voir, par exemple, les diplômes du 14 février 874 et du 10 juillet 875 (*Cat.*, nᵒˢ 32 et 34) ; 2º que les termes *adprehendere, de stirpe* ou *de squalido adprehendere, pressura*, sont très fréquents dans les documents diplomatiques, le premier exemple certain de *pressura* remontant, à notre connaissance, au 15 septembre 800 (Llorente, *Noticias*, III, nº 2, pp. 4-6), et non pas soit à l'acte, peut-être mal daté, du 28 décembre 787 (Huerta, *Anales de Galicia*, II, *escr.* XV, pp. 401-402), soit aux actes de Lugo de 745, 747, etc., comme on l'a trop souvent dit et comme M. Gama Barros, *loc. cit.*, l'a lui-même répété.

2. D'après le Pseudo-Alphonse, réd. *B*, ch. 16, Fruela aurait repeuplé la Galice jusqu'au Miño : « Istius namque tempore usque flumen « Mineum populata est Gallecia. » Ce témoignage étant écarté, ainsi que les actes de Lugo de 745, 747, etc. (cf. Appendice V), restent les actes du 24 avril 785 (*Esp. Sagr.*, XL, app. XIII, pp. 367-368), du 1ᵉʳ septembre 818 (López Ferreiro, *Hist. de la iglesia de Santiago*, II, app. nº 1, pp. 3-6), du 24 janvier 842 ? (*Esp. Sagr.*, XL, app. XVIII, pp. 381-383) et du 14 décembre 860 ? (Huerta, *Anales de Galicia*, II, *escr.* XXVIII, p. 417).

3. Le Bierzo avait été colonisé dès cette époque : c'est avec des habitants du Bierzo (cf. jugement du 6 juin 878, *Cat.*, nº 37) que le comte Gaton, — celui-là même qui participa en 854 à l'expédition contre Tolède, — repeupla Astorga, sous le règne d'Ordoño Iᵉʳ.

4. Voir les neuf actes, échelonnés du 1ᵉʳ janvier 790 au 29 décembre 864, publiés par Ed. Jusué, dans *Bol. de la R. Acad. de la Historia*,

ou s'éparpillaient dans la Rioja, l'Alava, la Vieille-Castille [1]. Faute de points d'appui, ils n'osaient pas, sauf à l'Est, s'aventurer au delà de zones abritées, et où ils jouissaient d'une sécurité relative. Pour franchir résolument soit le cours inférieur du Miño, qui les séparait des terres portugaises, soit le massif compact qui forme barrière entre les Asturies et les plaines du Leon, il fallait aux *pobladores* l'aide puissante et la protection effective de la royauté ; il fallait, en d'autres termes, que le roi élevât ou relevât des forteresses à l'entrée des régions à mettre en valeur. C'est ce que fit Ordoño, qui restaura Tuy, aux frontières même du Portugal actuel, et restaura également Astorga, Leon et Amaya, au pied de la chaîne Cantabrique [2].

Les voies étant ainsi tracées, Alphonse III put donner à l'œuvre de ses devanciers une impulsion nouvelle, et réaliser pleinement l'union de la plaine et de la montagne, sans laquelle la monarchie asturienne, privée de débouchés, aurait été condamnée à végéter, ou même à disparaître. Les temps, d'ailleurs, étaient devenus plus favorables : les forces des Chrétiens augmentaient ; depuis le règne d'Ordoño Ier, des renforts leur venaient de l'Espagne musulmane, d'où s'enfuyaient les Mozarabes persécutés par les émirs [3]. Profitant

---

XLV (1904), pp. 411 et suiv., XLVI (1905), pp. 69 et suiv., et XLVIII (1906), pp. 131 et suiv. Cf. les documents du 9 septembre 857, du 6 avril 861 et du 19 juin 861, analysés par Vignau, *Indice de los documentos de Sahagun*, n° 436-438, pp. 107-108.

1. Cf. les actes publiés par Llorente, au t. III de ses *Noticias* : 24 avril 759 (n° 1, p. 1), 15 septembre 800 (n° 2, pp. 4-6), 11 novembre 807 (n° 5, p. 25), 4 juillet 853 ? (n° 8, pp. 80-82), 862 (n° 9, pp. 88-89), 2 mai 864 ? (n° 10, pp. 93-95). Voir aussi dans la *Revue Hispanique*, VII (1900), les actes du 21 décembre 804 (pp. 282-288), 1er janvier 844 (pp. 294-296), 17 septembre 864 (pp. 297-299), 22 octobre 865 (pp. 299-300). Voir également l'acte du 15 mars 863 ? dans Berganza, *Antigüedades de España*, II, *escr.* v, p. 371.

2. Ci-dessus, p. 174.

3. Sur l'immigration des Mozarabes dans la seconde moitié du

des circonstances, et tandis que certains de ses sujets continuaient à cultiver les Asturies, la Galice ou le Bierzo [1], Alphonse III en entraînait d'autres dans sa marche incessante vers le Sud. Rappelons que ses efforts, commencés dès le début du règne, eurent pour résultat le repeuplement du Portugal, de Tuy à Coïmbre ; celui du Leon et de la Tierra de

---

IXe siècle et au début du Xe siècle, voir E. Díaz Jiménez, *Inmigración mozárabe en el reino de León. El monasterio de Abellar ó de los santos mártires Cosme y Damián*, dans *Bol. de la R. Acad. de la Hist.*, XX (1892), pp. 123-151 ; F.J. Simonet, *Historia de los Mozárabes de España*, pp. 440-441 et 499 et suiv. ; et surtout M. Gómez-Moreno, *Iglesias mozárabes* (Madrid, 1919, 2 vol. in-4º), pp. 105-140. L'immigration mozarabe est un phénomène très important : il nous aide à comprendre certains progrès accomplis sous Ordoño Ier et Alphonse III (restaurations ou fondations de monastères, restaurations de sièges épiscopaux, colonisation des plaines léonaises, etc.) ; mais les manifestations les plus anciennes de ce phénomène ne sont connues, d'ordinaire, que par des documents refaits ou suspects, tels que les diplômes des 17 avril 852 (*Cat.*, nº 20), 13 juillet 853 (nº 21), 28 août 866 ou 867 (nº 29), 28 août 886 (nº 46). On possède, il est vrai, d'autres textes, authentiques ceux-là, et susceptibles de fournir indirectement quelques indications : ce sont les actes, royaux ou privés, que souscrivent : 1º d'incontestables immigrés (par exemple *Teudecutus Baiecense* — ou *Biaciense* — *sedis archidiaconus ;* diplômes du 30 novembre 904 et du 30 novembre 905, *Cat.*, nºs 61 et 64) ; 2º des témoins, clercs ou laïques, portant des noms arabes ou berbères (voir, entre autres, le jugement du 6 juin 878, *Cat.*, nº 37, souscrit par « Aiuf presbyter », Taref, Alef, Mutarrafe, Ababdella, Abderahama, Taurel, Alualit, etc., et les diplômes déjà cités des 30 novembre 904 et 30 novembre 905, souscrits, le premier par « Recemirus Iben December », le second par le même personnage et « Rapinato Iben Conantio. ») — Dozy, *Recherches*, 3e éd., I, p. 123, estimait que ces témoins à dénomination orientale étaient tous des descendants de Berbères demeurés sur place, malgré les massacres systématiques d'Alphonse Ier (comparer F. Fernández y González, *Mudéjares de Castilla*, pp. 22-25). Mais pareille doctrine est trop exclusive, et il n'est pas douteux que ces appellations sémitiques cachent bon nombre de chrétiens mozarabes. Cf. Herculano, *Hist. de Portugal*, III, 5e éd. (1891), pp. 197-198, et principalement Gómez-Moreno, *op. cit.*, pp. 116-121.

1. Les textes que nous pourrions citer ici seront mentionnés plus bas, à propos des fondations monastiques.

Campos, depuis les alentours de la ville même de Leon jusqu'aux places riveraines du Duero et du Pisuerga ; enfin, celui de la Castille jusqu'aux bords de l'Arlanzon [1].

****

A ce mouvement d'expansion correspond une reprise de la vie monastique. Celle-ci, que l'invasion avait sinon détruite, du moins considérablement affaiblie, renaît en même temps que le royaume s'accroît ; et elle ne tarde pas à se répandre un peu partout [2].

Dès le milieu du VIIe siècle, nous apercevons dans les régions nouvellement peuplées les premiers effets de cette renaissance [3]. En 759, l'abbesse Nuñabella fonde dans la Rioja le monastère de San Miguel de Pedroso [4] ; vers la même époque, Fruela fonde, semble-t-il, le monastère de Samos, où il installe des moines venus de l'Espagne arabe [5] ; en 775, Silo

---

1. Ci-dessus, pp. 187, 191 et 206-208.

2. Les fondations par trop douteuses sont indiquées ci-dessous, Appendice VIII. — Il serait intéressant de dresser, en vue d'une comparaison qui ne manquerait pas d'être utile, la liste des monastères existant, à l'époque wisigothique, sur les territoires occupés plus tard par le royaume asturien. Malheureusement, cette liste ne peut être faite comme il conviendrait, les documents étant trop rares et trop incertains.

3. Pour cette période, il est impossible de parler des Asturies proprement dites, tous les textes étant apocryphes ; cf. ci-dessous, Appendice VIII.

4. Acte du 24 avril 759, dans Llorente, *Noticias*, III, n° 1, p. 1.

5. Cette fondation ou restauration de Samos n'est connue que par des diplômes suspects : 11 juin 811, 13 juillet 853, 20 mai 856 (*Cat.*, n° 9, 21, 23), auxquels vient s'ajouter le diplôme plus que suspect d'Ordoño II, 1er août 922 (*Esp. Sagr.*, XIV, app. III, pp. 367-373), où se trouve (*loc. cit.*, p. 369) le passage maintes fois cité : « Modo « vero cognoscimus eo quondam sacerdos nomine Argerigus abba « et soror ejus nomine Sarra venerunt de finibus Spanie tempore dive « memorie proabii mei Domni Frollani principis... qui concessit

facilite l'installation d'une communauté monastique, entre l'Eo et le Masma [1] ; vers 787, d'autres monastères auraient été constitués non loin de Lugo [2] ; enfin, en Liébana, où florissait alors Beatus, le contradicteur d'Élipand et commentateur de l'Apocalypse, des actes de 790 et 796 nous font connaître San Salvador de Caldas, Santa Maria de Cosgaya, San Salvador de Beleña, humbles maisons qu'absorbera bientôt l'abbaye de San Martin, plus tard dénommée Santo Toribio [3].

Rares encore dans la première moitié du IXe siècle [4], les

« eis ipsum locum », etc. — Dès le 24 avril 785, sauf erreur de date, apparaîtrait une filiation de Samos (*Esp. Sagr.*, XL, app. XIII, pp. 367-368).

1. Voir le diplôme du 23 août 775 (*Cat.*, nº 5). Il s'agit du monastère de *Sperautano*, plus tard incorporé à l'abbaye de Lorenzana (Florez, *Esp. Sagr.*, XVIII, pp. 9-11).

2. Cf. sous réserves, l'acte du 29 avril 787 (Huerta, *Anales de Galicia*, II, pp. 294-295), relatif au monastère de San Juan de Celeiro, et l'acte du 28 décembre 787 (*ibid.*, *escr.* XV, pp. 401-402), relatif au monastère de San Julian de Aviancos, dit plus tard San Julian de Frades, d'après Huerta, *op. cit.*, p. 296. Mais ces actes datent-ils vraiment du VIIIe siècle ?

3. Voir les actes du 1er janvier 790 et du 18 octobre 796, publiés par Ed. Jusué, dans *Bol. de la R. Acad. de la Hist.*, XLV (1904), pp. 411-412 et XLVI (1905), pp. 69-70, M. Jusué supposant, p. 71, que les monastères de Cosgaya et de Beleña avaient été fondés sous le règne d'Alphonse 1er. Quant à l'abbaye de San Martin, on ne sait si elle existait à cette époque ; mais on en trouve trace dans un acte du 11 novembre 828 (*Bol. de la R. Acad. de la Hist.*, XLVI, pp. 73-74).

4. Nous ne connaissons guère que les suivantes : 1º dans les Asturies, Santa Maria de Libardon (acte du 8 juillet 803 ; Vigil, *Asturias monumental*, p. 357) et Santa Eulalia de Triongo (acte du 1er juin 844 ; *Diploma de Ramiro I*, pp. 314-317) ; 2º dans les provinces basques actuelles, le monastère de Taranco, sis dans le Valle de Mena (acte du 15 septembre 805 ; Llorente, *Noticias*, III, nº 2, pp. 4-6) ; 3º en Galice, San Vicente de Vilouchada (acte du 1er septembre 818 ; López Ferreiro, *Hist. de la iglesia de Santiago*, II, app. nº 1, pp. 3-6), Santa Maria de Barredo (acte du 24 janvier 842 ? *Esp. Sagr.*, XL, app. XVIII, pp. 381-383) et San Cipriano de Calogo, mentionné d'après Yepes, *Coronica*, IV, fol. 93 v, dans un acte de 846.

fondations deviennent plus nombreuses à partir de 850 environ. Dans les Asturies, apparaissent Santa Maria del Puerto [1], San Salvador de Val de Dios [2], et sans doute aussi Santo Adriano de Tuñon [3]. En Galice, où la récente découverte du tombeau de saint Jacques provoque un renouveau de foi et de piété, les monastères se multiplient ; et si plusieurs d'entre eux végétèrent ou furent assez vite annexés par de grandes abbayes, notamment par Celanova ou Sobrado [4], quelques-

1. Cf. l'acte du 13 décembre 863 (*Bol. de la R. Acad. de la Hist.*, LXXIII, 1918, pp. 421-422).

2. Voir l'inscription du 16 septembre 893 (Hübner, *Inscr. Hisp. Christ.*, p. 84, nº 261 ; ou mieux Vigil, *Asturias monumental*, p. 596), que Risco, *Esp. Sagr.*, XXXVIII, p. 178, plaçait par erreur en 892.

3. Voir le diplôme interpolé du 24 janvier 891 (*Cat.*, nº 47), et la mention, relative à la dédicace de Tuñon, qui le termine; cette dédicace aurait eu lieu en 891 également, mais le « vigesimo (?) kalendas « octobris. »

4. Parmi les établissements qui furent ou paraissent avoir été de courte durée, nous citerons : 1º San Breixo das Donas, mentionné par Yepes, *Coronica*, IV, fol. 132 v, d'après un acte de 854 ; 2º San Tirso de Cores (voir l'acte du 14 décembre 860 ? Huerta, *Anales de Galicia*, II, *escr.* XXVIII, p. 417) ; 3º San Vicente de Almerezo (voir l'acte du 7 mai 867 ¿ López Ferreiro, *Hist. de la iglesia de Santiago*, II, app. nº VII, pp. 13-17) ? 4º San Esteban de Oza, mentionné par Yepes, *Coronica*, IV, fol. 166 r, d'après un acte de 868 ; 5º Santa Maria de Mezonzo (voir l'acte du 17 septembre 870 et les deux actes du 5 juin 871 ; López Ferreiro, *op. cit.*, II, app. nºˢ VIII, pp. 18-19 ; IX, pp. 20-21 et X, pp. 22-23) ; 6º San Juan da Coba (voir le diplôme interpolé du 9 août 883 ; *Cat.*, nº 40) ; 7º San Verísimo de Arcos de Furcos (voir les débris d'un acte de 898, publiés par López Ferreiro, *op. cit.*, II, app. nº XXIII, pp. 42-43) ; 8º San Sebastian de Picosagro (voir l'acte du 1ᵉʳ septembre 904 ? López Ferreiro, *op. cit.*, II, app. nº XXVI, pp. 53-56) ; 9º Santiago de Oís (voir l'acte du 28 février 910 ; López Ferreiro, *op. cit.*, II, app. nº XXIX, p. 63). — A cette époque, sinon même à la période précédente, remonterait également la fondation de Santa Eulalia de Curtis (voir la charte de l'évêque de Compostelle Pedro, 1ᵉʳ juillet « circa annum 995 » ; Florez, *Esp. Sagr.*, XIX, pp. 384-390). — Sur ces monastères, moins San Esteban de Oza et San Sebastian de Picosagro, consulter l'exposé rapide de M. López Ferreiro, *op. cit.*, II, pp. 256 et suiv.; pour Santa Eulalia de Curtis, voir p. 385.

uns acquirent par la suite une importance plus ou moins grande, comme San Payo de Antealtares et San Martin Pinario [1], San Pedro de Rocas [2] et San Salvador de Cinis [3]. Dans le Bierzo, le zèle de saint Genadio et de ses imitateurs faisait merveille, et San Pedro de Montes, Santiago de Peñalba, San Pedro y San Pablo de Castañeda, ainsi que Santa Leocadia de Castañera, pour ne citer que ces établissements, groupaient les adeptes de la vie contemplative [4]. Sur les terres

1. La date de la fondation d'Antealtares est incertaine ; ladite fondation est attribuée tantôt à Alphonse II (cf. les documents cités dans *Étude sur les actes des rois asturiens*, p. 180, nᵒˢ 5 et 6), tantôt à l'évêque Sisnando, lequel occupa le siège de Compostelle de 876 ou 877 à 920 (cf. *Chron. Iriense*, ch. 6 et *Historia Compostellana*, liv. I, ch. II, § 3). Mêmes doutes en ce qui concerne San Martin Pinario, lequel aurait remplacé Santa Maria de Corticela, et existait avant le 19 avril 913 (voir l'acte publié par López Ferreiro, *op. cit.*, II, app. nᵒ XXXII, pp. 69-71). — Sur ces deux monastères, voir Florez, *Esp. Sagr.*, XIX, pp. 21-23 et 26-27 ; López Ferreiro, *op. cit.*, II, pp. 31, 40-42, 47, 59, 214 et suiv.

2. Cf. *Étude sur les actes des rois asturiens*, p. 187, nᵒ 29. Voir Florez, *Esp. Sagr.*, XVII, pp. 25-26.

3. Mentionné dans un acte de 909, d'après Yepes, *Coronica*, IV, fol. 301 v. Cf. López Ferreiro, *op. cit.*, II, pp. 265-266.

4. Sur les fondations ou restaurations effectuées dans le Bierzo à la fin du IXᵉ ou au début du Xᵉ siècle, voir : 1ᵒ l'inscription commémorative de la consécration de San Pedro de Montes, restauré dès 895 et consacré en 919 (Hübner, *Inscr. Hisp. Christ.*, p. 79, nᵒ 245 ; sur la date, cf. Fita, dans *Bol. de la R. Acad. de la Hist.*, XXXI, 1897, pp. 468 et 469) ; 2ᵒ le testament de saint Genadio, qui est de 919, non de 915 (Yepes, *Coronica*, IV, escr. XXVIII, fol. 447 r-448 r) ; 3ᵒ la donation du même personnage, 8 janvier 916 (*Esp. Sagr.*, XVI, app. II, pp. 426-429) ; 4ᵒ la charte de l'évêque Salomon, 9 février 937 (*ibid.*, app. VI, pp. 434-438) ; 5ᵒ la charte de l'évêque Odoario, 30 septembre 960 (*ibid.*, app. IX, pp. 441-443). — Consulter, sur ces fondations,dont la plupart ne peuvent être datées de façon très exacte, Florez, *Esp. Sagr.*, XVI, pp. 130-138 (cf. pp. 34-36, 37, 53-54). — A noter que, avant saint Genadio, le comte Gaton avait édifié le monastère de San Pedro y San Pablo de Triacastela (voir le diplôme d'Ordoño II, 22 novembre 919 ; López Ferreiro, *op. cit.*, II, app. nᵒ XLII, pp. 94-95).

que les comtes de Castille administraient au nom du roi d'Oviedo, c'était toute une pléiade de petits monastères qu'annexèrent ultérieurement soit la riche abbaye de San Millan de la Cogolla [1], soit la collégiale de Valpuesta [2] ; et c'était aussi, à l'avant-garde des territoires chrétiens, l'illustre abbaye de San Pedro de Cardeña, alors naissante, ou renaissante [3].

D'ailleurs, ce mouvement d'expansion monastique ne se limitait pas aux régions depuis longtemps rattachées à la couronne ; il gagnait les régions récemment conquises. Dans

---

1. Soit San Martin de Flabio (Llorente, *Noticias*, III, n° 8, pp. 80-82, sous la date douteuse du 4 juillet 853) ; San Félix de Oca (Berganza, *Antigüedades de España*, II, *escr.* v, p. 371, sous la date inexacte du 15 mars 863) ; Orbañanos y Obarenes (acte du 1er mai 867 ; Llorente, *Noticias*, III, n° 11, pp. 102-103) ; San Vicente de Acosta (acte de 871 ; *ibid.*, n° 12, pp. 107-108) ; San Martin de Ferran (Berganza, *op. cit.*, II, *escr.* iii, p. 370, sous la date erronée du 4 juillet 772) ; San Esteban de Salcedo (acte du 18 avril 873 ? Llorente, *Noticias*, III, n° 14, pp. 172-173) ; San Roman de Dondisla (acte du 4 juillet 855 ? Berganza, *op. cit.*, II, *escr.* iv, pp. 370-371, à l'année 775). — Sur les dates signalées comme fausses, voir ci-dessous, Appendice VII.

2. San Cosme y San Damian (acte du 22 octobre 865 ; *Revue Hispanique*, VII, 1900, pp. 299-300) ; San Roman de Merosa (acte du 19 novembre 894 ; *ibid.*, pp. 302-304).

3. Le premier document qui mentionne l'abbaye de Cardeña est un acte du comte Gonzalvo Tellez, 24 septembre 902 (L. Serrano, *Becerro gótico de Cardeña*, n° cv, p. 120). Mais depuis quelle époque l'abbaye existait-elle ? Ce n'est pas ici le lieu de le rechercher. Notons simplement que Cardeña avait été repeuplée en 899 (*Ann. Compost.*) et rappelons aussi que d'après une inscription célèbre (Hübner, *Inscr. Hisp. Christ.*, p. 105, n° 101'), deux cents moines de l'abbaye auraient subi le martyre en 834. Bien que défendue par divers érudits dont le plus récent est le P. L. Serrano, *op. cit.*, pp. xl-xlvii, cette inscription est absolument sans valeur ; voir sur la question, outre le P. Serrano, Dozy, *Recherches*, 3e éd., I, pp. 152-156, Tailhan, *Bibliothèques*, p. 277, n. 6 et p. 346 (aux *Additions*), et Juan Menéndez Pidal, *San Pedro de Cardeña (restos y memorias del antiguo monasterio)*, dans *Revue Hispanique*, XIX (1908), pp. 82-111 (se reporter spécialement aux pp. 94-104).

le Leon, il n'était pas favorisé seulement par la propagande
de saint Froilan et de ses émules [1] ; il était favorisé aussi
par l'action du roi, lequel accueillait les moines mozarabes
et leur confiait divers établissements ; telle fut l'origine de
Sahagun, qu'Alphonse III releva de ses ruines pour y placer
l'abbé Alphonse [2], et de San Miguel de Escalada, filiation
de Sahagun [3] ; telle fut probablement aussi l'origine de San
Isidro de Dueñas, qui paraît bien dater de la fin du IXe ou
du début du Xe siècle [4], et de San Cosme y San Damian, qui

---

1. Voir ce qu'en dit la *Vita S. Froylani*, dans *Esp. Sagr.*, XXXIV,
pp. 423-424 ; cf. Risco, *ibid.*, pp. 180-182 et A. López Peláez, *San
Froilán de Lugo*, pp. 119 et suiv. Parmi les fondations du saint, il
faudrait peut-être compter le monastère de Moreruela de Távara
(cf. M. Gómez-Moreno, dans *Bol. de la Soc. española de excursiones*,
XIV, 1906, p. 98). — Pour d'autres fondations effectuées en Leon,
voir la charte de l'évêque Frunimio, 873 (*Esp. Sagr.*, XXXIV, pp. 427-
429) et Risco, *ibid.*, p. 154 et 240 (cf. pp. 241-242).

2. Détruite lors de l'invasion musulmane de 883 (ci-dessus, p. 204),
l'abbaye de Sahagun fut réédifiée avant 904 (cf. le diplôme du 22 octobre 904 ; *Cat.*, n° 60). Mais depuis combien de temps avait-elle
été édifiée, lorsqu'elle fut brûlée en 883 ? Maintes hypothèses ont été
produites (voir, par exemple, Escalona, *Historia del monasterio de
Sahagun*, pp. 13 et suiv. ; Risco, *Esp. Sagr.*, XXXIV, pp. 331-332 ;
Tailhan, *Bibliothèques*, p. 277, n. 4 ; Díaz Jiménez, dans *Bol. de la R.
Acad. de la Hist.*, XX, 1892, p. 123). La vérité, c'est qu'on ne possède,
sur les origines de Sahagun, que des témoignages ne permettant pas
de fixer de date initiale ; se reporter au Moine de Silos, ch. 41 (fragment de chronique perdue), aux diplômes de Ramire II, Ramire III,
Alphonse V et Bermude III, cités dans *Étude sur les actes des rois
asturiens*, p. 188, n° 30, et au diplôme de Ferdinand Ier, 27 octobre
1049 (Escalona, *op. cit.*, escr. xc, pp. 459-460).

3. Voir l'inscription qui se trouve dans Hübner, *Inscr. Hisp. Christ.
Suppl.*, p. 107, n° 469.

4. Cf. un diplôme de Ferdinand Ier pour San Isidro de Dueñas,
1er octobre 1043 (Yepes, *Coronica*, IV, escr. xxv, fol. 445 v-446 r),
où on lit : « in primis locum... firmamus atque stabilimus cum suis
« terminis... quomodo in privilegio domini *Adefonsi*, sive Garsiae,
« sive Ordonii regis continentur. » Yepes, *op. cit.*, fol. 198 v, place
sans motif la fondation en 883, et, par une conjecture fort admissible,
suppose que le monastère dut être peuplé de moines mozarabes.

remonte à 904 ou 905 [1]. Enfin, tandis que les monastères léonais s'échelonnaient de Leon même et d'Astorga jusqu'aux bords du Duero [2], en Portugal, diverses communautés se formaient autour de Braga, de Porto [3] et jusque dans les environs de Coïmbre, où la célèbre abbaye de Lorvão, autre sentinelle avancée du Christianisme, semble avoir été édifiée dès le commencement du Xe siècle [4].

*
* *

Le clergé régulier n'était pas seul à recouvrer la prospérité que l'invasion musulmane lui avait ravie. De son côté, le clergé séculier sortait de l'état de détresse où l'avait plongé la conquête. Des églises rurales et urbaines surgissaient de tous côtés, principalement dans les Asturies [5], et il suffira de

---

1. Cf. le diplôme du 3 avril 905 (*Cat.*, nº 63). Sur la date de fondation, voir Díaz Jiménez, dans *Bol. de la R. Acad. de la Hist.*, XX (1892), p. 136.

2. Sur les monastères qui existaient à Leon même, voir Risco, *Esp. Sagr.*, XXXIV, p. 127, et, du même auteur, *Historia de Leon*, p. 10 et *Iglesia de Leon* (Madrid, 1792, pet. in-4º), pp. 94 et 96. — Sur un monastère voisin d'Astorga, cf. le diplôme du 29 janvier ou 2 février 895 (*Cat.*, nº 50). — Quant à l'existence de monastères situés non loin du Duero, elle est attestée par le diplôme du 22 septembre (?) 907 (*Cat.*, nº 66), lequel concernerait peut-être San Pedro de la Nave (comparer l'acte analysé par Yepes, *Coronica*, V, fol. 29 r et daté par lui de 902) ; voir aussi le diplôme interpolé du 24 janvier 891 (*Cat.*, nº 47), lequel mentionne San Roman de la Hornija.

3. Voir les actes du 30 avril 870 (*Port. Mon. Hist. Dipl. et chartae*, I, nº VI, pp. 4-5), 10 janvier 875 (nº VIII, pp. 5-6), 27 mars 882 (nº IX, p. 6), 21 février 897 (nº XII, pp. 7-8), 29 février 908 (nº XVI, p. 11).

4. Le premier document authentique relatif à Lorvão est l'acte du 13 avril 907 (*Port. Mon. Hist. Dipl. et chartae*, I, nº XV, p. 10), et non, comme le dit M. Gama Barros, *op. cit.*, II, p. 18, le diplôme de 850-866 (*ibid.*, nº III, pp. 2-3) ; sur ce diplôme, qui est mal daté, voir *Étude sur les actes des rois asturiens*, pp. 104-105.

5. L'étude archéologique des monuments asturiens n'est ni de notre compétence, ni de notre sujet. Rappelons cependant que les archéo-

noter à cette place celles qui durent leur existence à la piété des rois [1]. Auprès de la bourgade qui lui sert de capitale, Cangas de Onis, Fafila construit l'église Santa Cruz [2]. Lorsque Silo, abandonnant Cangas, se fixe à Pravia, il élève à proximité de cette ville l'église de San Juan de Santianes [3]. Quand Alphonse II établit sa cour à Oviedo, il y bâtit tout un ensemble de sanctuaires [4] ; à l'intérieur de la cité, c'est la basilique San Salvador, avec son maître-autel dédié au Sauveur et ses

logues contemporains, réagissant contre les tendances de leurs prédécesseurs du XVIIIe siècle, ou réfutant les assertions émises par M. A. Marignan (*Les premières églises chrétiennes en Espagne*, dans *Le Moyen Age*, XV, 1902, pp. 69-97), datent du IXe siècle, pour la plupart, ceux de ces monuments qui subsistent. Voir V. Lampérez y Romea, *Historia de la arquitectura cristiana española en la Edad Media*, I (Madrid, 1908, gr. in-4°), pp. 261 et suiv., cet ouvrage fondamental ayant été complété par divers travaux de MM. Dieulafoy, Arthur G. Hill, F. de Selgas, A. Llano Moro de Ampudia, et de M. Lampérez lui-même, qu'il nous paraît inutile de citer ici.

1. On a maintes fois attribué à Pélage et Aurelio, respectivement, la construction de Santa Eulalia de Abamia et de San Martin del Rey Aurelio. Ce sont là de fragiles hypothèses, basées sur des interpolations introduites par Pélage d'Oviedo dans le texte du Pseudo-Alphonse. Pélage avait d'ailleurs simplement écrit que le roi Pélage avait été enseveli « in ecclesia Sanctae Eulaliae de Velapnio » et Aurelio « in ecclesia Sancti Martini » (cf. Pseudo-Alphonse, éd. García Villada, p. 67 et p. 72). De ces données, on a conclu que Pélage et Aurelio avaient bâti les églises où ils furent enterrés.

2. Hübner, *Inscr. Hisp. Christ.*, p. 47, n° 149 et *Suppl.*, p. 70, n° 384. — Ne tenir aucun compte des réflexions que cette inscription a suggérées à M. Somoza, *Gijón*, II, pp. 465-474. Remarquer simplement que, d'après l'inscription, il semble que Fafila réédifia un édifice détruit.

3. Hübner, *op. cit.*, p. 46, n° 145 et mieux Vigil, *Asturias monumental*, p. 475. Divers érudits, dont Risco, *Esp. Sagr.*, XXXVII, pp. 117-118, ont prétendu que San Juan de Santianes était, dès l'origine, non une église, mais un monastère ; cette opinion ne repose que sur des conjectures, ou tout au plus sur un passage du diplôme refait du 20 janvier 905 (*Cat.*, n° 62), où on lit : « In territorio Praviae monas-« terium S. Joannis Evangelistae, ubi jacet Silus rex et uxor ejus « Adosinda regina. »

4. Pseudo-Alphonse, ch. 21 ; cf. *Chron. Albeld.*, ch. 58.

douze autels secondaires dédiés aux douze apôtres[1] ; c'est,
au Nord de ladite basilique, le temple de Santa Maria, avec
son panthéon royal ; c'est encore, dans le voisinage de San
Salvador, l'église San Tirso, dont la beauté suscite l'enthou-
siasme d'un chroniqueur[2] ; et c'est enfin, hors les murs,
Santullano de los Prados[3]. Un peu plus tard, Ramire construit, à quelque distance de la capitale, ces deux curieux
monuments qui nous sont parvenus intacts, et qui se
nomment Santa Maria de Naranco et San Miguel de Liño (ou

---

1. Sur la foi d'une inscription fréquemment citée (Hübner, *Inscr.
Hisp. Christ.*, p. 104, n°s 93*-96'), on a souvent tenté de prouver
qu'Alphonse II n'aurait fait que réédifier une église primitivement
bâtie par Fruela, puis détruite (voir, par exemple, F. de Selgas, *La
Basilica del Salvador de Oviedo de los siglos VIII y IX*, dans *Bol. de
la Soc. española de excursiones*, XVI, 1908, pp. 162-200). Mais cette
inscription est apocryphe — Hübner la tenait avec raison pour telle, —
et il est même probable qu'elle est l'œuvre de Pélage d'Oviedo, lequel
l'a insérée dans le *Libro gótico*, fol. 2 (Vigil, *Asturias monumental*,
p. 6, A 1ª et p. 57, A 10ª). On remarquera en effet qu'elle corrobore,
à point nommé, la doctrine de Pélage touchant la fondation de l'évêché
d'Oviedo par Fruela (comparer, dans la rédaction *C* du Pseudo-
Alphonse, la phrase du ch. 16 : « Rex iste [Froila] episcopatum in
« Ovetum transtulit a Lucensi civitate. ») Dès lors, il est bien superflu
de se demander si la primitive église d'Oviedo a été détruite par les
serís révoltés sous Aurelio (Somoza, *Gijón*, II, p. 529), ou par les *falsi
christiani* dont parle le canon 11 du Concile d'Oviedo de 821 (Risco,
Esp. Sagr., XXXVII, p. 193), ou par les Arabes en 794 (Dozy, *Recherches*, 3e éd., I, pp. 131-132). — Il y aurait lieu aussi d'émettre
quelques doutes au sujet de l'architecte Tioda, auquel on attribue
résolument la construction de l'église bâtie sous Alphonse II, mais
cela serait ici hors de propos.
2. Pseudo-Alphonse, ch. 21 : « cuius operis pulchritudo plus praesens
« potest mirari, quam eruditus scriba laudare. »
3. De tous ces édifices, il ne reste que peu de chose. Tandis que
Santa Cruz de Cangas a disparu et que de San Juan de Santianes
il ne subsiste que des vestiges, l'église San Salvador d'Oviedo a été
démolie en 1383, celle de Santa Maria a été jetée bas au XVIIe siècle,
et celle de San Tirso a été presque entièrement reconstruite. Santullano
de los Prados s'est conservée, mais « horriblemente encalada y pin-
« tada » (Lampérez, *Hist. de la arquitectura*, I, p. 289).

de Lillo) [1]. Enfin, sans parler des églises de Lugo ou d'Orense, sur lesquelles on n'a que des renseignements trop incertains [2], mentionnons, pour mémoire, qu'Alphonse III réédifia l'église de Saint-Jacques de Compostelle, qu'avait primitivement élevée Alphonse II [3].

Mais pour que l'Église retrouvât une partie de son éclat de naguère, il ne suffisait pas que rois et fidèles s'employassent à fonder des monastères ou à bâtir des édifices cultuels. Il importait surtout que les sièges épiscopaux fussent restaurés, et cette tâche incombait au roi seul. La royauté s'en acquitta avec sa ténacité habituelle ; mais ici plus que jamais nous percevons mieux les résultats d'ensemble que le détail des faits [4].

---

1. Le Pseudo-Alphonse, ch. 24, ne cite que Santa Maria de Naranco, et le *Chron. Albeldense*, ch. 59, ne mentionne que San Miguel de Liño. Le premier de ces deux édifices, qui était, d'après certains archéologues, une demeure royale, est exactement daté : il fut consacré le 23 juin 848 (Hübner, *Inscr. Hisp. Christ. Suppl.*, pp. 113-114, n° 483 ; d'après ce texte il s'agirait d'une reconstruction). Rappelons que ces deux églises posent un important problème : celui de l'influence de l'art oriental, et plus spécialement de l'art persan, sur l'art chrétien du Nord-Ouest de la Péninsule. Voir M. Dieulafoy, *Les monuments latino-byzantins des Asturies*, dans *Académie des Inscriptions et Belles-Lettres. Comptes rendus*, 1907, pp. 663-667, et, du même auteur, *Monuments asturiens proto-romans de style oriental*, dans *Florilegium, ou recueil de travaux d'érudition dédiés à M. le Marquis M. de Vogüé* (Paris, 1909, gr. in-8°), pp. 187-196.

2. Voir J. Villaamil y Castro, *Iglesias gallegas de la edad media* (Madrid, 1904, in-8°), pp. XI-XIII, où sont utilisés sans méfiance des actes apocryphes ou suspects.

3. Moine de Silos (fragment de chronique perdue), ch. 41. Cf., sous réserves, López Ferreiro, *Hist. de la iglesia de Santiago*, II, pp. 183 et suiv.

4. Nous ne donnerons à cette place que les renseignements strictement indispensables ; nous comptons d'ailleurs publier sous peu un mémoire sur les *Fastes épiscopaux de l'église asturienne*, où la question sera traitée en détail. Au court exposé qui va suivre, comparer les quelques renseignements donnés par La Fuente, *Hist. eclesiástica de España*, 2e éd., III, pp. 391 et suiv., 400 et suiv., 404 et suiv., et

Sur les territoires où naquit la monarchie asturienne, il n'y avait eu, ni à l'époque wisigothique, ni plus anciennement, d'église épiscopale [1]. Les évêques qui se réfugièrent dans les Asturies lors de l'invasion, vécurent sans nul doute confondus un certain temps avec les quelques patriciens qui entouraient le roi. Lorsque Arabes et Berbères évacuèrent les régions du Nord-Ouest, Alphonse Ier, parcourant tout le pays jusqu'au Duero et à l'Ebre, pénétra dans maintes villes qui, avant 711. avaient été des sièges d'évêchés ; mais, de toutes ces villes, il ne conserva, semble-t-il, que Lugo et quelques petites places de la Rioja et de la Bureba ; or, la tradition veut que sous son règne Lugo ait été pourvue d'un évêque, Odoario [2], et un acte authentique de la Rioja mentionne en 759 un évêque, Valentin, que l'on attribue au siège d'Oca [3]. Plus tard, quand Oviedo devint la capitale du royaume, et que le tombeau de l'apôtre saint Jacques fut découvert, il n'est pas douteux qu'Alphonse II plaça des évêques à Oviedo [4],

---

l'esquisse de M. F. Gómez del Campillo, dans *Revista de Archivos*, 3ª época, XIV (1906), pp. 454-456.

1. L'église épiscopale de Lugo des Asturies n'a jamais existé que dans l'imagination des faussaires d'Oviedo (ci-dessus, p. 102). — Quant à l'évêché de Cantabrie, qui remonterait au moins à 437, et dont A. Fernández-Guerra, *Cantabria*, pp. 54-56, a établi les fastes (cf. pp. 21-22 et 48), nous en laisserons la responsabilité au savant érudit qui croyait l'avoir découvert.

2. C'est l'évêque qui apparaît dans les actes apocryphes de 745, 747, etc. (ci-dessous, Appendice V), ainsi que dans le Catalogue des évêques de Lugo (*Esp. Sagr.*, XL, app. xxx, p. 426), et dont un obituaire conservé, à l'époque de Risco, au monastère de San Millan de la Cogolla, fixait la mort au 22 octobre 786 (*Esp. Sagr.*, XL, p. 104) : cet obituaire le qualifiait d'ailleurs d'évêque de Braga. — A partir d'Odoario, la série des évêques de Lugo se poursuivrait de façon ininterrompue ; elle présente cependant des incertitudes, comme nous le montrerons ailleurs.

3. Florez, *Esp. Sagr.*, XXVI, p. 75 ; cf. Llorente, *Noticias*, III, p. 3.

4. Les trois premiers évêques d'Oviedo, soit Adulfo, Gomelo et Serrano, ne sont connus que par des actes apocryphes, refaits ou suspects. Le premier souscrit les diplômes refaits du 16 ou 25 novembre

qu'il en plaça également à Iria-Compostelle (s'il n'y en avait déjà) [1] ; et il n'est pas douteux non plus que, de son temps, Valpuesta fut érigée en église cathédrale [2]. Mais il ne paraît pas qu'avant la seconde moitié du IXe siècle, d'autres sièges aient été pourvus de pasteurs [3].

Aux environs de l'année 850, quelques lueurs commencent à percer les ténèbres : Frunimio est évêque de Leon en 860 [4] ; Rosendo est évêque de Mondoñedo vers 867 [5]. Avant 878, Alphonse III a déjà restauré l'évêché d'Astorga [6], et peut-être même ceux d'Orense, Braga, Porto, Lamego, Vizeu, Coïmbre [7].

---

812 et du 16 novembre de la même année (*Cat*, nᵒˢ 10 et 11) ; il aurait, de plus, assisté au Concile d'Oviedo de 821. Le deuxième est mentionné dans la charte des évêques Severino et Ariulfo, 22 avril 853 ? (ci-dessous, Appendice VIII). Le troisième est le destinataire de ladite charte et souscrit les diplômes refaits du 20 avril 857 et de mai 857 (*Cat.*, nᵒ 24 et 25).

1. L'*Historia Compostellana*, liv. I, ch. II, § 1-3 (*Esp. Sagr.*, XX, 2e éd., pp. 8-10), le *Chron. Iriense*, ch. 4-6 (*ibid.*, pp. 601-602), et d'autres documents, fixent comme suit la liste des premiers évêques d'Iria-Compostelle : Teodomiro, Adulfo I, Adulfo II, Sisnando. Nous y reviendrons. Mais notons que les sources compostellanes se sont efforcées de présenter une liste continue des évêques d'Iria depuis la fondation de cet évêché : même à l'époque de l'invasion, même sous les prédécesseurs d'Alphonse II, il n'y aurait eu aucune interruption ; voir *Hist. Compostellana*, liv. I, ch. I, § 3 (*Esp. Sagr.*, XX, 2e éd., p. 7), et surtout *Chron. Iriense*, ch. 1-3 (*ibid.*, pp. 598-601).

2. Le premier évêque fut Juan ; cf. sa donation du 21 décembre 804 (*Revue Hispanique*, VII, 1900, pp. 282-288), mais ne pas tenir compte du diplôme apocryphe du 21 décembre 804 (*Cat.*, nᵒ 8). — La série des évêques de Valpuesta est une des plus difficiles à établir.

3. Nous verrons en temps et lieu que les évêques d'Astorga, Braga, Coïmbre, Leon, Orense, Osma, Palencia et Salamanque, attribués soit à la fin du VIIIe, soit au début du IXe siècle, ne sont que des fantômes, ou peu s'en faut.

4. Cf. le diplôme du 28 juin 860 (*Cat.*, nᵒ 26).

5. Cf. sa donation du 7 mai 867 ? (López Ferreiro, *Hist. de la iglesia de Santiago*, II, app. nᵒ VII, pp. 13-17).

6. Cf. le jugement du 6 juin 878 (*Cat.*, nᵒ 37).

7. *Chron. Albeldense*, ch. 62 : « Ejus tempore ecclesia crescit et re-« gnum ampliatur. Urbes quoque Bracharensis, Portucalensis, Au-

En 881, un texte rigoureusement authentique et parfaitement sûr donne la liste des diocèses de l'époque, en nommant leurs titulaires ; et cette liste comprend, outre Oviedo, la *regia sedes*, les églises galiciennes de Lugo, Mondoñedo, Compostelle et Orense ; les églises portugaises de Braga, Porto, Lamego et Coïmbre ; les églises léonaises de Leon et Astorga ; l'église alavaise de *Velegia* et l'église castillane d'Osma[1]. Enfin, à l'extrême fin du IXe siècle et dans les premières années du Xe, les sièges de Coria et de Zamora — peut-être aussi celui de Salamanque — furent à leur tour fondés ou relevés[2].

« riensis [*éd.* Aucensis], Eminensis, Vesensis atque Lamecensis a « Christianis populantur. » Ce passage, qui dans le *Chron. Albeldense* est placé avant le récit des événements de l'année 878, a été interprété ainsi par Sampiro, ch. 4 : « Ejus quoque tempore ecclesia ampliata « est; urbes namque Portugalensis, Bracharensis, Vesensis, Flaviensis, « Aucensis [*lire* Auriensis] a Christianis populantur, et secundum sen- « tentiam canonicam episcopi ordinantur. » Donc, Sampiro supprime Coïmbre et Lamego, mais cite Chaves; de plus, il indique formellement que les différents sièges furent dotés de pasteurs. En ce qui concerne Chaves, l'assertion de Sampiro n'est pas contrôlable; en ce qui touche Vizeu, on remarquera que le premier évêque connu, Teodomiro, n'apparaît que le 30 juin 897, dans un diplôme apocryphe (*Cat.*, no 54). Pour les autres églises, les données du *Chron. Albeldense* et de Sampiro sont implicitement confirmées par le texte reproduit à la note suivante.

1. *Chron. Albeldense*, ch. XI : « Regiamque sedem Hermenegildus « tenet ; Flaianus Bracarae ; Luco [*éd.* Lupo] episcopus arce Recca-. « redus ; Tudemirus Dumio, Mendunieto degens ; Sisnandus Iriae « Sancto Jacobo pollens ; Nausticus tenens Conimbriae sedem ; « Brandericus quoque locum Lamecensem ; Sebastianus quidem sedem « Auriensem ; Justusque similiter in Portucalense ; Alvarus Vele- « giae, Felmirus Uxomae, Maurus Legione, Ranulfus Astoricae. »

2. Jacobo, évêque de Coria, est cité, sinon en 897 (cf. le diplôme apocryphe du 30 juin de cette année, *Cat.*, no 54), du moins le 30 décembre 899 (*Cat.*, no 58). — Atilano monte sur le siège de Zamora en même temps que son compagnon Froilan sur celui de Leon, soit en l'an 900, le jour de Pentecôte (8 juin) (cf. *Vita S. Froylani*, dans *Esp. Sagr.*, XXXIV, p. 424). — Quant aux évêques de Salamanque, tous les prédécesseurs de Dulcidio [II] sont problématiques, et Dulcidio [II] lui-même n'apparaît dans un texte authentique qu'en 919 (inscription de San Pedro de Montes ; ci-dessus, p. 257, n. 4.)

Ainsi la prospérité renaissait dans le royaume, colonisation et restauration religieuse marchant de pair [1]. Mais, à mesure que le royaume s'étendait, la région asturienne, berceau de la monarchie, perdait peu à peu son importance politique. Après être passé de Cangas de Onis à Pravia et s'être maintenu ensuite pendant longtemps à Oviedo, le centre de gravité tendait à se déplacer encore, depuis qu'Ordoño Ier et surtout Alphonse III avaient assidûment repeuplé les territoires situés au delà des Monts Cantabriques et pris contact avec l'Espagne musulmane. On sait que le fils et successeur d'Alphonse III, Garcia Ier, se fixa à Leon même [2], et l'on n'ignore pas que ce changement de capitale, consacrant une situation de fait, marque, dans l'histoire de l'Espagne médiévale, le début d'une période nouvelle.

---

1. Le tableau que nous avons tracé pourrait être complété avec quelques traits empruntés au savant travail du P. Tailhan, *Bibliothèques*, pp. 246 et suiv., et pp. 297 et suiv. Mais nous bornant ici aux seuls faits en relation avec l'histoire politique, nous croyons inutile de présenter une esquisse, même sommaire, de l'état de la civilisation à l'époque des rois asturiens.

2. On admet généralement qu'Alphonse III fut le dernier roi des Asturies (cf., par exemple, Risco, *Esp. Sagr.*, XXXVII, p. 261). Les documents diplomatiques confirment cette opinion. Voir, dans le *Becerro gótico de Cardeña*, les actes du Ier septembre 912 (n° LX, pp. 73-74) et du 25 octobre 913 (n° CCCXXII, pp. 327-328), ainsi datés : « Garsea principe in Legione » et « regnante principe Garseani in « Legione », alors que des actes du Ier février et du 23 juillet 909 (n°s LXII, pp. 75-76 et LXI, pp. 74-75), portent : « regnante rex Ade- « fonso in Obieto » et «regnante principe Adefonso in Obieto ». — Quant aux diplômes de Garcia Ier du 15 février 911 (Yepes, *Coronica*, IV, *escr.* XXIII, fol. 444 v-445 r) et du 13 octobre 913 (Vignau, *Cartulario de Eslonza*. Madrid, 1885, gr. in-8°, pp. 3-5), ils n'ont pas la valeur probante qu'on leur a souvent attribuée ; la formule employée dans le diplôme de 911 est : «commorantes in Dei nomine in civitate Legionense »; celle qu'on trouve dans le diplôme de 913 est à peu près la même : « in Dei nomine commorante in civitate Legionense. » Ces formules pourraient indiquer un simple séjour, et non un établissement durable.

CONCLUSION

Vers l'année 830, des fidèles du diocèse d'Iria décou-
vraient, enfoui sous les broussailles, un tombeau d'origine
romaine : c'était, dit-on, celui de saint Jacques, l'apôtre qui
aurait évangélisé l'Espagne [1]. Annoncée tout aussitôt au
roi Alphonse II, la nouvelle de cette découverte se répandit
très vite dans tout le Nord-Ouest de la Péninsule, d'où elle
passa dans l'empire franc [2].

Le recul des Arabes et des Berbères, qui se produisit vers
le milieu du VIIIe siècle ; l'invention du corps de saint Jacques,
qui date du début du IXe ; l'immigration mozarabe qui, commencée de bonne heure, s'accéléra dans la seconde moitié

---

1. Voir L. Duchesne, *Saint Jacques en Galice*, dans *Annales du Midi*,
XII (1900), pp. 145-179.

2. La plus ancienne mention franque du culte de saint Jacques
remonte, non pas au *Libellus de festivitatibus SS. Apostolorum*, rédigé
avant 860 par Adon de Vienne (voir le texte dans Migne, *Patrol.
lat.*, CXXIII, col. 183), mais au martyrologe de Florus de Lyon
(deuxième tiers du IXe siècle), qu'Adon a simplement copié en ce qui
concerne saint Jacques ; cf. Dom Henri Quentin, *Les martyrologes
historiques du moyen âge* (Paris, 1908, in-8º), pp. 372, 384-385 et 482.
— Quant aux vers, souvent cités, et attribués à Walafrid Strabon
(† 849) par son premier éditeur H. Canisius, *Antiquae lectiones*, VI
(Ingolstadii, 1604, pet. in-4º), pp. 661-662, ils ont été restitués à
leur auteur véritable, Adelme de Malmesbury († 709), par J. A. Giles
dans ses *S. Aldhelmi Opera*, Londres, 1843, in-8º (cf. Migne, *Patrol.
lat.*, LXXXIX, col. 293). Ils sont donc ici sans objet (cf. Fita et
Fernández-Guerra, *Recuerdos de un viaje á Santiago de Galicia*,
pp. 123-124).

de ce même IXe siècle, tels sont, croyons-nous, les trois faits
essentiels de l'histoire que nous venons d'exposer. Mais les
conséquences politiques de ces trois événements n'apparurent
pas toutes au temps des rois asturiens.

L'effet du recul musulman fut immédiat : jusqu'alors exposé à un dangereux voisinage et comme encerclé, le royaume
des Asturies se trouva tout à coup séparé du domaine
arabe par un immense *no man's land* qui se déroulait jusqu'aux sierras de l'Espagne centrale. Ainsi s'explique que la
monarchie naissante ait pu se maintenir, durer et s'organiser
même, malgré les attaques parfois très rudes qui furent dirigées contre elle par les plus entreprenants des émirs. Ainsi
s'explique également que, sans remporter d'éclatantes victoires, les rois asturiens soient parvenus à occuper et annexer
de vastes régions, Galice, Portugal septentrional, Leon, Nord
de la Vieille-Castille ; sorte de zone neutre, qui devait fatalement échoir aux Chrétiens, les Musulmans ne la disputant pas.

Les effets de l'immigration mozarabe furent à la fois immédiats et tardifs. Grâce aux Mozarabes, les derniers rois des
Asturies restaurèrent des sièges épiscopaux, relevèrent ou fondèrent des établissements religieux, en d'autres termes ren-
dirent à la vie des cités jusque-là demi-mortes ou des campagnes presque désertes. Mais les résultats de cette immigration ne se manifesteront pleinement qu'au Xe siècle, lorsque
la monarchie sera définitivement installée à Leon, sur la
grande voie romaine du Nord-Ouest, à laquelle aboutissaient
les routes conduisant vers l'Espagne arabe ; lorsque les relations de toute nature entre Chrétiens et Musulmans, nouées
dès le VIIIe siècle, deviendront plus fréquentes et plus intimes ;
lorsqu'enfin s'effectuera l'amalgame des populations monta-
gnardes descendues des Asturies et de la Galice avec les éléments en provenance de l'empire omeyyade.

Quant aux conséquences que devait entraîner un jour la
pieuse découverte faite au début du IXe siècle, elles furent

plus lointaines encore, mais non moins importantes. Un des traits les plus frappants de l'histoire asturo-léonaise, puis de l'histoire de la royauté castillane à ses débuts, c'est, à coup sûr, l'isolement politique. L'alliance franque avait été éphémère ; après Charlemagne, il faut descendre jusqu'au règne d'Alphonse VI (1065-1109), pour constater à nouveau des rapports suivis entre l'Espagne du Nord-Ouest et le monde occidental. Si, dans le long intervalle qui sépare la mort de Charlemagne (814) du mariage d'Alphonse VI avec Constance de Bourgogne (1080), cette Espagne du Nord-Ouest n'a pas perdu tout contact avec le reste de la Chrétienté, il est hors de doute que c'est principalement au pèlerinage de Compostelle qu'elle le doit [1]. Si, d'autre part, vers le milieu du XIe siècle, cette Espagne a été littéralement envahie par les moines de Cluny et les chevaliers français [2], on n'oubliera pas que, depuis longtemps, les pèlerins avaient sillonné les routes du Leon et de la Galice, et préparé ainsi l'invasion pacifique qui devait tant influer sur les destinées futures de la Péninsule.

---

1. Rappelons, après divers historiens, que dès le milieu du IXe siècle le tombeau de l'Apôtre aurait été visité par des pèlerins espagnols ; voir à ce sujet le texte arabe traduit par Dozy, *Recherches*, II, p. 277, toutes réserves étant d'ailleurs faites sur la valeur intrinsèque du document. Mais à quelle époque les pèlerins extra-péninsulaires commencèrent-ils à se rendre en Galice ? On l'ignore. La Vie de saint Evermar, invoquée par M. López Ferreiro, *Hist. de la iglesia de Santiago*, II, pp. 71-72, ne prouve rien : d'abord, Evermar serait mort vers l'an 700 (*Bibl. hag. lat.*, I, p. 420) ; ensuite et surtout, les documents hagiographiques relatifs à ce personnage sont postérieurs au début du XIIe siècle et reposent uniquement sur une révélation qu'aurait eue un prêtre du Xe ; cf. Sylv. Balau, *Étude critique des sources de l'histoire du pays de Liége* (*Mémoires couronnés... par l'Académie royale... de Belgique*, LXI, 1902-1903, in-4°), pp. 114-117.

2. Voir, notamment, les indications sommaires données par E. Sackur, *Die Cluniacenser*, II (Halle, 1894, in-8°), pp. 100-113 et E. Petit, *Croisades bourguignonnes contre les Sarrazins d'Espagne au XIe siècle*, dans *Revue Historique*, XXX (1886), pp. 259-272.

APPENDICES

I

La chronologie des rois asturiens, telle que Morales avait
tenté de l'établir, a été embrouillée comme à plaisir par Pellicer et ses imitateurs, Mondéjar, Noguera et Masdeu[1]. Au
système fondé sur les renseignements contenus dans les chroniques latines, ces auteurs en avaient substitué un autre,
qui ne reposait que sur des déductions aventureuses et des
textes controuvés. Sans doute, depuis les travaux de Risco,
Govantes et Caveda[2], il ne reste plus rien de pareilles doctrines, et nul érudit n'oserait invoquer de nos jours le témoi-

---

1. Pellicer, *Annales de la monarquia de España, passim* et notamment p. 157 (cf. aussi, pp. 31, 132, 151, 161, 169, etc.) ; Mondéjar,
Advertencias á la Historia de Mariana, n° XXXIII, pp. 22-23 (cf. pp.
24-25); Noguera, *Ensayo cronológico*, dans Mariana, *Historia de España*, éd. de Valence, III, pp. 411 et suiv. ; Masdeu, *Hist. crítica
de España*, XV (1795), pp. 78-88 (cf. pp. 271-272).

2. Risco, *Esp. Sagr.*, XXXVII, pp. 61-76, 87-90, 103-105, 118-121,
132-133, 149-151, 204, 210-211, 221-222, 223-224 ; Angel Casimiro
de Govantes, *Disertacion... contra el nuevo sistema establecido por el
abate Masdeu en la cronologia de los ocho primeros reyes de Asturias,
y en defensa de la cronologia de los dos cronicones de Sebastian y de
Albelda*, dans *Memorias de la R. Academia de la Historia*, VIII (1852),
mém. n° 5, 20 pp. ; Caveda, *Examen crítico*, pp. 7-18 ; cf. Saavedra,
Pelayo, pp. 19-21.

gnage négatif du Pseudo-Isidore de Beja [1], tel passage interpolé ou fautif de la Chronique d'Albelda [2], telle inscription criante de fausseté [3], ou telle charte privée non moins apocryphe [4]. Mais la chronologie classique, que nous avons suivie, ne semble pas elle-même impeccable : sur plusieurs points subsistent des obscurités et des contradictions.

Notons tout de suite qu'il nous paraît impossible de reviser utilement les dates des premiers rois asturiens, de Pélage à Mauregato inclus [5]. Pour proposer de nouvelles conjectures, pour essayer d'apporter quelques précisions, il faudrait recourir à ce que nous avons appelé les « catalogues royaux ». Or, nous avons déjà montré que ces documents ne fournissent aucune base solide [6]. Naturellement, il serait puéril de rechercher chez les auteurs arabes confirmation ou infirma-

---

1. Bien que son récit prenne fin en 754, le Pseudo-Isidore de Beja ne nomme ni Pélage, ni Fafila, ni Alphonse Ier.

2. *Chron. Albeldense*, ch. 50 : « Iste [Pelagius] primus contra eos « [Sarracenos] sumpsit rebellionem in Asturias, *regnante Juzeph in* « *Cordoba.* » Voir ci-dessus, p. 120, n. 6.

3. Cette inscription aurait été ainsi rédigée : « In nomine Domini « Gundesalvus et Findericus [*ou* Sigericus] fecerunt istam civitatem, « sub rege Dno Adefonso in era DCCC, olim Ausina, modo Lara » (Hübner, *Inscr. Hisp. Christ.*, p. 100, n° 62*, écrit *Federicus*, DCCCC, et supprime les quatre derniers mots). La fausseté de cette inscription, qui est évidente, a été démontrée plusieurs fois ; consulter notamment Florez, *Esp. Sagr.*, XXVII, 2e éd., pp. 310-311 et Caveda, *loc. cit.*, pp. 12-13.

4. Charte de fondation du monastère de San Martin de Escalada, 1er août 763 (*sic*), « reynando en Asturias Don Alonso, y el Conde « Don Rodrigo en Castilla ». Analysée par Sandoval, *Cinco Obispos*, pp. 101-102.

5. La chronologie classique, celle du Pseudo-Alphonse et du *Chron. Albeldense*, est, on le sait, corroborée sur deux points par d'autres textes : 1° il existe une inscription datée de 737 qui mentionne le roi Fafila (Hübner, *op. cit.*, p. 47, n° 149 et *Suppl.*, p. 70, n° 384) ; 2° on possède une charte privée qui, à la date du 24 avril 759, mentionne le règne de Fruela (Llorente, *Noticias*, III, n° 1, p. 1).

6. Ci-dessus, pp. 30-31.

tion des données que l'on trouve chez les chroniqueurs latins[1].

Ceci posé, nous dirons quelques mots de la chronologie, particulièrement controversée, d'Alphonse II et Alphonse III.

*
* *

Le Pseudo-Alphonse déclare que Bermude abdiqua en 791, après un règne de trois ans[2], et qu'Alphonse II, successeur de Bermude, mourut en 842, après un règne de cinquante-deux ans[3]. *A priori*, il n'y a là rien de suspect, car si Alphonse II est monté sur le trône en 791, la cinquante-deuxième année de son règne peut avoir commencé en 842.

Mais est-ce bien en 791 qu'Alphonse monta sur le trône ? Nous avons vu que les plus anciens catalogues fixent la date

---

1. Rappelons que les dates indiquées par Ibn el-Athîr sont très voisines de celles qu'indiquent les chroniques latines (cf. p. 74, n. 2). Quant à la chronologie adoptée par Ibn Khaldoun dans le chapitre consacré aux rois chrétiens de l'Espagne (Dozy, *Recherches*, 3ᵉ éd., I, pp. 93-94 et p. 96), elle devance presque les fantaisies de Masdeu et consorts, puisqu'elle place la mort de Pélage en l'année 133 de l'hégire (9 août 750), et l'on ne saurait souscrire à l'opinion de Dozy, *loc. cit.*, p. 96, qui écrivait : « ...je ne voudrais pas défendre la chro- « nologie des chroniques latines, car d'après le témoignage de Râzî « et d'Ibn-Haiyân, auquel j'attache une grande importance, l'insur- « rection de Pélage n'eut lieu que sous le gouvernement d'Anbasa « ibn-Sohaim, c'est-à-dire entre l'année 721 et 725. »

2. Pseudo-Alphonse, ch. 20 : « Tres annos regnavit : sponte regnum « dimisit... Suprinum suum Adefonsum, quem Maurecatus a regno « expulerat, sibi in regno successorem fecit in era DCCCXXVIIII. » Cf. *Chron. Albeldense*, ch. 57 : « Veremundus reg. an. III. »

3. Pseudo-Alphonse, ch. 22 : « Sicque per quinquaginta et duos « annos... regni gubernacula gerens... gloriosum spiritum emisit ad « caelum... era DCCCLXXX. » Comparer *Chron. Albeldense*, ch. 58 : « Adefonsus magnus reg. an. LI. » Mais ne pas oublier que pour Aurelio, Silo et Mauregato, il y a, du moins en apparence, une différence d'une année entre les chiffres contenus dans le Pseudo-Alphonse et le *Chron. Albeldense*, suivant que les chroniqueurs ont compté ou non l'année commencée comme révolue. »

du 14 septembre 790 [1]. Toutefois, quand on se reporte aux textes, on est en droit de se demander à quoi correspond cette date. Le *Chronicon Complutense* et le *Chronicon Conimbricense* insèrent la phrase : « Tunc positus est in regno Dominus « Adefonsus, » etc. immédiatement après la mention du règne de Mauregato ; le *Laterculus Legionensis* l'insère en revanche immédiatement après la mention du règne de Bermude. Est-ce donc le 14 septembre 790 qu'Alphonse succéda à Mauregato, quitte à être évincé par Bermude peu après [2] ? Est-ce au contraire le 14 septembre 790 qu'il prit définitivement possession du pouvoir, Bermude ayant abdiqué ? En d'autres termes, est-ce par mégarde ou volontairement que le règne de Bermude est omis dans le *Chronicon Complutense* et le *Chronicon Conimbricense* ? Supposons une omission volontaire : en ce cas, la date de 790, assignée à la mort de Mauregato, ne correspondrait pas à celle que renferme le Pseudo-Alphonse, soit 788 [3] ; supposons une omission commise par inadvertance : dans cette hypothèse, la date de 790 ne con-

---

1. Ci-dessus, p. 31.

2. Plaçant la mort d'Alphonse II le 20 mars 842 (cf. ci-dessous), et utilisant les données de certains catalogues, Dozy, *Recherches*, 3e éd., I, p. xxv (cf. p. 128), calculait qu'Alphonse monta sur le trône pour la seconde fois le 2, 3 ou 7 octobre 789, garda le pouvoir pendant deux ans environ et fut renversé en 791 par Bermude, dont le règne se réduirait à quelques mois de ladite année 791. Mais cette doctrine est ruinée par un document du 1er janvier 790 qu'a publié M. Ed. Jusué (*Bol. de la R. Acad. de la Hist.*, XLV, 1904, pp. 411-412). L'acte est ainsi daté : « Factus pactus sub die calendas ianuarias, era DCCCXXVIII « et rege Domno Vermudo in Asturias. » Cf. Ed. Jusué, *loc. cit.*, p. 421.

3. Dozy, *loc. cit.*, estimait que la date de 788 donnée par le Pseudo-Alphonse était fausse et qu'il fallait lire 789, car, ajoutait-il, le chroniqueur « lui-même dit que Maurecat régna *six* ans, et que son prédé-« cesseur, Silon, était mort en 783 ». Mais ici, précisément, le Pseudo-Alphonse a considéré comme complète l'année commencée. Comparer *Chron. Albeldense*, ch. 56 : « Maurecatus reg. an. V » ; *Chron. Complutense* (et *Chron. Conimbricense*) : « Mauregatus regn. ann. V, « mensibus VI. »

corde pas avec celle que le Pseudo-Alphonse assigne à l'abdication de Bermude, soit 791. Dès lors, va-t-on corriger la date du 14 septembre 790 et restituer celle du 14 septembre 791 [1] ? On doit reconnaître qu'en dehors du texte du Pseudo-Alphonse, aucun document de bon aloi ou nettement sûr ne vient confirmer la date de 791 [2], ce qui d'ailleurs ne prouve pas qu'elle soit inexacte.

A quelle époque mourut Alphonse ? D'après un obituaire d'Oviedo, ce fut le 20 mars 842, et il n'y a pas lieu de douter, en principe, de l'exactitude de ce renseignement [3]. Mais les *Anales Castellanos I* (ou *Chron. S. Isidori Legionensis*) font mourir le même prince le 22 février 841 [4]. Entre ces deux dates qui, paléographiquement, sont irréductibles l'une à l'autre, laquelle choisira-t-on ? Dozy tenait la première pour certaine [5] ; M. Gómez-Moreno semble attacher à la seconde une grande importance [6]. — Une remarque, cependant. On sait par la Chronique d'Albelda que Ramire, successeur d'Al-

---

1. M. Gómez-Moreno, *Discursos*, p. 11, semble admettre comme parfaitement valable cette date du 14 septembre 790.

2. Ces documents confirmatifs seraient : 1º la charte de San Vicente de Monforte (Yepes, *Coronica*, IV, *escr.* XXIX, fol. 448 v-449 r), qu'ont utilisée Morales, *Coronica*, éd. Cano, VII, p. 143 et Risco, *Esp. Sagr.*, XXXVII, p. 133, pour adopter la date de 791, bien que le document allégué soit notoirement apocryphe ; — 2º le Pseudo-Alphonse, réd. *B*, ch. 20-21 : « Morte propria e saeculo migravit [Veremudus] aera « DCCCXXVIIII. — Unctus est in regno praedictus rex magnus « Adefonsus XVIII Kalendas Octobris aera qua supra » ; — 3º les textes arabes qui rapportent en 791 une défaite du roi Bermude (ci-dessus, p. 151).

3. Obituaire de l'église cathédrale d'Oviedo : « Die XIII. Kal. « Aprilis. Eo die obiit Adefonsus Rex Castus Era DCCCLXXX. » Cf. obituaire de San Vicente d'Oviedo : « Obiit Alphonsus Rex Castus « tertio decimo Kalendas Aprilis. Fit anniversarium. » Ces deux documents sont cités par Risco, *Esp. Sagr.*, XXXVII, p. 151.

4. « In era DCCCLXXVIIII. Ovit domnus Adefonsus rex in Obaeto « VIII kalendas martias » (Gómez-Moreno, *Discursos*, p. 23).

5. Dozy, *Recherches*, 3ᵉ éd., I, p. xxv.

6. Gómez-Moreno, *Discursos*, p. 11.

phonse II, mourut le 1er février 850 [1], et l'on sait, d'autre part, grâce au témoignage du Pseudo-Alphonse, que Ramire conserva le pouvoir pendant sept ans accomplis [2]. Il résulte de là que l'avènement de ce prince doit être reporté avant le 1er février 843, et il en résulte aussi, croyons-nous, que la mort d'Alphonse doit être, selon toute vraisemblance, fixée à l'année 842 [3].

*
* *

Ordoño mourut le 27 mai 866 [4]. Le *Chronicon Laurbanense* et le *Cronicon II de Cardeña* rapportent que le fils et succes-

---

1. *Chron. Albeldense*, ch. 59 : « Ranemirus… Oveto tumulo requiescit « sub die kal. februar. era DCCCLXXXVIII. » Cf. pour l'année, Pseudo-Alphonse, ch. 24. — Quant à l'épitaphe de Ramire 1er (Hübner, *Inscr. Hisp. Christ.*, p. 79, n° 248), nous n'en tiendrons pas compte : elle contient la même date que le *Chron. Albeldense* et peut-être est-ce d'après cette chronique qu'elle avait été gravée. La pierre n'existe plus (Vigil, *Asturias monumental*, A n° 6, p. 9) ; mais Castellá Ferrer, *Hist. del Apostol Sanctiago* (Madrid, 1610, in-fol.), fol. 330 r (cf. fol. 429 r), qui l'avait examinée, déclarait : « la letra, y Caracteres pare-« cen mas modernos que de aquel tiempo », et, la comparant à d'au-tres inscriptions d'Oviedo, il ajoutait : « Estos letreros tienen algunos « Caracteres Gothicos, y los del Epitafio todos son Latinos, como « aora los vsamos en semejantes letreros de sepulcros. »

2. Pseudo-Alphonse, ch. 24 : « Completo autem anno regni sui « septimo. » Cf. *Chron. Albeldense*, ch. 59 : « Ranemirus reg. an. VII. »

3. Un acte publié par Risco, *Esp. Sagr.*, XL, app. XVIII, pp. 381-383, nous montrerait même Ramire Ier régnant le 24 janvier 842 ; mais il n'y a pas à faire état de ce document (ci-dessous, Appendice VI). Pareillement, on ne tiendra pas compte du Pseudo-Alphonse, réd. *B*, ch. 22, qui place « aera DCCCLXXXI », soit en 843, la mort d'Al-phonse II.

4. *Chron. Albeldense*, ch. 60 : « Ordonius… decessit sub die VI « kal. junias era DCCCCIIII. » — Ici encore, nous écarterons l'épitaphe que reproduit Hübner, *Inscr. Hisp. Christ.*, p. 80, n° 251, et qui donne la même date que le *Chron. Albeldense*. On notera, en passant, que le texte de cette épitaphe d'Ordoño est identique, — moins la date — à celui de l'épitaphe d'Ordoño II (cf. Morales, *Coronica*, éd. Cano, VII, pp. 416-417 et VIII, p. 171) : cela paraît au moins étrange.

seur d'Ordoño, Alphonse III, fut sacré le jour de Pentecôte
866 [1] ; la Pentecôte étant tombée, en 866, le 26 mai, Alphonse
aurait donc été sacré la veille de la mort de son père [2]. Jusqu'ici point de difficultés. Mais quand mourut Alphonse III ?
Sampiro nous apprend que ce fut en 910, au bout de quarante-
quatre années de règne [3] ; le fragment de chronique que le
Moine de Silos nous a conservé précise davantage et dit :
20 décembre 910 [4]. Or, reprenant une opinion fort ancienne,
le P. Tailhan s'est efforcé de reculer cette date jusqu'en 911,
et, pour ce faire, allègue les trois textes que voici [5] :

1º Une note qui se trouve au fol. 186 v du manuscrit de

---

1. *Chron. Laurbanense* (*Port. Mon. Hist. Script.*, I, p. 20) : « Era
« DCCCCIIII. Obiit Ordonius rex, et perhunctus est Adefonsus in
« regno ipso die in sancto pentecosten. » *Cron. II de Cardeña* : « Este
« Rey fue ungido en el Regno, dia de la Cinquesma, VII kal. Junii. »
— A titre de curiosité, citons le passage suivant du Catalogue du
Codex de Meyá : « Adefonsus Ordonii filius accepit regnum II idus
« februarii era DCCCCLXIIII (*var.* DCCCCLXIII). »

2. Cf. Florez, *Esp. Sagr.*, XIV, p. 431 et *Reynas Catholicas*, 1re éd.,
I, p. 69. Quoi qu'il en soit de la date du sacre d'Alphonse III, il est
certain que les années de ce prince ont toujours été comptées à partir
de la fin mai 866. Voy. notre *Catalogue d'actes*, nos 40, 42, 43, 59, 62,
63, 68, ainsi que les notes qui accompagnent les nos 46, 50, 53, 55,
65 et 66, lesquels renferment de légères erreurs de compte, dues soit
à l'inadvertance des faussaires, soit à la distraction des copistes.
De toute manière, on rejettera l'opinion des auteurs qui, ayant mal
lu certaines dates, ont tenté de prouver que les années d'Alphonse III
avaient parfois été comptées à partir de sa problématique association
au trône. Voir ci-dessous, Appendice VI, pour les documents produits
à l'appui de cette opinion.

3. Sampiro, ch. 15-16 : « Regnavit autem annis XLIIII. Era
« DCCCCXLVIII. — Adefonso defuncto, Garseanus filius ejus succes-
« sit in regno. »

4. Moine de Silos, ch. 41 : « ...XIII kalendas Ianuarii media nocte
« perrexit in pace... Era DCCCCXLVIII » (éd. Santos Coco, p. 36).

5. J. Tailhan, *Trois questions d'histoire espagnole*, dans *Revue du
Monde Catholique*, LXXXIV (1885), pp. 505-524. Voir pp. 519-524 :
La dernière année d'Alphonse le Grand. — Remarquer que Morales,
Coronica, éd. Cano, VIII, pp. 95-96, avait déjà essayé de démontrer
qu'Alphonse III était mort en 912.

l'Escorial coté a-I-13 : « O vos omnes qui legeritis hunc co-
« dicem, mementote... clientula et exigua Leodegundic, qui
« hunc scripsi in monasterio Bobatelle regnante Adefonso
« principe in era DCCCCL [1] » ;

2° Un passage du *Laterculus Legionensis*, qui « place l'avè-
« nement d'Alphonse III à la couronne par association avec
« son père Ordoño Ier, au 30 avril de l'an 902 de l'ère espa-
« gnole, 864 de l'ère vulgaire, et donne à ce prince quarante-
« sept ans et dix [*lire* six] mois de règne, ce qui rejette la
« fin de son règne et, à plus forte raison, celle de sa vie, aux
« premiers jours de novembre 911, date postérieure de onze
« mois à celle donnée par Sampire et le moine de Silos [2] »;

3° Un passage des *Anales Castellanos I* (ou *Chron. S. Isidori Legionensis*), qui attribue à Alphonse III un règne de
quarante et un ans (chiffre que le P. Tailhan corrige en 46),
fait mourir le prince au mois de décembre et ajouterait :
« et suscepit ipso regno filius eius Garsea in era DCCCCL [3] ».

A ces trois témoignages, le P. Tailhan aurait pu joindre,
s'il l'avait connu, ces quelques lignes d'Ibn Adhari : « En
« cette année [299 (29 août 911-17 août 912)] moururent...

---

1. Sur ce célèbre manuscrit, écrit en minuscule visigothique du
IXe siècle, consulter le très savant et très complet article du P. Gui-
llermo Antolín, *Historia y descripción de un « Codex » del siglo IX*, dans
La Ciudad de Dios, LXXV (1908), pp. 23-33, 304-316, 460-471, 637-
649 ; LXXVI, pp. 310-323, 457-470 et LXXVII, pp. 48-56 et 131-136 ;
cf. du même auteur, *Catálogo de los códices latinos de la R. Biblioteca
del Escorial*, I (Madrid, 1910, gr. in-8°), pp. 21-25.

2. Tailhan, *loc. cit.*, pp. 521-522. Le texte, tel que l'a publié Tailhan,
Anonyme, p. 198, porte : « Adefonsus [*lire* Audefonsus] filii [*lire*
« filius] domni Ordonii, II kalendas maias, era DCCCCII et regnavit
« annos X[v] VII, menses VI. » Mommsen, *Chronica minora*, III, p. 469,
l'a mal transcrit à son tour ; d'abord, avant les mots « Audefonsus
« filius domni Ordonii », il ajoute sans raison : « positus est in regno
« domnus » ; ensuite, méconnaissant la valeur numérique du signe X[v],
il imprime : « et regnavit annos XVII. »

3. Tailhan, *Anonyme*, p. 196. Comparer le texte que donne M. Gómez-Moreno, *Discursos*, p. 23.

« [et] le chrétien Alphonse, qui avait régné quarante-quatre
« ans et qui eut pour successeur son fils Garcia [1]. »

Mais que valent les documents produits ou à produire en
faveur de la date de 912 ?

Au sujet de la note de la religieuse Leodegundia, le
P. Tailhan rejette l'hypothèse de Knust et Ewald, lesquels
proposaient de lire, au lieu de « era DCCCCL » (912), « era
DCCCL » (812) [2]. Sans même faire intervenir cette rectification, on pourrait supposer, ou bien qu'en 912 la nouvelle
de la mort d'Alphonse n'était pas encore connue de Leodegundia, ou bien que celle-ci a commis un simple lapsus. Au
surplus, il convient de remarquer, avec Ewald [3], que cette
note n'est pas de la même main que le reste du manuscrit ;
dans ces conditions, la phrase en litige ne constitue-t-elle
pas une addition maladroite et plus ou moins erronée ?

En ce qui touche le passage du *Laterculus Legionensis,*
quelques réflexions s'imposent. Le texte porte: « Audefonsus
« filius domni Ordonii *II* klds *maias* era DCCCCII et regna-
« vit annos X^VII ms. VI. » Mais les chiffres que nous présente ce catalogue ne sont pas nécessairement corrects [4], et

---

1. Ibn Adhari, trad. Fagnan, II, p. 248.

2. Knust, dans *Archiv der Gesellschaft f. ältere deutsche Geschichts-
kunde*, VIII (1843), p. 809 ; Ewald, dans *Neues Archiv*, VI (1880),
p. 227, n. 3, et Ewald et Loewe, *Exempla scripturae visigothicae*
(Heidelberg, 1883, in-fol.), p. 12. — Le P. Antolín, dans *La Ciudad de
Dios*, LXXV, p. 304 (cf. p. 649), accepte la correction de Knust et
Ewald. Par contre, M. Gómez-Moreno, *Discursos*, p. 14, tient pour
« perfectamente auténtico » le témoignage de Leodegundia.

3. Ewald, *loc. cit.*, p. 227.

4. Voici deux exemples du contraire : d'après ce *Laterculus Legionensis* Ordoño aurait régné quinze ans et trois mois ; or, c'est seize
ans, trois mois et vingt-sept jours qu'il aurait fallu dire; d'autre part,
et toujours d'après la même source, cent quarante-sept ans se seraient
écoulés depuis l'avènement de Pélage jusqu'au règne d'Ordoño 1er
inclus ; mais, si l'on additionne les chiffres donnés, on obtient un total
de plus de cent cinquante ans.

peut-être faudrait-il lire : « *VI* klds. *iun.* era DCCCCIIII et « regnavit annos X^v *II* II ms. VI. » Quoi qu'il en soit, se baser sur le témoignage du *Laterculus Legionensis* : 1º pour affirmer qu'Alphonse III fut associé au trône le 30 avril 864 ; 2º pour établir que ce prince mourut au début de novembre 911, cela est infiniment téméraire.

La mention d'Ibn Adhari étant écartée, à raison même de sa provenance, reste le passage allégué des *Anales Castellanos I* (ou *Chron. S. Isidori Legionensis*). Le P. Tailhan l'imprime ainsi : « Regnavit Adefonsus rex annos X^v[V]I et « migravit a seculo in mense decembris et suscepit ipso regno « filius eius Garsea in era DCCCCL. P [opulaveru]nt ¡eodem « anno] comites Monnio Nunniz Rauda, et Gundesalbo « T[elli]s Hocsuma, » etc. Mais si l'on se reporte au facsimilé que donne le P. Tailhan, on s'aperçoit : 1º que s'il y a un vide entre le X^v et le I, rien n'autorise, paléographiquement, à restituer le chiffre V ; 2º que, de toute évidence, le sens exige qu'on mette un point entre le mot *Garsea* et les mots *in era DCCCCL*; 3º qu'il n'y a, dans le manuscrit, nulle place pour la locution *eodem anno* que le P. Tailhan insère sans motif dans son texte [1]. L'argument tiré des *Anales Castellanos I* (ou *Chron. S. Isidori Legionensis*) s'évanouit donc à son tour.

Ainsi, en faveur de la date de 912, on ne peut invoquer, à la rigueur, que la note de Leodegundia. Supposera-t-on qu'Alphonse fut contraint d'abdiquer en 910 [2], mais ne mourut qu'un an ou deux après [3] ? Cette hypothèse n'est pas rece-

---

1. Voir dans Gómez-Moreno, *Discursos*, pp. 23-24, le texte correctement imprimé.

2. Le P. Tailhan, *loc. cit.*, pp. 522-524, ne veut pas entendre parler d'abdication ; pour lui, Alphonse III aurait, en 910, associé ses fils à la couronne, et partagé entre eux ses états.

3. Telle est l'opinion de M. Gómez-Moreno, *Discursos*, p. 14, lequel placerait volontiers l'abdication d'Alphonse en 910 et sa mort en 912,

vable, car, dès le 20 avril 911, dans un diplôme pour Compostelle, Ordoño, roi de Galice (le futur Ordoño II) s'exprime ainsi : « pro anima dive memorie genitoris nostri Dni. Ade-« fonsi [1] ». En dépit de l'argumentation du P. Tailhan, on reviendra donc à la date traditionnelle du 20 décembre 910.

---

non toutefois sans conclure ainsi : « Sobre estas contarriñas mucho « se ha escrito y con escaso provecho ; hay soluciones para todos los « gustos, y en remate de cuentas a lo mismo salimos. » — On remarquera que Escalona, *Hist. del monasterio de Sahagun*, pp. 13 et 28, ne faisait mourir Alphonse III que postérieurement au 7 mai 913 ; mais l'acte sur lequel il se fondait (*op. cit.*, app. III, *escr.* v, pp. 379-380), est daté, non du 7 mai 913, mais du 7 mai 922, et il est confirmé, non par Alphonse III, mais par Alphonse IV (cf. Vignau, *Indice de los documentos de Sahagun*, n° 450, pp. 110-111).

1. Texte dans López Ferreiro, *Hist. de la iglesia de Santiago*, II, app. n° XXX, pp. 64-66. On rencontre des expressions analogues dans d'autres diplômes d'Ordoño, 22 avril 911 (*ibid.*, n° XXXI, pp. 67-68 : « dominus et genitor noster bone memorie dominus rex Adefonsus ») et 2 juin 912 (*ibid.*, n° XXXIV, pp. 74-76 : « temporibus dive memorie « patris nostri Dni Adefonsi principis »). — Ces témoignages dispensent d'utiliser trois actes de Garcia Ier, dont l'un, concernant le monastère de San Isidro de Dueñas (Yepes, *Coronica*, IV, escr. XXIII, fol. 444 v-445 r), est ainsi daté : « Notum XV kalend. mart. era DCCCCXLVIIII, « anno foeliciter regni nostri primo » ; les deux autres, concernant le monastère de Eslonza (*Cartulario de Eslonza*, n° 1, pp. 1-2 et *Revue Hispanique*, X, pp. 350-353) portent la date : « Facta scriptura testa-« menti III kalendas septembris era DCCCCL, anno secundo regni « nostri. » Nous n'aurions même pas rappelé ces documents, s'ils n'avaient procuré au P. Tailhan l'occasion de montrer qu'il ne savait pas calculer l'an du règne. Il écrit en effet, *loc. cit.*, p. 521 : « Il suit « de là [des chartes de 911 et 912], soit dit en passant, que Garcia « serait monté sur le trône après le 15 février 910 et après le 30 août « de la mêmea nnée. » L'auteur ne s'est pas rendu compte que les années du règne de Garcia ayant commencé à courir du 20 décembre 910, ledit Garcia était nécessairement le 15 février 911 dans la première année de son règne, et le 30 août 912 dans la deuxième.

LA GÉNÉALOGIE DES ROIS ASTURIENS. NOTES RECTIFICATIVES

La généalogie des rois asturiens a été longuement exposée par M. Fernández de Béthencourt, dans son *Historia genealógica y heráldica de la monarquía española*, I (Madrid, 1897, gr. in-4°), pp. 101-218. Cet ouvrage monumental tendant à devenir classique, peut-être convient-il d'y apporter quelques corrections.

A. — ÉPOUSES OU CONCUBINES.

Les seules reines dont nous connaissions de façon sûre l'existence, sont : Froleva, femme de Fafila [1] ; Ermesinda, femme d'Alphonse Ier [2] ; Nuña, femme de Fruela Ier ; Adosinda, femme de Silo [3] ; Paterna, femme de Ramire Ier [4], et Chi-

---

1. Voir l'inscription commémorative de la fondation de l'église Santa Cruz ; Hübner, *Inscr. Hisp. Christ.*, p. 47, n° 149 et *Suppl.* p. 70, n° 384.

2. *Chron. Albeldense*, ch. 52.

3. Pour Nuña et Adosinda, cf. Pseudo-Alphonse, ch. 16 et 18-19 ; voir aussi, pour Adosinda, *Chron. Albeldense*, ch. 54.

4. Voir l'inscription commémorative de la fondation de Santa Maria de Naranco (848) ; Hübner, *Inscr. Hisp. Christ. Suppl.*, pp. 113-114, n° 483.

mène, femme d'Alphonse III [1]. A cette liste nous joindrons encore Nuña, femme d'Ordoño Ier, quoique cette reine ne nous soit connue que par de médiocres témoignages [2], mais nous n'irons pas au delà. Nous rejetterons en conséquence les noms des reines ou concubines qui vont suivre [3].

1º *Gaudiosa*, femme de Pélage [4]. — Ce nom nous est donné, non point par les textes les plus purs du Pseudo-Alphonse, mais par ceux auxquels Pélage d'Oviedo avait fait subir des interpolations [5]. Il se retrouve aussi sur une inscription moderne et totalement dépourvue de valeur [6].

2º *Sisalda*, concubine d'Alphonse Ier [7]. — Alphonse Ier eut hors mariage, mais, dit-on, après la mort de la reine Ermesinda, un fils, Mauregato [8]. Le nom de la mère de ce prince, — laquelle était asturienne d'origine et de condition servile,

---

1. Sampiro, ch. 1. Comparer Moine de Silos, ch. 40 (fragment de chronique perdue).

2. Soit une interpolation de Pélage d'Oviedo (García Villada, *Crónica de Alfonso III*, p. 137), et deux diplômes refaits (20 avril 857 et mai 857 ; *Cat.*, nᵒˢ 24 et 25), sans parler des compilateurs des XIIᵉ et XIIIᵉ siècles : Chronique léonaise, II, ch. 24 ; Rodrigue de Tolède, *De rebus Hispaniae*, IV, 14 ; Lucas de Tuy, p. 77.

3. Nous devons noter ici que nous ne savons à peu près rien des reines susdites. Rappelons que Nuña était originaire de l'Alava et que Chimène était une princesse navarraise, mais gardons-nous de rechercher à quelles préoccupations politiques répondaient les unions royales à l'époque des rois asturiens.

4. Béthencourt, *op. cit.*, I, p. 114 ; cf. Florez, *Reynas catholicas*, Irᵉ éd., I, pp. 33-34.

5. *Revue des Bibliothèques*, XXIV (1914), p. 216 ; cf. García Villada, *op. cit.*, p. 27.

6. Hübner, *Inscr. Hisp. Christ.*, *Suppl.*, p. 137, nº 105*. Voir Julio Puyol, *El sepulcro de Pelayo en Covadonga*, dans *Bol. de la R. Acad. de la Hist.*, LXXIV (1919), pp. 217-224.

7. Béthencourt, *op. cit.*, I, p. 167 ; cf. Florez, *op. cit.*, I, pp. 46-48.

8. Rodrigue de Tolède, *De rebus Hispaniae*, IV, 5 : « Reliquit au- « tem... et Mauregatum tertium filium ex ancilla » (cf. IV, 7); Lucas de Tuy, p. 73 : « Mauregatum post haec habuit filium, qui fuit natus « de ancilla quadam de Caso pulchra nimis, post mortem Hermesendae « reginae. »

selon les uns, de condition noble, d'après les autres [1], — ne se rencontre dans aucun texte ancien, pas même chez les compilateurs du XIIIe siècle. Florez ne l'a pas connu davantage. Cependant, M. de Béthencourt l'a indiqué.

3° *Creusa*, femme de Mauregato [2]. — Florez déclare que dans une charte de l'évêque Gladilan, datée du 30 octobre 863, on lit : « Et quartam portionem in Cauriceto, quam « concessit Domnus Hermegildus, filius Domni Mauregati, « ecclesiae Sancti Petri, ubi tumulata est mater sua Domna « Creusa ; » et l'auteur ajoute : « Todo este contexto mani- « fiesta hablarse aqui de Reyes... y el nombre del padre « *Mauregato*, favorece unicamente al Rey que conocemos de « este nombre. El tiempo que supone la Donacion del hijo « de Mauregato quadra tambien al hijo de este Rey [3]. » Ainsi Mauregato aurait eu une femme appelée Creusa et un fils appelé Hermenegildo [4]. Ces renseignements sont acceptés par M. de Béthencourt. Mais la charte de Gladilan est extrêmement suspecte [5].

4° *Ozenda Nunilona*, femme de Bermude Ier [6]. — D'après Rodrigue de Tolède et Lucas de Tuy, Bermude Ier aurait été enterré à Oviedo avec sa femme Nunilo (Rodrigue porte

---

1. Pour Florez, *loc. cit.*, la mère de Mauregato aurait été sans doute « una de las criadas de la Reyna ». Mais d'autres auteurs (par exemple, Morales, *Coronica*, éd. Cano, VII, pp. 66 et 118), voyant dans le nom de Mauregato comme un indice de provenance, ont soutenu que la mère de ce prince était maure. Comme l'étymologie du vocable Mauregato demeure incertaine (cf. Florez, *op. cit.*, I, pp. 47-48), il n'y a pas de déductions à en tirer. Au surplus, tout cela n'est que discussions vaines.

2. Béthencourt, *op. cit.*, I, p. 168 ; cf. Florez, *op. cit.*, I, pp. 54-56.

3. Florez, *loc. cit.*, pp. 54-55.

4. Cf. *contra* Noguera, *Ensayo cronológico*, p. 427, qui doute qu'il s'agisse du roi Mauregato.

5. Ci-dessous, Appendice V.

6. Béthencourt, *op. cit.*, I, pp. 178-179 ; cf. Florez, *op. cit.*, I, pp. 56-61, lequel reprend la doctrine de Morales, *Coronica*, éd. Cano, VII, pp. 139 et 140.

Imilo) [1]. D'après une épitaphe, conservée autrefois au monastère de San Juan de Corias, les restes d'un certain roi Bermude auraient été transférés de *Ciella* à Corias, en même temps que ceux de la femme et de la fille dudit roi Bermude, savoir Ozenda (ou Usenda) et Cristina [2]. Florez a cru, non pas à la légère, mais après réflexion, qu'il s'agissait de Bermude Ier [3], alors que cette inscription est sinon fausse, du moins très postérieure au règne de ce prince [4] ; aussi a-t-il combiné ces renseignements hétéroclites et donné naissance à ce monstre à deux noms qu'il étiquette Ozenda Nunilona. M. de Béthencourt a suivi Florez.

5° *Berthe*, femme d'Alphonse II [5]. — En parlant d'Alphonse II, le Pseudo-Alphonse, ch. 22, s'exprime ainsi : « Sicque per quinquaginta et duos annos *caste*, sobrie, *inma-* « *culate*... regni gubernacula gerens... » La Chronique d'Albelda, ch. 58, précise : « Absque uxore castissimam vitam « duxit. » Cependant, Pélage d'Oviedo, Rodrigue de Tolède et Lucas de Tuy attribuent à ce roi, que l'histoire a baptisé Alphonse le Chaste, une épouse dénommée Berthe ou Bertinalda. On dit même qu'elle était sœur de Charlemagne [6]

---

1. Rodrigue de Tolède, *De rebus Hispaniae*, IV, 7 : « sepultus Oveti « cum uxore sua Imilone » ; Lucas de Tuy, p. 74 : « sepultus est una « cum uxore sua Nunilo regina Oveti. »

2. Hübner, *Inscr. Hisp. Christ.*, p. 100, n° 60* ; Vigil, *Asturias monumental*, p. 317. — Au sujet de cette Ozenda ou Uzenda, Ortiz y Sanz, *Compendio*, III, p. 30, a émis une opinion singulière : il suppose, après Florez, que le vocable Ocenda ou Uzenda n'est autre que le mot Adosinda corrompu, et pense dès lors que la femme de Bermude Ier pourrait bien être, tout simplement, la veuve du roi Silo.

3. Florez, *op. cit.*, I, pp. 58-59.

4. Risco, *Esp. Sagr.*, XXXVII, p. 127.

5. Béthencourt, *op. cit.*, I, pp. 152-153 ; cf. Florez, *op. cit.*, I, pp. 62-63, lequel n'ajoute rien à ce qu'avaient dit Morales, *Coronica*, éd. Cano, VII, p. 118 et Sandoval, *Cinco Obispos*, p. 164.

6. Pseudo-Alphonse, réd. *C*, éd. Sandoval, *Cinco Obispos*, p. 51 : « Habuit tum in Galliam sponsam nomine Bertinaldam ortam ex regali « germine, quam numquam vidit »; Lucas de Tuy, p. 76 : « Duxerat

Autant de légendes que Florez a eu le tort de reproduire, et que M. de Béthencourt ne combat pas.

6⁰ *Urraca*, femme de Ramire Ier ¹. — Lorsqu'il fut proclamé roi, Ramire Ier « absens erat in Barduliensem provinciam ad « accipiendam uxorem ² ». Mais le nouveau souverain des Asturies contractait-il, à ce moment, un premier ou un second mariage ? Ramire a régné de 842 à 850 ; or, il laissa en 850 un fils en âge de lui succéder, Ordoño Ier ; ce dernier, qui occupa le trône de 850 à 866, laissa lui-même un fils adolescent, Alphonse III. Il est donc impossible qu'Ordoño Ier soit issu du mariage contracté en 842 par son père Ramire ; Ramire s'est donc marié au moins deux fois.

On sait qu'en 848 la femme de Ramire se nommait Paterna ³ ; et c'est en compagnie de Paterna que Ramire, d'après Pélage, aurait été enterré à Oviedo ⁴. Mais Rodrigue de Tolède et Lucas de Tuy nomment Urraca la femme que ce prince aurait épousée en Castille ⁵ ; d'autre part, on possède une épitaphe mentionnant une certaine Urraca en qualité d'épouse d'un roi appelé Ramire ⁶. L'inscription de 848 n'ayant été

« uxorem nomine Bertam, sororem Caroli regis Francorum, quam quia « nunquam vidit et abstinuit a luxuria, Rex castus vocatus est. » Rodrigue de Tolède, *De rebus Hispaniae*, IV, 12 et le *Cron. II de Cardeña* (*Esp. Sagr.*, XXIII, 2ᵉ éd., p. 377), disent qu'Alphonse II fut marié, mais ne nomment pas sa femme. — Il va de soi que Berthe, femme supposée d'Alphonse II, n'est autre que « Berthe aux grands pieds ».

1. Sur Paterna et Urraca, femmes de Ramire Ier, voir Béthencourt, *op. cit.*, I, pp. 187-188 ; Florez, *op. cit.*, I, pp. 63-66 (et pp. 99-100), lequel suit Morales, *Coronica*, éd. Cano, VII, pp. 241-242.

2. Pseudo-Alphonse, ch. 23.

3. Ci-dessus, p. 282.

4. Cf. *Revue des Bibliothèques*, XXIV (1914), p. 218.

5. Rodrigue de Tolède, *De rebus Hispaniae*, IV, 13 : « Urraca autem « uxor Ranimiri quam ex Castella duxerat » ; Lucas de Tuy, p. 77 : « Inclyta quoque regina Urraca uxor eius. »

6. Hübner, *Inscr. Hisp. Christ.*, p. 81, n⁰ 254, sous la date erronée de : ère 914, a. 878, Hübner ayant méconnu la valeur du signe Xᵛ ; Vigil, *Asturias monumental*, pp. 10-11, sous la date : 931 [?].

bien déchiffrée qu'à une époque assez récente, on a combiné les témoignages fournis par Pélage d'Oviedo, Rodrigue de Tolède, Lucas de Tuy et l'épitaphe ci-dessus indiquée, — bien que cette dernière ne concerne certainement pas le roi Ramire Ier [1] ; et l'on en est arrivé à dire que ce dernier aurait été marié : 1° antérieurement à 842, avec Paterna, mère d'Ordoño ; 2° postérieurement à 842, avec la Castillane Urraca [2]. Mais tout ce raisonnement s'écroule, puisque, en 848, la reine était Paterna. Autant dire, les autres textes étant sans valeur, qu'on ignore le nom de la première femme de Ramire Ier.

B. — Enfants supposés ou douteux.

1° *Descendance de Fafila* [3]. — L'inscription commémorative de la fondation de l'église Santa Cruz mentionne les enfants de Fafila, mais ne donne pas leurs noms. La généalogie fabuleuse d'Otto de Freising signale une fille de Fafila, savoir Favinia, qui aurait été mariée à Luitfred, troisième duc de Souabe [4]. Florez avait cru à l'authenticité de cette généalogie,

---

1. Cf. Risco, *Esp. Sagr.*, XXXVII, pp. 277-278. L'inscription concernerait le prince Ramire, fils d'Alphonse III. Observer que Vigil, *op. cit.*, p. 11, croit encore que l'épitaphe en question « puede referirse « à la época del primer Ramiro ».

2. Florez, *op. cit.*, pp. 64 et 65, qui suit l'opinion de Salazar y Castro, *Hist. genealógica de la Casa de Lara*, 1 (Madrid, 1696, in-fol.), p. 41, estime que Urraca était « hija unica del Conde de Castilla D. Diego « Rodriguez, y de su muger Doña *Paterna*, por lo que acaso la hija « tuvo tambien el sobrenombre de Paterna, si es la mencionada por Sebastian. » Semblables conjectures échappent à la critique.

3. Béthencourt, *op. cit.*, I, p. 120. Cf. Florez, *op. cit.* pp. 36-38, lequel suit Pellicer, *Annales*, p. 180 et Mondéjar, *Advertencias*, n° LXI, p. 36.

4. Cette généalogie a été publiée par Chr. Henriquez, *Menologium Cisterciense* (Antverpiae, 1630, in-fol.), p. 302, d'après un manuscrit de l'abbaye de Morimond, et reproduite par Pellicer, *Annales*, pp. 181-182.

qu'il qualifie même de « insigne ». Avec juste raison, M. de Béthencourt exprime quelques doutes [1] ; sans crainte aucune, il aurait pu négliger ce document.

2° *Descendance de Fruela*, frère d'Alphonse Ier. — Outre Aurelio et Bermude, Fruela aurait eu trois autres fils et une fille [2], savoir : Rodrigue, comte de Castille, Gonzalvo, Sigerico et Nuñabella, fondatrice et première abbesse du monastère de San Miguel de Pedroso [3].

a) Un Rodrigue, comte de Castille, apparaît dans des chartes du IXe siècle, et non pas du VIIIe, comme l'ont cru Garibay, Sandoval, Pellicer et tous ceux qui ont mal lu les dates de ces chartes. Donc, pas de documents permettant de soutenir que Rodrigue gouvernait la Castille « en los años 762, « 773, 775 y 778 [4] ». Bien entendu, le lien établi entre Fruela, frère d'Alphonse Ier, et ledit Rodrigue serait dans tous les cas purement fictif [5].

b) Gonzalvo et Sigerico sont mentionnés : 1° dans une charte de 862 scandaleusement interpolée par Pellicer [6] ; 2° dans l'inscription de Lara, dont la fausseté est indéniable et a été prouvée, entre autres auteurs, par Florez [7]. Il est

---

1. Béthencourt, *op. cit.*, I, p. 121 : « ...cuanto además dejamos « dicho de la Duquesa Doña Favinia, permanece... envuelto en « tamañas sombras y en tales confusiones, que en modo alguno consienten la afirmación terminante y concreta, y sólo á título de curiosidad puede ofrecerse en este libro al conocimiento del lector. »

2. D'après Pellicer, *Annales*, p. 232, le prince Fruela aurait épousé la fille du comte Gundesindo. Mais cette affirmation est gratuite ; cf. Béthencourt, *op. cit.*, I, p. 170.

3. Béthencourt, *op. cit.*, I, pp. 172-174. Comparer Pellicer, *Annales*, pp. 220 et 242, qui attribue à Fruela la même descendance, moins Bermude.

4. Cf. ci-dessous, Appendice VII.

5. Cette filiation n'est attestée que par la charte maquillée citée à la note suivante.

6. Pellicer, *Annales*, p. 281. Comparer le texte publié par Llorente, *Noticias*, III, n° 9, pp. 88-89.

7. Cf. ci-dessus, p. 272, n. 3.

donc étrange de voir ces deux fantômes reparaître dans l'ouvrage de M. de Béthencourt.

c) Nuñabella n'est pas un fantôme : le 24 avril 759, elle fonda le monastère de San Miguel de Pedroso[1] ; mais rien n'autorise à prétendre que cette abbesse était fille de Fruela[2].

3° *Descendance de Fruela I*er. — Outre son fils Alphonse II, Fruela Ier aurait eu une fille, Chimène, première abbesse de San Juan Bautista d'Oviedo (plus tard San Pelayo), et un second fils, Roman, seigneur de Monterroso et de Santa Marta de Ortigueira en Galice[3]. D'après la fable, Chimène aurait été mère de Bernardo del Carpio. Mais n'est-ce pas une fable également que l'existence de cette Chimène, abbesse d'un couvent d'Oviedo ? De toutes manières, on ne peut invoquer en faveur de Chimène que des inscriptions gravées à une époque toute récente[4]. Quant à Roman, fils naturel de Fruela Ier, tige des comtes de Trastamara et de Trava, c'est un personnage imaginaire, sur lequel on ne possède

---

1. Cf. ci-dessus, p. 254.

2. Pour adopter cette identification, il faudrait : 1° supposer que le roi Fruela cité dans cet acte est Fruela, frère d'Alphonse Ier, et non pas Fruela Ier (voir ci-dessous, Appendice VI) ; 2° prendre au pied de la lettre — ce qui serait au moins étrange — les mots imprimés plus loin en italique : « Ego igitur abbatissa Nonnabella pactum feci... « *coram prediclis patribus, id est gloriosi Froilanis regis* et Valentini « pontificis. » — Dans Berganza, *Antigüedades de España*, II, escr. 1, p. 370, on lit *fratribus*, au lieu de *patribus*. Dès lors, pourquoi ne pas faire de Nuñabella une sœur de Fruela et de l'évêque Valentin ? Ce ne serait pas plus absurde.

3. Béthencourt, *op. cit.*, I, pp. 133-134 et 157-160.

4. Vigil, *Asturias monumental*, p. 134 : « En otro panteon [del monas- « terio de San Pelayo], tambien pintado, y surmontado con una corona, « una espada y una palma, se lee : « Cuando en el año de 1770 se reedi- « ficaba este claustro, los oficiales de la obra poco apreciadores « de las cosas antiguas, para igualar las paredes macizaron los sepulcros « de varias princesas y reinas aqui enterradas, y en este sitio el de la « Infanta Doña Jimena 1ª abadesa de este monasterio y hermana « del Rey Don Alonso el Casto. »

aucun document, sauf une mention dans le Nobiliaire de
Dom Pedro de Portugal, comte de Barcellos.

4º *Descendance de Silo* [1]. — Parlant de Silo, la Chronique
d'Albelda, ch. 55, s'exprime ainsi : « Prolem nullam dimisit. »
Toutefois, un acte du 17 janvier 780 nous apprend qu'Adelgastro, fils du roi Silo, aurait fondé le monastère d'Obona [2].
L'acte en question étant apocryphe, il n'y a pas lieu de retenir
le nom d'Adelgastro.

5º *Descendance de Mauregato* [3]. — Le fils de Mauregato,
Hermenegildo, est aussi hypothétique que la reine Creusa,
sa mère.

6º *Descendance de Bermude I*[er]. — Outre Ramire Ier, Bermude aurait laissé un second fils, Garcia, et deux filles, Cristina et Thisiena [4].

a) Garcia est cité par l'interpolateur Pélage d'Oviedo,
par Rodrigue de Tolède et Lucas de Tuy [5]. Ces autorités
étant médiocrement valables pour le VIIIe siècle, nous consi-
dérerons Garcia comme fort douteux.

b) Cristina est la fille du roi Bermude et de la reine Ozenda
mentionnés dans l'inscription de San Juan de Corias [6] ; en
d'autres termes, si elle a jamais existé, elle n'était certainement
pas fille de Bermude Ier.

c) Thisiena aurait épousé Masilius, sixième duc de Souabe [7].
Cela nous dispense d'insister.

7º *Descendance de Ramire I*[er]. — Outre Ordoño Ier, Ramire

---

1. Béthencourt, *op. cit.*, I, pp. 139-140.
2. *Cat.*, pp. 166-167.
3. Béthencourt, *op. cit.*, I, p. 168.
4. Béthencourt, *op. cit.*, I, pp. 179-181.
5. Pseudo-Alphonse, réd. C, éd. Sandoval, *Cinco Obispos*, p. 50 ;
Rodrigue de Tolède, *De rebus Hispaniae*, IV, 7 et 13 ; Lucas de Tuy,
pp. 74 et 77.
6. Ci-dessus, p. 285.
7. Florez, *op. cit.*, I, p. 59. — Risco, *Esp. Sagr.*, XXXVII, p. 129,
ne semble pas admettre l'existence de Cristina et de Thisiena.

aurait eu deux autres fils, Rodrigue, comte de Castille, et Garcia, plus une fille, Ildoncia ou Aldonza [1].

a) Rodrigue, le comte de Castille qui vécut au IXe siècle [2], était-il, comme le prétend M. de Béthencourt, fils du roi Ramire Ier ? Ici encore, aucun document ne confirme pareille hypothèse.

b) Quant à Garcia, « que según la general noticia vivió « muy poco » et à Ildoncia, il n'y a guère qu'à répéter à leur sujet ce qu'écrivait Florez [3] : « Berganza dice que el Rey « [Ramiro] tuvo demas del hijo D. Ordoño, otro, llamado « *Garcia*. Salazar añade à D. *Rodrigo*, y una hija, llamada « *Ildonicia*, que dice nació ciega. Pero no alegan documentos, « por donde en virtud de la edad, ò circunstancias semejantes, « pudieramos discernir la madre, y adoptar estos hijos. » Notons cependant qu'en faveur d'Ildoncia, M. de Béthencourt invoque, à deux reprises, un document [4] : « hizo dona- « ción, dit-il, de su Villa de Sala al Infante Don Bermudo, « su sobrino, hijo del Rey Don Ordoño Ier, como... consta « de la escritura VI del Tumbo de Samos. » Le cartulaire de Samos est perdu, croyons-nous ; un peu plus de précision, et, en tout cas, une référence moins sommaire eussent été indispensables.

8° *Descendance d'Ordoño Ier.* — Le Moine de Silos, ch. 39 (fragment de chronique perdue), déclare qu'Ordoño ne laissa qu'un fils, Alphonse III [5]. Par contre, Sampiro, ch. 3, cite les frères d'Alphonse III, soit Fruela, Nuño, Bermude et

---

1. Béthencourt, *op. cit.*, I, pp. 189-190. — Au dire de Fernández-Guerra, *Cantabria*, p. 54, Ramire Ier aurait eu aussi un autre fils, Antonio, évêque de Cantabrie ; mais aucune preuve n'est produite, et pour cause.

2. Ci-dessous, Appendice VII.

3. Florez, *op. cit.*, I, p. 65.

4. Béthencourt, *op. cit.*, I, pp. 189 et 196.

5. Ci-dessus, p. 237, n. 1.

Odoario [1] : de son côté, Pélage d'Oviedo dénombre les mêmes princes, auxquels il ajoute « Aragontus » [2]. Sans doute, le témoignage de l'Anonyme de 924, reproduit par le Moine de Silos, n'est pas concluant. Mais les autres témoignages ne sont pas non plus absolument certains : peut-être convient-il de ne signaler que sous réserves les enfants d'Ordoño Ier, autres qu'Alphonse III [3].

9° *Descendance d'Alphonse III.* — De son mariage avec Chimène, Alphonse III eut six fils : Garcia, le futur roi de Leon ; Ordoño, le futur Ordoño II ; Fruela, le futur Fruela II ; Ramire qui gouverna, dit-on, les Asturies sous Fruela II et Alphonse IV ; Bermude, qui serait mort fort jeune, et Gon-

---

1. Ci-dessus, p. 237, n. 1. — Une remarque : la recension silésienne de Sampiro (*apud* Moine de Silos, ch. 49) ne qualifie pas Bermude, Nuño et Odoario de frères du roi. Au lieu de : « Rex quidem dominus Ade- « fonsus... cepit eum et pro tali causa orbavit oculis ; hos fratres « simul, Froilanum, Nunnum etiam et Veremundum et Odoarium », le texte porte après *tali causa* ; « orbavit ; hos simul Froylanum, Nun- « num, etiam Veremudum et Odoarium » (éd. Santos Coco, p. 42). Mais peut-on faire état de cette variante ? Ce serait bien téméraire. Comparer G. Cirot, dans *Bulletin Hispanique*, XIII (1911), p. 405, n. 42. I.

2. Cf. García Villada, *Crónica de Alfonso III*, p. 137. — Pour Rodrigue de Tolède, *De rebus Hispaniae*, IV, 14, « Aragontus » serait le surnom de Fruela Ier (Lucas de Tuy, p. 77, omet Aragontus).

3. Le diplôme authentique du 28 juin 860 (*Cat.*, n° 26) est souscrit par un certain « Froila » ; de même, le diplôme suspect du 17 avril 852 (*Cat.*, n° 20) est souscrit par un certain « Nunnus » ; de même encore, au bas du diplôme refait du 20 avril 857 (*Cat.*, n° 24), se trouvent les souscriptions de deux témoins, nommés, l'un Fruela, l'autre Bermude. Mais s'agit-il de fils d'Ordoño Ier ? Rien n'est moins certain. — Pareillement, on ne saurait affirmer, avec M. F. Valls y Taberner, *Discursos llegits en la « Real Academia de Buenas Letras » de Barcelona...* (Barcelona, 1920, in-8°, 31 pp.), p. 16 (cf. p. 18), que la princesse Leodegundia, *pulcra Ordonii filia*, mariée à un roi de Navarre et dont l'éloge versifié figurait dans le Codex de Meyá, soit nécessairement fille d'Ordoño Ier : rien ne justifie ni cette hypothèse, ni l'identification de ladite princesse avec la nonne homonyme que nous avons mentionnée à l'Appendice I.

zalvo, archidiacre d'Oviedo. On prétend qu'Alphonse III eut aussi trois filles [1] ; de ces trois filles, l'une serait Sancha, mariée avec Conrad, septième duc de Souabe [2]. C'est dire que nous retrouvons une dernière fois l'encombrante généalogie d'Otto de Freising.

---

1. Béthencourt, *op. cit.*, I, p. 218. Cf. Moine de Silos, ch. 40 : « ex « qua [Xemena] sex filios et tres filias genuit » (éd. Santos Coco, p. 35). Comparer Lucas de Tuy, p. 79 : « ex qua [Xemena] quatuor « [*sic*] filios suscepit et tres filias. » Rodrigue de Tolède, *De rebus Hispaniae*, IV, 15, signale également quatre fils, mais pas de filles.
2. Florez, *op. cit.*, I, pp. 72-73.

III

NOTE SUR LA CAMPAGNE DE TARIK ET MOUSA EN « GALICE » (714)

Le moins frelaté des récits concernant l'invasion arabe, — il s'agit de l'*Akhbâr madjmoûa*, — ne parle ni de la campagne de Târik et Moûsa en « Galice », ni plus généralement de la conquête du Nord-Ouest. En l'état actuel, les seules traditions qui, bien ou mal, nous renseignent sur ces faits sont les suivantes.

A. L'une a été consignée par Ibn el-Koûtiyya (IXᵉ siècle) ; elle nous apprend : 1° qu'après la prise de Tolède, Târik pénétra en « Galice » et parvint jusqu'à Astorga ; 2° qu'aussitôt après la reddition de Mérida, Moûsa fit route à son tour vers la « Galice » et rejoignit à Astorga son lieutenant Târik [1]. Ibn el-Koûtiyya ne date ni la prise de Tolède ni celle de Mé-

---

1. Ibn el-Koûtiyya, éd. de l'Acad. de l'Hist., pp. 9-10 ; trad. Cherbonneau, dans *Journ. Asiat.*, 1856, II, pp. 436-437 et trad. Houdas, dans *Recueil de textes*, I, pp. 226 et 227 (nous citons ici d'après Houdas): « Puis il [Târik] marcha sur Ecija, de là sur Cordoue, Tolède et le « défilé connu sous le nom de défilé de Thâriq par où il pénétra en « Galice, et après avoir traversé la Galice, il arriva à Astorga. — Et « de là [Moûsa] alla à Mérida. Certains docteurs assurent que les gens « de Mérida capitulèrent ; tandis que, au contraire, on dit que la ville « fut prise de force. Poursuivant sa route, Mousa entra en Galice « par le défilé qui depuis porta son nom ; il pénétra dans l'intérieur « du pays et rejoignit Thâriq à Astorga. »

rida ; or, on sait de façon sûre que ces événements se placent l'un en 711, l'autre en 713; à s'en tenir strictement au témoignage de notre auteur, il s'ensuivrait donc que Târik aurait séjourné deux ans en « Galice », ce qui est absurde.

La première partie de la tradition susdite se retrouve, mais avec une variante importante, d'une part dans le *Fatho-l-Andaluçi* (XIIe siècle), d'autre part chez Ibn el-Athîr (XIIIe siècle) et Makkari (XVIIe siècle), ces deux derniers auteurs la notant par incidence et comme à titre de document. On nous dit, cette fois, que Târik, après avoir occupé Tolède, traversa la Galice, entra dans Astorga, mais revint à Tolède avant la fin de l'année 711[1]. Corrigé de la sorte, le récit n'en est pas moins suspect : il est improbable en effet que, de fin juillet à fin décembre 711, Târik ait pu parcourir la Péninsule de l'extrême Sud presque jusqu'à l'extrême Nord, de Gibraltar à Astorga.

La seconde partie de la tradition consignée par Ibn el-Koûtiyya ne se rencontre à nouveau que chez Makkari : celui-ci l'a transcrite, toujours à titre de document, mais ne s'est pas aperçu qu'elle ne s'accorde plus avec la première, modifiée ainsi qu'on l'a vu plus haut[2].

---

1. *Fatho-l-Andaluçi*, éd. J. de González, trad. p. 11 : « Dejó luego « Tarik esta (última ciudad) dirigiéndose á Toledo, atravesó el terri- « torio de Galicia, llegó á Astorga y volvió finalmente el año 93 á « Toledo. » Ibn el-Athîr, trad. Fagnan, *Annales*, p. 46 : « On dit aussi « qu'il se jeta sur la Djâlîkiyya (Galice), qu'il ravagea, et pénétra « jusqu'à la ville d'Astorga, d'où il rentra à Tolède. » Makkari, I, p. 167 ; trad. Gayangos, *Mohammedan dynasties*, I, p. 282 et trad. Lafuente y Alcántara, *Ajbar Machmuâ*, p. 184 : « Otros dicen que no « regresó entónces, sino que se internó en Galicia, arrasó aquel país, « llegó á la ciudad de Astorga, cuyos alrededores devastó, volvién- « dose despues á Toledo. »

2. Makkari, I, p. 171 ; trad. Gayangos, *Mohammedan dynasties*, I, p. 286 et trad. Lafuente, *op. cit.*, p. 189 : « Algunos dicen que Muça « desde Mérida se dirigió á Galicia, pasó allá por un desfiladero que « tomó su nombre, y recorrió aquel país, hasta encontrar en Astorga « á Tárik, general de su vanguardia. »

B. Une autre tradition est rapportée par le Pseudo Ibn Koteyba (xiie siècle) et reproduite par Ibn Adhari (xiiie siècle). Elle nous montre Moûsa conquérant en 714 d'abord la « Galice », puis le pays des « Basques », puis le pays des « Francs », enfin Saragosse [1]. C'est exactement l'ordre inverse de la réalité : il est certain en effet que la campagne de 714 débuta par la prise de Saragosse et le pillage de la région aragonaise ; mais le Pseudo Ibn Koteyba est le plus fantaisiste des chroniqueurs, et il ne faut pas s'étonner de ses anachronismes. Pareillement, on ne s'étonnera pas de telles de ses assertions. Si le peu qu'il dit de la « Galice » est raisonnable, — il se borne à noter la soumission des comtes goths [2], — en revanche, les quelques mots qu'il consacre au pays des « Basques » font songer à un conte oriental : Moûsa aurait atteint dans ces parages une région « dont les habitants étaient semblables à des brutes [3] ». Qu'étaient cette région et ces habitants

---

1. Pseudo Ibn Koteyba, éd. de l'Acad. de l'Hist., pp. 132-133 ; trad. Gayangos, *Mohammedan dynasties*, I, app., p. lxxvi et mieux trad. Codera, *Estudios críticos* (*Col. de estudios árabes*, VII), p. 102 : « Dice, y dicen que Muza salió de Toledo con los ejércitos conquis- « tando las ciudades hasta que se le sometió el Alandalus : los jefes « de Galicia venían á él y le pedían la paz, que les concedió : habiendo « ido de expedición contra los Bascones, conculcó su territorio... « Luego torció hacia los Francos, hasta llegar á Zaragoza, que con- « quistó. » Ibn Adhari, trad. Fagnan, II, p. 25 : « On raconte que, « parti de Tolède, Moûsa s'avança en conquérant toutes les villes « jusqu'à la soumission complète de l'Espagne : les chefs de la Galice « vinrent lui demander d'être reçus à composition, ce qu'il leur ac- « corda ; il conquit le pays de Bachkanch (Biscaye)... ; il porta « aussi la guerre dans le pays des Francs, puis se détourna vers Sara- « gosse. »

2. Voir le texte à la note précédente.

3. Cf. Pseudo Ibn Koteyba, *loc. cit.* « conculcó su territorio [de « los Bascones], hasta que llegaron á un pueblo (cuyos individuos « eran) como bestias. » Ibn Adhari, *loc. cit.* « il... pénétra assez loin « pour y rencontrer un peuple semblable à des brutes. » (Ne pas tenir compte, en cet endroit, de la traduction de Gayangos.)

fantastiques ? Il n'y a pas lieu d'insister, puisque c'est le Pseudo Ibn Koteyba qui est en cause.

C. Une troisième tradition, — celle-là même que nous avons adoptée, faute de mieux, — nous a été transmise par Ibn el-Athîr (XIIIe siècle). Comme on a pu le voir [1], cette tradition est très brève et repose manifestement sur des souvenirs déjà lointains. Peut-être même est-elle médiocrement sûre. Ibn el-Athîr qui, pour raconter la conquête de l'Espagne, suit en général d'assez près l'*Akhbâr madjmoûa*, ajoute à son modèle quelques détails dont il est souvent impossible de déterminer l'exactitude et quelques fables assez grossières. Le passage qui nous intéresse est précisément de ceux qui échappent à tout contrôle, et une légende digne des pires traditionnaires le précède immédiatement et l'amène en quelque sorte [2]. Il serait donc imprudent d'accorder à Ibn el-Athîr une absolue confiance, quoique son récit dépasse en intérêt, et même en vraisemblance, les deux précédents.

Amendée, corrigée, mais développée aussi, la tradition qu'avait connue Ibn el-Athîr figure sous une forme nouvelle dans l'œuvre de Makkari. De tous les documents dont on dispose, celui-là est le mieux ordonné et le plus clair. Mais d'où provient la tradition complétée et amendée que Makkari nous présente ? Où notre compilateur en a-t-il pris les éléments, ou qui a-t-il copié ? On l'ignore. Dans ces conditions,

---

1. Ci-dessus, p. 109.

2. Ibn el-Athir, trad. Fagnan, *Annales*, p. 48 : « Moûsa alla conquérir « Saragosse et les villes qui en dépendent : puis il pénétra dans le pays « des Francs, où il parvint jusqu'à une vaste plaine déserte, mais où « se trouvaient des monuments, entre autres une idole debout, sur « laquelle étaient gravés ces mots : « Fils d'Ismâîl, c'est ici votre « point extrême, et il vous faut retourner. Si vous demandez à quel « lieu vous retournez, je vous répondrai que c'est aux discussions « relativement à ce qui vous concerne, si bien que vous vous couperez « la tête les uns aux autres, ce qui a eu lieu déjà. » Il revint alors sur « ses pas », etc. Pour la suite du récit, cf. ci-dessus, pp. 108, n. 1 et « 109, n. 2.

le témoignage de Makkari ne vaut que par comparaison avec celui d'Ibn el-Athîr.

En raison même de leur insuffisance, les documents énumérés ci-dessus ont, semblc-t-il, découragé les historiens, et ceux-ci, d'ordinaire, ont négligé le dernier acte de la conquête, soit la campagne de « Galice ». Ni Dozy ni Fournel ne s'en occupent ; Aug. Müller la signale à peine [1]. En revanche, M. Saavedra l'a racontée presque en détail et avec une précision séduisante dans son *Estudio sobre la invasión de los órabes en España*, pp. 114-118 (voir aussi, pp. 121, 127 et 138-140). Examinons donc cette doctrine, qui tend à devenir classique [2] et n'a été, jusqu'ici, l'objet d'aucune réfutation sérieuse [3].

Première proposition. En 714, Târik et Moûsa envahirent simultanément le Nord-Ouest de la Péninsule : Târik suivit la voie romaine qui, partant de Saragosse, longeait l'Ebre jusqu'à Haro et de là se dirigeait sur Briviesca, Amaya, Leon et Astorga ; Moûsa prit la route qui, de Saragosse, menait dans la Vieille-Castille, passait par *Clunia* et Palencia et rejoignait à Benavente la voie romaine Mérida-Astorga [4].

a) Nous avons vu qu'à la fin de 711, après la prise de To-

---

1. Aug. Müller, *Der Islam im Morgen-und Abendland*, I, pp. 428-429.

2. La doctrine de M. Saavedra a passé dans deux ouvrages de haute vulgarisation ; cf. A. Fernández-Guerra, E. de Hinojosa et Juan de Dios de la Rada y Delgado, *Historia de España desde la invasión de los pueblos germánicos hasta la ruina de la monarquía visigoda*, II (Madrid, s. d., gr. in-8), pp. 239-241 ; R. Altamira, *Historia de España*, I (Barcelona, 1900, pet. in-8), pp. 215-216 et 222 (2ᵃ éd., 1909, pp. 227-228 et 234-235). Ajoutons que M. Saavedra a donné un résumé de sa propre doctrine dans son *Pelayo*, pp. 7-9.

3. Il n'y a guère à tenir compte de J. Somoza, *Gijón*, II, pp. 456-457 et pp. 462-464, notes 283 et 285, qui réfute d'abord Rada, puis M. Saavedra.

4. Saavedra, *Estudio*, pp. 114 ; cf. *Pelayo*, p. 7.

lède, Târik marcha sur Amaya, où s'étaient réfugiés les Tolédans, à l'approche de l'ennemi [1]. M. Saavedra estime qu'en cette année 711 Târik n'eut pas le temps matériel de pousser jusqu'à Amaya [2]; il reporte en conséquence cet événement à l'année 714 M. Saavedra reporte aussi à la même année 714 l'occupation plus ou moins certaine d'Astorga qu'Ibn el-Koûtiyya et consorts datent, soit implicitement, soit explicitement, de 711 [3]. Ces corrections faites, notre auteur peut parler de deux expéditions simultanées et assigner à Târik l'itinéraire indiqué plus haut [4].

b) Makkari déclare que Moûsa conquit Vizeu et Lugo (Ibn el-Athîr ne nomme point Vizeu, et on ne saurait l'en blâmer [5]). Cependant, au lieu de la leçon « Vizeu », certains manuscrits, omettant un point diacritique, portent la leçon « Baru [6] ».

---

1. Ci-dessus, pp. 108 et 111.

2. Saavedra, *Estudio*, pp. 80-81 ; cf. p. 115.

3. Saavedra, *Estudio*, pp. 80-81 et 115.

4. M. Saavedra, *Estudio*, p. 114, n. 1, cite Makkari pour confirmer son opinion. Makkari, I, p. 173 (trad. Gayangos, *Mohammedan dynasties*, I, p. 288 ; trad. Lafuente, *op. cit.*, p. 191), nous montre Moûsa entreprenant la conquête de la Gaule après la prise de Saragosse : « Cuando todo el país [el Aragón] se fué tranquilizando, y fueron « adquiriendo confianza los naturales que habian permanecido, y « allanó las dificultades para que los muslimes quedasen habitando « en él, permaneció él arreglando esto por algun tiempo, y mandó « el ejército á Francia, donde conquistaron é hicieron botin, y convir- « tieron á algunos al mahometismo, internándose hasta llegar al rio « Ródano, que fué el punto más lejano de la cristiana tierra á que « llegaron los árabes. » Le texte est franchement légendaire ; M. Saavedra le reconnaît, mais l'interprète ainsi : « Almacari... dice que « Muza desde Zaragoza envió á Táric á las partes de Francia, lo cual, « como no fueron tan allá, no puede referirse sino á que lo destinó « á marchar á la parte del Norte de Zaragoza ; y por el camino que le « atribuyo es como tuvo que pasar por Amaya ».

5. Il est invraisemblable en effet que Moûsa soit parvenu jusqu'à Vizeu, ainsi que le prétend Makkari.

6. Voy. Makkari, I, p. 174, n. *e.* Cf. Saavedra, *Estudio*, p. 116, n. 3. Gayangos, *Mohammedan dynasties*, I, p. 291 (cf. p. 546, n. 16), avait adopté la graphie « Bézú ».

M. Saavedra s'empare de cette variante [1], identifie « Baru »
avec Villabaruz de Campos, et comme ce village est situé
entre Medina de Rioseco et Villalon [2], rien n'est plus aisé
que de tracer avec une rigueur apparente l'itinéraire de
Moûsa.

2e *proposition*. Târik commença par attaquer les Vascons
de la rive gauche de l'Ebre, ce qui amena la conversion de
Fortun, seigneur de Egea et tige de la famille des Benoû
Moûsa. Pendant ce temps, Moûsa obtenait, grâce à la médiation des évêques, la soumission des comtes goths qui n'osaient
ou ne pouvaient lui résister. Chemin faisant, et afin de consolider leurs conquêtes, Târik et Moûsa fondaient des colonies
militaires [3].

a) La marche de Târik étant hypothétique, il n'y a pas lieu
de se demander si le chef berbère attaqua les Vascons [4] et pro-
voqua ainsi la conversion de Fortun [5].

---

1. Saavedra, *Estudio*, p. 116.

2. M. Saavedra, *Estudio*, p. 116, dit que les ruines de la forteresse
assiégée par Moûsa subsistent près de Nuestra Señora del Castillo,
au Sud de Villabaruz. Les ruines signalées en cet endroit sont-elles
vraiment celles d'une forteresse wisigothique ? On néglige de nous l'apprendre ; au surplus, même si tel était le cas, l'identification faite
par M. Saavedra n'en serait pas moins hasardeuse.

3. Saavedra, *Estudio*, pp. 114-116. Cf. *Pelayo*, p. 21, au sujet de la
médiation des évêques.

4. On s'attendrait à voir M. Saavedra utiliser ici le passage du
Pseudo Ibn Kotcyba concernant les Vascons et mentionné plus haut,
p. 296. Mais, d'après M. Saavedra, ce texte se rapporterait à la conquête
de l'Aragon. On lit même, *Estudio*, p. 113 : « Internóse [Muza] en
« el país de los vascones, siguiendo la via romana que por Huesca
« conducía á Lérida y Tarragona, pero cuando sus gentes vieron la
« pobreza de aquella tierra, cuyos habitantes, por no entender el
« latín de los demás españoles, les parecían bestias privadas del uso
« de la palabra... » Ainsi se trouve expliquée la proposition qui nous
semblait fantastique.

5. La conversion de Fortun eut lieu sous le khalifat d'El-Welid
(cf. Dozy, *Recherches*, 3e éd., I, p. 212), mais on ignore dans quelles

b) Dans le chapitre qu'il a consacré à la conquête du pays des « Basques » et des « Francs », le Pseudo Ibn Koteyba rapporte en ces termes les propos d'un traditionnaire : « When « Músa arrived in Andalus, one of the bishops of that coun- « try said to him, 'O Músa ! we find thee mentioned in the « books of the prophecies ; for they tell us of an illustrious « prince answering exactly the description who is to come to « his country. He is to be both a fisherman and a hunter, « and be provided with two nets, one to imprison the beasts « of the land, the other to catch the fishes of the sea ; and such « art thou, since thou hast warriors both on the land and on « the sea' . When Músa heard this, he was astonished and « highly pleased[1]. » Tel est le texte utilisé par M. Saavedra pour démontrer que les évêques servirent d'intermédiaires entre les comtes goths et les Arabes. Outre que le récit en question est manifestement légendaire, on conviendra qu'il ne renferme guère les indications que notre auteur a cru y découvrir[2].

c) La soumission d'un certain nombre de comtes goths est *a priori* chose évidente ; de même, l'établissement de colonies militaires, ou mieux, l'installation de garnisons musulmanes.

---

circonstances elle se produisit. Ce Fortun était-il seigneur de Egea, comme le veut M. Saavedra ? La chose n'est rien moins que sûre, mais ce n'est pas ici le lieu d'en discuter.

1. Pseudo Ibn Koteyba, éd. de l'Acad. de l'Hist., p. 136 ; trad. Gayangos, *Mohammedan dynasties*, I, app., p. LXXVII.

2. Non content d'identifier la prophétie dont il est question dans le Pseudo Ibn Koteyba (il s'agirait de Jérémie, XVI, 16), M. Saavedra, *Estudio*, p. 115, s'est demandé quel pouvait être l'évêque qui aurait ainsi fait à Moûsa de si singulières révélations. Voici la réponse : « Nada tendría de extraño que fuese el tal obispo el redomado de Opas, « deseoso de dar buen color á su desastrada conducta moviendo á « todos á que la siguieran para quedar de uno entre tantos (teñir « el paño para disimular la mancha) ; pues sabemos que, con tal pro- « pósito, no se retrajo de andar en compañía de las tropas sarracenas « y predicar la sumisión á su pujanza, hasta caer un día en manos de « D. Pelayo. »

Peut-être eût-il été bon, néanmoins, d'observer que ces deux faits ne sont attestés que par de mauvais textes, Pseudo Ibn-Koteyba et Makkari.

3e *proposition*. Tandis que Târik s'emparait d'Amaya, puis entrait dans Astorga, Moûsa se vit retenu pendant un certain temps devant la forteresse de *Baru*. L'ayant enfin enlevée, au lieu d'aller rejoindre Târik à Astorga, Moûsa changea brusquement de direction : passant par le port de Tarna et suivant les bords du Nalon, il alla mettre le siège devant *Lucus Asturum*, qui était alors la principale place forte des Asturiens d'outre-monts (aujourd'hui, Lugo de Llanera près d'Oviedo) [1].

a) Sans nous inquiéter de Târik, qui continue sa marche conjecturale, notons que, même en acceptant la variante « Baru », on ne saurait affirmer, avec M. Saavedra, que la forteresse de Baru-Villabaruz opposa quelque résistance à Moûsa. Makkari écrit, sans plus : « conquistó los castillos de « Viscu [*var.* Baru] y Lugo. »

b) D'après Makkari (cf. Ibn el-Athîr), Moûsa conquit la ville de « Loukk ». Il semblerait que le vocable « Loukk » dût nécessairement désigner la célèbre ville de Galice, *Lucus Augusti*. Mais M. Saavedra pense autrement ; ce vocable s'appliquerait à l'obscure bourgade asturienne de *Lucus Asturum* ; et, comme plus haut, c'est en vertu d'une identification hardie qu'il trace l'itinéraire de Moûsa [2]. Cela étant, pourquoi M. Saavedra a-t-il identifié « Loukk » avec *Lucus Asturum* ? Reportons-nous au passage suivant de Makkari : « Conquistó los castillos de Viseu y *Lugo, y allí se detuvo*,

---

1. Saavedra, *Estudio*, pp. 166-117 ; cf. *Pelayo*, pp. 7 et 9.
2. M. Altamira, *Hist. de España*, 2e éd., I, p. 228, n'adopte cette identification que sous réserves ; il imprime en effet : « Luco (Lucus « Asturum ?). »

« *mandando exploradores, que llegaron hasta la peña de Pelayo,*
« *sobre el mar Océano.* » M. Saavedra a pris strictement au pied
de la lettre les quelques mots imprimés en italique [1].

4e *proposition*. La place de *Lucus Asturum* une fois prise
et rasée, ses défenseurs se réfugièrent dans le massif des Pics
d'Europe ; Moûsa fit alors battre le pays, pendant que lui-
même s'avançait jusqu'à Gijon, ville qui devint le chef-lieu
de la province arabe des Asturies [2].

---

1. Une dernière remarque, concernant les sources employées. Parlant de l'attaque de *Lucus Asturum* par Moûsa, M. Saavedra ne citait
dans son *Estudio*, p. 117, que le texte de Makkari ; dans son *Pelayo*,
pp. 8-9 et p. 9, n. 1, il renvoie de plus au Pseudo-Alphonse et à Rodrigue de Tolède, ce qui surprend. A l'endroit visé, le Pseudo-Alphonse,
ch. 8, rapporte de la façon la plus nette l'expédition d'Alkama, celle
qui aboutit à Covadonga : « Dum vero Sarraceni factum [Pelagii
« electionem] cognoverunt, statim ei per Alkamanem ducem...
« et Oppanem... Asturias cum innumerabili exercitu... miserunt. »
Mais M. Saavedra interprète ce texte avec hardiesse ; estimant que
Pélage fut élu roi en 714 et que, inquiet de cette élection, Moûsa alla
immédiatement attaquer le nouveau roi (voir ci-dessous, 7e proposition), M. Saavedra retient uniquement les mots : « Dum vero Sarra-
« ceni factum cognoverunt, statim ei... cum innumerabili exercitu
« miserunt. » Cela fait, — donc, les noms d'Alkama et d'Oppas étant
supprimés, — il déclare que le Pseudo-Alphonse a bien marqué la
rapidité de la marche de Moûsa (« cruzó la cordillera.,. con la presteza
« que el Cronicón indica ») ; 2° que « la única falta del Cronista es
« haber omitido la expedición de Muza, confundiéndola con la si-
« guiente ». — Quant à Rodrigue de Tolède, *De rebus Hispaniae*,
IV, 1, il note bien, comme le veut M. Saavedra, «la existencia de una
« expedición anterior á la de Alcama ». Toutefois, si au lieu de considérer isolément un lambeau de phrase, nous prêtons quelque attention
au contexte, nous verrons qu'à l'endroit indiqué on est en pleine légende : l'auteur raconte les amours de Munuza et de la sœur de Pélage,
la révolte de Pélage se refusant à ratifier cette union, sa fuite dans les
montagnes, et, comme conséquence, l'envoi d'un corps de troupes
chargé de s'emparer du rebelle. Il faut observer qu'un peu plus loin
(*Pelayo*, p. 29), M. Saavedra lui-même qualifie cette histoire de « más
« ó menos novelesca ».

2. Saavedra, *Estudio*, p. 117 : cf. *Pelayo*, p. 9, où la prise de Gijon
par Moûsa n'est plus mentionnée.

a) Qu'il s'agisse de *Lucus Asturum* ou de Lugo, il n'y avait pas lieu d'écrire : « Casi al primer empuje consiguió « dejar la ciudad nivelada con el suelo. » En effet, aucun chroniqueur ne nous renseigne ni sur la durée du siège, ni sur le démantèlement de la place.

b) La prise de Lugo des Asturies étant hypothétique, non moins hypothétique est la fuite de ses défenseurs « en las « estribaciones de los Picos de Europa ».

c) La tradition musulmane, d'une part, rapporte que les troupes de Moûsa parvinrent, en 714, jusqu'au « rocher de « Pélage » [1] ; la tradition chrétienne, d'autre part, nous apprend que la ville de Gijon devint, avant 718, la résidence du gouverneur arabe des Asturies [2] ; mais ni l'une ni l'autre ne fournissent de plus amples détails. En conséquence, pourquoi avancer : 1º que l'armée de Moûsa opéra simultanément vers les Pics d'Europe et vers Gijon ; 2º que Gijon fut prise par Moûsa en personne ?

5ᵉ *proposition.* Les soldats musulmans envoyés à la poursuite des anciens défenseurs de *Lucus Asturum* n'osèrent pas attaquer les Goths retranchés dans des positions formidables, et prétendirent, pour excuser leur couardise, que les réfugiés étaient en nombre infime, — trente hommes et dix femmes, — réduits à se nourrir du miel déposé par les abeilles dans les anfractuosités des rochers [3].

On ne reviendra pas ici sur la fable des trente hommes et des dix femmes, seuls Wisigoths non soumis par les

---

1. Ci-dessus, p. 109.
2. Ci-dessus, p. 114.
3. Saavedra, *Estudio*, pp. 117-118. M. Saavedra n'a pas maintenu cette assertion dans son *Pelayo* ; bien au contraire, il y donne, p. 12, une explication toute différente de la légende musulmane, ainsi que nous aurons l'occasion de l'indiquer plus bas (Appendice IV, dernière note).

Arabes [1]. Un mot cependant : supposons que l'état de choses auquel cette légende fait allusion soit antérieur à l'année 718, ce qui est déjà supposer beaucoup ; supposons encore que les anciens défenseurs de *Lucus Asturum* se soient réfugiés dans les Pics d'Europe, ce qui est assurément supposer trop ; même en ce cas extrême, ne serait-il pas excessif d'indiquer avec tant de précision les circonstances dans lesquelles ladite légende se serait formée ?

6e *proposition*. Rappelé par le khalife El-Welîd, Moûsa franchit le port de Tarna, fut rejoint dans les plaines léonaises par Târik qui revenait d'Astorga, et fit route vers Tolède en passant par la région des sources du Valmuza (affluent du Tormes) [2].

Étant donné l'itinéraire fixé à Moûsa, le retour par le port de Tarna s'imposait : laissons donc ce détail. N'examinons pas non plus si Moûsa traversa le pays où le Valmuza prend sa source, car cela n'intéresse pas notre sujet. Notons ceci, en revanche : Ibn el-Athîr et Makkari déclarent formellement que Târik revenait, non pas d'Astorga, mais d'Aragon, lorsqu'il rejoignit Moûsa. A ce témoignage formel, M. Saavedra préfère une hypothèse, déjà signalée ; il suppose que la marche de Târik sur Astorga eut lieu, non pas en 711, comme l'affirment les textes, mais en 714 seulement.

7e *proposition*. Si Moûsa, après s'être emparé de la forteresse de « Baru », changea de direction et se porta sur *Lucus Asturum*, non sur Astorga, c'est que les réfugiés wisigoths venaient d'élire (714), en la personne de Pélage, un successeur au roi Rodrigue, récemment décédé (713) ; et

---

1. Voir p. 126.
2. Saavedra, *Estudio*, p. 121.

c'est aussi que Moûsa, avec une perspicacité remarquable, comprit tout de suite l'importance de cette élection [1].

Utilisant, mais non sans l'amputer, le texte d'Ibn el-Koûtiyya et Makkari concernant l'entrée de Moûsa en « Galice » [2], puis combinant ce texte mutilé avec une indication topographique tirée de la Chronique du Maure Rasis [3], M. Saavedra a tenté d'établir que le roi Rodrigue mourut, non pas en juillet 711, à la bataille communément dite du Barbate, mais en août ou septembre 713, à la bataille de Segoyuela ou Tamames [4]. Or, il est démontré aujourd'hui que l'argumentation de M. Saavedra repose en majeure partie sur une identification inexacte [5].

S'il n'y a aucun motif de reculer jusqu'en 713 la mort de Rodrigue, convient-il d'avancer jusqu'en 714 l'élection de Pélage ? Prétendre, comme le fait M. Saavedra, qu' « Al-« fonso III y el Silense se complacen en dar noticia de la

---

1. Saavedra, *Estudio*, pp. 138-140 et *Pelayo*, pp. 7-8.

2. Voir Saavedra, *Estudio*, p. 99, texte et note 1. L'auteur cite simplement ces mots de Makkari : « Muza desde Mérida se dirigió « á Galicia », et passe sous silence la fin de la phrase.

3. Voir Saavedra, *Estudio*, p. 100. Le maure Rasis dit que Rodrigue « perdió la batalla de Saguyue ». L'auteur identifie ce « Saguyue » (cf. les formes « Assauani » et « Assauaqui » qui se rencontrent ailleurs) avec « Segoyuela de los Cornejos, cerca de Tamames » (lire : Segoviela de los Conejos ?).

4. Saavedra, *Estudio*, pp. 99-102 ; cf. *Pelayo*, p. 6. En ce qui touche la date de la mort de Rodrigue, M. Saavedra ne fait que reprendre, en la perfectionnant, une opinion de A. Fernández-Guerra, *Caída y ruina*, pp. 57 et 58.

5. Cf. Juan Menéndez Pidal, dans *Revista de Archivos*, 3ª época, XIII (1905), p. 164, note. Le vocable *Saguyue* répond, non pas à Segoyuela, mais à *Saguntia*, aujourd'hui « Gigonza la Vieja », au Nord-Est de Medinasidonia ; le Maure Rasis et les autres auteurs sollicités par M. Saavedra ont donc voulu parler de la bataille du Barbate. — La critique de M. J. Menéndez Pidal n'a du reste pas convaincu M. Saavedra, lequel écrit dans son *Pelayo*, p.6 : « yo he sos-« tenido y sigo sosteniendo que Muza lo derrotó y mató [á D. Rodrigo] « en 713, cerca del lugar de la célebre victoria de Tamames. »

« solemne elección como cosa anterior á la batalla [de Cova-
« donga] é independiente de ella »; ajouter que « con su dura
« sobriedad da á entender el Albeldense lo mismo », et noter,
en manière d'argument final, que « el Arzobispo D. Rodrigo
« pone á Pelayo en escena en seguida de la toma de Mérida,
« es decir, á fines de 713 [1] », tout cela est proprement jouer
sur les mots. Sans doute le Pseudo-Alphonse, la Chronique
d'Albelda et le Moine de Silos placent l'élection de Pélage
avant Covadonga ; mais cette élection, ils la datent de 718,
non de 714 [2] ; leur témoignage ne peut donc être invoqué en
l'espèce [3]. Rodrigue de Tolède, d'autre part, met bien Pélage
en scène peu après la reddition de Mérida : « Dum haec
« aguntur, écrit-il, Pelagius in Asturiis rebellavit [4]. » Mais si
Rodrigue mentionne Pélage à ce moment, c'est que, datant la
mort de ce prince de 732, au lieu de 737, et assignant à son
règne une durée de dix-huit ans [5], il devait, par la force même
des choses, reporter vers 714 l'apparition du fondateur de la
monarchie asturienne. Les textes que produit M. Saavedra vont
ainsi à l'encontre de sa doctrine, ou sont entachés d'erreur [6].

---

1. Saavedra, *Estudio*, pp. 138-130.

2. Ci-dessus, p. 115, n.1, pour le Pseudo-Alphonse et la Chronique
d'Albelda, seuls textes à utiliser.

3. M. Saavedra, *Pelayo*, p. 16, se tire d'affaire en déclarant que la
date de 718 est celle, non pas de l'élection du roi, mais de l'émancipa-
tion de Pélage, les Arabes ayant été vaincus à Covadonga : « Á partir
« de tan gloriosas jornadas, Pelayo pudo ejercer su legítima autoridad
« sin traba ni dependencia, y por eso se ha contado comunmente desde
« esa fecha el principio de su reinado. »

4. Rodrigue de Tolède, *De rebus Hispaniae*, III, 24.

5. Rodrigue de Tolède, *De rebus Hispaniae*, IV, 4 et 5 : « Pelagius
« vero... migravit cum Domino... anno 18 regni sui. — Mortuo Pelagio,
« coepit regnare Fafila filius eius aera DCCLXX. »

6. M. Saavedra ne se serait-il pas rappelé, au moment opportun,
ces mots de Makkari, déjà cités : « mandando [Muça] exploradores,
« que llegaron hasta la peña de Pelayo, » et n'aurait-il pas conclu
qu'en 714 Pélage était déjà roi, puisque le nom dudit Pélage était
prononcé à l'occasion de la campagne de 714 ?

8e *proposition*. Pendant que Moûsa se dirigeait vers les Asturies, son fils Abd el-Azîz, qui en 713 était parvenu à Beja, serait parti de cette ville en 714 et aurait occupé Evora, Santarem et Coïmbre, se proposant de rejoindre à Astorga les armées de son père et de Târik [1].

Moins affirmatif que de coutume, M. Saavedra ne présente le fait que sous forme d'hypothèse ; hypothèse, en vérité, bien fragile, d'abord parce qu'Abd el-Azîz, après avoir soumis Séville révoltée, conquis Niebla et atteint Beja en 713 [2], ne semble pas avoir séjourné dans cette dernière ville de 713 à 714 [3] ; ensuite parce que la marche d'Abd el-Azîz sur Santarem et Coïmbre n'est confirmée en aucune manière par le texte qu'invoque M. Saavedra [4]. Ce texte nous apprend simplement que Santarem et Coïmbre avaient été occupées à l'époque de Moûsa, sans qu'on nous donne le nom du général qui dirigea les opérations [5].

---

1. Saavedra, *Estudio*, p. 127.

2. Ibn el-Athir, trad. Fagnan, *Annales*, p. 48, est, à notre connaissance, le seul historien qui mentionne la prise de Beja. N'ayant pas consulté Ibn el-Athîr, c'est par conjecture que M. Saavedra, *Estudio*, p. 97, attribue cette opération à Abd el-Azîz.

3. Ibn el-Athir dit au contraire que, Niebla et Beja ayant été enlevées, Abd el-Azîz retourna à Séville. Cf. aussi Ibn Adhari, trad. Fagnan, II, p. 23 et Makkari, I, p. 171 (trad. Gayangos, I, p. 285 ; trad. Lafuente y Alcántara, p. 189), qui, ne citant pas Beja, font revenir le fils de Moûsa de Niebla à Séville ; cf. même l'*Akhbâr madjmoûa*, éd. Lafuente y Alcántara, trad. p. 30 (trad. Dozy, *Recherches*, 3e éd., I, p. 56), qui, se bornant à noter la défaite des Sévillans, déclare qu'Abd el-Azîz « retourna ensuite auprès de son père ».

4. Il est un autre document, — latin, celui-là, — qui signale la conquête de Coïmbre par Abd el-Azîz et que M. Saavedra néglige avec raison. Voir ci-dessus, p. 110, n. 2.

5. Ambassadeur marocain, éd. de l'Acad. de l'Hist., p. 200 ; trad. Dozy, *Recherches*, 3e éd., I, pp. 74-75 : « A l'exception de trois districts, « à savoir Santarem et Coïmbre dans l'ouest, et... [*mot altéré dans* « *le ms.*] dans l'est, Mousâ partagea donc entre ses soldats les terres « de tous les districts conquis de vive force, après en avoir assigné la « cinquième partie au trésor. »

IV

PÉLAGE ET LES ARABES, D'APRÈS DOZY, LAFUENTE Y ALCÁN-
TARA ET M. SAAVEDRA

Les seuls historiens qui, pour raconter le règne de Pélage,
aient simultanément utilisé les sources latines et les sources
arabes, — les seuls, par suite, qui, depuis Morales, aient vraiment tenté de renouveler le sujet, — sont Dozy, Lafuente y
Alcántara et M. Saavedra. Mais, comme nous allons le voir,
leurs efforts n'ont abouti qu'à des échecs.

I

D'après Dozy (*Hist. des Musulmans d'Espagne*, III,
pp. 21-23) voici quelle aurait été la suite des événements.

« Alors que la province qu'ils habitaient s'était déjà sou-
« mise aux musulmans, trois cents hommes, commandés par
« le brave Pélage, » s'étaient réfugiés dans la caverne de
Covadonga. Ils s'y défendirent contre les Arabes, mais un
moment vint où Pélage n'eut « autour de lui que quarante
« personnes, parmi lesquelles se trouvaient dix femmes, et
« qui n'avaient pour toute nourriture que le miel que les
« abeilles déposaient dans les fentes du rocher. Alors les
« musulmans les laissèrent en paix, en se disant qu'après

« tout une trentaine d'hommes n'étaient pas à craindre. »
Profitant de cette trêve, « Pélage put renforcer sa bande, et
« plusieurs fugitifs s'étant unis à lui, il reprit l'offensive et
« se mit à faire des incursions sur les terres des musul-
« mans ». Munuza, le gouverneur des Asturies, « envoya con-
« tre lui un de ses lieutenants, nommé Alcama. Mais l'ex-
« pédition d'Alcama fut fort malheureuse : ses soldats essuyè-
« rent une terrible défaite et lui-même fut tué ». Une insurrection générale des Asturies se produisit aussitôt. Munuza,
« qui n'avait pas assez de troupes pour réprimer cette ré-
« volte et qui craignait de se voir couper la retraite, aban-
« donna Gijon, sa résidence, en prenant la route de Léon ».
Or, chemin faisant, il fut attaqué lui aussi, subit des pertes
très considérables, et « quand il fut arrivé à Léon,... ses sol-
« dats, entièrement découragés, refusèrent de retourner dans
« les âpres montagnes qui avaient été témoins de leurs mal-
« heurs ».

L'originalité de cet exposé est réelle : Dozy considère les
faits rapportés par la tradition musulmane comme antérieurs
à ceux que la tradition chrétienne a consignés ; en d'autres
termes, il voit dans le récit des auteurs arabes comme une
sorte de prélude à celui des chroniqueurs latins. De plus, il
réduit au minimum la bataille de Covadonga ; enfin, il
interprète avec une très grande liberté les textes relatifs
à Munuza. Mais tout cela n'est qu'hypothèses et corrections
arbitraires.

a) Rien n'autorise à croire que les récits de Râzi et Ibn
Hayyân, visés par Dozy (cf. *op. cit.*, III, p. 23, n. 1), décri-
vent une situation antérieure à la bataille de Covadonga.

b) Si l'on ne rejette pas en bloc le témoignage des auteurs
latins au sujet de Covadonga, est-il licite de dépouiller ce
témoignage de ses ornements merveilleux et de ne retenir
qu'une sorte de fait primitif, à savoir l'expédition d'Alkama
contre Pélage ? Nous avons dit ailleurs ce qu'il faut penser

de semblable méthode [1]. Nous n'y reviendrons pas ; mais nous observerons, par incidence, qu'il n'y a aucun motif de décerner à Alkama le titre de lieutenant de Munuza.

c) Prétendre que la défaite d'Alkama fut le signal d'une révolte générale des Asturies ; que Munuza, loin d'être tué à *Olalles,* comme le veut la tradition chrétienne, réussit à gagner Leon, non sans avoir éprouvé toutefois « une perte « très considérable » ; qu'arrivées à Leon, les troupes de Munuza se refusèrent à retourner dans les Asturies, c'est retoucher, ou mieux, récrire le texte du Pseudo-Alphonse, et c'est, en vérité, accumuler les affirmations sans fondement.

II

La doctrine de Lafuente y Alcántara diffère de la précédente. En voici un résumé [2].

Vers 718, Pélage, — qui, antérieurement, avait peut-être été prisonnier des Arabes et retenu à Cordoue, — se révolta contre les Musulmans qui occupaient le pays asturien, et s'établit à Cangas de Onis. Ce soulèvement s'étendit très vite, en sorte que les Berbères se virent contraints d'abandonner la région et que le gouverneur Alkama fut battu à Covadonga, entre 721 et 725. Peu de temps après, Munuza, le chef des Berbères qui résidait à Leon, prit les armes contre les Arabes, aidé par son beau-père, Eudes, duc d'Aquitaine (718-735), mais ne tarda pas à être vaincu. Ces dissensions accrurent le pouvoir des Chrétiens. Un peu plus tard, Okba (734-739) reconquit la Galice et une grande partie des Asturies ; il

---

1. Ci-dessus, p. 134,
2. Lafuente y Alcántara, *Ajbar Machmuâ,* pp. 228-232 ; aux pp. 228-231, sont analysés les textes ; aux pp. 231-232, et principalement à la p. 232, est formulée la doctrine.

réduisit à la dernière extrémité Pélage et les Chrétiens, lesquels furent exposés à mourir de faim sur un rocher escarpé.
Mais Okba eut à combattre une terrible révolte des Berbères
d'Afrique ; il quitta donc le Nord de la Péninsule, et les
Chrétiens purent se grouper de nouveau. A partir de ce moment jusqu'à la mort de Pélage (737), il ne se passa aucun
fait digne d'être noté, ou du moins dont le souvenir nous soit
parvenu.

Dozy juxtaposait et corrigeait les traditions : non seulement Lafuente y Alcántara les corrige, mais encore, sans souci
du contexte, il les morcelle ; puis, prenant ici un fait, là une
date, il distribue suivant un ordre nouveau, et qui paraît
rigoureusement chronologique, ces renseignements capri-
cieusement isolés.

a) Il vilipende le Pseudo-Alphonse, déclare que son récit
« no merece fe ninguna », et cependant il lui emprunte une
mention topographique de première importance : le nom
même de Covadonga.

b) Avec les chroniques latines, il date de 718 environ le
soulèvement de Pélage. Toutefois, se souvenant que Râzi
et Ibn Hayyân placent ladite révolte entre 721 et 725,
sous le gouvernement d'Anbasa, il retient cette datation,
mais la transpose et l'applique à la bataille de Covadonga.

c) Le Pseudo-Isidore de Beja raconte la révolte et la mort,
survenues vers 731, d'un chef berbère nommé Munuz, lequel vivait en Cerdagne [1]. La Chronique d'Albelda dit par
erreur que le gouverneur des Asturies, Munuza, résidait à
Leon [2], et, plus loin, signale la mort dudit Munuza comme une
conséquence de la défaite d'Alkama. Lafuente y Alcántara
n'a cure de cette corrélation évidente, pas plus d'ailleurs
que de la date implicitement assignée par le *Chronicon Al-*

1. Ci-dessus, p. 129.
2. Ci-dessus, p. 114, n. 2.

beldense à la mort de Munuza. Bien plus, il identifie Munuza avec Munuz, mêle ainsi Pseudo-Isidore et Chronique d'Albelda, c'est-à-dire deux traditions distinctes, mais se garde bien d'expliquer comment Munuza, qui, d'après lui, résidait à Leon vers 725, périt vers 731 à l'autre bout de la Péninsule, en Cerdagne.

d) On a déjà vu que l'*Akhbâr madjmoûa*, Râzi et Ibn Hayyân racontent de la même manière la révolte de Pélage et de ses trois cents compagnons. On a vu également que, de l'*Akhbâr madjmoûa* à Râzi et Ibn Hayyân, seule la date diffère, et que, tantôt on place cette révolte entre 721 et 725, sous le gouvernement d'Anbasa, tantôt entre 734 et 737, sous celui d'Okba[1]. Si l'on n'écarte pas la tradition musulmane, il est donc clair qu'il faut dater les faits rapportés par celle-ci soit de 721-725, soit de 734-737. Or, Lafuente y Alcántara admet simultanément les deux dates, et considère les faits cités par l'*Akhbâr madjmoûa* comme postérieurs à ceux que relatent Râzi et Ibn Hayyân.

III

Quoique fondé en grande partie sur les mêmes textes, l'exposé de M. Saavedra n'a pour ainsi dire aucun point commun avec ceux de Dozy et Lafuente y Alcántara[2].

A. Nous avons analysé ci-dessus une tradition chrétienne, aux termes de laquelle Munuza, désireux d'épouser la sœur de Pélage, aurait éloigné ce dernier en l'envoyant en mission à Cordoue. Nous avons analysé aussi une tradition musulmane, d'après laquelle Pélage aurait été retenu à Cordoue,

---

1. Ci-dessus, p. 120.
2. Saavedra, *Pelayo*, pp. 9-15 ; cf. *Estudio sobre la invasión de los árabes en España*, pp. 138-141.

en qualité d'otage, jusque vers 717 [1]. Dozy négligeait ces traditions ; Lafuente y Alcántara connaissait la seconde, mais n'y a pas attaché d'importance [2]. Comme nous allons le voir, M. Saavedra utilise l'une et l'autre.

a) Par conjecture, on l'a déjà dit, M. Saavedra date de 714, au lieu de 718, l'élection de Pélage [3]. Par conjecture aussi, il ajoute qu'après la campagne de Moûsa, — et bien que les Asturies eussent été placées, de fait, sous la domination musulmane, — Pélage ne fut pas détrôné par les Arabes, mais continua de gouverner, simplement astreint à un tribut annuel [4], de même que tels roitelets de la Perse, de même que le comte Theudimer à Murcie, de même enfin que d'autres chefs chrétiens en d'autres endroits de la Péninsule [5]. Ces hypothèses étant formulées, et présentées du reste comme

1. Ci-dessus, p. 118.

2. Lafuente y Alcántara se borne à dire, *op. cit.*, p. 231 : « Aun deseu chando como dudoso el hecho de que Pelayo estuviese detenido en « Córdoba en los primeros años de la invasion, lo cual ciertamente no « es inverosímil... »

3. Ci-dessus, p. 119.

4. Saavedra, *Pelayo*, p. 9, note avec raison que « Árabes y cristianos « concuerdan en que los musulmanes dominaron en Asturias durante « cierto tiempo » (cf. sur ce point, pp. 113-114) ; mais, toujours hanté par la date qu'il assigne à l'élection de Pélage, il tire une déduction aventureuse des textes arabes et latins auxquels il vient de faire allusion, et continue ainsi : « No se crea que por eso fuera Pelayo depuesto « de su dignidad ni expulsado de su trono, porque los árabes, cuando « no podían ó no les convenía establecerse en un país y arraigar en « él, se contentaban con exigir un tributo y la promesa de no amparar « á los enemigos del Estado, dejando á los habitantes la autonomía « de su gobierno bajo la autoridad de un jefe indígena, cerca del cual « ponían un perceptor del impuesto, con alguna fuerza á sus órdenes. »

5. Saavedra, *Pelayo*, p. 9. On trouve même en cet endroit des précisions suspectes : « y así sucedió... en Álava, en Pamplona, en la Cerdaña... » Pour Pampelune, M. Saavedra a certainement songé au texte utilisé par M. Codera, dans *Bol. de la R. Acad. de la Hist.*, XII (1888), p. 403 et XXI (1892), pp. 494-495 (cf. *Estudios críticos* [*Col. de estudios árabes*, VII], pp. 170-172). Mais, pour l'Alava et la Cerdagne, à quel texte pensait-il ?

des certitudes, M. Saavedra élague tous les détails typiques contenus dans les deux traditions rappelées plus haut (amours de Munuza, détention de Pélage), ne retient que les faits généraux qui semblent se dégager de l'un et l'autre récit (rapports de Pélage avec les Infidèles, séjour de Pélage à Cordoue), et cite les faits ainsi isolés du contexte pour corroborer sa thèse de la vassalité temporaire de Pélage [1]. Nous n'insisterons pas sur cette faute de méthode.

b) Autre affirmation non moins hardie que les précédentes, mais tout aussi peu fondée. La tradition musulmane rapporte que Pélage s'enfuit de Cordoue sous le gouvernement d'El-Horr, mais n'indique pas les motifs déterminants de cette fuite. Or, le Pseudo-Isidore de Beja note que l'émir précité entreprit une expédition en Septimanie [2]. Il n'en faut pas davantage pour que M. Saavedra écrive (*op. cit.*, p. 10) : « Teniendo el Virrey Alhor por acabada la conquista de la « Península, movió todas sus fuerzas para la Galia Gótica, « dejando cuasi desguarnecida la parte ya ocupada. Pareció con « razón al Rey muy oportuna la ocasión para un movimiento « insurreccional, y marchó sin tardanza á prepararlo. »

B. Dozy et Lafuente y Alcántara avaient escamoté en quelque sorte la bataille de Covadonga et le récit du Pseudo-

---

1. Saavedra, *Pelayo*, p. 10 : « Que de esa suerte (cf. ci-dessus, p. 314, « n. 4] debió ser la sujeción de Asturias se deduce. . de un género de « inteligencia pacífica que resulta entre Pelayo y los vencedores, pues « según D. Lucas de Tuy, D. Rodrigo de Toledo y el árabe Almacarí, « residió algún tiempo en Córdoba, aunque cada cual atribuye diferente motivo á la visita. »

2. Pseudo-Isidore de Beja, ch. 80, dans Mommsen, *Chronica minora*, II, p. 356 : « ...Alaor per Spaniam lacertos iudicum mittit, atque « debellando et pacificando pene per tres annos Galliam Narbonensem « petit. » Les auteurs arabes ne mentionnent pas cette expédition. Cf. Codera, *Estudios críticos*, 2ª serie (*Col. de estudios árabes*, VIII), p. 296.

Alphonse. M. Saavedra, au contraire, raconte longuement
la bataille et suit pas à pas le chroniqueur précité. Mais ici
encore, il en use librement avec le texte qui lui sert de guide :
il en atténue les exagérations, il s'applique à l'expurger, à
le commenter, à le compléter ; si bien que, de l'original à
l'interprétation qu'il nous en donne, la différence est grande:
l'aspect légendaire a disparu, tout semble rationnel, véridique et sûr.

a. Le Pseudo-Alphonse (ch. 8) dit que les Arabes envoyèrent
une armée contre Pélage, parce que Pélage venait d'être élu
roi. M. Saavedra (*op. cit.*, p. 10) prétend que l'expédition
d'Alkama eut pour objet de châtier Pélage, celui-ci s'étant
refusé à payer le tribut annuel.

b) D'après le Pseudo-Alphonse (ch. 9), lorsque Pélage eut
appris la venue des Musulmans, il se retira dans la grotte de
Covadonga : l'auteur n'ajoute pas autre chose. — Pour
M. Saavedra (*op. cit.*, pp. 10 et 11), Alkama marcha sur Cangas
de Onis, et Pélage, « no considerándose seguro en su reducida
« Corte, se internó en las montañas con su tesoro ». Pélage
aurait donc choisi la grotte de Covadonga, non pas pour s'y
fortifier, — cette position n'avait aucune valeur stratégique,
— mais bien pour y mettre en sûreté « sus cortos caudales » [1].

c) Suivant le Pseudo-Alphonse (ch. 9), aussitôt que l'armée
musulmane fut arrivée devant le refuge de Pélage, Oppas
s'avança et tenta de parlementer. M. Saavedra (*op. cit.*,
p. 11) estime que Pélage, avant la démarche d'Oppas, demanda
humblement à Dieu d'éclairer son esprit sur les moyens à
employer pour se tirer d'affaire. Nous ne citerions pas, d'ailleurs, cette hypothèse, si l'auteur n'écrivait pas à la note 2
de la même page : « Las gentes de la localidad dicen que
« de la oración de Pelayo tomó nombre el valle de Orandi. »

---

1. M. Saavedra emprunte cette hypothèse, comme il le reconnaît
lui-même, *Pelayo*, p. 11, n. 1, à Ortiz y Sanz, *Compendio*, III, p. 3.

M. Saavedra paraît donc accepter sur ce point la tradition populaire ; or, un peu plus loin (pp. 17-18), il rejette avec juste raison les traditions relatives au lieu dit *Repelao* et au *Campo de la Jura*. Pourquoi n'avoir pas fait indistinctement table rase de toutes ces légendes ?

d) Le Pseudo-Alphonse (ch. 9) nous montre l'évêque Oppas adressant un discours à Pélage pour l'inviter à se soumettre aux Musulmans. Il est clair que le discours d'Oppas et la réponse de Pélage constituent, sans plus, d'assez piètres ornements de rhétorique. — M. Saavedra (*op. cit.*, pp. 11-12) ne pense pas ainsi : à l'en croire, les Musulmans avaient été si inquiétés par la révolte de Pélage qu'ils avaient songé à négocier plutôt qu'à combattre ; en conséquence, ils avaient « sollicité et obtenu la médiation d'Oppas », lequel « avait « certainement connu Pélage à la cour de Tolède » ; « y era « natural que se lisonjease de atraerlo con la elocuencia de « su palabra y el prestigio de su dignidad á terminos de paz « y avenencia en que tantos otros vivian acomodados. El « oficioso prelado se adelantó en calidad de parlamenta- « rio, » etc.

e) Le Pseudo-Alphonse, écrit, ch. 10 : « Egressique fideles « de Cova ad pugnam, Caldei statim versi sunt in fugam, et « in duabus divisi sunt turmis. » Comment l'armée musulmane put-elle être ainsi partagée en deux tronçons ? A raison de la configuration du terrain, M. Saavedra (*op. cit.*, p. 12) suppose qu'une faible partie seulement des troupes infidèles était arrivée jusque devant la grotte, tandis que « la « fuerza restante permanecía inactiva formando larga cola en « el fondo del valle ». Cette hypothèse serait, en soi, fort plausible ; mais M. Saavedra, pressurant un texte de Rodrigue de Tolède, et recourant même, une fois de plus, à une tradition locale [1], suppose aussi que Pélage avait fait

---

1. Cf. Saavedra, *Pelayo*, p. 12, n. 4 : « Reliquos (homines) divinae

placer plus d'un millier d'hommes *(sic)* en embuscade sur les flancs du mont Auseba, que ces mille hommes tombèrent à l'improviste sur l'arrière-garde des Infidèles, « desprevenida y sin cohesión, é hicieron en ella horrible « carnicería ». Et il ajoute : « El terror que se apoderó de « la cabeza de la columna le hizo volver rápidamente la « espalda ; Pelayo y los suyos, bajados ya de la Cueva », etc. Nous revenons ainsi au Pseudo-Alphonse, après un bien long détour.

f) D'après notre chroniqueur (ch. 10), une montagne située sur les bords du Deva, près de Cosgaya, se serait effondrée et aurait écrasé les Musulmans échappés au massacre de Covadonga. M. Saavedra *(op. cit.,* p. 13) déclare que les traces de cet éboulement se voient aujourd'hui encore sur les flancs du mont Subiedes, tout comme si l'éboulement dont le mont Subiedes garde la trace, s'était nécessairement produit en l'année 718.

g) Le Pseudo-Alphonse (ch. 10) porte à 124.000 le nombre des Musulmans tués à Covadonga et à 63.000 celui des Musulmans écrasés par l'éboulement du mont Subiedes. M. Saavedra *(op. cit.,* p. 14) corrige ces chiffres, en supprimant le mot mille. Nous avons déjà dit ce qu'il faut penser de corrections de ce genre [1].

C. Sans nous préoccuper ici de la fuite et de la mort de Munuza [2], voyons comment M. Saavedra a utilisé les sources arabes.

« gratiae commendavit, ut in tutis montium Dei misericordiam et rei « exitum expectarent (D. Rodrigo Ximénez, *De rebus Hispaniae,* « lib. IV, cap. II). Tirso de Avilés *(Del origen, antigüedad y cosas « notables del solar de Covadonga,* etc.), dice que en el país señalan el « cerro de la derecha como sitio de la emboscada. »

1. Ci-dessus, p. 134.

2. Identifiant *Olailes* avec Proaza (ci-dessus, p. 131, n. 3), M. Saa-

A l'imitation de Lafuente y Alcántara, M. Saavedra croit que la tradition musulmane a relaté des faits postérieurs à Covadonga ; mais, perfectionnant la doctrine de son prédécesseur, il estime (*op. cit.*, p. 15), non pas qu'Okba seul attaqua le royaume des Asturies, mais bien qu'Anbasa d'abord et Okba ensuite « trataron de recuperar lo perdido, sin conse- « guirlo, aun cuando pusieron á Pelayo en grave aprieto [1] ». Ainsi, M. Saavedra considère comme chronologiquement distincts les événements identiques que signalent d'une part Râzi et Ibn Hayyân, d'autre part l'*Akhbâr madjmoûa* et Ibn Adhari [2]. Ce n'est pas tout. Quand il écrit qu'Anbasa, puis Okba « pusieron á Pelayo en grave aprieto », il fait allusion, sans le moindre doute, à la diminution progressive des compagnons de Pélage, qui, de trois cents, tombèrent à trente, selon la tradition arabe. Or, d'après M. Saavedra lui-même (*op. cit.*, p. 12), ce chiffre de trente hommes, — et de dix femmes, — représenterait, non pas le nombre des compagnons de Pélage décimés par la faim et par les attaques d'Anbasa ou

---

vedra, *op. cit.*, p. 15, a fixé, du moins en partie, l'itinéraire de Munuza : « y ya se hallaba en el valle del Trubia, en busca del Puerto de « Ventana, cuando una tropa de asturianos que le salió al paso en el « campo de Olalies, hoy Proaza, desbarató la suya y lo mató. »

1. M. Saavedra avait déjà exprimé cette opinion, mais sous une forme plus vague, dans son *Estudio*, p. 11 : « ...Munuza evacuó á toda prisa « el territorio ; pero los gobernadores de Córdoba no abandonaron del « todo el empeño de deshacer el nuevo reino, y cada campaña y cada « derrota fueron tomadas sucesivamente por la primera, dando origen « á otros tantos puntos de partida para el reinado del glorioso restau- « rador de la patria, y á indecible confusión en la cronología. »

2. Ibn el-Athîr, trad. Fagnan, *Annales*, p. 61, écrit : « Okba entreprit « chaque année une expédition ; il conquit la Galice, Alava, etc. » ; le *Fatho-l-Andaluçi*, éd. J. de González, trad. p. 33, note de son côté qu'Okba « perseveró en la guerra santa hasta conquistar varias ciu- « dades de Galicia ». Ces deux textes sembleraient confirmer l'hypothèse de Lafuente y Alcántara et de M. Saavedra relative aux expéditions d'Okba contre le royaume des Asturies. Mais, pour peu que l'on y regarde de près, on constate que ces deux textes ne sont pas autre chose que des échos de l'*Akhbâr madjmoûa*.

d'Okba ; il représenterait, tant bien que mal, celui des partisans de Pélage enfermés avec ce dernier dans la grotte de
Covadonga, lors de la bataille de 718 [1]. Les mêmes textes
servent donc, concurremment, à des fins très différentes.

1. Saavedra, *loc. cit.* Lorsqu'Oppas se présenta à Pélage en qualité de parlementaire, le roi « tuvo maña para persuadirle de que no
« contaba con más gente que la encerrada con él en la Cueva, re-
« ducida, según indicaciones de los escritores árabes, á treinta hom-
« bres y diez mujeres. »

V

Les faussaires qui travaillaient à Lugo vers la fin du XIe
ou au début du XIIe siècle, n'ont pas uniquement forgé ou
récrit des chartes royales ; s'appliquant à reconstituer les
archives anciennes de leur église, ils ont aussi remanié ou
fabriqué toute une série d'actes privés relatifs à la restauration, sous le règne d'Alphonse Ier, de l'église et du diocèse
de Lugo ; ce sont : 1º la charte d'Aloito et de ses compagnons, 1er février 745 ; 2º celle de l'évêque Odoario, 15 mai
747 ; 3º celle d'Avezano et de ses fils, 28 février 757 ; 4º le
testament dudit Odoario, 5 juin, vers 760 [1]. Mais, ainsi que
les diplômes, ces chartes sont l'œuvre de faussaires malha-
biles, et il est étrange qu'elles aient si communément fait
illusion [2]. Outre que le discours diplomatique y revêt des

---

1. Textes dans Risco, *Esp. Sagr.*, XL, app. IX, pp. 353-356 ; X,
pp. 356-361 ; XI, pp. 362-364 et XII, pp. 364-367. L'acte du 15 mai
747 et le testament d'Odoario ont été déclarés faux par Noguera,
Ensayo cronológico, dans Mariana, *Hist. general de España*, éd. de
Valence, III, pp. 420-422 ; mais les arguments de Noguera sont faibles.

2. Ces textes ont servi jusqu'à usure : les historiens de l'Église en
ont fait état ; les historiens du droit et des institutions leur ont emprunté maints détails (M. Gama Barros, *Hist. da administração
publica em Portugal*, I, pp. 98-100 et II, pp. 60-63, en fait lui-même
grandement usage), et on ne cesse de les invoquer pour montrer comment s'effectuait le repeuplement aux premiers temps de la reconquête.

formes insolites, le fond n'est pas moins inadmissible que la forme, et les indices de fausseté abondent. Nous en citerons quelques-uns.

a) Les donateurs de l'acte du 1er février 745 déclarent, dès le début, qu'ils sont venus d' « Afrique », avec l'évêque Odoario, dont ils étaient les *famuli et servitores* [1]. Cette mention de l'origine africaine d'Odoario et de sa *familia* est fort singulière. On voudrait croire à un lapsus: ce n'en est pas un. En effet, les donateurs de l'acte du 28 février 757 répètent la même affirmation [2] ; bien plus, dans son testament, Odoario raconte à son tour qu'il a été chassé d' « Afrique » par les Infidèles (comme si la conquête de l'Afrique par les Arabes était toute récente), qu'il a vécu longtemps en des lieux déserts, puis que, instruit des succès de Pélage et d'Alphonse Ier, il est venu s'installer à Lugo [3].

b) Donnant, le 15 mai 747, divers biens à son église, l'évêque Odoario souscrit en se gratifiant du titre d'archevêque [4] : ce détail est significatif, si l'on se reporte, non au VIIIe siècle, mais à la fin du XIe et au commencement du XIIe, c'est-à-

1. *Esp. Sagr.*, XL, p. 353 : « Nos homines humillimi... qui omnes « simul cum caeteris plurimis ex Africae partibus exeuntes cum Domino « Odoario episcopo, cujus eramus famuli et servitores. »

2. *Ibid.*, p. 362 : « Nos omnes pressores degeneris hereditarios... « venientes de Africa ad pressuram ad Gallecia terra, sicut et alii « populi ceteri ingenui... »

3. *Ibid.*, pp. 364-365 : « Igitur notum omnibus manet, qualiter ego « Odoarius epicopus fui ordinatus. In territorio Africae surrexerunt « quidam gentes Hismaelitarum et tulerunt ipsam terram a christia- « nis, » etc., etc. — Notons que l'origine africaine d'Odoario est rappelée dans le diplôme apocryphe du 30 juin 897 (*Cat.*, nº 54), où on lit : « villis quas Odoarius Lucensis episcopus incoluit, olim veniens « ab Africa » (*Esp. Sagr.*, XL, p. 387.)

4. *Ibid.*, p. 361 : « Odoarius, Dei gratia archiepiscopus... hac scrip- « tura dotis vel testamenti a me facta... » Odoario est également qualifié d'archevêque dans le diplôme apocryphe du 1er janvier 841 (*Cat.*, nº 17) : « ...et glorioso viro Odoario ejusdem sedis archiepis- « copo » (*Esp. Sagr.*, XL, p. 374.)

dire à l'époque où Lugo disputait à Braga le rang de métropole [1]. — En outre, sans s'apercevoir apparemment de l'énormité de la donation, Odoario offrirait à son église la ville même de Lugo [2]. Passe encore pour les très nombreux domaines concédés, quoique leur nombre suffise à rendre suspecte la réalité de leur cession ; mais il va de soi que jamais évêque n'a pu disposer ainsi d'une ville qui ne lui appartenait à aucun titre.

c) Dans l'acte du 28 février 757, on ne s'est pas borné à rappeler l'origine africaine d'Odoario et de ses « familiers ». On a, d'autre part, fait mention de saint Jacques, et cela à trois reprises : d'abord, l'invocation est adressée non seulement au Seigneur, mais encore à l'apôtre saint Jacques [3] ; ensuite, l'exposé nous apprend que le donateur avait vu « per » multas vices magna luminaria in hunc locum et in villa « vocitata Avezani » et que ces visions, — lesquelles nous remettent en mémoire un passage de l'*Historia Compostellana* [4],

---

1. *Étude sur les actes des rois asturiens*, p. 73.

2. *Esp. Sagr.*, XL, p. 357 : « Offero... ipsam praedictam civitatem... « quam ex radice restauravi. » On ne saurait objecter ici qu'il s'agit d'une sorte d'offrande spirituelle, l'évêque dédiant la ville de Lugo aux saints patrons de l'église. Le contexte montre en effet que la ville de Lugo est donnée au même titre que les *villae* dont le document renferme l'énumération : sans qu'un nouveau verbe, tel que *dono* ou *concedo* soit employé, l'acte, après *restauravi*, continue en ces termes : « villas praenominatas, quam ex presuria adquisivi, » etc. — Remarquer, d'autre part, que le 30 juin 897 (*Cat.*, n° 54), Alphonse III donnerait, à son tour, à l'église de Lugo la ville même de Lugo (*Esp. Sagr.*, XL, p. 386). Or des donations de ce genre, impliquant cession des droits régaliens, ne furent faites, semble-t-il, qu'à partir du XIIe siècle ; voir les exemples cités par M. E. de Hinojosa, *Estudios sobre la historia del derecho español* (Madrid, 1903, in-8°), p. 16, n. 1.

3. *Esp. Sagr.*, XL, p. 362 : « In nomine Domini nostri Jesu Christi, « sive in honorem sancti Jacobi Apostoli. »

4. Comparer au passage analysé le passage suivant de l'*Hist. Compostellana*, liv. I, ch. II, § 1 (*Esp. Sagr.*, XX, 2e éd., p. 8) : « Quidam « namque personati et magnae auctoritatis viri praefato episcopo

— lui avaient été inspirées par Dieu, afin qu'il construisît, à l'endroit désigné, une église « in nomine Domini nostri « Jesu Christi et ejus discipuli beati Jacobi [1] ». Enfin, le dispositif se termine par une fervente prière au célèbre apôtre dont le nom revient ici pour la troisième fois [2]. Les scribes de Lugo n'auraient-ils pas voulu établir, à leur manière, que le culte de saint Jacques était, en Galice, antérieur à la découverte du tombeau de l'Apôtre [3] ?

d) Sur les quatre documents étudiés, il en est un au moins, — soit la charte de l'évêque Odoario, 15 mai 747, — qui comporte une longue énumération de noms de lieu [4]. Cet acte suppose donc qu'Odoario et ses « familiers » avaient achevé, dès 747, le repeuplement d'une grande quantité de domaines. Or, ou bien les compagnons d'Odoario auraient été fort nombreux pour se répandre ainsi tout autour de Lugo, ou bien semblable colonisation ne peut s'être effectuée que lentement, au cours d'une période assez étendue. La première hypothèse n'est pas vraisemblable ; la seconde, qui aurait la vraisemblance en sa faveur, ne cadre pas avec les dates que fournissent, d'une part, les textes narratifs, d'autre

---

« retulerunt se luminaria in nemore, quod super beati Jacobi tum-
« bam diuturna vetustate excreverat, nocturno tempore ardentia
« multotiens vidisse. »

1. *Esp. Sagr.*, XL, p. 362.

2. *Ibid.*, p. 363 : « O Sancte Jacobe Coelicole et apostole Dei, qui « gratiam accipisti ligandi et solvendi, intercede pro nostris piacu- « lis, » etc. On observera que le testament d'Odoario s'achève par une non moins fervente prière à la Vierge (*ibid.*, p. 366).

3. On possède une hymne à saint Jacques, rédigée sous le règne de Mauregato et publiée dans Blume et Dreves, *Analecta hymnica medii aevi*, XXVII (Leipzig, 1897, in-8°), pp. 186-188 ; mais cette hymne, qui atteste le culte de l'Apôtre dans l'Espagne chrétienne, ne contient aucune allusion à la Galice.

4. *Ibid.*, pp. 357-361. — La possession de plusieurs des domaines énumérés ici est confirmée à l'église de Lugo par les diplômes apocryphes du 1er janvier 841 (*Cat.*, n° 17) et du 30 juin 897 (*Cat.*, n° 54), ces diplômes rappelant à plusieurs reprises l'action d'Odoario.

part, l'acte lui-même : Alphonse Ier, qui conquit Lugo, ne monta sur le trône qu'en 739 et ne dut guère entreprendre avant 741 environ les opérations qui lui assurèrent la possession de la Galice [1] ; dans ces conditions, la remise en état de si nombreuses terres et *villae,* — réputées par ailleurs totalement abandonnées [2], — aurait à peine exigé six ans d'efforts. Cette rapidité d'exécution est de nature à causer quelque étonnement [3].

*
* *

Quiconque étudiera de nouveau l'histoire de l'église de Lugo (et de Braga) ne manquera pas de rapprocher les document précipités : 1º des diplômes attribués à Alphonse II et Alphonse III [4]; 2º du catalogue épiscopal qui commence avec Odoario (VIIIe siècle) pour finir avec Pedro II (1095-1113) [5]. De plus, à cet ensemble de documents tendancieux ou apocryphes, seront joints, sans nulle hésitation, trois textes dont il convient de dire ici un mot.

1º *Charte de l'archidiacre Damondo* [6]. — L'archidiacre Da-

---

1. Ci-dessus, p. 140.

2. Cf. les mots : « invenimus ipsam civitatem desertam et inha-« bitabilem factam cum suis terminis, » qu'on trouve dans l'acte du 1er février 745 (*Esp. Sagr.,* XL, p. 353), et : « et invenimus ipsam « sedem desertam et inhabitabilem factam, » que l'on rencontre dans le testament d'Odoario (*ibid.,* p. 365).

3. Surtout si l'on tient compte de certaines expressions que contiennent les actes incriminés. Les faussaires, sans prendre garde aux contradictions internes, ont voulu prouver que le repeuplement exigea beaucoup de temps. On lit donc, dans l'acte du 1er février 745 : « Nos « vera supra nominati... perseverantes in illius servitio per multorum « curricula annorum » (*Esp., Sagr.,* XL, p. 354) ; dans la charte du 28 février 757 : « possidentes haec omnia per multa annorum curri-« cula »(*ibid.,* p. 362).

4. Voir *Étude sur les actes des rois asturiens,* pp. 72-90 et *Cat.,* nos 13, 14, 15, 16, 17, 54 et 57.

5. *Esp. Sagr.,* XL, app. XXX, pp. 426-427.

6. Publiée par Huerta, *Anales de Galicia,* II, *escr.* XIV, pp. 399-401

mondo souscrit les chartes du 1er février 745 (*Esp. Sagr.*, XL, p. 356) et le testament d'Odoario (*ibid.*, p. 367). Ici, comme dans l'acte du 28 février 757, mention est faite de saint Jacques ; cf. la date : « Facta scriptura testamenti « die quinto kalendas januarii *in die S. Jacobi Apostoli fratris* « *Domini* [1]. » De plus, l'objet de la donation de l'archidiacre Damondo n'est autre que le monastère de San Esteban de Atan, qu'Odoario dit avoir fondé, dans sa charte du 15 mai 747 (*Esp. Sagr.*, XL, p. 357) ; cf. le diplôme apocryphe d'Alphonse II, 1er janvier 841 (*ibid.*, p. 375), et l'inventaire de 832-871 (*Cat.*, nº 13). On remarquera incidemment que la charte de Damondo, confirmée par le roi Ordoño II, est inexactement datée de 916 [2], et qu'Alphonse Ier y reçoit l'épithète de *catholicus*.

2º *Charte de Toresario (861)* [3]. — S'opposant, du moins en partie, à telles assertions du Catalogue des évêques de Lugo, cet acte donne implicitement comme suit la liste des archevêques *(sic)* de Braga : *a)* Odoario ; *b)* Adulfo ; *c)* Gladilan. Or, ledit Catalogue donne la liste suivante : *a)* Odoario ; *b)* Froilan ; *c)* Adulfo ; *d)* Gladilan (appelé ici *Gladianus)* [4], mais en ayant soin : 1º de stipuler qu'Odoario est le successeur des évêques de l'époque suève, et notamment du métropolitain Nitigise ; 2º que Braga et Orense « tunc temporis destructae erant », et d'ajouter, ce qui n'est point une précaution oratoire : « ut si quando Auriensis seu Bracharensis ecclesiae ad pristinum honorem revocaren-

---

et, plus correctement, par M. López Ferreiro, dans *Colección diplomática de Galicia histórica* (Santiago, 1901-03, in-8º), pp. 387-391.

1. Noguera, *Ensayo*, pp. 423-424, avait lu « saint Jean », au lieu de saint Jacques.

2. Cette date de 916 serait celle de la confirmation ; cf. López Ferreiro, *loc. cit.*, p. 389, n. 1.

3. Texte dans E. de Hinojosa, *Documentos para la historia de las instituciones de León y de Castilla*, nº CXI, pp. 184-185.

4. *Esp. Sagr.*, XL, p. 426.

tur [1]. » — Les mêmes évêques, ou archevêques, ont donc été revendiqués (hormis Froilan), par les deux églises, rivales, redisons-le, à la fin du XIe et au début du XIIe siècle.

3° *Charte de l'évêque Gladilan (30 octobre 863)* [2]. — Concernant le monastère de San Pedro y San Pablo de Trubia, daté de Leon, le jour de saint Claude, et représenté aux archives de la cathédrale d'Oviedo par une copie du XIIe siècle en *letra francesa*, cet acte contient beaucoup de renseignements intéressants, trop même : il nous apprend que Gladilan avait fait profession à Trubia, avant d'en devenir abbé ; il nous apprend aussi, que, apparemment au cours de son abbatiat, Gladilan eut à déjouer les manœuvres d'un faussaire [3] ; il signale encore comment le donateur, élu abbé sous le règne d'Alphonse II, fut enlevé à son monastère et placé, à l'époque de Ramire Ier, sur le siège de Braga [4] ; et il signale également, par incidence, le nom de la mère de Mauregato et le nom d'un fils de ce dernier [5]. Quoique le texte ne nous soit connu que par des analyses et des fragments, ce que nous en savons nous incite à la prudence.

---

1. Cf. *Étude sur les actes des rois asturiens*, p. 80.

2. Analysée par Yepes, *Coronica*, IV, fol. 158 r ; cf. Vigil, *Asturias monumental*, pp. 528-529.

3. Yepes, *loc. cit.* « Cuenta Gladila en la Escritura, que un sobrino « suyo llamado Troyla, con privilegios falsos les quiso engañar. »

4. Yepes, *loc. cit.* « et subsequente Dominissimo Principe *(sic)*, « me indignum ab hoc loco vestro abstractum, per sanctum conci- « lium, ad pontificalem pervenire gradum, degens supra Bracharensem « sedem. »

5. Ci-dessus, p. 284.

VI

LES PRÉTENDUES ASSOCIATIONS AU TRÔNE

A l'époque wisigothique, un roi, Liuva, avait partagé le pouvoir avec son frère, Léovigilde ; en outre, plusieurs souverains avaient tenté de substituer au principe électif le principe d'hérédité, et cela en associant leur fils au trône. Depuis le XVIIe siècle jusqu'à nos jours, maints historiens et juristes ont prétendu que des faits analogues s'étaient passés dans les Asturies. Sur quoi repose cette opinion ?

*
* *

A. Fruela, frère d'Alphonse Ier, et Garcia, frère de Ramire Ier, auraient régné conjointement avec ces deux rois.

Un chroniqueur du XIIe siècle, le Moine de Silos, ne se borne pas à dire, comme le Pseudo-Alphonse, que Fruela combattit les Musulmans en compagnie de son frère Alphonse ; il qualifie indirectement Fruela de *regni socius* [1] ; bien plus, il attribue à ce prince un règne de douze ans, six mois et vingt

---

1. Moine de Silos, ch. 32 (éd. Santos Coco, p. 27) : « Igitur Froyla « Petri Cantabrorum patricii ducis generosa proles, cum germano « fratre Adefonso catholico atque regni socio arma contra barbaros « crebro arripiens. »

jours [1]. Il n'en fallait pas davantage pour égarer certains érudits [2]. Mais le Moine de Silos a commis une grossière confusion. En écrivant sa chronique, il avait sous les yeux la liste des rois asturo-léonais que contient le Codex de Meyá ; il a lu sur ce document que le roi Fruela régna douze ans, six mois et vingt jours ; mais il y a lu aussi que le roi Fruela était frère d'Alphonse Ier [3]. Dès lors, il a appliqué au frère d'Alphonse les indications chronologiques qui, en réalité, s'appliquaient au successeur de ce prince.

Autre question, relative au même personnage. La charte de fondation du monastère de San Miguel de Pedroso (759) mentionne un roi nommé Fruela [4]. Comme ledit monastère était situé dans la Rioja, si le roi Fruela de cet acte n'est autre que le frère d'Alphonse Ier, — ce que l'on a bien à tort prétendu [5], — les provinces administrées par ce prince auraient été situées à l'extrémité sud-orientale des territoires qui obéissaient au roi des Asturies : de là à transformer Fruela en un comte de Castille, il n'y avait qu'un pas, et on l'a franchi [6]. Mais les Galiciens, mûs par le patriotisme de clocher, n'ont pas souscrit à cette doctrine : alléguant un passage du Moine de Silos [7], ils ont fait de ce Fruela un roi de Galice

---

1. Moine de Silos, ch. 32 (éd. Santos Coco, p. 27) : « Qui duodecimo « regni sui anno, mensibus sex, diebus viginti peractis, debitum car- « nis exsolvens, Veremudum filium reliquit. »

2. Entre autres, — car il y en aurait trop à citer, — Florez, *Reynas catholicas*, 1re éd., I, p. 57 ; López Ferreiro, dans *Galicia histórica*, p. 666.

3. Ci-dessus, p. 39, n. 2.

4. Llorente, *Noticias*, III, n° 1, p. 1 : « coram predictis patribus, « id est gloriosi Froilanis regis et Valentini pontificis. »

5. Exemple : Mondéjar, *Advertencias*, n° LXXIII, pp. 41-42.

6. Ci-dessous, Appendice VII.

7. Moine de Silos, ch. 32 (éd. Santos Coco, p. 27) : « Igitur Froyla... « ab ipsis maritimis fimbriis Asturie et Gallecie usque ad Dorium « flumen, omnes civitates et castella que infra continentur, ab eorum « sacrilego dominio eripuit. »

et échafaudé tout un roman [1]. Autant de mots, autant d'erreurs, involontaires, demi-conscientes ou voulues.

Quant à Garcia, prétendre qu'il partagea le pouvoir avec
son frère Ramire Ier, c'est accepter les yeux fermés le témoignage des chroniqueurs du XIIIe siècle, Rodrigue de Tolède
et Lucas de Tuy [2].

*
* *

B. Alphonse II, Ramire Ier, Ordoño Ier, Alphonse II et le
fils de ce dernier, Ordoño II, auraient été associés au trône,
soit peu de jours, soit longtemps avant leur avènement [3].

Laissons de côté les textes narratifs que l'on peut invoquer
en l'espèce, car il s'agirait du Pseudo-Alphonse, rédaction *B*,
du Moine de Silos, de Rodrigue de Tolède et de Lucas de Tuy.
Examinons seulement les documents diplomatiques ou épi-
graphiques dont on fait usage ; mais remarquons, dès l'abord,
qu'à une exception près, aucune des chartes alléguées ne
nous est parvenue sous forme d'original.

Alphonse II. — Un personnage du nom d'Alphonse souscrit
la charte du roi Silo, du 23 août 775 (*Cat.*, n° 5). Non sans

---

1. Voir López Ferreiro, dans *Galicia histórica*, p. 666 : Alphonse II,
après avoir conquis la Galice, qui formait un état indépendant, en
aurait confié le gouvernement à son frère Fruela.

2. Rodrigue de Tolède, *De rebus Hispaniae*, IV, 13 : « Aderat autem
« cum rege [Ranimiro] Garsias frater eius... quem rex Ranimirus
« tanta benignitate fovebat, quod et tanquam seipsum diligeret et
« participem faceret regni sui. » Lucas de Tuy, p. 77 : « Siquidem rex
« Ramirus tantae benignitatis erat, ut fratrem [Garsiam] tanquam
« se ipsum diligeret et participem faceret regni. »

3. Voir, entre autres auteurs, Sandoval, *Cinco Obispos*, pp. 170,
241, 242 (pour Ramire, Ordoño Ier, Alphonse III, Ordoño II) ; Florez,
Reynas catholicas, 1re éd., I, p. 63 (pour Ramire Ier) ; Risco, *Esp.
Sagr.*, XXXVII, p. 210 (pour Alphonse III) ; Masdeu, *Hist. crítica
de España*, XIII (1794), pp. 28-29 ; Martínez Marina, *Ensayo*, 2e éd.,
I, p. 86 (pour Alphonse II, Ramire et Ordoño Ier) ; Colmeiro, *Constitucion*, I, pp. 208-209, etc.

raison, on a identifié ce souscripteur avec le roi Alphonse II ; mais loin d'avoir été apposée lors de la rédaction de la charte, cette souscription constitue, en réalité, une confirmation postérieure. Elle ne saurait donc servir à corroborer le texte du Pseudo-Alphonse, rédaction *B*, ch. 18 (cf. Rodrigue de Tolède, *De rebus Hispaniae*, IV, 7 et Lucas de Tuy, p. 74), aux termes duquel Alphonse II aurait été plus ou moins associé au trône par Silo.

*Ramire I*er. — Quatre actes, respectivement datés de 820, 834, 837 et 839, porteraient mention du règne de Ramire, lequel régna de 842 à 850.

a) La charte que Sandoval [1] plaçait en 820 (ère 858), est ainsi datée dans le *Tumbo* de Celanova, fol. 75 r : « Facta « kartula testamenti ecclesie die VIIII kalendas februarias « era DCCCX^{v}X^v, regnante domnissimo Ranemiro principe. » Cette charte serait donc de l'ère 880, soit année 842. Mais l'emploi de deux X^v accolés est si insolite que, avec Florez, l'on doit se méfier d'une pareille graphie [2].

b-c) La charte du 1er juin 834, concernant l'église de Triongo (donation du diacre Francio), est datée de l'ère « DCCCLXXII [3] ». Il est évident que le copiste a oublié un X et qu'il faut lire « era DCCCLXX[X]II », soit année 844. — Même omission, selon toute vraisemblance, dans le Cartu-

---

1. Sandoval, *Cinco Obispos*, p. 170. Voir le texte de cette charte dans Risco, *Esp. Sagr.*, XL, app. XVIII, pp. 381-383.

2. Florez, *Esp. Sagr.*, XVII, p. 51.

3. Texte dans P [ablo] R [odriguez], *Diploma de Ramiro I*°, pp. 314-317, à l'année 834 (cf. p. 100) : « Notumque calendas iunias era « DCCCLXXII, regnante sub Christo in populo Dei *(sic)* Ranimirum « principem. » Vigil, qui mentionne des actes de 926 et 942 relatifs au monastère de Triongo (*Asturias monumental*, p. 61, n° A 24 et A 25 ; cf. p. 312), n'a pas connu celui de 834-844, lequel se trouvait, d'après Pablo Rodriguez, « en el Legajo 14. num. 8 del Cajon 6 Pluteo « que en el Archivo de Oviedo corresponde al Arcedianato de Villa- « viciosa. »

laire de Santo Toribio de Liébana, fol. 25 v, où se trouve l'acte du 28 mars 837 [1] (donation de Sempronio au monastère de S. Salvador y S. Juan de Beleña) ; on corrigera donc, comme l'a fait M. Ed. Jusué, « era DCCCLXXV » en « era DCCCLXX [X]V » soit année 847.

Ajoutons que si Ramire avait été, comme on le prétend, vice-roi de Galice, il serait fort étrange que l'on eût fait mention de son règne dans des actes concernant des établissements asturiens ; ajoutons encore que si ce prince avait été, non pas vice-roi de Galice, mais associé au trône sans gouvernement déterminé, il serait non moins étrange que, dans les actes en question, on n'eût pas mentionné le règne du roi véritable, soit Alphonse II.

d) Quant au document utilisé par Castellá Ferrer [2], il n'y a pas lieu de s'y arrêter longuement ; ce document est, non pas de 839, mais de 939 [3].

*Ordoño I*er. — Le célèbre diplôme des Vœux de saint Jacques est délivré au nom de Ramire Ier, de sa femme Urraca, de son fils, le *roi* Ordoño et de son frère le *roi* Garcia [4]. D'où l'on conclut qu'Ordoño, de même que son oncle Garcia, était associé au trône dès le 25 mai 844. Mais cette déduction, faite pour la première fois par Lucas de Tuy [5], vaut ce que

---

1. Publié par P[ablo] R[odriguez], *op. cit.*, pp. 319-320, à l'année 837 (cf. p. 102), et par M. Ed. Jusué, dans *Bol. de la R. Acad. de la Hist.*, XLVIII (1906), pp. 135-136, à l'a. 847 (cf. p. 136) : « Factum « pactum vel testamentum V. kalls. aprilis era DCCCLXX [X]V, « sedente principe Ranemiro in Asturias. »

2. Castellá Ferrer, *Hist. del Apostol Sanctiago*, fol. 248 r.

3. Cf. García Villada, *Catálogo de los códices... de León*, p. 120, n° 818.

4. Cf. la suscription : « Ea propter ego rex Renemirus et a Deo « michi coniuncta Urracha regina cum filio nostro *rege* Ordonio et « fratre meo *rege* Garsia », et la souscription : « Ego rex Ranemirus « cum coniuge mea regina Urracha et filio nostro *rege* Ordonio et « fratre meo *rege* Garsia, hoc scriptum quod fecimus proprio robore « confirmamus. »

5. Analysant le diplôme des Vœux, Lucas de Tuy, p. 77,

vaut le diplôme des Vœux, l'une des supercheries les plus grossières qui soient.

Alphonse III. — *a)* La fameuse « Croix de la Victoire » porte une inscription que, pendant longtemps, on s'est ingénié à mal transcrire. Morales et Masdeu, par exemple [1], ont lu « XVII » au lieu de « X⋁II » et « era DCCCCXVI » (a. 878) au lieu de « era DCCCCX⋁VI » (a. 908). Dès lors, si, en 878, Alphonse III comptait la dix-septième année de son règne, c'est qu'il avait été associé au pouvoir dès 861, soit cinq ans environ avant la mort de son père Ordoño Ier [2]. Passons, puisque l'erreur des Morales et des Masdeu est aujourd'hui reconnue et corrigée [3].

b) Un diplôme de 862 (*Cat.*, n° 27), émané d'Alphonse lui-même, nous montrerait ce prince régnant en Galice sous le contrôle de son père Ordoño II. Mais cet acte a été remanié, sinon fabriqué, et par conséquent ne peut servir [4].

c) Une charte de l'abbé Severo, du 15 mars 863, et deux chartes de Diego, comte de Castille, l'une du 15 mars 863, l'autre du 2 mai 864, mentionnent Alphonse III comme étant, à cette époque, le roi régnant. Mais il est clair que la date de ces actes a été mal transcrite sur le Cartulaire qui nous les a conservés [5]

écrit : « Praesentes quoque erant Ordonius filius regis Ramiri et Gar- « sias frater regis, qui ambo reges dicebantur. »

1. Morales, *Coronica*, éd. Cano, VIII, p. 25 ; Masdeu, *Hist. critica de España*, IX (1791), p. 54 ; cf. Hübner, *Inscr. Hisp. Christ.*, p. 80, n° 249, où l'on retrouve les mêmes lectures défectueuses.

2. Morales, *op. cit.*, p. 27. Cf. Llorente, *Noticias*, III, p. 102, qui adoptait les lectures de Morales et Masdeu.

3. Voir, entre autres, Risco, *Esp. Sagr.*, XXXVII, p. 221 et Vigil, *Asturias monumental*, p. 18.

4. Cf. *Étude sur les actes des rois asturiens*, pp. 66-67.

5. Ci-dessous, Appendice VII. — Imprimant dans le *Bol. de la R. Acad. de la Hist.*, XLV (1904), pp. 417-418, un acte provenant du Cartulaire de Santo Toribio de Liébana, et ainsi daté : « Factus pac- « tus sub die quod erit IIII kalendas ianuarias, era DCCCII, regnante

d) Une charte de l'évêque de Mondoñedo, Rosendo I, est ainsi datée : « Facta scriptura testamenti... nonas maii « era DCCCCV, regnante in Asturias principe Adefonso, anno « regni eius completo primo [1]. » Si cette date était exacte, Alphonse III aurait accompli, au 7 mai 867, la première année de son règne ; il aurait donc été associé au trône avant le 7 mai 866 [2] (son père Ordoño mourut le 27 de ce mois). Mais, pour ce document décisif, nous n'avons qu'une copie de cartulaire (*Tumbo* de Sobrado), et, dans ces conditions, il serait téméraire de se prononcer.

Ordoño II. — Avant de devenir roi de Leon (914), Ordoño II fut, peut-être, roi de Galice, ainsi que Sampiro et plusieurs diplômes semblent l'attester [3]. Mais s'il régna en Galice après la mort de son père, avait-il gouverné cette province du vivant même d'Alphonse III ? Le Moine de Silos le déclare en termes formels, — ce qui n'est pas une preuve [4], — et deux

---

« Domino Allefonso in Asturias, » M. Ed. Jusué a corrigé : « era DCCCII » en : « era DCCC[C]II », parce que, dit-il, p. 420 : « en el « año 764 no reinaba ningún Alfonso en Asturias ; además, hay en el « Cartulario señales bien visibles de haber sido por alguien borrada « una *C* en la fecha. En el año 864 reinaba D. Alfonso III el Magno. » Mais l'erreur de M. Jusué est manifeste, et l'acte qu'il publie est certainement mal daté, même après correction. — Noter que le P. Tailhan croyait lui aussi qu'Alphonse III avait été associé au trône en 864 ; ci-dessus, p. 278.

1. Ci-dessus, p. 265, n. 5.

2. Telle est, notamment, l'opinion de Noguera, *loc. cit.*, p. 445, qui plaçait le début du règne d'Alphonse III le 6 mai 866.

3. Sampiro, ch. 17 : « Garseano mortuo, frater ejus Ordonius ex « partibus Galleciae veniens, adeptus est regnum. » Cf. les diplômes du 20 avril et 22 avril 911, 30 mai et 2 juin 912, dans López Ferreiro, *Hist. de la iglesia de Santiago*, II, app. nᵒˢ XXX-XXXI, pp. 64-68 et XXXIII-XXXIV, pp. 72-76. Voir aussi Morales, *Coronica*, éd. Cano, VIII, pp. 110-111, qui cite, outre les diplômes de 911 et du 2 juin 912, un acte du 27 juin 912 pour San Martin de Santiago.

4. Moine de Silos, ch. 42 (éd. Santos Coco, p. 36) : « Quem profecto « Ordonium insignem militem, Adefonsus pater magnus et gloriosus « rex vivens, Galleciensium provincie prefecerat. » Le Moine de Silos

diplômes, émanés d'Ordoño lui-même, tendent à confirmer les dires de la chronique utilisée par le Moine de Silos.

Le premier de ces actes concerne le monastère galicien de San Esteban de Rivas de Sil, et a été publié par Yepes à la date du 12 octobre 909 [1]. Mais si l'on se reporte à la copie figurée qui se trouve à l'*Archivo Histórico Nacional* [2], on constate que la date est, non pas « era DCCCCXXXXVII » (a. 909), ainsi qu'on lit dans Yepes, mais « era DCCCCVIIII », soit a. 871, en sorte que l'erreur est patente : souvenons-nous en effet qu'Alphonse III, père d'Ordoño II, était encore un adolescent lorsqu'il monta sur le trône le 27 mai 866. Au surplus, Florez a depuis longtemps montré que cet acte d'Ordoño II doit être placé, non en 909, mais en 921 [3].

Le second diplôme d'Ordoño, prétendu roi de Galice, concerne le monastère galicien de San Pedro de Montes et serait du 27 avril 898 [4]. Ce diplôme est souscrit par plusieurs prélats qui vécurent sous le règne d'Ordoño II, savoir : Recaredo, évêque de Lugo de 875 à 922 ; Sabarico [II], évêque de Mondoñedo de 907 environ à 922 ; Frunimio [II], évêque de Leon de 915 à 928 ; Anserico, évêque de Vizeu vers 915, Her-

---

raconte même que, du vivant de son père, Ordoño fit une incursion en Andalousie et arriva jusqu'aux portes de Séville. Cf. Rodrigue de Tolède, *De rebus Hispaniae*, IV, 21 et Lucas de Tuy, pp. 80-81. — M. López Ferreiro, dans *Galicia histórica*, pp. 728-729, accepte tout le récit du Moine de Silos.

1. Yepes, *Coronica*, IV, *escr.* XXXI, fol. 450 r et v.

2. Fonds de Rivas de Sil, 1 R.

3. Florez, *Esp. Sagr.*, XVII, pp. 17-18. L'acte renferme l'indication chronologique suivante, sur laquelle s'est basé Florez pour établir la date de 921 : « Modo tamen in septimo anno regni nostri... » On remarquera cependant que l'acte est souscrit par Sisnando, évêque de Compostelle, lequel mourut en 920 (López Ferreiro, *Hist. de la iglesia de Santiago*, II, p. 252 et p. 276). — Quant à la souscription de l'évêque de Mondoñedo Rosendo, c'est sans nul doute une confirmation postérieure attribuable à saint Rosendo (928-942).

4. Yepes, *Coronica*, II, *escr.* XIV, fol. 10 r-12 r, et Sandoval, *Fundaciones de San Benito*, § San Pedro de Montes, fol. 20 v-22 r.

moigio, évêque de Tuy de 915 à 925 environ [1]. Il semblerait donc légitime de reporter l'acte vers 915-922.

Mais une difficulté surgit aussitôt : le diplôme daté de 848 est également souscrit par l'évêque d'Astorga, Ranulfo. Or, la vie de cet évêque, qui est cité pour la première fois en 881 [2], ne saurait être prolongée, semble-t-il, jusqu'au début du règne effectif d'Ordoño II [3]. Dès lors, les souscriptions énumérées ci-dessus, loin d'être contemporaines de la rédaction, deviendraient des confirmations postérieures, au même titre que la signature de l'évêque d'Astorga Gimeno, que l'on remarque au bas du même document [4].

Reste à savoir toutefois ce que vaut la mention de l'évêque Ranulfo. Non seulement ce dernier souscrit l'acte, mais encore il est censé parler en son nom dans la partie comprise entre le préambule et le dispositif. On lit, en effet, après les phrases banales du préambule : « Unde pro huius timoris Domini « largitate ac pro vestrae venerationis honore, iuxta decreta « Catholicae et apostolicae disciplinae et iuxta sacrorum ca- « nonum institutionem... instituimus decretum, qualiter locum « ipsum venerabilem ecclesiae vestrae quamvis Domino du-

---

1. Voir *Esp. Sagr.*, XI., pp. 122-133 (Recaredo) ; XVIII, pp. 70-74 (Sabarico II), XXXIV, pp. 222-236 (Frunimio II) ; XIV, p. 319 (Anserico) ; XXII, pp. 41-49 (Hermoigio). A noter aussi la souscription de Fredosindo, évêque de Salamanque, que Florez, *Esp. Sagr.*, XIV, p. 280, place résolument en 898, d'après le diplôme pour San Pedro de Montes. Noter également la souscription de Natal, un évêque d'Oca (ou d'Orense), qui a singulièrement embarrassé Florez, *op. cit.*, XXVI, pp. 95-96.

2. *Chron. Albeldense*, ch. xi. Sur cet évêque, voir Florez, *Esp. Sagr.*, XVI, pp. 127-129.

3. Les évêques Genadio et Fortis (ou inversement) apparaissent vers cette époque. Voir Florez, *Esp. Sagr.*, XVI, pp. 129-147 et 148-150, bien que l'auteur n'ait pu réussir à fixer avec précision la chronologie des évêques du début du xᵉ siècle.

4. Deux évêques d'Astorga auraient porté le nom de Gimeno : l'un serait de 992-1000, l'autre de 1003-1025. Cf. Florez, *Esp. Sagr.*, XVI, pp. 161-162 et 164-166.

« dum sanctificatum, per manus beati Fructuosi edificatum,
« primo confessione monachorum, postea vero multis tempo-
« ribus manebat desertum; modo tamen nostris iussionibus
« eundem locum *nos Ranulphus*, episcopus Astoricensis sedis,
« ordinavimus pro consecrationis officio abbatem nomine
« Genadium, dedimusque ei regulam observationis sanctae
« vitae cunctaque illi monastica instrumenta. » Cette incise
une fois terminée, l'acte royal reprend d'ailleurs comme
suit : « Praecipimus ego Ordonius rex et Giloyra regina, offe-
« rimus ob honorem nominis Christi, sanctorum Apostolo-
« rum Petri et Pauli, sive et eiusdem sanctae Crucis, haeredi-
« tatem nostram propriam, » etc.

Pareille rédaction, à la fois incohérente et diplomatique-
ment inadmissible, est l'indice manifeste d'un remaniement.
Dans ces conditions, osera-t-on faire usage de ce diplôme pour
formuler une doctrine ?

Maints auteurs, depuis Morales, ont déclaré que la Galice
était l'apanage de l'héritier désigné ; après ce qui vient d'être
dit, il serait superflu de réfuter cette opinion.

22

VII

NOTE SUR LES COMTES DE CASTILLE ANTÉRIEURS A 910

Le premier comte de Castille dont on trouve trace n'est ni Fruela, frère d'Alphonse Ier, comme on l'a écrit à plusieurs reprises [1], ni Nuño Nuñez, comme le supposait Florez [2], ni Semen-Garcia, comme certaines hypothèses récentes tendraient à le faire croire [3]. C'est Rodrigue, lequel vécut vers le milieu du IXe siècle [4].

Les *Anales Castellanos I* (ou *Chron. S. Isidori Legionensis*) nous apprennent qu'en 860 Rodrigue repeupla Amaya et conquit Talamanca [5] ; Ibn Adhari, à l'année 251 (2 février 865), cite Rodrigue ,« prince des Forts », c'est-à-dire « prince de Castille », parmi les chefs chrétiens qui essayèrent à cette

1. Berganza, *Antigüedades de España*, I, p. 107 ; Florez, *Reynas catholicas*, 1re éd., I, p. 57 ; Gutierrez Coronel, *Hist. del origen y soberania del condado y reyno de Castilla* (Madrid, 1785, pet. in-4º), pp. 223 et suiv. ; Castello Branco, *Noticia chronologica dos Condes de Castilla*, dans *Memorias da Acad. Real das Sciencias de Lisboa*. Sciencias moraes..., nova ser., I, parte I (Lisboa, 1854, in-4º), pp. 29 et 30 ; Fernández de Béthencourt, *Hist. genealógica de la monarquia española*, I, p. 169, donne lui aussi à Fruela le titre de comte de Castille, mais déclare cependant, p. 172, que Rodrigue « fué el primer Conde de « Castilla ».

2. Florez, *Esp. Sagr.*, XXVI, pp. 55 et 59 ; cf. p. 66.
3. Jaurgain, *La Vasconie*, I, p. 195 et II, p. 5.
4. Masdeu, *Hist. crítica de España*, XV (1795), p. 159.
5. Ci-dessus, pp. 174-175.

époque de repousser une invasion musulmane [1]. Les *Anales Castellanos I* nous montrent, en 866, Rodrigue envahissant les Asturies, alors révoltées contre le souverain légitime [2]. Enfin, la Chronique léonaise reproduit un fragment d'annales, aux termes duquel notre personnage serait mort en 773 *(sic)* : « era DCCCXI. III° nonas octobris [3]. »

A ces textes narratifs, se joignent quelques textes diplomatiques, lesquels forment deux groupes bien distincts.

Le premier se compose de cinq actes, dont les dates ont jadis été mal lues, et qui s'échelonneraient entre 852 et 862 [4].

a) Charte de fondation du monastère de San Martin de Ferran par l'abbé Pablo, le prêtre Juan et le clerc Nuño, 4 juillet 852 (et non pas 772 ou 778) [5] ;

b) Charte de fondation du monastère de San Martin de Flabio par l'abbé Pablo , le prêtre Juan et le clerc Nuño, 4 juillet 853 (et non pas 773) [6] ;

---

1. Ci-dessus, p. 183.

2. Ci-dessus, p. 220.

3. Ci-dessus, p. 49, n. 4.

4. Garibay, *Compendio*, éd. de 1628, I, pp. 422-423, ayant placé quatre de ces documents en 762, 773, 775 et 778, il en est résulté un Rodrigue [1], comte de Castille de 760 à 780 environ. Cette doctrine a été suivie par nombre d'auteurs, qu'il serait oiseux de citer. (Le P. L. Serrano, *Becerro gótico de Cardeña*, p. xxix, admet encore un Rodrigue comte de Castille en 763). De son côté, Morales, *Coronica*, éd. Cano, VII, p. 154, confondant comme trop souvent l'ère d'Espagne avec celle de l'Incarnation, a voulu prouver que les chartes en litige sont de 800, 811, 813 et 816. Argaiz, *La Soledad laureada*, VI (Madrid, 1675, in-fol.), *passim*, et après lui Florez, *Esp. Sagr.*, XXVI, pp. 54, 56, 59, 78-82, 90-91, ont fait bonne justice de ces fausses interprétations.

5. Texte partiel dans Pellicer, *Annales*, p. 283, à l'a. 778, et dans Berganza, *Antigüedades*, II, escr. III, p. 370, à l'a. 772. — Sur la date de 852, cf. Florez, *Esp. Sagr.*, XXVI, pp. 81 et 90.

6. Texte partiel dans Pellicer, *Annales*, pp. 281-282, à l'année 773 ; texte complet dans Llorente, *Noticias*, III, n° 8, pp. 80-82, sous la date de 853. Pour cette dernière date, voir Florez, *loc. cit.*, p. 91.

c) Charte de fondation du monastère de San Roman de Dondisla par l'abbé Pablo, le prêtre Juan et le clerc Nuño, 4 juillet 855 (et non pas 775) [1] ;

d) Donation concernant le monastère de San Miguel de Pedroso, faite par l'abbé Pablo, le prêtre Juan et le clerc Nuño [2]. — On date ce document de 778 [3] ; mais, par analogie avec les corrections précédentes, nous proposons de lire « era DCCCLXᵛVI » (a. 858), au lieu de « era DCCCXVI » ;

e) Donation d'un certain Rodrigo, fils de Bermudo Alvarez et de Guntroda, à San Martin de Flabio, 862 (et non pas 762) [4].

Tel est le premier groupe [5]. Le second est constitué par quatre documents, tous quatre de 873, semble-t-il [6].

---

1. Texte partiel dans Pellicer, *Annales*, p. 282 et Berganza, *Antigüedades*, II, *escr.* iv, pp. 370-371, à l'année 775. Sur la date, voir Florez, *loc. cit.*, p. 91.

2. Il n'est pas bien sûr qu'il s'agisse d'une donation à San Miguel de Pedroso. Voir Garibay, *Compendio*, éd. de 1628, I, p. 423 et Pellicer, *Annales*, p. 284.

3. Garibay le place au 4 juillet, Pellicer au 3.

4. Texte outrageusement interpolé dans Pellicer, *Annales*, p. 281 ; texte partiel dans Berganza, *Antigüedades*, II, *escr.* ii, p. 370, à l'année 762 ; texte complet dans Llorente, *Noticias*, III, nº 9, pp. 88-89, sous l'année 862.

5. Au lieu de cinq actes, Gutierrez Coronel, *Historia*, pp. 246-247, en énumère sept : c'est qu'il dédouble la charte de 762-862, considérant comme deux textes différents celui de Pellicer et celui de Berganza; en outre, il analyse, p. 247, la donation du comte Gundesindo au monastère de San Vicente de Fistoles, laquelle serait de 796 ; mais cet acte, qui est du 30 novembre 816 (Sota, *Chronica*, pp. 434-435), ne renferme nullement, sauf erreur, le nom du comte Rodrigue. — Se méfier également d'une allégation de Llorente, *Noticias*, III, pp. 87-88 : un acte de 770 environ (dans Sota, p. 624) serait confirmé par le comte Rodrigue; or, cet acte est de 915 (cf. Ed. Jusué, dans *Bol. de la R. Acad. de la Hist.*, XLVIII, 1906, pp. 137-138) ; de plus, il est souscrit, non par le comte Rodrigue, mais par un témoin appelé « Revelio ». — Enfin, ne pas tenir compte de la charte de San Martin de Escalada, 1ᵉʳ août 763 (cf. ci-dessous, App. VIII).

6. D'où un comte Rodrigue II, auquel on a assigné d'ailleurs des dates très diverses.

a) Donation du prêtre Martin au monastère de San Esteban de Salcedo, 18 avril 873 [1] ;

b) Donation de Diego Obecos et de sa femme Guntroda au monastère de San Mamés. — Garibay et Sandoval, qui analysent ce texte, le datent le premier du 29 mai 773, le second du 29 mai 903 [2]. Le roi Alphonse III (866-910) étant nommé ici, on écartera *de plano* la lecture « era DCCCXI » (a. 773) ; mais peut-être convient-il d'écarter aussi la lecture « era DCCCCX^vI » (a. 903), laquelle n'est guère admissible [3], et doit-on lire « era DCCCCXI », a. 873 ;

c-d) Deux actes, conservés jadis, l'un aux archives de San Salvador de Oña, l'autre aux archives de San Millan de la Cogolla, et indiqués par Berganza [4].

Des textes énumérés ci-dessus, il résulterait que Rodrigue gouverna la Castille depuis 852 environ jusqu'en 873. Mais ce n'est point là une certitude. En effet, la date initiale de 852 et les dates subséquentes de 853, 855 et 858 reposent toutes sur des lectures non contrôlées par l'érudition moderne [5]

---

1. Texte partiel dans Berganza, *Antigüedades*, II, escr. VI, p. 371, à l'année 874 ; texte complet dans Llorente, *Noticias*, III, n° 14, pp. 172-173, à l'année 873.

2. Garibay, *Compendio*, éd. de 1628, I, pp. 344-345 et p. 422 ; Sandoval, *Fundaciones de... San Benito* (Madrid, 1601, in-fol.), § San Millan, fol. 44 v. Cf. Berganza, *Antigüedades*, I, p. 128, qui admet la date de 903.

3. Si l'on admettait cette date de 903, il s'ensuivrait qu'il y aurait eu, en l'espace d'un demi-siècle, trois comtes de Castille appelés Rodrigue : l'un en 852-862, l'autre en 873, le troisième en 903.

4. Berganza, *Antigüedades*, I, pp. 116 et 184. Toute vérification paraît impossible pour Oña, dont les cartulaires semblent perdus (cf. Férotin, *Recueil des chartes de l'abbaye de Silos*, Paris, 1897, gr. in-8°, p. XIII, note), et dont le fonds, conservé à l'*Archivo Histórico Nacional*, ne renferme pas le document allégué par Berganza. Pour l'acte de San Millan, une vérification s'imposerait et serait possible, les cartulaires de cette abbaye existant encore (cf. Férotin, *loc. cit.*).

5. Les lectures sont imputables à Argaiz, que Florez a suivi, et à Fray Sigismundo Romero, archiviste de San Millan, qui a renseigné

ou sur des corrections plus ou moins arbitraires ; quant à la date finale. elle est en désaccord, ainsi qu'on va le constater, avec d'autres documents.

Le 15 mars 863, un comte de Castille, nommé Diego, apparaîtrait dans deux actes concernant le monastère de San Felix de Oca, et le 2 mai de l'année suivante, le même comte donnerait divers biens audit monastère [1]. Mention étant faite, à la date de ces trois chartes, du règne d'Alphonse III, il est clair que les chiffres de l'ère sont erronés [2]. Mais, dès 869, le même Diego fait une autre donation au monastère d'Oca [3], et deux ans après, en 871, le nom de Diego figure dans un acte privé [4], sans que ni dans l'un ni dans l'autre de ces actes la date renferme quoi que ce soit de répréhensible [5] ; or, n'oublions pas que nous avons vu, en 873, reparaître le comte Rodrigue. Notons d'ailleurs qu'après cette résurrec-

---

Llorente (cf. *Noticias*, III, p. 87). — A noter que, par un singulier hasard, les chartes de 852, 853 et 855 sont datées toutes trois du 4 juillet, et que ces actes pourraient être reportés à 862, 863 et 865, sans qu'il y eût, semble-t-il, d'anachronismes.

1. L'un des actes du 15 mars 863 serait une donation de l'abbé Severo, confirmée par le comte Diego ; voir dans Sandoval, *loc. cit.*, fol. 43 r, une analyse de ce document, Berganza, *Antigüedades*, II, *escr.* v[2], p. 371, s'étant borné à transcrire la souscription de Diego. L'autre acte du 15 mars 863 serait une donation du comte Diego ; voir le texte, très incomplet du reste, dans Berganza, *op. cit.*, II, *escr.* v[1], p. 371. Quant à la charte du 2 mai 864, elle a été publiée par Llorente, *Noticias*, III, n° 10, pp. 93-95. -- Berganza, *op. cit.*, I, p. 129, assure que d'autres chartes, qu'il ne cite pas, témoignaient de l'existence de Diego, en tant que comte, avant 863. Il est vrai que certains auteurs (par exemple, Sota, *Chronica*, pp. 471, 476 et 478) avaient découvert le comte Diego non seulement en 862, mais même en 802.

2. C'est ce que Berganza, *Antigüedades*, I, p. 129, reconnaît pour l'un des actes de 863.

3. Texte partiel dans Berganza, *op. cit.*, II, *escr.* v[3], p. 371.

4. Llorente, *Noticias*, III, n° 12, pp. 107-108.

5. Acte de 869 : « Facta carta in era DCCCCVII, regnante Adefonso « in Oveto et Didaco comite in Castella. » Acte de 871 : « Era non- « gentesima nona Adefonsus rex in Obeto, Didaco comite in Castella. »

tion de Rodrigue, le comte Diego est de nouveau signalé : en 882 et 883, il combat les Infidèles [1] ; en 882 ou 884, il repeuple Burgos et Ubierna [2] ; enfin, la Chronique léonaise, utilisant ici encore une mention annalistique, place sa mort en 875 *(sic)* [3].

Il est tout à fait invraisemblable qu'il y ait eu, en l'espace de quelques années à peine, deux comtes Rodrigue et deux comtes Diego alternant entre eux [4]. Il est d'autre part évident que les indications données par la Chronique léonaise sont inexactes. Il faut donc admettre qu'à l'exception des dates de 860, 865, 866, 882, 883 et 884, fournies par les *Anales Castellanos I*, Ibn Adhari et le *Chronicon Albeldense*, toutes les autres sont à rejeter, ou du moins à corriger. Mais quelles corrections leur fera-t-on subir ? On a le sentiment que les chartes de 873 devraient être sans doute antidatées, et celles de 863-871 postdatées ; que la mention concernant la mort de Rodrigue est à reculer d'au moins un siècle, et celle qui concerne la mort de Diego, d'au moins quelques années. Toutefois, en l'état actuel, il ne semble pas possible de proposer des conjectures plus précises.

1. Ci-dessus, pp. 200 et 204.

2. Ci-dessus, p. 206. — Postérieurement à 884, Diego n'est plus mentionné nulle part, quoi qu'en pensent Sota, *Chronica*, p. 479, ou Fernández de Béthencourt, *Hist. genealógica*, I, p. 189, lequel parle à tort d'un acte de 886 (cette date provient indirectement de Garibay, *Compendio*, éd. de 1628, I, p. 425 ; mais, chez Garibay, où elle est placée en marge après celles de 863, 869 et 871, elle est loin de concerner une charte : elle correspond à l'avènement de Garcia Ier). — Considérer également comme non avenues les assertions de M. de Jaurgain, *La Vasconie*, II, pp. 7-8 (cf. p. 592), qui, sans hésitation, applique au comte Diego de Castille des documents navarrais de 924, 926, 927 et 929.

3. Ci-dessus, p. 49, n. 6.

4. On aurait : Rodrigue I (852-866), Diego I (866?-871), Rodrigue II (873) et Diego II (882-884). — D'ordinaire plus avisé, Florez, *Esp. Sagr.*, XXVI, p. 60, admet une certaine alternance.

A qui fut confié le gouvernement de la Castille après la mort du comte Diego ? Probablement à Nuño Nuñez [1], l'ancien défenseur de Castrogeriz en 882 [2]. Ce personnage, abstraction faite de documents apocryphes ou plus que suspects [3], apparaît le 1er mars 899 [4] ; on le retrouve dans des actes du 1er février et du 23 juillet 909 [5] ; on le retrouve encore en 912 [6]. Mais, avec Nuño Nuñez, on se heurte, au moins en apparence, à des difficultés analogues à celles que nous avons notées plus haut. D'abord, dès 897, il y aurait eu un comte de Castille appelé Gonzalvo Tellez [7] ; ensuite, on rencontrerait, en octobre 899, un comte, nommé Gonzalvo Fernandez [8], et en 903 un autre comte, appelé Rodrigo Fernandez [9], Gonzalvo

1. Berganza, *Antigüedades*, I, p. 184 (et p. 131) ; cf. *contra* Masdeu, *Hist. crítica de España*, XV, pp. 160 et 277, lequel refuse le titre de comte de Castille à Nuño Nuñez, ainsi d'ailleurs qu'à Gonzalvo Tellez, mentionné ci-dessous ; pour Masdeu, le successeur de Diego Rodriguez aurait été Gonzalvo Fernandez, Nuño Nuñez et Gonzalvo Tellez, cités plus bas, n'étant que des comtes « subalternos ».

2. Ci-dessus, p. 200. — Nuño Nuñez pourrait bien être aussi le personnage auquel on attribue le *fuero* de Brañosera (cf. ci-dessus, p. 85).

3. Diplômes du 30 juin 897 (*Cat.*, n° 54), et du 6 mai 899 (*Cat.*, n° 55).

4. L. Serrano, *Becerro gótico de Cardeña*, n° CII, pp. 117-118 : « rex « Adefonso in Obieto, et comite Munnio Nuniz in Castella, et comite « Gundissalbo Fernandiz in Vurgos. »

5. *Ibid.*, n° LXII, pp. 75-76 : « regnante rex Adefonso in Obieto, « et comite Munnioni in Castella » ; n° LXI, pp. 74-75 : « regnante « principe Adefonso in Obieto, et comite Nunu Nuniz in Castella. »

6. *Anales Castellanos I* (ou *Chron. S. Isidori Legionensis*, dans Gómez-Moreno, *Discursos*, p. 24), à l'a. 912 : « In era DCCCCL. popu- « laverunt commites Monnio Nunniz Rauda et Gondesalbo Telliz « Hocsuma et Gundesalbo Fredenandiz Aza et Clunia et Sancti « Stefani iusta fluvius Doyri. »

7. Sota, *Chronica*, p. 471 ; Berganza, *Antigüedades*, I, p. 185.

8. Sota, *Chronica*, p. 471, sans référence d'aucune sorte. Noter que le 1er mars 899 Gonzalvo Fernandez était comte de Burgos, non de Castille (cf. ci-dessus, n. 4), mais que le 1er septembre 912 il est comte de Castille (*Becerro gótico de Cardeña*, n° LX, pp. 73-74).

9. Sota, *Chronica*, p. 471 ; cf. Florez, *Esp. Sagr.*, XXVI, p. 67.

Tellez reparaissant le 1er septembre 903 (ou 913) avec le titre
« comes in Castella [1] ». Si l'on parvenait à contrôler les dates
de tels documents allégués, les contradictions, ici encore,
tomberaient sans doute d'elles-mêmes, et, selon toute vraisemblance, on constaterait que, malgré l'opinion de Garibay
et autres [2], le titre de comte de Castille n'a jamais été porté
simultanément par plusieurs personnages.

*
* *

La Chronique d'Albelda nomme Diego, fils de Rodrigue,
le comte qui gouvernait la Castille en 882 [3]. Comme annales
et chartes signalent, quelques années auparavant, un comte
de Castille appelé Rodrigue, on en a conclu que Diego était
fils dudit Rodrigue. C'est l'unique hypothèse qu'il soit légitime de formuler au sujet de la généalogie des premiers comtes
castillans. Mais les historiens des XVIe, XVIIe et XVIIIe siècles
ne se sont pas contentés de si peu ; ils ont donné maints
détails, affirmant à la légère, employant des actes apocryphes,
en forgeant même à l'occasion [4], et mettant en œuvre des

---

1. *Revue Hispanique*, VII (1900), pp. 308-309 : « regnante domni
« Adefonsi rex in Obeto et comite Gondesalbo Telluz in Castella. »
Sur la date de ce document, voir, *ibid.*, p. 308, n. 2. — Dans divers
documents de la région castillane, on trouve à plusieurs reprises le
nom de Gonzalvo Tellez, notamment, dans *Becerro gótico de Cardeña*,
no CV, pp. 120-121 (24 septembre 902) ; no CCCXXII, pp. 327-328 (25 octobre 913) ; no XXVIII, pp. 34-35 (25 février 915) ; voir aussi *Revue
Hispanique*, VII (1900), pp. 309-311 (13 mai 911). Mais, à notre connaissance, ce personnage n'est qualifié de comte de Castille que dans
l'acte de 903-913.

2. Cette doctrine a été acceptée par Florez lui-même, *Esp. Sagr.*,
XXVI, pp. 53 et 60.

3. *Chron. Albeldense*, ch. 69 : « Didacus, filius Ruderici, erat comes
« in Castella. »

4. Par exemple, Pellicer, *Annales*, p. 281, a si bien refait l'acte de
862 (Llorente, *Noticias*, III, no 9, pp. 88-89), qu'après avoir lu le

généalogies dont la plus notoire est celle de Nuño Nuñez, fils de Nuño Belidez, et l'un des deux légendaires « juges » de Castille [1]. Souhaitons que l'on se décide à oublier définitivement ces élucubrations [2].

Deux mots encore. Rodrigue de Tolède applique à Diego Rodriguez le surnom de Porcelos et à Nuño Nuñez celui de Rasura [3]. Pourquoi ? Diego Rodriguez était-il originaire du village de *Porcelis* ? Le vocable Porcelos dérive-t-il de *procella*, « tempête », ou de *porcellus*, « jeune porc » ? D'un autre côté, pourquoi le surnom de Rasura ? Ne serait-ce point parce que Nuño Nuñez était chauve ? On a gravement débattu jadis ces questions d'érudition bouffonne [4].

On a également débattu une autre question, d'ailleurs très importante, celle de savoir si les comtes de Castille, même les premiers, ont été ou non indépendants des rois

texte remanié on sait : 1° que Rodrigue, comte de Castille, était fils de Fruela (le frère d'Alphonse Ier) ; 2° qu'il s'était marié avec une certaine Sancha ; 3° qu'il eut au moins deux fils, Diego et Sancho, et qu'il avait au moins deux frères, Gonzalvo et Sigerico (mentionnés dans la fausse inscription de Lara ; Hübner, *Inscr. Hisp. Christ.*, p. 100, n° 62*). De même, quand on parcourt tel document produit par Argaiz (cf. Berganza, *Antigüedades*, I, p. 129), on apprend que le comte Diego était marié, lui aussi, avec une certaine Sancha (d'autres la nomment Assura), qu'il eut deux fils, Fernando et Diego Diaz, et une fille, Sula Diaz, mariée à Nuño Belquides.

1. Rodrigue de Tolède, *De rebus Hispaniae*, V, 1-2. — Sans parler de la généalogie du Cartulaire noir de l'église d'Auch (voir *Cartulaires du chapitre de l'église Sainte-Marie d'Auch*, publ. par G. Lacave La Plagne Barris, Paris-Auch, 1899, in-8°, p. 6), un autre texte de ce genre, — la célèbre généalogie du Codex de Meyá, — a servi à M. de Jaurgain, *La Vasconie*, I, pp. 133-134, 195-196 et II, pp. 5-7, à démontrer que Rodrigue était fils de Semen-Garcia, comte d'Alava. Gardons-nous de discuter.

2. Bon nombre d'entre elles ont malheureusement passé dans l'ouvrage de M. Fernández de Béthencourt, *Hist. genealógica*, I, pp. 172, 438 et 439.

3. Rodrigue de Tolède, *De rebus Hispaniae*, V, 1 et 25.

4. Cf. Florez, *Esp. Sagr.*, XXVI, pp. 58-59.

d'Oviedo, en fait, sinon en droit [1]. Nous n'avons pas à parler ici de ce que fut le comté de Castille au temps de Fernan Gonzalez et de ses successeurs : à l'époque de Rodrigue, de Diego Rodriguez et de Nuño Nuñez, rien n'autorise à croire que la Castille jouissait d'une autonomie nettement marquée, et que ses comtes eussent déjà des allures de souverains ; si tels documents diplomatiques mentionnent, à la date, le « règne » du comte de Castille [2], il serait téméraire de tirer de ces mentions un argument quelconque en faveur d'un problématique dualisme, qui aurait existé dès le IXe siècle.

---

1. Par exemple, le P. L. Serrano, *Becerro gótico de Cardeña*, p. XXIX, soutient encore de la façon la plus catégorique que le comté de Castille jouissait d'une entière indépendance.

2. La formule: « regnante illo rege et illo comite », que l'on trouve dans la plupart des actes mentionnés ci-dessus, n'a pas de valeur probante ; car cette formule, fréquente dans les actes aragonais ou castillans, comporte parfois la mention de personnages, tels que comtes de villes, qui n'ont certainement jamais joui d'aucune indépendance politique (cf. la formule contenue dans l'acte du 1er mars 899, ci-dessus, p. 344, et beaucoup d'exemples postérieurs qu'il serait facile d'accumuler). Quant aux actes ne mentionnant que le « règne » du comte de Castille, celui du roi d'Oviedo étant passé sous silence (Llorente, *Noticias*, III, n°s 8, pp. 80-82 et 9, pp. 88-89), ils n'entraînent pas non plus la conviction, ces actes ne nous étant connus que par des copies de cartulaires. Au surplus, la question posée ici n'a vraiment d'intérêt que pour les Xe et XIe siècles, c'est-à-dire pour l'époque de Fernan Gonzalez et de ses successeurs.

VII

SUR QUELQUES FONDATIONS DE MONASTÈRES

I. Par suite de mauvaises lectures ou d'interprétations inexactes, on a quelquefois attribué de fausses dates à certaines fondations ou restaurations. Bon nombre de ces erreurs sont corrigées aujourd'hui ; d'autres subsistent peut-être encore [1]. De toutes manières, les plus notables concernaient :

1º Divers monastères de la région castillane (voir ci-dessus, pp. 339-340) ;

2º San Salvador de Sobrado, fondé en 952 (Florez, *Esp. Sagr.*, XIX, p. 32), et non en 922, ou même en 782, comme certains auteurs l'ont prétendu ;

3º San Juan del Poyo qui, d'après Sandoval, *Cinco Obispos*, p. 160 et Huerta, *Anales de Galicia*, II, p. 299, aurait été restauré sous le règne de Bermude Ier [2], ce qui n'est rien moins que prouvé (cf. Florez, *loc. cit.*, p. 31) ;

4º San Salvador de Lerez, dont le plus ancien document, soit un diplôme d'Ordoño II, est, non pas du 17 août 886, mais postérieur à 915 (Florez, *Esp. Sagr.*, XVII, pp. 62-65 et XIX, p. 30) ;

---

1. Voir, par exemple, ci-dessus, p. 255, n. 2.

2. M. López Ferreiro, *Hist. de la iglesia de Santiago*, II, p. 271, répète encore, au sujet de San Juan del Poyo, la légende de sainte Trahamunda. Nous nous bornons à enregistrer le fait.

5º San Esteban de Rivas de Sil, restauré ou fondé par Ordoño II, non en 909, mais vers 920 (ci-dessus, p. 335) [1].

II. Sur la foi de documents manifestement faux, ou très suspects, on a coutume de placer soit au VIIIe, soit au IXe, soit au début du Xe siècle, diverses fondations qui sont apparemment beaucoup plus tardives. Pour notre part, nous éliminerons les suivantes :

1º Santillana, qui aurait existé dès l'époque de Pélage (cf le diplôme apocryphe du 26 ou 27 février 718-737 ; *Cat.*, nº 1) [2] ;

2º Santa Maria de Covadonga, qui aurait été édifié et doté par Alphonse Ier (cf. les diplômes apocryphes du 31 octobre 740 et du 11 novembre 741 ; *Cat.*, nºs 2 et 3) :

3º San Pedro de Villanueva, qu'aurait également fondé et doté Alphonse Ier (cf. le diplôme apocryphe du 21 février 746 ; *Cat.*, nº 4) ;

4º San Esteban de Atan, qui devrait son existence à Odoario, évêque de Lugo (cf. la charte apocryphe du 15 mai 747; ci-dessus, p. 321), et qu'aurait ultérieurement doté, sous le règne d'Aurelio, l'archidiacre Damondo (ci-dessus, p. 325) ;

5º Santiago de Avezan, mentionné dans l'acte apocryphe du 28 février 757 (ci-dessus, p. 321) ;

6º San Martin de Escalada, que cite Sandoval, *Cinco Obispos*, pp. 101-102, d'après une charte du 1er août 763, laquelle n'est pas seulement mal datée (il y est fait mention

---

1. M. Murguia, *Galicia*, p. 1018, s'obstine à placer en « 906 » la restauration de Rivas de Sil (cf. p. 1016, n. 1).

2. Le plus ancien document conservé dans le cartulaire de Santillana est du 28 mai 870 (cf. Ed. Jusué, *Libro de regla... de Santillana del Mar*, nº III, pp. 3-5) ; encore le monastère de « Sancta Juliana » n'est-il pas nommé avant le 7 juillet 933 ou 967 (*ibid.*, nº XIV, pp. 16-17).

de Rodrigue, comte de Castille), mais qui, de plus, est visi-
blement apocryphe ;

7° Santa Maria de Obona, qu'aurait fondé Adelgastro,
fils du roi Silo (cf. l'acte apocryphe du 17 janvier 780 ; *Cat.*,
pp. 166-167) ;

8° San Vicente de Oviedo, qui remonterait à l'époque de
Fruela, vers 761, d'après l'acte éminemment suspect du 25 novembre 781 (ci-dessus, p. 84) ;

9° San Juan de Cillaperlata, qui, d'après Yepes, *Coronica*,
III, fol. 309 v (cf. Berganza, *Antigüedades*, I, p. 113), remonterait au moins à l'année 790[1] ;

10° San Vicente de Fistoles (ou Estaños), soi-disant fondé
le 1er juillet 811 par la nonne Guduigia et l'abbé Sisnando
(Sota, *Chronica de los principes de Asturias*, p. 450), puis
soi-disant doté le 30 novembre 816 (*ibid.*, pp. 434-435) et le
16 février 820 (*ibid.*, pp. 450-451)[2] ;

11° Santa Maria de Aguilar de Campóo, dont la fondation se
placerait vers 882 environ (cf. Yepes, *Coronica*, III, fol. 401 r),
d'après une charte apocryphe du comte Osorio et de l'abbé
Opila, février 852 (Sota, *op. cit.*, *escr.* VI, pp. 629-630)[3] ;

12° Santa Maria de Yermo, qu'auraient fondé, puis donné
à l'église d'Oviedo les évêques Severino et Ariulfo, par leur

---

1. L'acte qu'analyse sommairement Yepes, mentionne un roi
nommé Alphonse ; il est donc mal daté, selon toute vraisemblance.

2. Ces trois actes étaient transcrits : 1° sur un parchemin unique
que Sota, *op. cit.*, p. 137, qualifie d' « original », et qui était conservé
aux archives d'Oña ; 2° dans le cartulaire dit *Libro de la Regla*,
fol. 72. On remarquera simplement que, de ces trois actes qui se
commandent, celui de 811 porte à la date la mention suivante :
« regnante *catholico* rege Adefonso in Oveto, *vel in ceteras provincias.* »
La plus grande réserve s'impose évidemment.

3. La date est à elle seule édifiante : « regnante domno nostro Jesu
« Christo et principe nostro domino Ordonius rex in Legione, et in
« Galeçia, et in Asturiis, et in cunctis provinçiis Castellae. » Non
moins édifiant est l'exposé, que remplit une histoire de chasse, dont on
trouvera un résumé dans Yepes, *Coronica*, III, fol. 401 r et suiv.

acte daté du 22 avril 853 ? (*Esp. Sagr.*, XXXVII, app. IX, pp. 319-322) [1] ;

13° San Pedro y San Pablo de Trubia, mentionné dans une charte de l'évêque Gladilan, 30 octobre 863 (ci-dessus, p. 327) ;

14° San Vicente del Pino, plus tard San Vicente de Monforte, auquel un document apocryphe a donné une certaine célébrité (ci-dessus, p. 85).

III. Enfin, d'autres fondations n'ont été attribuées à l'époque qui nous occupe qu'en vertu de traditions vagues ou de conjectures plus ou moins heureuses. Tel est, notamment, le cas pour Santa Maria de Ameixenda, Santa Maria de Cambre, San Martin de Jubia [2], l'hôpital-monastère du Cebrero [3], le monastère de Ramiras [4] ou Santa Maria de Fer-

---

1. Cet acte se trouve au fol. 15 v du *Libro gótico d'Oviedo*. Comparer l'invocation, soit : « In nomine sanctae et individuae Trinitatis « Patris et Filii et Spiritus Sancti *cujus regnum permanet in saecula* « *saeculorum, amen* », aux formules similaires (cf. *Étude sur les actes des rois asturiens*, p. 45), que contiennent les diplômes refaits, et de même provenance, du 20 avril 857, mai 857 et 20 janvier 905 (*Cat.*, nos 24, 25 et 62). Comparer aussi la formule : « Nos igitur... *facimus* « *cartulam testamenti* » aux formules similaires (cf. *Étude*, p. 47) des diplômes de mai 857 et du 20 janvier 905. Noter également que les évêques Severino et Ariulfo ne se contentent pas de donner des biens sis dans les Asturies : à l'exemple d'Ordoño Ier (diplôme du 20 avril 857) et d'Alphonse III (diplôme du 20 janvier 905), ils donnent des biens situés au delà des Monts Cantabriques. Noter enfin qu'à l'imitation des diplômes précités, la charte en question renferme une très longue énumération de domaines, comme si des donations multiples avaient été fondues en une seule.

2. Voir les traditions, fort incertaines, rapportées par M. López Ferreiro, *Hist. de la iglesia de Santiago*, II, pp. 254-255, 267 et 267-268.

3. Yepes, *Coronica*, IV, fol. 63 r, en plaçait la fondation vers 836, sans preuve aucune, et bien qu'il eût reconnu lui-même que les documents ne remontaient pas au delà d'Urbain II (1088-1099) et d'Innocent III (1198-1216).

4. Huerta, *Anales de Galicia*, II, p. 362, affirme, mais ne démontre pas, que Ramire Ier aurait édifié, en 847, ce monastère, à quatre lieues de la localité appelée « Castel-Ramiro ».

reira [1]. Tel est également le cas pour San Pelayo de Oviedo, qui remonterait à l'époque d'Alphonse II [2], et pour San Zoïl de Carrion, que l'on suppose fondé à l'époque d'Alphonse II par des moines mozarabes [3]. Peut-être serait-il possible de citer d'autres exemples ; mais nous arrêterons là ce dénombrement.

1. Yepes, *Coronica*, IV, fol. 302 r et v, en attribue la fondation au comte « Ero », sans autre preuve qu'une inscription presque complètement effacée.

2. Cf. *contra* J. B. Sitges, *El monasterio de religiosas benedictinas de San Pelayo el Real de Oviedo* (Madrid, [1913], in-8º), pp. 151-152. (L'acte le plus ancien est du 15 mars 996.)

3. Berganza, *Antigüedades de España*, I, p. 123.

ADDITIONS ET CORRECTIONS

P. 3, n. 1, l. 7. — Au lieu de « *Revista de Archivos*, X (1904) », lire « *Revista de Archivos*, 3ᵉ época, X (1904) ». — Aux documents apocryphes cités, joindre la prétendue lettre du roi Silo à Cixila, archevêque de Tolède ; cf. M. Godoy Alcántara, *Historia crítica de los falsos cronicones* (Madrid, 1868, in-8º), pp. 38-42 et G. Cirot, *Mariana historien*, pp. 62-63.

P. 24, l. 16. — Au lieu de « *Quintialubel* », lire « *Quinitia Lubel* ».

P. 28, n. 3, l. 2. — Après « 1786 », ajouter « pp. 415-432 ».

P. 46, l. 5. — Pour caractériser la Chronique léonaise, M. Santos Coco, *Crónica Silense*, p. XXXVI, emploie, lui aussi, le mot « centon ».

P. 92, n. 1, l. 4. — Au lieu de « étant du 6 mai 899 », lire « étant, sous réserves, du 6 mai 899 ».

P. 99, n. 2, l. 5. — Après « *Liber Chronicorum* », ajouter « (cf. G. Cirot, dans *Bulletin Hispanique*, XVIII, p. 145, n. 2)».

P. 102, n. 4 et n. 5, dernière ligne ; p. 105, n. 3, l. 3 ; p. 106, note, l. 2. — Au lieu de « *Études* », lire « *Étude* ».

P. 105, n. 3.   Au sujet des rapports entre Oviedo et Compostelle, peut-être eût-il été bon de rappeler, du moins à titre d'indication, que l'église de Compostelle fut érigée en métropole par Calixte II, le 27 février 1120 (Jaffé-Wattenbach, *Reg. pont. rom.*, nº 6823).

P. 109, note, l. 7 et n. 2, l. 3. — Noweyri : cf. éd. Gaspar Remiro, II, trad. p. 31.

P. 110, n. 1, l. 7. — Noweyri : cf. éd. Gaspar Remiro, II, trad. p. 31.

P. 111, n. 1. — C'est à dessein que nous avons négligé : 1º le ch. 71 du Pseudo-Isidore de Beja (Mommsen, *Chron. minora*, II, p. 353), que le P. Tailhan, *Anonyme de Cordoue*, p. 25, n. 5 (cf. p. 41, n. 3) et pp. 189-190, s'est efforcé d'interpréter ; 2º un passage du Codex de Meyá (texte dans M. Oliver y Hurtado, *Discursos*, p. 43), lequel montre, en termes très généraux, les Chrétiens capitulant après sept années de combat ; 3º un texte arabe du XIᵉ siècle (Dozy, *Recherches*,

3e éd., I, pp. 73 et suiv.), lequel mentionne également des capitulations et arrangements entre Chrétiens et Infidèles.

P. 111, n. 3, l. 2. — Noweyri : cf. éd. Gaspar Remiro, II, trad. p. 29.

P. 111, n. 4, dernière ligne. — Après « Ibn el Athir... », ajouter cf. Noweyri, trad. de Slane, *loc. cit.*, p. 351 et éd. Gaspar Remiro, II, trad. p. 30.

P. 114, l. 2. — M. Saavedra, *Pelayo*, p. 15, texte et n. 1, veut que Munuza ait été un simple collecteur d'impôts : c'est une pure hypothèse que n'autorisent ni le témoignage de Lucas de Tuy, p. 72, lequel se borne à qualifier Munuza de *praefectus*, ni, à plus forte raison, le témoignage du *Chron. Albeldense*, ch. 50, bien que ces deux textes soient invoqués par M. Saavedra à l'appui de son opinion.

Pp. 148-149. — M. Gómez-Moreno, *Iglesias mozárabes*, p. 71, écrit incidemment : « una vez que el señorío godo en Asturias pudo « consolidarse, gracias a pactos con los musulmanes probablemente ».

P. 155, n. 1, dernière ligne. — Pour le passage de Noweyri qui a pu influencer Dozy, se reporter, non pas à la traduction de M. Gaspar Remiro, *loc. cit.* (Alphonse II se serait posté *en un rio*), mais à celle de Gayangos, *Mohammedan dynasties*, II, p. 426 (où on lit : *in a deep valley*).

P. 160, n. 1, avant-dernière ligne. — Au lieu de « se retrouve », lire « est correctement imprimé ».

Pp. 170-171. — Comparer Gómez-Moreno, *op. cit.*, pp. XII-XIII.

P. 185, n. 5. — La correction indiquée avait déjà été proposée par M. Fagnan, dans sa traduction d'Ibn el-Athîr, *Annales*, p. 45, n.1.

P. 191, n. 3, l. 14-16. — S'appuyant sur le passage de Sampiro, lequel nous paraît sans valeur, comparé au témoignage du *Chron. Albeldense*, M. Gómez-Moreno, *op. cit.*, p. 98, estime que Coïmbre, sorte de république indépendante, « amenazada por enemigos, obtuvo el auxilio de « Alfonso el Magno ».

Pp. 195-196. — Au sujet de la première campagne d'El-Mondhir, ou de celle de 878, nous avons négligé volontairement le témoignage du Moine de Silos, ch. 40. Cf. ci-dessus, p. 43.

P. 196, n. 2, avant-dernière ligne. — L'emplacement de *Lancia* correspond à Villasabariego, *part. jud.* de Leon (Gómez-Moreno, *op. cit.*, p. 143, n. 1).

P. 202, l. 11. — C'est le « castrum Beccaria » du *Chron. Albeldense*, ch. 72, que nous identifions avec Viguera (*part. jud.* de Logroño).

P. 204, n. 2, l. 2. — La Chronique léonaise, liv. II, ch. 58, porte : *non sua voluntate*, au lieu de *sua voluntate*.

P. 207, l. 1. — Parmi les localités peuplées à la fin du IXe siècle, nous aurions dû citer Cardeña (899) ; cf. *Annales Compostellani* (*Esp Sagr.*, XXIII, 2e éd., p. 319) : « Era DCCCCXXXVII. Fuit Cardeña populata. » Voir aussi *Cron. I de Cardeña* (*ibid.*, p. 371).

P. 210, n. 4, l. 9-10. — « Grañon en Alava » ne peut être que Grañon, *part. jud.* de Santo Domingo de la Calzada, prov. de Logroño.

P. 219, n. 2, l. 4. — Après « Cornellana », ajouter « *ayunt.* de Salas, *part. jud.* de Belmonte, prov. d'Oviedo ».

P. 222, l. 11 et suiv. — M. Gómez-Moreno, *op. cit.*, p. 71, déclare que les premiers rois des Asturies « se contentèrent du titre de prince » ; cette opinion ne repose que sur l'inscription de San Juan de Santianes (cf. p. 261, n. 3) : « Silo princeps fecit.» — M. Gómez-Moreno, *op. cit.*, p. 135, note, signale, d'autre part, que le titre d'empereur fut appliqué à Alphonse III (cf. une charte de 950). Mais, afin d'éviter toute confusion, il importe de remarquer que le roi lui-même n'a jamais pris ce titre.

P. 223, n. 1, l. 2. — Rappelons que le P. Tailhan, *Bibliothèques*, p. 271, n. 5, proposait de lire : « quam in palatio Oveto constituit », au lieu de : « quam palatio in Oveto cuncta statuit. »

P. 227, n. 2, dernière ligne. — Après « *escr.* xv », ajouter « fol. 437 v-438 r ».

P. 231, n. 4. — On possède l'original du diplôme d'Ordoño II, 12 avril 920 ; cf. García Villada, *Catalogo de los códices y documentos de León*, p. 120, n° 810. Il n'y a donc pas à faire usage d'un acte, plus ou moins suspect, d'Alphonse IV (929), et dont parle, d'ailleurs pour le combattre, M. Gómez-Moreno, *op. cit.*, p. 137, n. 1.

P. 236, n. 3. — Au lieu de « Grajal de la Ribera », lire « Grajal de Ribera ».

P. 238, n. 1, l. 6. — M. Gómez-Moreno, *op. cit.*, p. 77, se demande si l'emplacement de *Boides* ne correspondrait pas à celui de l'église (ou du monastère) de San Salvador de Val de Dios, près de Villaviciosa. M. Somoza, *Gijón*, II, pp. 577-578, s'était posé la même question.

P. 243, n. 3, avant-dernière ligne. — Sur Hermenegildo Perez, cf. p. 173, n. 3.

P. 244, n. 1, l. 5. — Sur le comte Hermenegildo, cf. p. 191, n. 3.

P. 246, n. 1, l. 2. — Après « Ibn el-Athîr…, » ajouter « cf. Noweyri, éd. Gaspar Remiro, I, trad. pp. 39-40 ».

P. 251, n. 2. — Aux documents cités, ajouter ceux que nous avons indiqués, sous réserves, p. 255, n. 2.

P. 253, l. 3. — D'après M. Gómez-Moreno, *op. cit.*, p. 134, Alphonse III aurait même promulgué « un edicto de repoblación, hacia el año 876 ». Sans insister sur la date, remarquons que le document produit, *ibid.*, n. 7, est loin d'être probant ; dans une charte de 912, on lit : « Iulianus « (presbiter) exivi ad terras populandas per heditum regis donni « Adefonsi principis et comitum Savaricum. » Il serait, apparemment, bien téméraire de donner au mot *heditum* un sens par trop précis.

P. 256, texte et n. 2. — San Salvador de Val de Dios fut-il, à l'origine, un monastère ou une église ? « La afirmación de que fué monas-« terio es gratuita », dit M. Gómez-Moreno, *op. cit.*, p. 77. Cet établissement fut-il édifié par Alphonse III, comme on a coutume de le dire, ou remonte-t-il beaucoup plus haut ? Voir, avec précaution, l'article de M. José F. Menéndez, *Apuntes y datos que permiten asegurar no fué Alfonso III el Magno el fundador de la basílica del Salvador de Val-de-Dios en Asturias, y de cómo la fecha de erección del citado templo es anterior al siglo IX*, dans *Revista de Archivos*, 3ª época, XLI (1920), pp. 539-549.

P. 258, n. 1. — Les monastères énumérés auraient dû être cités dans l'ordre suivant : San Martin de Ferran, San Martin de Flabio, San Roman de Dondisla, San Félix de Oca, Orbañanos y Obarenes, San Vicente de Acosta, San Esteban de Salcedo.

P. 259, l. 6. — Il n'est pas sûr que San Miguel de Escalada soit une filiation de Sahagun, comme nous l'avons admis ; cf. Gómez-Moreno, *op. cit.*, p. 143.

P. 259, dernière ligne. — Pour le monastère de San Cosme y San Damian, M. Gómez-Moreno, *op. cit.*, p. 107, n. 5, rejette l'hypothèse d'une origine mozarabe.

P. 259, n. 1. — Sur les fondations de saint Froilan, cf. Gómez-Moreno, *op. cit.*, pp. 210 et 211.

P. 260, n. 5. — Sur les caractères de l'architecture asturienne, voir le très suggestif aperçu de M. Gómez-Moreno, *op. cit.*, pp. 72-75.

P. 267, l. 6. — Comparer Gómez-Moreno, *op. cit.*, p. 77 : « El centro « del reino declinaba más y más hacia sur. »

P. 270, n. 1. — Sur les premiers pèlerinages à Compostelle, consulter, faute de mieux, J. Villaamil y Castro, *La peregrinación á Santiago de Galicia*, dans *Revista crítica de historia y literatura españolas, portuguesas é hispano-americanas*, II (1897), pp. 106 et suiv.

P. 279, n. 2. — M. Ch. U. Clark, *Collectanea hispanica* (Paris, 1920, in-8º), p. 31, nº 513, estime, lui aussi, qu'il faut lire « era DCCCL », au lieu de « era DCCCCL ».

P. 285, n. 2, L. 3. — Au lieu de « *Compendio*, III », lire « *Compendio cronológico de la historia de España*, III (Madrid, 1796, pet. in-8º) ».

P. 292, l. 9. — Nous avons dit ci-dessus, p. 44, n. 2, que nous ne « connaissons avec certitude que cinq fils » d'Alphonse III : en effet, l'existence de Bermude n'est attestée que par une souscription unique, apposée au bas d'un diplôme du 25 juillet 893 (*Cat.*, nº 48). Cf. Fernández de Béthencourt, *Historia genealógica... de la monarquía española*, I, p. 217, où ce diplôme est daté, par erreur, de 800.

P. 295, n. 1, l. 6. — Cf., pour mémoire, Noweyri, trad. de Slane, *loc. cit.*, p. 350 et éd. Gaspar Remiro, I, trad. p. 29.

Pp. 297, n. 2 et 308, n. 2. — Cf., pour mémoire, Noweyri, trad. de Slane, *loc. cit.*, p. 351 et éd. Gaspar Remiro, I, trad. p. 31.

P. 306, n. 3. Madoz, *Diccionario geográfico-estadístico-histórico de España*, porte : « Segoyuela de los Cornejos », tandis que le *Diccionario geográfico postal de España* (Madrid, 1880, in-4º), porte : « Sego- « viela de los Conejos. » Nous ignorons quelle est la forme correcte.

P. 347, n. 1. — M. Gómez-Moreno, *op. cit.*, p. 263, pense presque comme le P. Serrano, en ce qui concerne l'indépendance des comtes de Castille.

P. 348, n. 1. — Au lieu de « p. 255, n. 2 », lire « p. 83, n. 1, p. 255, « note et *ibid.*, n. 2 ».

P. 351, l. 1. — Supprimer le point d'interrogation après « 853 ».

TABLE DES MATIÈRES

DEUXIÈME PARTIE

LES FAITS

APPENDICES

Vu, le 17 juillet 1920,

*Le Doyen de la Faculté des Lettres
de l'Université de Paris,*

Ferd. BRUNOT.

Vu et permis d'imprimer,

*Le Recteur
de l'Académie de Paris,*

P. APPELL.

4890. — Tours, imprimerie E. ARRAULT et Cⁱᵉ.